rowohlts deutsche enzyklopädie

Herausgegeben von Ernesto Grassi

Universität München

HANS JÜRGEN KRYSMANSKI

Soziologie des Konflikts

Materialien und Modelle

rde

ROWOHLT

Redaktion: Ursula Schwerin
Eginhard Hora / Ragni M. Gschwend
München

Umschlagentwurf: Werner Rebhuhn
Osterunruhen 1968 in Berlin (Foto: Süddeutscher Verlag Bilderdienst)

Der hier vorgelegte Text wurde eigens für
‹rowohlts deutsche enzyklopädie› geschrieben
Veröffentlicht im Rowohlt Taschenbuch Verlag GmbH,
Reinbek bei Hamburg, September 1971

Gesetzt aus der Linotype-Aldus-Buchschrift
und der Palatino (D. Stempel AG)
Gesamtherstellung Clausen & Bosse, Leck/Schleswig
Printed in Germany
ISBN 3 499 55362 7

INHALTSVERZEICHNIS

I. ANSÄTZE DER KONFLIKTSOZIOLOGIE

Es gibt keine einheitliche Soziologie des Konflikts, es gibt nur Materialien und Modelle. Außerdem läßt sich innerhalb der westlichen Soziologie, um die es hier geht, eine perspektivische Verschiebung, ein bislang ungewohntes Interesse an Konfliktphänomenen beobachten. Solange man unter Gesellschaft ein System von Alltagsroutinen, rechtlichen Regeln, institutionellen Normen, Rollenerwartungen und Interaktionsritualen verstand, das seinen Mitgliedern die Ruhe und Entlastung gleichförmiger Verhaltensweisen garantierte, mußte jeder Konflikt als Unfall, als ein aus dem sozialen Zusammenhang herausfallendes Ereignis erscheinen. Wenn allerdings Unfälle überhandnehmen und vor allem, wenn sie als Krisen, Kriege und Revolutionen offensichtlich Ausdruck der Eigenschaften des Gesamtsystems sind, wird eine Umstellung der Gesellschaftstheorie notwendig. Moderne soziologische Theorien heben denn auch die Steuerungs-, Selbststeuerungs- und Transformationskapazitäten von Gesellschaft hervor: ihre Fähigkeit der Anpassung an die zeitliche Relativität des Gleichförmigen und ihre Aufnahmefähigkeit für (geregelte) Konflikte und (kalkuliertes) Risiko.

Mit solchen Verschiebungen an der Oberfläche ist es aber nicht getan. Die Konfliktforschung im engeren Sinne, die sich zunächst auf begrenzte gesellschaftliche Bereiche wie den Industriebetrieb oder die Familie beschränkte und erst relativ spät, seit Mitte der fünfziger Jahre, systematisch in ‹makroskopische› Regionen vordringt, hat viele Fragen nach den Ursachen, Korrelaten und Bedingungen sozialer Konflikte aufgewirbelt, die innerhalb der bisherigen soziologischen Tradition kaum zu beantworten sind. So geraten auch tiefere Schichten der Soziologie in Bewegung, die den bruchstückhaften Charakter unseres Wissens über soziale Konflikte hervorheben. Zu allem Überfluß hat sich der historische Materialismus gerade hinsichtlich dieser Probleme als lebenskräftig erwiesen und zwingt zur Auseinandersetzung. Die wenigen ernstzunehmenden umfassenden konflikttheoretischen Ansätze der letzten zwanzig Jahre, insbesondere die von Lewis Coser und Ralf Dahrendorf, haben diesen Entwicklungen nicht besonders gut standgehalten, so daß die konflikttheoretische Diskussion heute darauf angewiesen ist, alle möglichen und zum Teil auch abgelegene Theoriestücke für ihre Problemstellungen zu aktivieren. Wir wollen in dieser Darstellung, obgleich ihr ein bestimmtes Schema [1] zugrunde liegt, diesen Zustand der ‹Konfliktsoziologie› nicht verbergen, sondern unter dem eigenen Forschungsinteresse möglichst viele und verschiedenartige Gesichtspunkte einnehmen.

Aus diesen Gründen kann auch keine systematische Problemgeschichte erwartet werden. Zu den Vorläufern der Konflikttheorie werden so verschiedenartige Denker wie Heraklit, Ibn Kaldun, Jean Bodin, Machiavelli, Hobbes, Hume, Locke, Kant, J. St. Mill, Hegel und

---

1 Vgl. S. 27–36.

DARWIN, in einem etwas engeren Sinne MARX, BAGEHOT, GUMPLOWICZ und zu den Anregern PARETO, DURKHEIM, MAX WEBER und FREUD gerechnet. Seit Ende des vorigen Jahrhunderts gibt es speziellere Konflikttheorien: PATTERSON (1883), NOWIKOW (1896), TARDE (1897, 1899), SIMMEL (1903), WARD (1903), CARVER (1908, 1915), COOLEY (1918), PARK und BURGESS (1924), ROSS (1930), LASSWELL (1931), VON WIESE und BECKER (1932), MACIVER (1937), SIMPSON (1937), LUNDBERG (1939), SOROKIN (1947), LEWIN (1948), SINGER (1949), WRIGHT (1951), CHASE (1951), COSER (1956) und BERNARD (1957).[2] Die Zahl der konflikttheoretischen Veröffentlichungen innerhalb der westlichen Soziologie ist bis zu diesem Zeitpunkt nicht überwältigend groß; seitdem aber steigt sie von Jahr zu Jahr und ist, wie die verschiedenen Bibliographien[3] ausweisen, für den einzelnen nicht mehr zu bewältigen. Im übrigen finden sich wichtige Beiträge zum Problem des sozialen Konflikts über die gesamte soziologische Literatur verstreut. Und schließlich sollte nicht übersehen werden, daß die Konfliktsoziologie nicht unabhängig von gesellschaftlichen Auseinandersetzungen operieren kann, daß nicht alles Gewußte veröffentlicht wird und daß viele Veröffentlichungen, die eigentlich zur Konfliktsoziologie gehören, von ihr nicht beachtet werden.[4]

1. EINIGE KONFLIKTBEGRIFFE

Allgemeine Fragenkataloge, die am Anfang der genaueren theoretischen und empirischen Beschäftigung der westlichen Soziologie mit sozialen Konflikten stehen, zeichnen sich noch durch eine gewisse Unbefangenheit aus:[5]

1. Welches Kategoriensystem ist für eine Erforschung sozialer Konflikte angebracht?
2. Welche Konflikttypen lassen sich unterscheiden?
3. Welche Kausalprozesse führen zu Konfliktsituationen?

---

2 Vgl. Angaben in den Literaturhinweisen.

3 Vgl. insbesondere: KNOBLOCH, E., u. SENGHAAS, D., Ausgewählte Bibliographie zur Friedensforschung. In: KRIPPENDORF, E. (Hg.), Friedensforschung. Köln 1968; Peace Research Abstracts Journal; Peace Research Reviews; Journal of Conflict Resolution, Vol. XII, No. 4; KAISER, K., Friedensforschung in der Bundesrepublik. Göttingen 1970; Sociological Abstracts.

4 Vgl. dazu Kapitel VI.

5 ANGELL, R. C., *The Sociology of Human Conflict*. In: MCNEIL, E. B., ed., *The Nature of Human Conflict*. Englewood Cliffs 1965, S. 93. Bei Zitaten aus fremdsprachigen Texten handelt es sich um eigene Übersetzungen des Verfassers – gelegentlich auch, aus Gründen der Kohärenz des Gedankengangs und des Sprachduktus, wenn schon deutsche Übersetzungen der betreffenden Werke vorliegen (die Seitenangaben der deutschen Ausgabe sind dann hinzugefügt). Zudem sind an einigen Stellen Klassiker auf der Basis von Fundstellen in Sekundärquellen zitiert worden.

4. Wie sehen die wichtigsten Prozesse und Entwicklungsstadien bei Konflikten aus?

5. Welche Auswirkungen haben Konfliktprozesse auf die Konflikteinheiten und auf den Kontext des Konflikts?

6. Welche äußeren Faktoren verschärfen Konflikte, und welche tragen zu ihrer Milderung oder Lösung bei?

7. Gibt es alternative Formen der Beendigung von Konflikten, und wie lassen sie sich erreichen?

In dieser und anderen Aufzählungen [6] wird aber bereits deutlich, daß mit der Frage nach der Natur sozialer Konflikte die allgemeine Soziologie insgesamt in Bewegung kommt. Die vielfältigen Konzeptualisierungs- und Klassifikationsversuche selbst lassen davon allerdings zunächst noch wenig ahnen; doch einige Schwerpunkte sind auszumachen: sie betreffen das Problem der Beziehungen zwischen ‹Konfliktgegnern› und ‹Konfliktstruktur›, das Problem der Zuständigkeit verschiedener sozialwissenschaftlicher Disziplinen, die Diskussion um einen ‹engeren› und ‹weiteren› Konfliktbegriff, das Auftauchen einer Subjekt-Objekt-Problematik.

a) Konfliktgegner und Konfliktstruktur

Allgemein-soziologische Implikationen haben bereits die einfachsten Klassifikationsversuche wie der von St. Chase (1951), der gar keine explizite Konflikttheorie anstrebt, sondern lediglich, orientiert an den amerikanischen Verhältnissen, aus ganz pragmatischen Gründen einige Konfliktebenen unterscheiden will:

Konfliktebenen nach St. Chase [7]

1. *Persönliche Streitigkeiten* – zwischen Ehemann und Ehefrau, Hausherrn und Diener etc.
2. *Familie gegen Familie*
3. *Fehden* – zwischen Sippen etc.
4. *Streitigkeiten zwischen Gemeinden, Gemeinwesen* – zwischen Städten, zwischen Bundesstaaten etc.
5. *Streitigkeiten zwischen Regionen* – zwischen Norden und Süden, Südirland gegen Ulster etc.
6. *Arbeiter gegen Manager* – Gewerkschaft der Meister gegen übriges Management, juristische Auseinandersetzungen zwischen Gewerkschaften etc.
7. *Politische Parteien* – Wahlkampf
8. *Rassenkonflikte* – Schwarz gegen Weiß, Weiß gegen Gelb etc.
9. *Religiöse Konflikte* – Protestanten gegen Katholiken, Hindus gegen Moslems etc.
10. *Antisemitismus* – eine weltweite Mischung aus religiösen, rassischen und kulturellen Antagonismen

---

6 Z. B. Dahrendorf, R., Elemente einer Theorie des sozialen Konflikts. In: Gesellschaft und Freiheit, München 1961, S. 199 f.

7 Chase, St., *Roads to Agreement.* New York 1951.

11. *Ideologische Streitigkeiten* – Kommunismus gegen Kapitalismus, Wirtschaft gegen Regierung, Arbeit gegen Kapital, Kommunismus gegen Sozialismus etc.

12. *Konflikte zwischen Berufen* – Farmer gegen Industriearbeiter, ‹Blue Collar› gegen ‹White Collar› etc.

13. *Konkurrenz innerhalb einer Industrie* – Preiskämpfe

14. *Konkurrenz zwischen verschiedenen Industrien* – Straßentransport gegen Bahntransport, Öl gegen Kohle, Seide gegen Kunstseide etc.

15. *Nationale Rivalitäten*

16. *Konflikte zwischen verschiedenen Kulturen* – Wir-Gruppe gegen Außen-Gruppe

17. *Kalter Krieg* – Sowjet-Block gegen Westmächte

18. *Ost gegen West*

Offensichtlich bestehen in *dieser* Formulierung zwischen den verschiedenartigen strukturellen Ebenen bzw. Konfliktgruppen keine Gemeinsamkeiten, die den Schritt zu einer allgemeinen Konflikttheorie nahelegen könnten.[8] Die Entwicklung hin zu konsistenteren Modellen der Beziehungen zwischen Konfliktgegnern und Konfliktstruktur verlief zunächst relativ abgetrennt vom Hauptstrom der soziologischen Theorie. So stehen hinter dem systematischen Schema struktureller Konfliktebenen von R. A. LEVINE (1961) ethnosoziologische Vorstellungen der Sozialstruktur vorindustrieller Gesellschaften:[9]

1. *Intrafamiliäre Konflikte* – interpersonale Konflikte zwischen Familienmitgliedern (z. B. Geschwisterrivalitäten, Intergenerationenkonflikt, Konflikte zwischen Ehemann und Ehefrau)

2. *Konflikte innerhalb von Gemeinwesen* – interpersonale Konflikte zwischen den Mitgliedern verschiedener Familien innerhalb der lokalen Gemeinde und Intergruppenkonflikte (zwischen Faktionen, die auf Nachbarschaft, Herkunft, Klasse oder sonstigen Bindungen basieren)

3. *Konflikte zwischen Gemeinwesen* – alle Ebenen oberhalb der einzelnen Gemeinde, aber innerhalb einer einzelnen ethnolinguistischen Einheit. Die Zahl und Eigenart der Konfliktebenen wird hier in den verschiedenen Kulturen außerordentlich variabel (Beispiele: Konflikte zwischen lokalen Gemeinden, zwischen verbündeten Gemeindegruppen, zwischen die Gemeinden übergreifenden Gruppierungen, zwischen autonomen Staaten oder Stämmen, zwischen Provinzen oder Stämmen innerhalb einer nationalen Organisation oder zwischen dieser und der Zentralregierung)

4. *Interkulturelle Konflikte* – Konflikte zwischen Gruppen, die zu unterschiedlichen ethnolinguistischen Einheiten gehören (z. B. zwischen fremden Stämmen)

---

8 Doch sind die aufgezählten Bereiche und Akteure in theoretisch weiter ausgebildeten Kategorienschemata der Soziologie jener Zeit durchaus aufzufangen; vgl. z. B. MOORE, W. E., *Industrial Relations and the Social Order.* New York 1946.

9 LEVINE, R. A., *Anthropology and the Study of Conflict: Introduction.* In: Journal of Conflict Resolution, Vol. V, No. 1 (1961).

Die Berücksichtigung vorindustrieller Sozialstrukturen in der Entwicklung makrosoziologischer Konflikttheorien dürfte zwar an Bedeutung gewinnen, doch stehen Fragen einer Theorie der Konflikte in und zwischen industrialisierten Gesellschaften im Vordergrund. Es ist erstaunlich, wie dabei selbst bei den bekanntesten und ambitiösesten Versuchen einer Systematik erprobte Kategorien der allgemeinen Soziologie zugunsten von relativ arbiträren *ad-hoc*-Klassifikationen und Begriffen außer acht gelassen werden. Das beste Beispiel dafür ist die von RALF DAHRENDORF in seinem Aufsatz ‹Elemente einer Theorie des sozialen Konflikts› entwickelte Schematik. DAHRENDORF kombiniert eine Merkmalsreihe für Konfliktgegner oder -einheiten mit einer Merkmalsreihe für Sozialstrukturen, und zwar klassifiziert er Konflikteinheiten nach ihrem Umfang und Konfliktstrukturen danach, ob in ihnen Beziehungen der Gleichheit, der Über-/Unterordnung oder solche zwischen Ganzem und Teil vorherrschen. Das ergibt folgendes Schema: [10]

	Rang der Beteiligten		
Soziale Einheit	1. Gleicher contra Gleichen	2. Übergeordneter contra Untergeordneten	3. Ganzes contra Teil
A. Rollen	Patienten c. Kassen (in Arztrolle) Familienrolle c. Berufsrolle	Herkunftsfamilie c. eigene Familie (als Rollen) Berufsrolle c. Vereinsrolle	Sozialpersönlichk. c. Familienrolle Soldatenrolle c. Gehorsamsverpflichtung
B. Gruppen	Fußball-Abt. c. Leichtathletik-Abt. (i. Sportklub) Jungen c. Mädchen (i. Schulklasse)	Vorstand c. Mitglieder (i. Verein) Vater c. Kinder (i. Familie)	Altbelegschaft c. Neuling (i. Betriebsabt.) Familie c. ‹verlorenen Sohn›
C. Sektoren	Firma A c. Firma B Luftwaffe c. Heer	Unternehmerverbände c. Gewerkschaften Monopolist c. Außenseiter	Kath. Kirche c. ‹Altkatholiken› Bayern c. ‹Zugereiste›
D. Gesellschaften	Protestanten c. Katholiken Flamen c. Wallonen	Regierungspartei c. Opposition Freie c. Sklaven	Staat c. kriminelle Bande Staat c. ethnische Minderheit
E. Übergesellschaftl. Verbindungen	Westen c. Osten Indien c. Pakistan	Sowjetunion c. Ungarn Deutschland c. Polen	UN c. Kongo OEEC. c. Frankreich

10 DAHRENDORF, R., Elemente, a. a. O., S. 206.

Es liegt auf der Hand, daß der Umfang einer sozialen Einheit nicht ihre wichtigste soziologische Eigenschaft ist und daß auch Rangverhältnisse, insbesondere ohne nähere Bestimmung des Bezugssystems, nicht zu den profundesten Strukturmerkmalen gehören. Dennoch impliziert DAHRENDORFS Schema eine allgemeine Theorie des Zusammenhangs zwischen Konfliktgegnern und Konfliktstruktur; es können hier nicht nur, wie er selbst experimentell vorgeschlagen hat, Theorien des Rollenkonflikts (A1, A2, A3), der ‹Konkurrenz› (B1, C1), des Klassenkampfes (B2, C2, D2), des ‹abweichenden Verhaltens› oder der ‹Minderheiten› (B3, C3, D3) und der internationalen Beziehungen (E1, E2, E3) zueinander in Beziehung gesetzt werden. Die Entscheidung, eine strukturelle (‹objektive›) und eine auf die Akteure bezogene (‹subjektive›) Dimension miteinander zu verbinden, führt vielmehr auch zu Vorstellungen eines konfliktuellen ‹Handlungsnetzes›, das auf einer höheren Stufe der Allgemeinheit beispielsweise so aussehen könnte:

‹subjektive› Elemente sozialer Konflikte	‹objektive› Elemente sozialer Konflikte		
	Rangverhältnisse	Problemstufen	Komplexität d. Struktur
‹Größe› der Akteure	Konfliktschema Dahrendorfs		
Leistungen der Akteure		Konfliktschema S. 27 ff	
‹Beweglichkeit› der Akteure			Konfliktschema Etzionis (Kap. V)

Das Spiel mit Klassifikationen von Konfliktarten scheint ein notwendiges und nützliches Spiel gewesen zu sein: es war innerhalb der positivistisch-erfahrungswissenschaftlichen Soziologie der einzige Weg, sich die strukturell eingebundene Ubiquität von Konflikten und ein ‹Gefühl› für ihre Bewegungsgesetze zu erschließen. Ein besonderes interessantes Beispiel für diese Entwicklung stellt der Versuch von K. E. BOULDING dar, der, ausgehend von Ansätzen der theoretischen Ökonomie, den ‹gesamten Bereich sozialer Dynamik› konflikttheoretisch erfassen will.[11]

BOULDING betont das Problem der ‹Natur› der Konfliktpartner. Er unterscheidet zunächst drei Haupttypen von Konfliktpartnern: die einzelne *Person*, die *Gruppe* (eine unorganisierte Subpopulation in einer größeren Population) und die *Organisation* (eine gut strukturierte Gruppe mit klar definierten Rollen). Gruppen werden noch danach unterschieden, ob sie unfreiwilligen (Geschlecht, Alter, Rasse etc.) oder

11 BOULDING, K. E., *Conflict and Defense: A General Theory.* New York 1962.

hauptsächlich freiwilligen (religiöse, soziale, politische etc. Gruppen) Charakter haben, weiterhin danach, ob sie folgenden Haupttypen angehören: 1) ob sie entweder ihre Mitglieder in jeder Beziehung für sich beanspruchen oder auch die Zugehörigkeit zu anderen Gruppen zulassen und 2) ob sie entweder ein genau bestimmtes physikalisches oder soziales ‹Territorium› einnehmen oder vermischt am gleichen ‹Ort› auftreten. Mit Hilfe dieser Grundbegriffe unterscheidet er folgende Konflikte:

1. *Konflikte zwischen Personen*
2. *Grenzkonflikte zwischen Gruppen* (die räumlich getrennt sind)
3. *Ökologische Konflikte zwischen Gruppen* (die den gleichen Raum einnehmen)
4. *Homogene Organisationskonflikte* (zwischen Organisationen gleicher Art und gleichen Zwecks wie zwischen Staaten, Sekten, Gewerkschaften etc.)
5. *Heterogene Organisationskonflikte* (zwischen ungleichen Organisationen wie Staat gegen Kirche, Gewerkschaft gegen Unternehmen, Universität gegen den Staat usw.)
6. *Konflikte zwischen einer Person und einer Gruppe* (hauptsächlich Sozialisationskonflikte, z. B. Kind gegen Familie, Person gegen Peer-Gruppe, Person gegen Gruppe der Vorgesetzten oder Untergebenen etc.)
7. *Konflikte zwischen Person und Organisation* (hauptsächlich Rollenkonflikte)
8. *Konflikte zwischen einer Gruppe und einer Organisation*

Darüber hinaus führt BOULDING noch eine Reihe empirischer, konkreter Konflikttypen ein, die das obige Schema bis zu einem gewissen Grad wieder auflösen: ökonomische, industrielle, internationale, ideologische und ethnische Konflikte, die sozusagen Konglomerate aus den abstrakteren Typen darstellen.

In diesem Netz von Konfliktbegriffen, das Merkmale der Konfliktparteien, des ‹*behavior space*›, dann auch der Konfliktformen selbst (z. B. ob unbewußt oder bewußt) aufeinander bezieht, beginnen bereits grundlegendere Probleme einer generellen Konfliktperspektive aufzutauchen. Bei BOULDING werden sie innerhalb einer seltsamen Theorie der ‹Lebensfähigkeit› *(viability)* zusammengefaßt, die die Bedingungen der «Fähigkeit und Bereitschaft einer Partei, eine andere zu zerstören oder zu eliminieren»[12] im Bezugsrahmen eines ‹Konfliktfeldes›, das allen Konfliktsituationen gemeinsam ist, erfassen will. Solchen Andeutungen fundamentalerer Kausalbezüge und umfassenderer Zusammenhänge geht allerdings noch weitgehend die geschichtliche Dimension ab, so daß es bei naturgeschichtlichen, mehr oder minder deutlich sozialdarwinistischen Formeln bleibt, die bis heute typisch für diese theoretische Entwicklung sind.[13]

Andererseits besteht die Tendenz, unter dem Eindruck der Kybernetik und systemtheoretischer Modelle, auch die konflikttheoretischen

12 Ebda., S. 58.

13 Vgl. z. B. auch DEUTSCH, K. W., unten, Kapitel V, S. 171 ff.

Schemata auf eine höhere Stufe der Abstraktion zu heben. Bei diesen Bemühungen hat sich vor allem, soweit es sich noch um konflikttheoretische Entwicklungen im engeren Sinne handelt, J. GALTUNG hervorgetan. GALTUNGS Schema (1965) unterscheidet nur noch zwei Typen von Konfliktpartnern (individuelle und kollektive Einheiten) und zwei Typen von Konfliktstrukturen (entweder die Konfliktpartner gehören dem gleichen System oder verschiedenen Systemen an). So ergibt sich folgendes Modell: [14]

	Intra-System-Konflikt	Inter-System-Konflikt
Individuelle Ebene	z. B. intrapersonale Konflikte	z. B. interpersonale Konflikte
Kollektive Ebene	z. B. intranationale Konflikte	z. B. internationale Konflikte

Dieses Schema suggeriert vier strukturelle Konfliktbereiche, die untereinander dadurch verbunden werden können, daß die Beziehungen zwischen Binnen-System und Außen-System, zwischen ‹individueller› und ‹kollektiver› Systemebene, also Steuerungs-, Kommunikations- und Rückkoppelungsprozesse, in die Überlegungen miteinbezogen werden.

Auf diese Weise, auf sozialdarwinistisch-systemtheoretisch gewundenen Pfaden, kommt es heute zu ‹makrosoziologischen› Konzepten, die die Phänomene Konflikt und Kontrolle auf besondere Weise verbinden. Kapitel V wird sich mit diesem Thema beschäftigen. Interessant ist dabei vor allem, was sich daraus für die theoretische Beziehung zwischen Konfliktgegnern und Konfliktstruktur ergibt. Es scheint eine Tendenz zu bestehen, die Konfliktparteien als in ihren Motivationen und ihrem Bewußtsein relativ primordiale ‹individuelle› oder ‹kollektive› Wesen zu betrachten, die sozusagen ihren naturgeschichtlichen Hintergrund nicht loswerden wollen (Theorie der *‹viability›*) und in Konflikte mit der Absicht gegenseitiger Vernichtung eintreten; alle Rationalität hingegen, alle eindämmenden und glättenden Faktoren werden den Konfliktstrukturen zugesprochen, die, in der Wendung zur Sozialtechnik, nach Möglichkeit ausgebaut und differenziert werden sollen, am besten durch eine ‹Weltsteuerungswissenschaft›. Eine *ad-hoc*-Übersicht von SENGHAAS über moderne Konflikttheorien verdeutlicht diesen Trend; nach ihr lassen sich folgende Begriffe unterscheiden: [15]

1. Die Ableitung sozialer Konflikte aus der biologischen Naturgeschichte des Menschen: dieser Begriff ist neuerdings, außerhalb der Soziologie, wieder durch Autoren wie LORENZ, BERKOWITZ und ARDREY popularisiert worden; in-

14 GALTUNG, J., *Institutionalized Conflict Resolution: A Theoretical Paradigm.* In: Journal of Peace Research, 2,4 (1965), S. 348.

15 SENGHAAS, D., Konflikt und Konfliktforschung. In: Kölner Zeitschrift f. Soziologie u. Sozialpsychologie, Bd. 21, H. 1 (1969), S. 31–59.

nerhalb der sozialwissenschaftlichen Diskussion verhindert sein Gebrauch, indem er die Ursachen sozialer Konflikte auf biologisch-physiologisch fundierte Triebimpulse zurückführt, die Suche nach ihren sozialen Bedingungen.

2. Der Konfliktbegriff der systemanalytischen Konfliktforschung: er erscheint bei SENGHAAS mit einigem Recht als eine Weiterentwicklung des ‹naturgeschichtlichen› Konfliktbegriffs, da er dessen anthropologisches Invarianzpostulat durch rationale Kontrollmechanismen ergänzt sehen will, eben durch eine ‹Kollisions- und Verkehrssicherungswissenschaft der internationalen Politik›.

3. Der strategische Konfliktbegriff: er löst sich vollends von ‹objektiven›, auch anthropologischen Gegebenheiten und fragt nur noch nach den dem mächtigen Subjekt offenen Möglichkeiten strategisch geplanter Eingriffe in Konfliktsituationen. Soziale Konflikte werden hier zu Kommunikations- und Beeinflussungsproblemen.

Diesen und vielen anderen Klassifikationsschemata der westlichen Konfliktforschung ist gemeinsam, daß in ihnen die Rolle des Sozialwissenschaftlers selbst nicht genügend reflektiert wird. Diese Selbstreflexion kann aus verschiedenen Gründen nicht auf geradlinigen Bahnen verlaufen. Sie hat, was die amerikanische Konfliktsoziologie angeht, dennoch schon relativ früh in besonderer Gestalt eingesetzt, nämlich als eine Diskussion (weitgehend klassifikatorischer Natur) um den Beitrag verschiedener Disziplinen zur Konfliktforschung.

b) Mögliche disziplinäre Zugänge zur Konfliktforschung

Die Amerikanerin JESSIE BERNARD war Anfang der fünfziger Jahre eine der ersten, die mit einem wissenschaftspolitischen Appell auf die Notwendigkeit, Konfliktphänomene intensiver als bisher zu berücksichtigen, hingewiesen hat.[16] Mit solchen Aufforderungen müssen natürlich auch Überlegungen zum institutionellen und forschungsorganisatorischen Rahmen verbunden sein. Das wiederum geht nicht ab ohne eine Klärung der Begriffe und Fragestellungen. J. BERNARD hat 1957 selbst eine entsprechende Systematik vorgeschlagen. Diese zeigt, daß Untersuchungen über soziale Konflikte von sehr verschiedenen Voraussetzungen ausgehen können, Voraussetzungen, die eben zum Teil sich schon aus den disziplinären Blickverengungen ergeben und ihrerseits zu jenen Verzeichnungen führen, aus denen die Konfliktforschung sich noch kaum befreit hat:

---

16 BERNARD, J., *Where is the Modern Sociology of Conflict?* In: American Journal of Sociology 56 (1950), S. 11–16; zum folgenden DIES., *The Sociological Study of Conflict.* In: International Sociological Association, *The Nature of Conflict*, UNESCO, Paris 1957.

DREI ZUGÄNGE ZU EINER ANALYSE SOZIALER KONFLIKTE
(nach Bernard 1957)

	‹Spannungen› Sozialpsychologisch	‹Kosten› Soziologisch	‹Mißverständnisse› Semantisch
1. Basis oder Ausgangspunkt des Streits	Spannungen innerhalb des Individuums, die aus angesammelten Frustrationen herrühren und nur durch Aggression beseitigt werden können; im wesentlichen irrational	Unvereinbarkeit zwischen den Zielen, Zwecken oder Werten opponierender Systeme (Individuen oder Gruppen); oft rational	verbale oder begriffliche Mißverständnisse zwischen den Parteien; irrational; Unvereinbarkeit von Werten oder Zielen fehlt
2. Orientierung gegenüber dem Gegner	Vorurteile, Feindseligkeit, Haß, Stereotype	Haß und Feindseligkeit müssen nicht unbedingt vorhanden sein	Haß und Feindseligkeit sind vorhanden
3. Aktions- oder Lösungsweisen	Prügelknaben suchen, Aggressivität, Kämpfen, Streiten, Gewalt; Versuch, Einstellungen oder Motive zu ändern	Schisma, Sezession, Bürgerkrieg, Sektenbildung, Splitterparteien, Widerstandsbewegungen, Revolutionen, Reformbewegungen; Strategische Überlegungen	Zusammenbruch der Kommunikation; Bemühungen um semantische Klärung

Es ist schwierig, unter dem Gesichtspunkt einer sozialwissenschaftlichen Arbeitsteilung die Vorstellung von einer einheitlichen Konfliktperspektive aufrechtzuerhalten. Solange die Diskussion hierbei noch in einem rein akademischen Klima verlief und in der Tat mehr die Aufteilung professioneller Claims betraf, mochte das nicht weiter auffallen. Ende der fünfziger Jahre jedoch war die amerikanische Konfliktforschung in ein Stadium geraten, in dem auch ihre praktisch-politische Relevanz offen zutage lag und viele Konfliktforscher bereits Erfahrungen mit bürokratischen, politischen und militärischen Praktikern des Konflikts hatten. Vor allem im ‹Journal of Conflict Resolution› lassen sich diese Entwicklungen ablesen. Der mit dieser Zeitschrift eng liierte A. RAPOPORT hat in seinem Buch *‹Fights, Games and Debates›* (1960) vor dem Hintergrund dieser die Dinge zurechtsetzenden praktischen Erfahrung eine der obigen ähnliche und doch weiterführende Systematik verschiedener intellektueller Betrachtungsweisen der Konfliktdynamik vorgeschlagen:

Drei Modelle der Konfliktdynamik
(nach Rapoport 1960)

	Kämpfe *(Fights)*	Spiele *(Games)*	Debatten
1. Basis oder Beginn des Streits	gegenseitige Furcht oder Feindseligkeit zwischen den Parteien	Übereinkunft zwischen den Parteien, nach miteinander unvereinbaren Zielen unter dem Zwang bestimmter Regeln zu streben, ohne daß das Resultat vorausgesagt werden kann	Uneinigkeit zwischen den Parteien darüber, ‹was ist› (Fakten) oder ‹was sein sollte› (Werte); d. h. Zusammenstöße zwischen Gesinnungen oder Ansichten
2. Das Bild, das sich jede Partei v. Gegner macht	hauptsächlich eine überflüssige Störung, der Gegner soll ‹verschwinden› oder wenigstens in seiner Größe und Bedeutung gemindert werden	ein wesentlicher Partner, das Spiegelbild des Selbst; am besten ein starker Gegner, der sein Bestes geben wird, um zu gewinnen; ein rationales Wesen, dessen innere Denkprozesse berücksichtigt werden müssen	(im Irrtum befindlich oder zum Irrtum verführt; am besten ist es, wenn der Gegner zu den eigenen Ansichten ‹bekehrt› werden kann)
3. Das Ziel der jeweiligen Parteien	den Gegner verletzen, zerstören, unterdrücken oder vertreiben	den Gegner überlisten *(outwit)*	den Gegner (oder Zuhörer) überzeugen
4. Form der Interaktion	nichtrationale Aktions- und Reaktionsserien; Verwendung von Vorstößen, Drohungen, Gewalt usw.; der Ablauf hängt nicht von den Zielen der Gegner ab	die Konfliktparteien kooperieren, indem sie den Regeln folgen und dem Gegner eine möglichst schwierige Aufgabe stellen; die Aktionen (Stratageme) werden auf der Basis des möglichen Ergebnisses ausgewählt; strategische Logik; die ‹Auseinandersetzung› endet, wenn das Ergebnis für beide Seiten offensichtlich ist	verbale Interaktion, in der die Parteien sich mit Argumenten begegnen; Verwendung verschiedener Techniken der Beeinflussung wie Gehirnwäsche, Wegrationalisierung der Überzeugungen des Gegners, Ausräumung von Befürchtungen des Gegners bezüglich der Übernahme der eigenen Ansichten

Diese drei ‹intellektuellen› Bezugsrahmen entsprechen nicht mehr verschiedenen Disziplinen, sondern dem Outlook verschiedener Praktikergruppen: das Militär neigt einem Konfliktbegriff zwischen ‹Fights› und ‹Games› zu, Regierungen ebenfalls, Parlamentarier bevorzugen eher den Konfliktbegriff der ‹Debates› usw. Entscheidend ist aber die Feststellung, daß die Konfliktforschung und -theorie der westlichen Soziologie erst zu Ansätzen einer einheitlichen Konfliktperspektive gekommen ist, als sie sich mit den Anforderungen der politischen Praxis auseinandersetzen mußte. Das zeigt sich im Konzept einer ‹Weltsteuerungswissenschaft› und vor allem in einer offensichtlich erst heute, und nun schon mit direkter Einbeziehung marxistischer Elemente, voll sich entfaltenden Diskussion um einen allgemeinen soziologischen Konfliktbegriff.

c) Die Diskussion um Enge oder Weite des Konfliktbegriffs

Diese Diskussion mündet in umfassende Aufsätze wie die von C. F. Fink, hier allerdings eher, was das verarbeitete Material als was das Ergebnis angeht, und von E. Converse.[17] Hinzu kommen noch weitere neue Veröffentlichungen.[18] Hier seien nur einige wesentliche Punkte aufgegriffen. Da ist zunächst einmal der noch relativ enge Konfliktbegriff von Mack und Snyder (1957), an dem Fink sein Plädoyer für eine möglichst breite Fassung aufhängt. Mack und Snyder beziehen ihren Begriff auf soziale Interaktionen, in denen die Beteiligten einander ausschließende oder unvereinbare Werte vertreten. Solche Interaktionen sind nach Mack und Snyder *Konflikte*, wenn sie die folgenden Merkmale haben:[19]

1. Mindestens zwei Parteien (oder analytisch zu unterscheidende Einheiten), die ein Minimum an Kontakt und gegenseitiger ‹Sichtbarkeit› besitzen;

2. gegenseitig sich ausschließende und/oder unvereinbare Werte, die entweder auf der Knappheit von Ressourcen oder auf der Knappheit sozialer Positionen beruhen;

3. die Verhaltensweisen müssen a) darauf ausgerichtet sein, die andere Partei zu zerstören, zu verletzen, zu hindern oder auf andere Weise zu kontrollieren, und b) in einer sozialen Beziehung auftreten, in der die Parteien nur auf Kosten der anderen relative Gewinne erzielen können;

---

17 Converse, E., *The War of All Against All.* In: The Journal of Conflict Resolution, Vol. XII, No. 4 (1968), S. 471–532; Fink, C. F., *Some Conceptual Difficulties in the Theory of Conflict.* In: Journal of Conflict Resolution, a. a. O., S. 412–460.

18 Vgl. z. B. Holm, K., Verteilung und Konflikt. Ein soziologisches Modell. Stuttgart 1970; Holm plädiert für einen ausgesprochen ‹engen› Konfliktbegriff (s. unten S. 65 ff).

19 Mack, R. W., Snyder, R. C., *The Analysis of Social Conflict – Toward an Overview and Synthesis.* In: Journal of Conflict Resolution, Vol. II, No. 2 (1957), S. 17–19.

4. dies muß zu gegensätzlichen Aktionen und Gegenaktionen führen;
5. als letztes Merkmal kommen Versuche hinzu, sich Machtpositionen (d. h. die Kontrolle über knappe Ressourcen und Positionen) zu verschaffen bzw. Macht auszuüben (d. h. Verhalten in bestimmte Richtungen zu lenken).

Die ‹Enge› dieser an sich plausiblen Definition beruht darauf, daß viele soziale Beziehungen von unvereinbaren Werten und Zielen ausgehen, ohne daß daraus offene Konflikte der oben bezeichneten Art entstehen. Um Erscheinungen wie die unter 3a, 4 und 5 erwähnten zu begreifen, muß außerdem häufig auf im offenen Konflikt gar nicht zum Ausdruck kommende *latente* Antagonismen zurückgegriffen werden. Der Streit um die Erweiterung des Konfliktbegriffs ging also darum, ob nur die tatsächlich zu beobachtenden Ausbrüche von Macht- und Herrschaftskonflikten soziologisch erfaßt werden können oder ob zu einer soziologischen Analyse des Konflikts auch die Berücksichtigung der strukturellen (latenten) Ursachen und Bedingungen gehört. In einer derart erweiterten Begriffsbestimmung müßten dann natürlich auch Konfliktformen wie Konkurrenz, Protestbewegungen, Streiks und andere Manifestationen sozialer Unzufriedenheit als Indikatoren tieferliegender Spannungen zu Rate gezogen werden.

Zu den Autoren, die innerhalb der westlichen Soziologie zu einer in diesem Sinne erweiterten Konflikttheorie tendieren, gehören heute unter anderen Schelling (1958, 1960), Rapoport (1960), Rex (1961), Boulding (1962), Berelson und Steiner (1964), Galtung (1965 b), Thurlings (1965), Johnson (1966), Loomis (1967) und Stagner (1967). Allerdings kann man dabei in keiner Weise schon von einer Klärung oder gar von einem einheitlichen Konfliktbegriff sprechen, sondern nur von einer durch das Bedürfnis nach einer allgemeinen Konflikttheorie strukturierten Begriffsunklarheit, die zu der Einsicht führt, «daß das Ziel einer allgemeinen Theorie sozialen Konflikts am besten dadurch verfolgt werden kann, daß man die breiteste denkbare Arbeitsdefinition für sozialen Konflikt übernimmt». Fink schlägt in diesem Zusammenhang vor, unter sozialem Konflikt «jede soziale Situation und jeden sozialen Prozeß (zu verstehen), in dem zwei oder mehr soziale Einheiten wenigstens durch eine Form antagonistischer psychologischer Beziehung und wenigstens durch eine Form antagonistischer Interaktion miteinander verbunden sind».[20] Er begründet diese Definition damit, daß sie zum einen «der Tatsache Rechnung trägt, daß Antagonismus in gleich welcher Form allen Konflikten gemeinsam ist, zum anderen aber berücksichtigt, daß es eine ganze Menge verschiedener psychologischer Antagonismen (z. B. unvereinbare Ziele, einander ausschließende Interessen, emotionale Feindseligkeit, Dissens über Fakten oder Werte, traditionelle Feindschaften usw.) und antagonistische Interaktionsformen (vom direkten, gewaltsamen, unregulierten Kampf bis zu subtilen, indirekten und hochregulierten Formen gegenseitiger Einwirkung) gibt,

20 Fink, C. F., *Some Conceptual Difficulties*, a. a. O., S. 455.

die nicht notwendigerweise in jedem sozialen Konflikt aufzufinden sind».[21] Es ist also ein Begriff, der ‹einerseits› der Tatsache Rechnung tragen will, daß Gesellschaft eine antagonistische Dimension besitzt, und ‹andererseits› den Zugang zu verschiedenartigen psychologischen und sozialen Ausdrucksformen der Grundantagonismen nicht verbauen möchte. Man kann ihn als einen Kompromiß, aber auch, was die spezifische Situation der amerikanischen Konfliktforschung angeht, als einen recht mühsam erworbenen Fortschritt ansehen. Solche theoretischen Prozesse vollziehen sich ja in einer professionellen Lage, in der die Forscher auf bestimmte sozialwissenschaftliche Traditionen verzichten müssen.

Der hier vor sich gehende ‹positivistische Nachvollzug› einer dialektischen Theorie gesellschaftlicher Widersprüche ist vor diesem Hintergrund nicht nur als ein Nachhinken zu begreifen. Die pragmatische Orientierung an konkreten gesellschaftlichen Auseinandersetzungen und vor allem an der internationalen Rolle der Vereinigten Staaten verschafft diesen Bemühungen sogar einen Wirklichkeitsvorsprung vor jenen ‹Dialektikern›, die ihre dialektische Methode nicht in der Erklärung konkreter Konflikte, sondern in der Exegese der Klassiker erproben. Zugleich tauchen aber auch innerhalb der amerikanischen Konfliktforschung heute zwangsläufig Versuche auf, die eigenen Ansätze in den Bezug umfassender sozialwissenschaftlicher Traditionen zu setzen; zu diesem Zweck werden oft recht ungewöhnliche ‹Klassiker› bemüht.

d) ‹Subjekt› und ‹Objekt›

Einer der einflußreichsten Versuche, subjektivistische und objektivistische Traditionen in der Entwicklung der westlichen Konflikttheorien aufzudecken und sie auch gegeneinander auszuspielen, stammt von A. Rapoport:[22] Rapoport geht aus von den Möglichkeiten, die ‹Konfliktsituation eines Schachspiels› zu analysieren. Es gebe offensichtlich vor allem folgende Ebenen, die das Schachspiel ausmachen: 1. die Vorgänge auf dem Schachbrett (‹objektiv›), 2. die Vorgänge in den Köpfen der Spieler als Strategie und Kalkulation (‹subjektiv›). Diese Ebenen sind zwar aufeinander bezogen, analytisch aber, wie die Geschichte der Konflikttheorien zeigt, besteht die Versuchung, von einer dieser Ebenen auf den gesamten Vorgang zu schließen. Die Betrachtungsweise der ersten Ebene könne man mit dem Namen Tolstoi verbinden, die Betrachtungsweise der zweiten Ebene mit dem Namen Clausewitz. In ‹Krieg und Frieden› stellt Tolstoi u. a. eine Geschichtsphilosophie dar, die menschliche Konflikte von großen Dimensionen als den Ausbruch na-

---

21 Ebda., S. 456.

22 Rapoport, A., Tolstoi und Clausewitz. In: Krippendorf, E., Hg., Friedensforschung, a. a. O.

turhafter, gewaltiger, ‹objektiver› historischer Kräfte ansieht. Strategie wird als völlig irrelevant für den Verlauf oder Ausgang des Krieges erklärt. Man kann hier von einer dynamischen oder kataklysmischen Konflikttheorie sprechen (nur die Bewegungen der ‹Schachfiguren› werden registriert). Ein moderner Nachfolger in der kataklysmischen Betrachtungsweise ist LEWIS F. RICHARDSON, der das Phänomen des Krieges mit mathematischen Mitteln untersucht hat. In *‹Statistics of Deadly Quarrels›* (1960) versucht er, durch Zusammenstellung quantitativer Daten über die Kriege der letzten 150 Jahre ‹Korrelate› des Krieges (wirtschaftliche, politische, kulturelle, geographische Indizes für seine Ursachen) herauszufinden; diese ‹naturwissenschaftliche› Betrachtungsweise (RICHARDSON war Meteorologe) ergab, daß man auf diese Weise nicht zu den ‹Ursachen› von Kriegen vordringen kann. In *‹Arms and Insecurity›* (1960) versucht er mit Hilfe mathematischer Modelle vor allem den Gesetzmäßigkeiten von Rüstungswettläufen auf die Spur zu kommen. Dabei zeigt sich zumindest die Möglichkeit, die Dynamik, das ‹Schicksal› eines Rüstungswettlaufs, als System betrachtet, vorauszusagen. Das Fehlen einer Typologie von Kriegen (bei RICHARDSON unterscheiden sich Mord und Krieg nur quantitativ) und seine Auffassung, daß Kriege eine Krankheit der Menschheit, ein epidemisches Phänomen seien, zeigen aber die Einseitigkeit dieser ‹objektivistischen› Auffassung.

Für CLAUSEWITZ dagegen war Krieg ein bewußter politischer Akt, der zum Erreichen bestimmter Ziele von souveränen Nationalstaaten geführt wurde. Seine Konflikt- oder Kriegstheorie ist «rational im Sinne einer Ableitung aus rationalen strategischen Erwägungen derjenigen, die Krieg führen». Zu seinen modernen Nachfolgern gehört HERMAN KAHN [23], der den Krieg aus der Ebene der Massenbeteiligung und Massenemotionen herausziehen will und für eine Rückkehr zum Krieg als einem rationalen Instrument der Außenpolitik plädiert. Dabei weitet er den Begriff der Strategie aus zum Begriff der Erpressungsdiplomatie (Abschreckungspolitik), die er für das Hauptkennzeichen der Außenpolitik im Atomzeitalter hält. Theoretische Basis für diese Betrachtungsweise wird die Spieltheorie, die aus dem formal-mathematischen Bereich in die Wirklichkeit übertragen wird. Damit gewinnt die Vorstellung einer direkten Konfrontation von Feinden die Oberhand, die versuchen müssen, (‹Chicken-Spiel›) durch ‹Festbleiben› den Gegner in einer Gleichgewichtssituation zum ‹Nachgeben› zu veranlassen. Eine solche ‹Nerven-Strategie› geht über die Köpfe der Massen hinweg, sie kann, wegen der sonst einbrechenden Vielfalt der wirklichen Probleme (die vom spieltheoretischen Kalkül nicht erfaßt werden können), nur von isolierten Machteliten gespielt werden. Durch diese subjektivistische Auffassung von Krieg gelangen ‹Macht und Zwang›, die zentralen Begriffe der diplomatisch-militärischen Strategie bei CLAUSEWITZ, wiederum zu zentraler Bedeutung. Der ‹Kern der Konflikte› hingegen wird verdeckt.

---

23 KAHN, H., Eskalation. München 1960.

Rapoport resümiert, daß die Unzulänglichkeiten der ‹objektivistischen› bzw. ‹subjektivistischen› Anschauungen offensichtlich komplementär seien: «Die kataklysmische Betrachtungsweise leugnet die Existenz von Feinden und kann daher nichts vorschlagen, wie mit ihm fertigzuwerden sei, wenn es ihn doch gibt. Die strategische Betrachtungsweise schlägt Prozeduren vor, die fortdauernde Existenz von Feinden sicherstellen, bis an die Grenze der totalen Vernichtung der menschlichen Rasse. – Angesichts dieser Komplementarität bietet sich eine dritte Anschauungsweise vom Konflikt selbst an. Sie erkennt das Bestehen widerstreitender Interessen und Engagements in menschlichen Gruppen, konzentriert sich aber auf die Analyse dieser Konflikte. Weder blinde Dynamik noch strategisches Kalkül, sondern die Streitfragen selbst sind es, die im Zentrum des Interesses stehen.»[24] Und Rapoport macht auch ganz deutlich, daß Konfliktforschung und Konflikttheorie nur im Zusammenhang der Auseinandersetzung von Kapitalismus und Sozialismus gesehen werden können. Es gehe um die Vermittlung der verschiedenen historischen Erfahrungen, die einmal zur Betonung der Wichtigkeit des Individuums und seines Bewußtseins, einmal zur ‹Wirklichkeit des menschlichen Kollektivs als Überlebensgemeinschaft› geführt haben – und diese Vermittlung könne nur von einer Analyse des Kerns der Konflikte ausgehen.

Damit werden in dieser Diskussion die ‹philosophischen Ursprünge der Konflikttheorie› wiederentdeckt. Das Subjekt-Objekt-Schema scheint sich hierbei zu einem besonderen Katalysator zu entwickeln, wie verschiedene Kontroversen aus jüngster Zeit zeigen.[25] In ihnen wird deutlich, daß wir in den Sozialwissenschaften und natürlich insbesondere dort, wo über Phänomene des sozialen Konflikts diskutiert wird, nicht mehr mit einer wasserdichten ‹westlichen› Soziologie bzw. ‹östlichen› Gesellschaftslehre rechnen können, wie in den ganzen Jahren nach dem Zweiten Weltkrieg. Die Dinge sind wieder in Fluß gekommen.

2. Konflikthandeln

Wir wollen versuchen, in einer zusammenhängenden Reflexion zu vermitteln, daß Konflikt nicht nur eine wissenschaftliche Perspektive, ein begriffliches Problem, sondern auch eine über das eigene Selbstbewußtsein erfahrbare Qualität unseres Handelns ist; daß also jeder Laie mehr über Konflikt weiß, als er glaubt. Zu diesem Zweck kann man von einem Modell ausgehen, das Elizabeth Converse, Redak-

24 Rapoport, A., a. a. O., S. 104.

25 Schmid, H., *Peace Research and Politics.* In: Journal of Peace Research, No. 3 (1968); Jenkins, R. S., *Some Notes on the Social Functions of Conflict Theory.* In: Studies in Progress, Institute for Peace and Conflict Research, No. 1, 1969.

teurin der Zeitschrift ‹Journal of Conflict Resolution›, die sich selbst als intelligente Laiin bezeichnet, entworfen hat, um die wissenschaftlichen Beiträge aus zwölf Jahrgängen dieser Zeitschrift auf ihre Ergebnisse hin zu sichten.[26] E. Converse geht von der Annahme aus, daß jeder Konflikt von zwei Seiten betrachtet werden kann, da es sich dabei letztlich immer um die Beziehung zwischen zwei und nicht mehr Parteien handelt. Schneidet man eine Konfliktsituation dementsprechend in zwei Teile, so haben wir zwei Seiten, deren jede «von einem Handelnden ausgeht, der in einer Situation steht, die *notabene* ein anderes menschliches Wesen einschließt. Diese Situation will der Handelnde *kontrollieren.* Als Handlungsmöglichkeiten stehen ihm zur Verfügung ein Kontrollplan und ein tatsächlicher Kontrollversuch, die zu einem Ergebnis führen müssen.» Hinter diesem *Kontroll-Paradigma,* wie sie es nennt, steht natürlich die alte Vorstellung vom Streit der Selbstbewußtseine miteinander, das Postulat vom prinzipiellen Egoismus im Kampf ums Überleben usw. Immerhin führt das Kontroll-Paradigma, nach dem Menschen oder Menschengruppen sich mit entgegengesetzten ‹Kontrollplänen› und ‹Kontrollversuchen› gegenüberstehen, zu einigen grundsätzlichen Fragestellungen: «1. Wer kontrolliert wessen Verhalten oder Erfahrung, und zwar in welcher Hinsicht, bis zu welchem Grad, mit welchen Mitteln, zu welchen Zwecken? – 2. Wie beantworten die beteiligten Personen oder Gruppen selbst diese Frage? – 3. Wer hat das Recht oder die Pflicht, wessen Verhalten oder Erfahrung zu kontrollieren, und zwar in welcher Hinsicht, bis zu welchem Grad, mit welchen Mitteln, zu welchem Zweck? – 4. Wie beantworten die beteiligten Personen selbst diese Frage?»[27] E. Converse schränkt dann ein, daß es sich bei Frage 3 offensichtlich um ein ‹unwissenschaftliches›, ein ‹ethisches› Problem handele. Die anderen Fragen aber stünden derzeitigen sozialwissenschaftlichen Methoden offen. Frage 1 bezieht sich auf Ursachen und Wirkungen, Funktionen, Beziehungen und Strukturen solcher Kontroll-Situationen. Die Fragen 2 und 4, deren Gegenstand das subjektive Erleben des Kontrollhandelns ist, seien mit modernen Methoden der Bewußtseinsforschung ebenfalls zu beantworten.

Dieses Kontroll-Paradigma von E. Converse ist von einer verdächtigen Einfachheit. Man kann es zunächst in fast jeder sozialen Situation anwenden und wird sich dadurch ohne Zweifel den Blick für die Tatsache schärfen, daß soziales Leben zu einem guten Teil daraus besteht, ‹kontrolliert zu werden›. Das Moment der Passivität, das in dieser Einsicht steckt, ist allerdings gefährlich, und es wird auch nicht weniger gefährlich, wenn es in die *entsprechende* Aktivität umschlägt, wenn also der Kontrollierte sich, zunächst in seinem Bewußtsein, zum Kontrolleur mausert. Andererseits muß diese Beziehung zwischen Kontrolliertem und Kontrolleur, in der sich ja alle Kontrollsysteme perpetuieren, auf-

---

26 Converse, E., a. a. O., S. 472 ff.

27 Ebda., S. 474.

gedeckt werden, bevor man zu einem *richtigen* Begriff von Konflikthandeln kommen kann. Der richtige Begriff von Konflikthandeln muß nämlich einerseits davon ausgehen, daß in der Tat einander Selbstbewußtseine, Subjekte, gegenüberstehen, die einfach kontrollieren wollen und im anderen jeweils nur einen Aspekt der zu kontrollierenden Situation, also ein Objekt sehen. Der Begriff muß andererseits über diese sozusagen unmenschliche Kontroll-Situation hinausweisen und darauf bestehen, daß im sozialen Konflikt einander nicht Subjekt und Objekt, sondern zwei Subjekte gegenüberstehen. Betrachtet ein Handelnder seinen Gegner als Teil einer Situation, die es in ihrer aktuellen Gesamtheit zu kontrollieren gilt, so haben wir ein Subjekt, das in ‹Objektivität› eingreifen will, das ein zu behandelndes ‹Objekt› sieht, seine Qualitäten abschätzt, sich ‹objektiv› durchsetzen will usw. Daß in dieser ‹Objektivität› auch ein anderes Subjekt verborgen ist, wird diesem Handelnden, den nur das Überleben seines Selbstbewußtseins interessiert, möglicherweise gar nicht bewußt. Wohl aber dem Beobachter! Dem Beobachter, der die Perspektive wechseln, in der zu kontrollierenden Situation das andere Subjekt ausfindig machen und zum dominanten Subjekt erheben kann.

Obgleich der Wechsel der Perspektive des Beobachters bei vielen ernsthaften sozialen Konflikten bereits einen Parteiwechsel bedeutet, tritt in diesem Augenblick der Distanz, der sozial ja im Schiedsmann, im Richter, im Neutralen und schließlich im Recht perpetuiert werden kann, schlagend die Tatsache der *Intersubjektivität* von Konflikten hervor. Im Kontroll-Paradigma von E. Converse wird diese Intersubjektivität auch durch die Fragen offengelegt. Fragt man nämlich in einen Konflikt verstrickte Gruppen oder Personen nach ihrer Einschätzung der Vorgänge, so werden sie in die Kalkulation ihrer Antworten das Bewußtsein des Gegners miteinbeziehen; bis hin zu dem Punkt, in dem eben auch das Interview selbst eine Funktion im Konflikt erhält. Die hier hervortretenden ‹ideologischen› Momente des Konflikts sind dann nichts anderes als ein Ausdruck gemeinsamer historischer Erfahrungen, die Gegner und Beobachter aneinanderbinden: sie beginnen die Dimension der Intersubjektivität auszufüllen und stellen sich schließlich dar als eine *Bewegung der Subjekte*, die zunächst einmal *unabhängig* von der ‹objektiven› Seite des Konflikts vorgestellt werden kann. Insofern haben die Strategen recht.

Vor dieser Intersubjektivität, in der aus Subjekten *historische Subjekte* (Subjekte mit Erfahrung) werden, wird aber zugleich deutlich, daß die in einer Kontroll- oder Konflikt-Situation enthaltenen sonstigen objektiven Elemente und Objektivationen untereinander ähnliche Beziehungen haben müssen wie die Subjekte, daß es so etwas wie eine ‹*Interobjektivität*› geben muß. Das zeigt sich unter anderem daran, daß Konfliktparteien aus der ‹gleichen› objektiven Situation unterschiedliche, sogar widersprüchliche Vorteile und Konfliktmittel ziehen können. Die materiellen Bewegungen der Geschichte sind also, bezieht man sie auf konkrete Konflikte, zwar möglicherweise Naturereignisse; die Menschen in diesen Bewegungen aber sind nicht nur Spielbälle, sondern realisieren sich selbst aus den Bewegungen der Objekte. Damit ergibt sich hier als der Grundbaustein sozialen Konflikts nicht eine einfache Subjekt-Objekt-Beziehung (Kontroll-Paradigma), sondern eine Beziehung zwischen *historischem* Subjekt (in das die Erfahrung intersubjektiver Bewegungen eingegangen ist) und *historischem* Objekt (in dem die Kräfte ‹interobjektiver› Bewegungen zu subjektiver Bedeutung aufgeschlossen werden).

Wir wollen die einfachste Form, in der sich diese Beziehung ausdrükken läßt, die Beziehung zwischen *Leistung* und *Problem* nennen. Die Vermittlung oder dialektische Beziehung zwischen ‹subjektiven› Leistungen und ‹objektiven› Problemen in Problemlösungsaktivitäten oder -prozessen ist dann die erste, einfachste Stufe des Konflikthandelns. Sie kann zwar selbst noch als nichtkonfliktuelles Handeln, als einfacher, historisch strukturierter Handlungsprozeß des Alltags verstanden werden; allerdings schon in dem Sinne, daß die Vermittlung von Leistungen und Problemen ein notwendiges Element sozialer Konflikte, nicht aber aller sozialen Phänomene sein muß. Aber zunächst, was heißt das: Leistungen und Probleme als Erscheinungsformen subjektiver und objektiver Bewegung, historischer Subjekte und Objekte?

Die Selbstbehauptung des Selbstbewußtseins (in einer Umwelt) setzt damit ein, daß es seine Existenz auf Dauer stellen muß. Gesellschaft als eine Objektivation gibt diese Dauer dem Subjekt vor – um den Preis, daß sie es *kontrolliert*. Aus dieser Tatsache lassen sich alle soziologischen Ordnungs- und Integrationstheorien ableiten. Aber zugleich ändert diese Tatsache nichts daran, daß diese Dauer von historischen Subjekten ständig zumindest nachgeschaffen, ‹reproduziert› werden muß. An diesem Punkt, der Reproduktion dessen, was kontrolliert, beginnen alle Anstrengungen, die wir im folgenden Leistungen des historischen Subjekts nennen wollen. Die Fähigkeit zur Erzeugung von Selbstgewißheit in einer Gesellschaft, die diese Selbstgewißheit vorzustrecken scheint, sie den Untätigen aber unweigerlich vorenthält, kann auf biologische Reproduktionsleistungen und einige wenige, ‹dumpfe› Momente sozialer Reproduktion zusammenschrumpfen. Aber schon in den einfachsten Formen menschlicher Arbeit wird subjektive Leistungsfähigkeit zur Möglichkeit der Selbstbestimmung gegenüber gesellschaftlicher und natürlicher ‹Objektivität›. Und an *diesem* Punkt entstehen *Probleme*. Probleme als objektive Bewegungen treten niemals in den Bereich des subjektiven Zugriffs, wenn sie nicht in irgendeiner Form durch Leistungen herangelockt worden sind – umgekehrt sind subjektive Leistungssteigerungen nicht denkbar ohne die Herausforderung durch Probleme. Die ‹Entstehung› von Problemen impliziert ein Heraustreten objektiver Wirklichkeit aus ihrer Ruhe hinein in die Geschichte der Selbsterhaltung und Selbstverwirklichung des Menschen. Probleme sind die Erscheinungsform historischer Objektivität. Sie meinen die Ungewißheit menschlicher Existenz und zugleich die Möglichkeit der Vergewisserung; sie sind in diesem Sinne sozusagen immer sehr dringlich.

Faßt man Leistungen und Probleme in ihrem Vermittlungsprozeß, als Problemlösungsaktivität, so ist Geschichte bis in die kleinsten sozialen Vorgänge, bis in den Alltag hinein ‹Problemgeschichte›: Mühsal. Problemlösungsaktivitäten haben diese Qualität des einsamen, intensiven Sicheinsetzens. Sie zeigen zunächst einmal das betroffene Subjekt in seiner Illusion, es könne alle seine Probleme selbst finden und selbst lösen. Nur von dieser unbegriffen-einsamen Problemlösungsaktivität aus läßt sich die Intensität sozialer Konflikte begreifen, deren erster Schritt sie ist. In der einsamen Anstrengung des historischen Subjekts liegt auch der Anfang für die Ausfaltung der ganzen Leistungsbreite der historischen Subjekte, für die Möglichkeit der Vergesellschaftung subjektiver Leistungen, für das Austesten des Menschenmöglichen. Historisch geht das, was wir hier verhältnismäßig einfach ausdrücken, nicht umsonst auf die ‹Metaphysik› des Idealismus zurück: die Frage nach den Grenzen menschlicher Leistungsfähigkeit muß sich zunächst einmal auf das Subjekt, das so fragt, zurückstürzen, bevor die Antworten vergesellschaftet werden können. Und auch die Probleme müssen erst einmal als Herausforderungen an das einzelne historische Subjekt begriffen worden sein, bevor die Suche nach der gesellschaftlichen Allgemeinheit der Probleme einsetzen kann. Aber abgesehen davon: bei Problemlösungsaktivitäten handelt es sich prinzipiell um alltägliche Handlungen, in denen Subjekte sich anstrengen, um ein sich ihnen entgegenwölbendes Problem in einer besonderen, ‹ontopraxeologischen› Weise, die allein sie ihrer selbst gewiß machen kann, zu lösen. Die Lösung von Problemen ist dem konkreten Menschen letztlich am ‹nächsten›, er muß sich auf diese Aktivitäten einlassen, um mit Geschichte überleben zu können. Soziale *Interaktion* ist in diesem Stadium noch etwas Peripheres.

Aber soziale Interaktion steht natürlich an. Und hier kommt man, über die Abhängigkeit der Selbstgewißheit von Problemlösungen hinaus, zum Phänomen des sozialen Konflikts, des Konflikthandelns. Es kann begriffen werden als eine Form der Interaktion, in der Handelnde sich über ihren Problemlösungsaktivitäten begegnen und sich sozusagen für die Aktivität des anderen deshalb brennend interessieren, weil sie der eigenen ähnelt, aber nicht gleicht. Wäre sie die gleiche, käme man an diesem Punkt zu Phänomenen tiefer Kooperation, zu Einverständnishandeln usw. Aber solche Kooperationsphänomene sind, je vielfältiger die historisch zur Verfügung stehenden (vergesellschafteten) Leistungen und die offenen Probleme werden, einfach ‹statistisch› weitaus unwahrscheinlicher als Interaktionen, die auf ähnlichen, aber ungleichen Problemlösungsaktivitäten beruhen. *Wenn aber unter der Bedingung des existentiellen Interesses Handelnde in einer sozialen Interaktion die Differenz ihrer Problemlösungsaktivitäten zum Thema der Interaktion machen, entsteht sozialer Konflikt.*

Konflikthandeln beruht also erstens auf einer besonderen Subjekt-

Objekt-Beziehung, der historischen, gefährdeten nämlich, die nur durch Problemlösungsaktivitäten ‹gesichert› werden kann. Es beruht zweitens darauf, daß Handelnde sich über ihre eigenen Problemlösungsaktivitäten erheben und im anderen Subjekt nicht nur dessen Beziehung zu den eigenen Problemen oder Leistungen, sondern seine ‹problemlösende Rolle› in der zunächst nur abstrakt begreifbaren gemeinsamen Geschichte sehen. Und Konflikthandeln aktiviert sich schließlich, über der Dringlichkeit der eigenen Probleme, an den intersubjektiv differenten Anwendungen und Auslegungen ähnlicher Leistungen bzw. Probleme. Es wird als sozialer Konflikt eine Wirklichkeit, die weder die begrenzte Wirklichkeit des einen noch des anderen Subjekts, sondern deren gemeinsame ‹Geschichte› ist.

3. Herrschaftskonflikte: Adäquanz und Äquivalenz

Die Differenz von Problemlösungsaktivitäten kann auf verschiedene Weisen bestimmt werden. Es können beispielsweise ‹Klassen› von Leistungen und Problemen unterschieden werden, d. h. das Feld gesellschaftlichen Geschehens läßt sich nach den in ihm möglichen ‹Leistungsstufen› (z. B. in einer Skala, die von einfachen bis zu sehr komplizierten, von ‹manuellen› bis zu ‹geistigen› Leistungen reicht) und nach den in ihm auftretenden ‹Problemfolgen› (z. B. in einer Skala, die von dringlichen bis zu entfernteren, von ‹Überlebens-› bis zu ‹Sinnproblemen› reicht) strukturieren. Ein solcher Versuch liegt – zunächst nur als Schema zur Ordnung des Materials – den Darstellungen dieses Buchs zugrunde.[28] Die im folgenden unterschiedenen *Leistungen* (1. . .6) und *Probleme* (a. . .f) beziehen sich auf von der Soziologie erschlossene, relativ evidente Wirklichkeitsschichten:[29]

1. *Reproduktionsleistungen:* darunter können alle Fähigkeiten, ohne Änderung des *status quo* oder der Umwelt zu überleben, verstanden werden; sie sichern sozusagen das Existenzminimum (vgl. Kapitel II).

2. *Kombinationsleistungen:* zunächst handelt es sich um die Fähigkeit, ‹bestimmte Dinge mit bestimmten anderen zu kombinieren› (Pareto), gleichgültig, ob es sich dabei um ‹logische› oder ‹alogische› Kombinationen handelt; im Entwerfen sozialer Verhältnisse (Bedürfnissysteme, Interessensysteme, Verfassungen) wird diese Fähigkeit zu einer ‹ordnenden› Leistung; gleichzeitig kann die kombinatorische Fähigkeit zum Begriff der abstrakten menschlichen Arbeit präzisiert werden (vgl. Kapitel III).

3. *Kommunikationsleistungen:* diese Klasse bezieht sich auf alle Fähigkeiten, Dinge und ‹Kombinationen› in Interaktionen durch Zeichen und Symbole zu vertreten, sie zu Mustern und Symbolsystemen zusammenzufügen und die

---

28 Vgl. dazu auch Krysmanski, H. J., Sozialer Konflikt und Problemlösungsprozesse. In: ARSP, Vol. 1970, LVI/3.

29 Es handelt sich um analytische Unterscheidungen, die ‹spiegelbildlich› zusammenfallen (also 1 zu 6, 2 zu 5, 3 zu 4), so daß eigentlich jeweils nur drei Wirklichkeitsbereiche oder Schichten angesprochen sind.

Regelhaftigkeit der Bewegungen ‹gesellschaftlichen Bewußtseins› hervorzubringen (vgl. Kapitel IV).

4. *Kontrolleistungen:* hier handelt es sich um die Fähigkeit, Bewegungen des ‹gesellschaftlichen Bewußtseins› in größeren symbolischen Zusammenhängen zu stabilisieren, diese Zusammenhänge als selbstverständlich, selbstreproduktiv und selbstregulierend darzustellen und daraus einen Expansionsanspruch abzuleiten; sie sind sozusagen eine Verabsolutierung der kommunikativen Bewegung (vgl. Kapitel V).

5. *Reflexionsleistungen:* sie können am besten beschrieben werden als innere, ‹geistige› Abbildung kombinatorischer Prozesse, in denen Kontrollzusammenhängen ihre Selbstverständlichkeit genommen, ein Rückbezug auf die Selbstkonstitution des Menschen durch Arbeit möglich wird; man kann hier besonders an die emanzipativen Funktionen von Wissenschaft denken (vgl. Kapitel VI).

6. *Produktionsleistungen:* darunter können alle Fähigkeiten, durch Änderung des *status quo* oder der Umwelt unter Einschluß aller historisch jeweils möglichen Leistungen bewußt weiterzuleben, verstanden werden; sie eröffnen, in direkter Korrespondenz zu den Reproduktionsleistungen, das Existenzmaximum; zugleich stellen sie, auf einer höheren Stufe gesellschaftlicher Entwicklung, wiederum selbst Reproduktionsleistungen dar (vgl. Kapitel VII).

a) *Überlebensprobleme:* hier handelt es sich um im allgemeinen nur von partikularen Gruppen wahrgenommene spezifische ‹existentielle Gefährdungen› (z. B. von ‹Leben› oder ‹Erbe›), die vermittelt über diese Gruppen als gesamtgesellschaftliche Gefährdungen erscheinen können (vgl. Kapitel II).

b) *Bedürfnis- und Interessenwidersprüche:* sie ergeben sich, wenn ‹egoistische› Interessen oder neu entstandene Bedürfnisse (Folgebedürfnisse) institutionell noch nicht miteinander verbunden und gesichert sind; wenn also die rudimentären gesellschaftlichen Ordnungsfunktionen versagen (vgl. Kapitel III).

c) *Kommunikationsprobleme:* Schwierigkeiten, die sich aus der ‹Beweglichmachung›, Artikulation und intersubjektiven Vermittlung von ‹Kombinationen›, sozialen Teilmustern und Distributionsverhältnissen ergeben; auch Probleme bei der Herstellung und Abschaffung von Kommunikationsregeln (vgl. Kapitel IV).

d) *Systemspannungen:* generell handelt es sich um den Kontrollzusammenhang (ein ‹soziales System›) gefährdende Erscheinungen, die darauf hindeuten, daß bestimmte Grundprobleme der Bestandserhaltung oder Leistungssteigerung (die auf andere Problemklassen zurückgeführt werden können) nicht gelöst sind; als Systemprobleme implizieren sie ‹neuralgische Punkte› eines beweglichen Equilibriums (vgl. Kapitel V).

e) *Sinnprobleme:* in ihnen bilden sich über einen Kontrollzusammenhang hinausweisende, vermutlich in der Bedürfnis- und Interessensphäre entstandene Widersprüche als generelle existentielle Gefährdungen (z. B. der ‹Identität› der Person) ab; sie verweisen auf geistige Strategien in der ‹wissenschaftlichen Zivilisation›[30], auf Wissens- und Gewissensprobleme (vgl. Kapitel VI).

---

30 Vgl. Schelsky, H., Der Mensch in der wissenschaftlichen Zivilisation. In: Ders., Auf der Suche nach Wirklichkeit. Düsseldorf/Köln 1965, und seinen Versuch, verschiedene Formen des modernen metaphysischen Selbstverständnisses zu unterscheiden.

f) *Produktionsprobleme:* alle Schwierigkeiten, die sich einer gesamtgesellschaftlichen Veränderung an konkreten Punkten entgegenstellen; sie können auch als der Inbegriff der produktiv zu verändernden Verhältnisse bezeichnet werden (vgl. Kapitel VII).

Mit Hilfe dieser jeweils sechs ‹Klassen› von Leistungen und Problemen läßt sich eine einfache Struktur der in einem gesamtgesellschaftlichen System möglichen oder denkbaren *Problemlösungsaktivitäten* vorstellen:

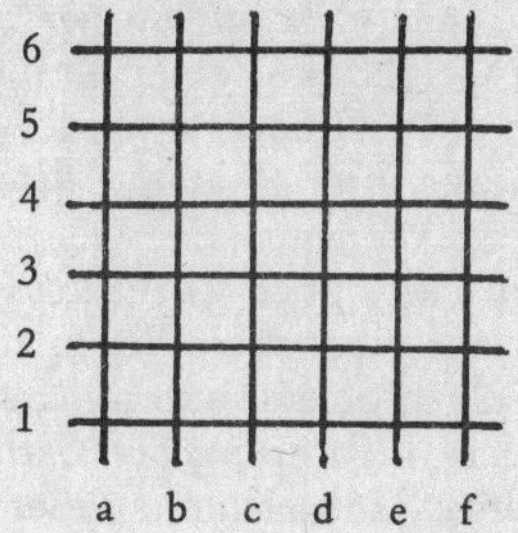

In dieser Struktur oder Matrix bezeichnen die verschiedenen Leistungen *Stufen* der subjektiven Leistungsfähigkeit, die verschiedenen Probleme eine *Abfolge* objektiver Dringlichkeit (d. h. ‹zuerst› müssen ‹Überlebensprobleme›, dann ‹Interessenwidersprüche› etc. gelöst werden). Ein typischer Problemlösungsdurchlauf durch eine solche Matrix (wo jeder Problemklasse eine Leistungsklasse entspräche), würde also so aussehen:

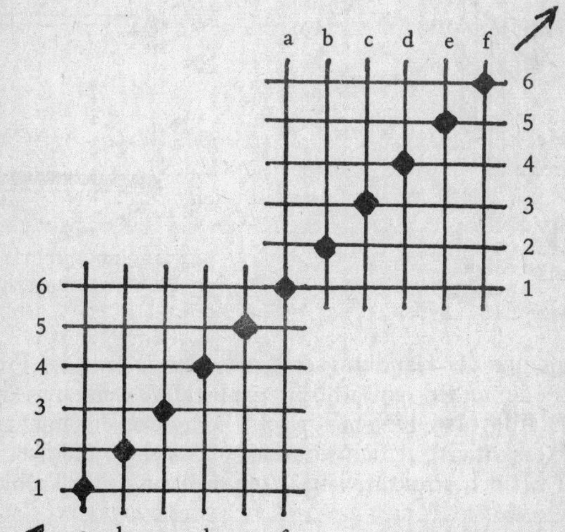

Hier würden alle anstehenden Probleme kontinuierlich in der Zeit durch jeweils ‹adäquate› Leistungen gelöst, und der gesamte gesamtgesellschaftliche Problemlösungsprozeß könnte sich auf der Grundlage des ‹Geleisteten› (auf höherer Ebene) wiederholen. Diese Vorstellung einer Problemlösungsstruktur oder -matrix ist aber noch nicht zureichend komplex; sie vernachlässigt eine Dimension, die gerade in sozialen Konflikten große Bedeutung hat: den Intensitätsgrad von Problemlösungsaktivitäten. Die vorhandene Handlungsenergie kann offensichtlich entweder ganz auf die Problemlösung selbst konzentriert werden, oder sie kann sich nach ‹außen› oder nach ‹innen› zerstreuen. Wenn beispielsweise die unmittelbare Gefährdung einer Gruppe (ein Überlebensproblem) ansteht, so kann diese Gruppe entweder die Ursachen ihrer Gefährdung durch Bearbeitung ihrer gesamtgesellschaftlichen Bedingungen direkt beseitigen, oder sie kann ihre Energien nach ‹außen› (gegen andere, ‹Aggression›) oder nach ‹innen› (gegen sich selbst, ‹Askese›) wenden. Die Gruppe kann auf allen drei Wegen ihr ‹Überlebensproblem› lösen, nur werden die Folgeprobleme sich in jedem der Fälle anders ausnehmen: d. h. sie werden in Richtung auf ‹Arbeit›, ‹Aggression› oder ‹Askese› präjudiziert. Unter Einbeziehung dieser dritten Dimension läßt sich unsere Matrix wie folgt vervollständigen (wobei wir nur die Leistung 1 und das Problem a einzeichnen wollen):

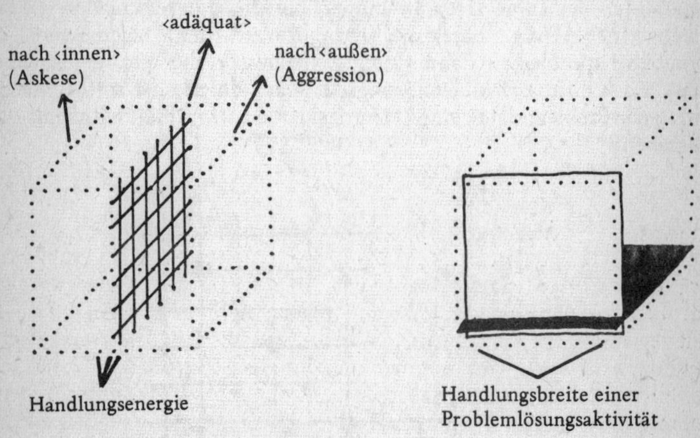

Das Abgleiten der Handlungsenergien vom ‹Kern› des Problems, die nach innen oder außen ‹entsachlichte› subjektive Leistung: das sind natürlich nur Hilfsvorstellungen für sehr komplexe Zusammenhänge, die hier kaum diskutiert werden können.[31] Es geht zunächst nur darum, ein Gefühl für den strukturellen Zusammenhang von Problemlösungs-

31 Vgl. auch Kapitel VII, S. 224.

aktivitäten und auf ihnen basierenden sozialen Konflikten zu gewinnen.

Wir haben gesagt, daß Problemlösungsaktivitäten ständig und alltäglich vor sich gehen und, im Sinne des Kontrollparadigmas von E. Converse, als Versuche historischer Subjekte, sich in der Welt festzumachen und zu behaupten, begriffen werden können. Konflikte setzen ein, wenn die Subjekte einander über ihren Problemlösungsaktivitäten begegnen und dabei in den Aktivitäten des jeweils anderen eine objektive Dimension ihrer eigenen ‹problemlösenden Existenz› erfahren. Wird in dieser gegenseitigen Kenntnisnahme nun die Tatsache der Ähnlichkeit, aber Differenz der Problemlösungsaktivitäten dominant und zum Thema der Interaktion, so kommt es zu einem sozialen Konflikt, der zunächst einmal ganz offensichtlich der Feststellung der *Adäquanz* einer Problemlösungsaktivität dient. Je nachdem, ob die konfliktuelle Interaktion von den Leistungen oder Problemen her thematisiert wird, lassen sich folgende Konflikttypen unterscheiden:[32]

A *Leistungskonflikte:* Wenn die Handelnden das gleiche Problem mit unterschiedlichen Leistungen angehen (ein Überlebensproblem z. B. mit Reproduktions- bzw. Kontrolleistungen), so wird in daraus entstehenden Konflikten die Adäquanz von Leistungen für das betreffende Problem sozial relevant geprüft. Strukturelles Resultat solcher Konflikte ist das Einpendeln bestimmter Leistungen auf gesamtgesellschaftlich bereits definierte Probleme.

B *Problemkonflikte:* Treten sich Agenten von Problemlösungsaktivitäten gegenüber, in denen die Differenz in den Problemen (bei gleicher Leistung) liegt (also z. B. Reproduktionsleistungen für ein Überlebens- bzw. Kommunikationsproblem), so wird in dieser Konkurrenz der Probleme sozusagen die Tiefe, Reichweite einer bestimmten Leistung getestet, und zwar durchaus im Sinne der Umformungs- oder Steigerungsmöglichkeit dieser Leistung in eine andere ‹Klasse›.

Die sich an einem gegebenen Problem entzündenden Konflikte (Leistungskonflikte) haben in ihren Resultaten vermutlich einen stabilisierenden Effekt, weil sie das vorhandene gesellschaftliche Leistungspotential abfragen, ohne die vorgefunden Probleme in Frage zu stellen; sie gehen vertiefend auf die objektiven Gegebenheiten ein. Konflikte, die eine bestimmte Leistung an verschiedenen Problemen erproben (Problemkonflikte), haben gesamtgesellschaftlich wohl eher einen verändernden, vorantreibenden Effekt; sie durchschneiden ‹objektiv› vorgegebene Problemlagen, setzen das vorhandene Leistungspotential an ‹ungewohnten› Stellen an und bringen dadurch die Problemstruktur in Bewegung. In beiden Fällen handelt es sich um Konflikte, in denen es, wie gesagt, in erster Linie um die Feststellung der historischen Richtigkeit oder *Adäquanz* einer bestimmten Problemlösungsaktivität geht. Wären alle Subjekte in gleicher Weise an ihren jeweiligen Problemlösungsaktivitäten interessiert, gäbe es also eine gleichmäßige, sozusagen nach ‹vorn›

32 Vgl. dazu Krysmanski, H. J., a. a. O., S. 345.

gerichtete Intensität der Problemlösungen, so würden konfliktuelle Interaktionen unter den jeweiligen konkreten historischen Umständen zu den jeweils ‹besten›, adäquaten Lösungen oder Lösungsstrukturen führen. Wir hätten eine ‹Konfliktgesellschaft› vor uns, in der alle Mitglieder, obgleich untereinander in konstruktivem Konflikt, am gleichen Strang zögen. Es wäre eine *herrschaftsfreie* Gesellschaft.

Schon die Einführung der dritten (bei der obigen Unterscheidung der Konflikttypen nicht berücksichtigten) Dimension (Abgleiten von Handlungsenergien vom ‹Kern› des Problems) impliziert aber andere, *nicht-adäquate* Möglichkeiten der Problemlösung. Man kann es sich mit den gegebenen Beispielen verdeutlichen: wenn eine gefährdete Gruppe ihre Handlungsenergien vom Kern des Problems abwendet und sich so für ‹Aktion› nach außen oder innen freimacht, kann sie sich dadurch denjenigen gegenüber, die an einer gesamtgesellschaftlich relevanten Lösung des betreffenden ‹Überlebensproblems› arbeiten, in einem Konflikt möglicherweise durchsetzen und eine Lösungsstruktur begründen, die auf innerem oder äußerem Zwang beruht. Diese Lösung würde das Problem in gewissem Sinne aus der Welt schaffen (verdrängen), es wäre aber eine der ‹richtigen› Lösung allenfalls *äquivalente* Problemlösung. Unter Äquivalenz verstehen wir zunächst das gleiche wie N. LUHMANN: «Für soziale Systeme ist kennzeichnend, daß sie nicht unbedingt auf spezifische Leistungen angewiesen sind, mit denen sie stehen oder fallen. Wichtige Beiträge zu ihrer Erhaltung werden durch Leistungen erbracht, die durch andere, funktional äquivalente Leistungen ersetzbar sind.»[33] Die Tatsache, daß es für die Lösung von Problemen ‹funktional äquivalente› Leistungen gibt, schafft aber noch nicht das theoretische und praktische Problem der Adäquanz oder Eindeutigkeit von Problemlösungen aus der Welt. Unser Beispiel impliziert nämlich, daß durch die Herstellung einer auf Zwang beruhenden Lösungsstruktur auch die Lösung von Folgeproblemen beeinflußt werden kann, daß sich also der ursprüngliche ‹Abweichungsfehler› verstärken und eine ursprünglich ‹äquivalente› Problemlösung als eine eindeutig inadäquate aufdecken kann. Aber nicht nur die ‹horizontale› Verschiebung von Handlungsenergien (d. h. das Abgleiten vom Problemkern unter Beibehaltung der Leistungsklasse), sondern auch ‹vertikale› Abweichungen können zu äquivalenten Problemlösungen führen. Es ist klar, daß eine gefährdete partikulare Gruppe ihr spezifisches Überlebensproblem beispielsweise auch durch Beharren auf Kontrolleistungen lösen und in einem Konflikt eine durch Kontrolleistungen bestimmte Lösungsstruktur erzwingen kann. Selbstverständlich sind auch äquivalente Problemlösungen denkbar, in denen horizontale und vertikale ‹Abweichungen› gemischt auftreten: wenn also beispielsweise die das Überlebensproblem abwendende Kontrolleistung zugleich einen aggressiven oder asketischen

33 LUHMANN, N., Funktionale Methode und Systemtheorie. In: Soziologische Aufklärung, Köln/Opladen 1970, S. 33.

Charakter hat.[34] In allen diesen Fällen, in denen äquivalente Problemlösungen (die von der Sache oder von der ‹adäquaten› Leistungsebene wegführen oder sie ersetzen) zum Zuge kommen, beeinflußt ein zusätzlicher Faktor den gesamtgesellschaftlichen Problemlösungsprozeß. Diesen Faktor wollen wir *Herrschaft* nennen.

In unserer historischen Lage, die durch das ungeheure Anwachsen der Problemlösungsmöglichkeiten gekennzeichnet ist, kann Herrschaft als jenes Merkmal einer Konfliktstruktur begriffen werden, das ein Beharren auf äquivalenten Problemlösungen erlaubt, auch wenn sich eindeutige, adäquate Problemlösungen in konkreten Zusammenhängen herausgebildet haben. Herrschaft verschiebt eine historische Problemlösungsstruktur in Richtung auf Vieldeutigkeit; sie hat eine Affinität zu Scheinlösungen. Als ‹Herrschende› können diejenigen bezeichnet werden, die angesichts bestimmter (gesamtgesellschaftlich relevanter) Probleme unbestimmte (äquivalente) Problemlösungen anbieten und sie in Konflikten als verbindliche Lösungsstrukturen durchsetzen. ‹Herrschende› verfügen über die Apparate (Organisationen) *möglicher* Problemlösung, sie sind deshalb auf die Möglichkeit eindeutiger Problemlösung nicht angewiesen. Als ‹Beherrschte› können diejenigen bezeichnet werden, die ‹keine andere Wahl› als die der unter gegebenen Umständen eindeutigen, adäquaten Problemlösung haben; die sich sozusagen von einer begrenzt ‹richtigen› Problemlösung zur nächsten entlanghangeln müssen; denen Apparat und damit Überblick fehlen. Die ‹Beherrschten› leisten folglich von Tag zu Tag das auf jeden Fall gesamtgesellschaftlich Notwendige und Richtige; die Problemlösungsstruktur als Äquivalenzstruktur ist ihnen fremd. Die ‹Herrschenden› hingegen können, weil sie über von ‹Sachnotwendigkeiten› freie Handlungsenergie (Macht) verfügen, die gesamtgesellschaftlich möglichen Problemlösungen zu einer besonderen Äquivalenzstruktur verzerren, in der adäquate Problemlösungen als unwesentlich, äquivalente oder nicht adäquate als wesentlich erscheinen. Eine so verzerrte Problemlösungsstruktur, die den Ausgang von Konflikten von der Feststellung adäquater Problemlösungen dissoziiert, kann als *Herrschaftsstruktur* bezeichnet werden. Solange sich gesamtgesellschaftlich eine *Differenz* zwischen ‹Adäquanzstruktur› und ‹Äquivalenzstruktur› feststellen läßt, ist in ihr die Möglichkeit von *Herrschaftskonflikten* gegeben, und zwar auf allen Problemlösungs- und Konfliktebenen.

Generell entspricht diese Definition von Herrschaft den in der Soziologie geläufigen Definitionen, die auf MAX WEBER zurückgehen. «*Herrschaft* soll heißen die Chance, für einen Befehl bestimmten Inhalts bei angebbaren Personen Gehorsam zu finden; *Disziplin* soll heißen die Chance, kraft eingeübter Einstellung für einen Befehl prompten, automatischen und schematischen Gehorsam bei einer angebbaren Vielheit von Menschen zu finden . . . Der Tatbestand einer Herrschaft ist nur an

---

34 Vgl. unten S. 40 ff.

das aktuelle Vorhandensein *eines* erfolgreich *andern* Befehlenden, aber weder unbedingt an die Existenz eines Verwaltungsstabes noch eines Verbandes geknüpft; dagegen allerdings – wenigstens in allen normalen Fällen – an die *eines* von beiden. Ein Verband soll insoweit, als seine Mitglieder als solche kraft geltender Ordnung Herrschaftsbeziehungen unterworfen sind, *Herrschaftsverband* heißen.»[35] Die Bindung der Herrschaft entweder an einen Verwaltungsstab oder an einen Verband[36] impliziert eine Struktur, in der eine Reihe von Problemlösungsmöglichkeiten *aufgehoben* und ‹in Befehlsform› beliebig verfügbar ist. Ein Befehl in diesem Sinne ist dadurch gekennzeichnet, daß er einen Problemlösungsprozeß in Gang setzt, der zunächst nur abstrakt als Ausführung oder Befolgung definiert ist. Ein Befehl impliziert eine äquivalente Problemlösung; er enthält in den seltensten Fällen die Anweisung zur ‹richtigen› Ausführung. Dem Befehlenden ist es im Prinzip gleichgültig, *wie* das Befohlene ausgeführt wird. Er repräsentiert eine Äquivalenzstruktur (einen Apparat), die durch in ihr freigesetzte Macht den ‹bestimmten Inhalt› eines Befehls auf ihre Selbsterhaltung beziehen, den tatsächlichen Problemlösungshergang aber dem auf seine Selbsterhaltung in dieser Herrschaftsstruktur bedachten Befehlsempfänger überlassen kann; dieser erst übersetzt Herrschaft in Adäquanz der Problemlösung.

Daraus ergibt sich auch die Form des Unter- und Überordnungsverhältnisses. Der Befehlsempfänger ist dadurch, daß der ‹bestimmte Inhalt› des Befehls für ihn ein anderer ist als für den Befehlenden (nämlich die Aufforderung zur adäquaten Problemlösung innerhalb einer dieser Lösung gegenüber im Prinzip gleichgültigen Äquivalenzstruktur), gezwungen, sich an die unmittelbare Adäquanz seiner Leistungen zu halten und auf die Verfolgung äquivalenter Problemlösungsmöglichkeiten zu verzichten. Der ‹Beherrschte› perpetuiert also durch genaue Befolgung ungenauer Befehle seine Lage. Der ‹Herrschende› dagegen gewinnt mit jedem ‹exakt› ausgeführten Befehl Bewegungsraum zum Ausbau der Äquivalenzstruktur, zur Erhöhung ihrer Vieldeutigkeit. Diese Entwicklung kulminiert in Herrschaftsstrukturen, die über komplette Apparate äquivalenter Problemlösung, z. B. über bürokratisch organisierte Staatsapparate, verfügen, in denen die für die materielle Existenz der Gesamtstruktur absolut notwendigen adäquaten Problemlösungen *bewußtseinsmäßig* untergehen. Der Schlüssel für die dergestalte Manipulation des gesellschaftlichen Bewußtseins ist die im Bereich von Kommunikation und Kontrolle operierende *komplexe Organisation*, die auf diesen Ebenen als Synonym für Äquivalenzstruktur gelten kann. «Durch

35 Weber, M., Wirtschaft und Gesellschaft. Köln u. Berlin 1964, S. 38.

36 Verband: «eine nach außen regulierend beschränkte oder geschlossene soziale Beziehung . . ., wenn die Innehaltung ihrer Ordnung garantiert wird durch das eigens auf deren Durchführung eingestellte Verhalten bestimmter Menschen». In: Weber, M., Wirtschaft und Gesellschaft, a. a. O., S. 34.

Organisation ist es möglich, eine Vielzahl von Zweckperspektiven nebeneinander und ineinandergeschachtelt zu verwenden, *ohne die dabei vorausgesetzten Werturteile zu integrieren:* ... Durch Organisation wird mithin nicht Einheit, sondern gerade Vielfältigkeit der konkret benutzten Wertorientierungen erreicht. Nur so ist es möglich, das Bestandsproblem durch einen ‹Zweck des Systems› zu definieren und diesen Zweck im System kleinzuarbeiten. Damit hängt ein weiterer Gesichtspunkt zusammen: Organisation ermöglicht es, die Komplexität des Systems so zu steigern, daß der Widerspruch von Identitätsbedürfnissen und Programmatik auf der einen, Anpassungsfähigkeit und Opportunismus auf der anderen Seite in neuer Weise gelöst werden kann. Die Lösung liegt in einer differenzierten Ordnung von Entscheidungsprozessen, die in der Lage ist, jeden Zweck je nach Entscheidungszusammenhang entweder als Konstante oder als Variable zu behandeln.»[37] In diesem ‹Lob der Organisation› wird offensichtlich die Möglichkeit der (unter gegebenen historischen und gesellschaftlichen Bedingungen) *eindeutigen* oder adäquaten Problemlösung aus dem kommunikativen und kontrollierenden gesellschaftlichen Bewußtsein verdrängt. Die Organisation erscheint als Markt der Problemlösungen, auf dem das (individuelle) Bewußtsein von der Adäquanz einzelner Leistungen in das (allgemeine) Bewußtsein von der Äquivalenz aller Leistungen umgewandelt wird. Dieses allgemeine Bewußtsein ist falsches Bewußtsein, wenn in der Äquivalenzstruktur nicht zugleich die Prozesse der Umsetzung von Adäquanz in Äquivalenz, d. h. die Bedingungen ihrer Selbsterhaltung reflektiert werden. Man kann auch sagen: wenn eine Äquivalenzstruktur die Qualität der ‹Sachgesetzlichkeit› beansprucht, ohne über die ‹Gesetze der Sachen› Auskunft zu geben, repräsentiert sie Herrschaft und fordert zu Herrschaftskonflikten auf.

Herrschaftskonflikte entzünden sich also in abstrakter Form am Gegensatz von adäquaten und äquivalenten Problemlösungen. Es ist aber entscheidend, die konkrete historisch-gesellschaftliche Adäquanz von Problemlösungen festzustellen und diese Problemlösungen untereinander in Beziehungen zu setzen, um ‹von unten her› Äquivalenzstrukturen, deren Bedingungen klar bleiben, nachzubauen. Die Frage nach adäquaten, gesamtgesellschaftlich relevanten Problemlösungen durchzieht, wenngleich vielfach gebrochen, alle folgenden Kapitel. Die Kapitelorganisation entspricht den ‹idealtypischen› Lösungsstrukturen des obigen Schemas. Kapitel II (Lösungsstruktur Überlebensproblem/Reproduktionsleistungen) beschäftigt sich mit adäquaten und insbesondere mit äquivalenten Problemlösungsaktivitäten in Fällen, in denen die Existenz partikularer Gruppen in gesamtgesellschaftlichen Zusammenhängen auf dem Spiel steht. Das Kapitel III (Lösungsstruktur Bedürfnis- und Interessenwidersprüche/Kombinationsleistungen) diskutiert mehr oder

37 LUHMANN, N., Zweckbegriff und Systemrationalität. Über die Funktion von Zwecken in sozialen Systemen. Tübingen 1968, S. 234.

minder adäquate Lösungen des Ordnungsproblems der bürgerlichen Gesellschaft, einschließlich ihres Konfliktpotentials. In Kapitel IV (Lösungsstruktur Kommunikationsprobleme/Kommunikationsleistungen) werden von der funktionalistischen Konflikttheorie erschlossene Austragungsmodi von ‹Herrschaftskonflikten› erörtert. Kapitel V (Lösungsstruktur Systemspannungen/Kontrolleistungen) beschäftigt sich mit den über sich selbst hinausweisenden Bewegungen des ‹kontrollierenden gesellschaftlichen Bewußtseins›. Kapitel VI (Lösungsstruktur Sinnprobleme/Reflexionsleistungen) versucht am Beispiel der Praxis der Konfliktforschung den Gegensatz von Adäquanz und Äquivalenz zu verdeutlichen. Kapitel VII (Lösungsstruktur Produktionsprobleme/Produktionsleistungen) bezieht Probleme der Konflikttheorie auf gesamtgesellschaftliche Veränderung.

II. HERRSCHAFTSKONFLIKTE ALS ‹KAMPF UMS DASEIN›

1. Überleben als gesamtgesellschaftliches Problem

Die Frage nach dem Überleben eines Volkes, einer Nation, einer Gesellschaft ist immer falsch gestellt. ‹Überleben› kann jedoch zu einem gesamtgesellschaftlichen Problem werden, wenn partikulare Gruppen ihre Überlebensprobleme auf Kosten der Gesamtgesellschaft zu lösen versuchen. Überlebenskämpfe setzen ein, wenn gefährdete partikulare Gruppen im nationalen oder internationalen Rahmen aneinandergeraten. Sie weiten sich zu Herrschaftskonflikten aus, wenn partikulare Überlebensinteressen dabei das gesamtgesellschaftliche Interesse durch das Einleiten von ‹Krisen› oder Kriegen in einer Weise strapazieren, daß es sich seiner selbst bewußt wird. In diesem Sinne hängen Revolutionen tatsächlich «von der Bewußtseinslage, von der Stimmung innerhalb einer Gesellschaft ab».[1] Das gesamtgesellschaftliche Interesse (das ‹revolutionäre Bewußtsein›, schreibt Davies) setzt gegen partikulare Interessen eine «beständige, habitualisierte, aber dynamische Erwartung, daß die grundlegenden Bedürfnisse immer besser befriedigt werden können; angefangen mit rein physischen Bedürfnissen (Nahrung, Kleidung, Wohnung, Gesundheit und Sicherheit für Leib und Leben) über soziale (affektive Bindungen an Familie und Freunde) bis hin zu Bedürfnissen nach Menschenwürde und Gerechtigkeit».[2] Und wenn dann ‹etablierte Regierungen› keine Gewalt einsetzen können oder wollen, «gibt es für sie offenbar keine andere sichere Methode zur Vermeidung der Revolution, als auf die ständig wachsenden Bedürfnisse der Beherrschten einzugehen: effektiv, positiv und ununterbrochen».[3] Aus der von Davies belegten Tatsache, daß Revolutionen ‹erst eine Periode steigender Erwartungen und dann eine Periode enttäuschter Erwartungen› vorangeht, sowie aus der einfachen Alternative, vor der Herrschende in solchen Entwicklungen zu stehen scheinen,[4] ergibt sich eine bestimmte Relation zwischen partikularen Überlebensinteressen und allgemeinem Interesse, die genauer untersucht werden muß.

Dazu gehört die Frage nach dem System der Mittel, das die Reproduktion der Überlebensbedingungen einer partikularen Gruppe so nach-

---

1 Davies J. C., Eine Theorie der Revolution. In: Zapf, W., Hg., Theorien des sozialen Wandels, Köln/Berlin 1969, S. 400.

2 Ebda., S. 401.

3 Ebda., S. 413.

4 Sie wird in der Literatur gelegentlich als die Strategie der *‹sticks and carrots›* bezeichnet (nur unschön mit ‹Zuckerbrot und Peitsche› zu übersetzen), vgl. Mack, A., *Sticks and Carrots: Theoretical Assumptions Underlying Current Work on Civilian Defense Strategies.* In: Studies in Progress, Institute for Peace and Conflict Research, No. 2, 1969.

haltig sicherstellt, daß sie die freie Wahl zwischen der umfassenden Anwendung von Gewalt und ebenso umfassender Versorgung (oder Korrumpierung) der Majorität und damit entscheidenden Einfluß auf das ‹Konfliktklima› einer Gesellschaft hat. In der Konfliktsoziologie wird diese Frage im allgemeinen nicht gestellt. Es ist aber klar, daß immer dann, wenn das Problem des Überlebens überhaupt aufkommt (oder beschworen wird), die Produktionsweise oder Wirtschaft einer Gesellschaft direkt involviert ist. Max Weber hat diesen Zusammenhang für die westliche Soziologie ziemlich verbindlich dargestellt. Einerseits basiere ein rational orientiertes (kapitalistisches) Wirtschaftssystem in seiner Bewegung im wesentlichen auf dem ‹Tauschkampf der Interessenten›[5], der sich in Preis- und Konkurrenzkämpfen äußert, die zunächst unbedingt mit friedlichen Kampfmitteln, also ohne aktuelle physische Gewaltsamkeit, ausgetragen werden. Andererseits aber sei jede Form des friedlichen Kampfes (Konkurrenz) auf ‹soziale Auslese› (Chancen Lebender im Leben) und schließlich auf ‹biologische Auslese› (Überlebenschancen von Erbgut) zurückzuführen. «Nur wo wirklich Konkurrenz stattfindet, wollen wir von ‹Kampf› sprechen. Nur im Sinne von ‹Auslese› ist der Kampf tatsächlich, nach aller bisherigen Erfahrung, und nur im Sinne von *biologischer* Auslese ist er *prinzipiell* unausschaltbar. ‹Ewig› ist die Auslese deshalb, weil sich kein Mittel ersinnen läßt, sie völlig auszuschalten. Eine pazifistische Ordnung strengster Observanz kann immer nur Kampfmittel, Kampfobjekte und Kampfrichtung im Sinne der Ausschaltung bestimmter von ihnen regeln. Das bedeutet: daß *andere* Kampfmittel zum Siege in der (offenen) Konkurrenz oder – wenn man sich (was nur utopistisch-theoretisch möglich wäre) auch diese beseitigt denkt – dann immer noch in der (latenten) Auslese um Lebens- und Überlebenschancen führen und diejenigen begünstigen, denen sie, gleichviel ob als Erbgut oder Erziehungsprodukt, zur Verfügung stehen.»[6] Die Frage nach den ‹Kampfmitteln›, ob ‹ererbt› oder ‹erworben›, ist also grundsätzlich die Frage nach den gesellschaftlichen Produktions- und Reproduktionsmitteln, die die Grenze zwischen sozial erträglichem Leben und sozial vermitteltem Tod ziehen. Wer diese Produktionsmittel ‹besitzt› oder sich ‹aneignet›, verfügt über die Überlebensmittel einer Gesellschaft – und es ist ganz klar, daß er sie, gerade wenn man Max Webers ‹ewiges› Ausleseprinzip akzeptiert, zur Erhaltung des *allgemeinen* Systems der materiellen gesellschaftlichen Produktion vornehmlich unter dem Aspekt des *eigenen* sozialen und biologischen Überlebens einsetzt.

Dieses partikulare Interesse der Besitzer der Produktions- und Reproduktionsmittel ist angesichts der Komplexität, Kompliziertheit, Verflechtung etc. des modernen Wirtschaftssystems leicht mit dem gesamtgesellschaftlichen Interesse zu identifizieren, gerade auch, wenn es

---

5 Weber, M., Wirtschaft und Gesellschaft, a. a. O., S. 49 ff.

6 Ebda., S. 28.

ums Überleben geht. So schreibt J. K. Galbraith: «Eine Gesellschaft hat eine Aufgabe, die größer ist als die Beschäftigung mit ihren Zielen, als die Reflexion auf das Streben nach Glück und Harmonie und Erfolge bei der Beseitigung von Schmerz, Spannung, Sorge und des Fluchs der Ignoranz. Sie muß auch, soweit das möglich ist, ihr eigenes Überleben sichern.» Und ihr Überleben beruhe auf dem gleichen Faktor, der ihr Überleben lebenswert macht: dem Sozialprodukt und seinem richtigen Gebrauch durch die Regierung.[7] In dieser zunächst unangreifbaren Verbindung von Überlebensproblem, Wirtschaft und Gesellschaft wird, was Galbraith nicht zu verdenken ist, eine kapitalistische Produktionsweise als die Grundlage der Entwicklung und Auflösung des ganzen Problemkomplexes vorausgesetzt. Die Soziologie muß an dieser Stelle jedoch kritisch einhaken, weil für sie das Überleben von *Gesellschaft* als einer historischen Totalität dem Überleben eines *bestimmten* ökonomischen Systems *vorgeordnet* ist und das gesellschaftliche Überlebensproblem sich folglich auf ganz andere Weise stellt. Während z. B. die Biologie im lebenden Organismus ein eindeutiges empirisches Bezugssystem besitzt, beschäftigen sich die Sozialwissenschaften mit Systemen, die nicht, «wie ein Organismus, typenfest fixiert» sind, sondern «tiefgreifende strukturelle Änderungen erfahren (können), ohne ihre Identität und ihren kontinuierlichen Bestand aufzugeben». Den Sozialwissenschaften fehle, schreibt Luhmann, aus diesem Grund auch ‹das klar geschnittene Problem des Todes›; das Problem des Fortbestandes eines sozialen Systems verschwimme im Unbestimmten. Als Problem müsse es «in eine Reihe von abstrakten Fragestellungen aufgelöst werden, die so gewählt sind, daß sie – eben infolge ihrer Abstraktheit – geeignet sind, funktionale Äquivalenzen sichtbar zu machen und damit einer Art generalisierten Systemkontrolle zu dienen».[8] Wir werden weiter unten die Frage der Systemkontrolle in ihrem Zusammenhang mit dem Problem der Elargierung und Differenzierung sozialer Konflikte aufnehmen. Was mit ‹funktionalen Äquivalenzen› im Falle des ‹gesamtgesellschaftlichen‹ Überlebensproblems gemeint ist, läßt sich aber an einem Beispiel, das die scheinbare Identität der Überlebensinteressen auflöst, erläutern.

Wenn das Überleben von Gesellschaftskörpern im Sinne der ‹Chancen Lebender im Leben› und der ‹Überlebenschancen von Erbgut› sich nicht als ein ‹klargeschnittenes› Problem stellt und folglich immer nur das Überleben partikularer Gruppen (Weber spricht von Menschen*typen*[9]) in ihrem Bezug auf gesellschaftliche Totalität zur Debatte steht, so wirft das die empirische Frage auf, wie sich gefährdete partikulare Gruppen vor dem Untergehen bewahren können. Die Antwort hängt zunächst

---

7 Galbraith, J. K., *The Affluent Society*. Pelican Books 1958, S. 280 f.

8 Luhmann, N., Funktion und Kausalität. In: Kölner Zeitschrift f. Soziologie u. Sozialpsychologie, Jg. 14, H. 4, S. 630 f.

9 Vgl. Wirtschaft und Gesellschaft, a. a. O., S. 29.

einmal davon ab, ob sie über äquivalente Problemlösungen verfügen oder ob sie nicht darüber verfügen. Exemplarische Gruppen für jede Seite, die man vergleichen kann, sind Machteliten und Minoritäten-Gruppen; beide sind, wegen ihrer meist ähnlichen ‹Größe›, prinzipiell ähnlich großer Gefährdung ausgesetzt. Die Beziehung zwischen Machteliten und Minoritäten ist deshalb auch, wie die Geschichte zeigt,[10] sehr kompliziert und meistens prekär. Einerseits sitzen sie im gleichen Boot, weil sie die Bedingungen ihres Überlebens, im Gegensatz zur Majorität, relativ gut abschätzen können; andererseits verfügen Machteliten, vermittelt über die Kontrolle der Produktions- und Reproduktionsmittel, im Unterschied zu den Minoritäten über die temporären Bedingungen des gesamtgesellschaftlichen Weiterlebens. Die Beziehung zwischen beiden Gruppen wird dramatisch, wenn in einer besonderen historischen Situation das soziale Überleben der Machteliten unmittelbar bedroht wird und zugleich eine ihnen in vieler Hinsicht ähnliche, als Minorität klar zu definierende Gruppe in der betreffenden Gesellschaft vorhanden ist. Wenn die Machteliten dann unter den vielen ihnen zur Verfügung stehenden ‹nicht-adäquaten› oder ‹äquivalenten› Problemlösungen auf die angesichts der Entwicklung moderner Kommunikationssysteme durchaus naheliegende Problemlösung verfallen, eigene negative Merkmale als ‹Vorurteile› auf diese Minoritätengruppe zu projizieren, also Vorurteile zu ‹verursachen›[11], so leiten sie damit unter Umständen jene Form der Substitution im gesamtgesellschaftlich relevanten Überlebenskampf ein, der die Juden in Deutschland zum Opfer gefallen sind.

Im Falle der äußersten, ans Leben oder ans Erbe gehenden Bedrohung einer Gruppe gibt es, wenn diese Gruppe über die temporären Überlebensmittel einer Gesellschaft verfügt, wie gesagt eine Fülle von ‹funktional äquivalenten› Problemlösungen. Die dem in der Gesamtgesellschaft auftauchenden Überlebensproblem aber letztlich relativ angemessenen und von partikularen Gruppen bzw. der Majorität auch regelmäßig angewendeten Problemlösungsaktivitäten beschränken sich auf wenige. Zumindest eine davon wird sofort assoziiert, wenn man an Konflikte denkt: Gewalt. *Gewalt* kann begriffen werden als eine Form aktiver Anpassung an objektive Widersprüche in einer Gefahrensituation; als radikaler Opportunismus um des augenblicklichen Vorteils willen, der offensichtlich zunächst denjenigen am leichtesten fällt, die einen gewissen Vorsprung in der Definition der Situation, die ‹Fortuna› (Machiavelli) haben. Diese Hingabe an die inhärente Gewaltsamkeit sozialer Situationen (oder eben Gewalttätigkeit) ist ein komplexes Phänomen, dessen Extreme man durch das Verhältnis des Gewaltanwendenden zu seinem Gegner bezeichnen kann. Bleibt in einem Gewaltver-

10 Vgl. z. B. Simpson, G. E., Yinger, J. M., *Racial and Cultural Minorities.* 1958.

11 Schon A. und C. Rose schrieben (*America Divided.* New York 1948, S. 304): «Keine der gegenwärtigen Theorien oder empirischen Untersuchungen hat die Ursache für Vorurteile in der Minoritätengruppe selbst gefunden.»

hältnis Intersubjektivität erhalten, so ist Gewalt unter bestimmten Umständen eine ‹Lebenstechnik›, «Geburtshelfer der alten Gesellschaft, die mit einer neuen schwanger geht».[12] Taucht dagegen der Gegner als bloßes Objekt auf, als ‹situationelles Hindernis›, das beiseite zu schaffen ist, ist also Gewalt allein über die subjektive Situation der Gewaltanwendenden vermittelt, so kann man von *Aggression* sprechen.[13] Die gesamtgesellschaftliche Relevanz gewalttätiger Problemlösungsaktivitäten ergibt sich daraus, daß im allgemeinen sowohl das Gesamtsystem der Mittel (Überlebensmittel, Produktionsmittel) als auch das gesamtgesellschaftliche Bewußtsein affiziert werden, gleichgültig, wie und von welcher Seite die Gewaltanwendung kommt.

Ähnliches gilt allerdings auch von anderen ‹rudimentären› Problemlösungsaktivitäten, auf die innerhalb der Soziologie Max Weber und P. A. Sorokin aufmerksam gemacht haben:[14] Formen der *Liebe* oder des *Altruismus.* Altruismus kann als nach innen gerichteter Gewalt- oder Machtwillen verstanden werden,[15] mit dessen Hilfe partikulare Gruppen (z. B. Priester, Asketen) ihre gesamtgesellschaftlichen Herrschaftsansprüche auf sozusagen entwaffnende Weise durchzusetzen versuchen. «Der Anblick des Machtwillens im Asketen bezwingt selbst die starken Menschen, die ihren Machtwillen wesentlich in der Wirkung nach außen vollziehen.»[16] Diesem objektlosen, wiederum nur über die subjektive Situation vermittelten Altruismus ‹antipolitischer Weltablehnung› (Max Weber), der allerdings, wie die Geschichte der christlichen Liebesreligion zeigt, gerade wegen seiner Ahistorizität in Aggression umschlagen kann,[17] steht die Möglichkeit intersubjektiv aktivierbarer altruistischer ‹Techniken› gegenüber.[18] In ihnen können sich erfolgreiche Überlebensformen kleiner Gruppen (z. B. Familie) zu einem gesamtgesellschaftlich akzeptablen Problemlösungsstil elargieren.[19]

Eine weitere, unter allen Umständen adäquate Aktivität zur Lösung von Überlebensproblemen, die allerdings gerade herrschenden partikularen Gruppen am fernsten liegt, ist die *reproduktive Arbeit,* d. h. jene Klasse von Tätigkeiten, die der materiellen Sicherung und Perpetuierung

---

12 Marx, K., Das Kapital. Berlin 1959, Bd. I, S. 791.

13 Vgl. weiter unten, S. 44 ff.

14 Weber, M., Wirtschaft und Gesellschaft, a. a. O., S. 447–470; Sorokin, P. A., *The Ways and Power of Love.* New York 1962.

15 Vgl. dazu z. B. Bannester, E. M., *Sociodynamics: An Integrative Theorem of Power, Authority, Interfluence and Love.* In: American Sociological Review, Vol. 34, No. 6, S. 374 ff.

16 Nietzsche, F., zitiert in Jaspers, K., Nietzsche. Berlin [3]1950, S. 306.

17 Vgl. Weber, M., Wirtschaft und Gesellschaft, a. a. O., S. 456 ff.

18 P. A. Sorokin, gründete nach dem Zweiten Weltkrieg ein Institut für Altruismusforschung, vgl. Studies of Harvard Research Center in Creative Altruism, Cambridge 1959.

19 Vgl. zur Kritik dieser Form von ‹Umkehr der Antriebsrichtung› Gehlen, A., Moral und Hypermoral. Frankfurt 1969.

des *status quo* dienen. Diese Problemlösungsaktivitäten garantieren, vermittelt über die jeweilige Produktionsweise, am Standard des Erreichten das Lebensminimum einer Gesellschaft. Sie sind in diesem Sinne als das Minimum an realisierter ‹abstrakter Arbeit›[20], das sich durch alle konkreten historischen Bedingungen und auch gegen sie *auf jeden Fall* fortsetzt, zu begreifen. «In dieser Lage tritt der arbeitende Mensch als derjenige, der die Substanz eigentlich, den wahren Begriff verwaltet, ausdrücklich ins Bewußtsein. Neben den verschiedenen Standpunkten bleibt als Substanz die Welt der Arbeit, in der der Mensch, der ohne Bestimmung gelassen wurde, sich abarbeitet. Hier in dieser Erniedrigung, Material zu sein, erhält sich der Mensch in seinem Wesen, entgeht er dem Unwesen der ideologischen Spekulation durch tägliche Mühe.»[21] Genauer kann man die Ohnmacht derjenigen, welche die für das Überleben der Gesamtgesellschaft *unbedingt* adäquaten Leistungen erbringen, nicht kennzeichnen. Es ergibt sich also die Situation, daß *relativ* adäquate Problemlösungsaktivitäten wie Gewalt (Aggression) und Altruismus (Askese) sowohl partikularen Gruppen als auch der Majorität zur Verfügung stehen (wobei die Besitzer der Apparaturen der Gewalt und des Altruismus eine gewisse Vorgabe haben), daß aber die dem Überlebensproblem *adäquate* Problemlösungsaktivität der reproduktiven Arbeit[22] zuerst ‹in der Erniedrigung, Material zu sein›, in den bewußtlos sich Mühenden, nicht einmal Fragenden, zum Zuge kommt. Diese Situation ist nicht abstrakt, sondern historisch bestimmbar. Sie erzeugt spezifische Herrschaftskonflikte.

Die Nachkriegszeit in Deutschland beispielsweise stellte für viele partikulare Gruppen, nicht aber für die Gesamtgesellschaft, das Überlebensproblem. «Die Ungenauigkeit unseres Selbstverständnisses wird besonders deutlich am Begriff eines ‹Zusammenbruchs›, mit dem wir in der Regel die Ereignisse von 1945 kennzeichnen . . . Mir scheint, daß wir den ‹Zusammenbruch› von 1945 vor allem als Ausgangspunkt bestimm-

---

20 «Die Arbeit ist zunächst ein Prozeß zwischen Mensch und Natur, worin der Mensch seinen Stoffwechsel mit der Natur durch seine eigene Tat vermittelt, regelt und kontrolliert. Er tritt dem Naturstoff selbst als eine Naturmacht gegenüber. Die seiner Leiblichkeit angehörigen Naturkräfte, Arme und Beine, Kopf und Hand setzt er in Bewegung, um sich den Naturstoff in einer für sein eigenes Leben brauchbaren Form anzueignen. Indem er durch diese Bewegung auf die Natur außer ihm wirkt und sie verändert, verändert er zugleich seine eigene Natur. Er entwickelt die in ihr schlummernden Potenzen und unterwirft das Spiel ihrer Kräfte seiner eigenen Botmäßigkeit.» MARX, K., Das Kapital. Bd. I, Berlin 1959, S. 185 f.

21 JONAS, F., Sozialphilosophie der industriellen Arbeitswelt. Stuttgart 1960, S. 44.

22 Wir verwenden den Begriff der ‹reproduktiven Arbeit› im Sinne von ‹Reproduktionsleistungen›, wie sie in Kapitel I definiert wurden, und um gewisse Steigerungen im Gebrauch des Begriffs ‹Arbeit› zu ermöglichen (vgl. Kapitel III).

ter Herausforderungen an die deutsche Gesellschaft zu verstehen haben. Aus der Situation von 1945 ergaben sich gewisse Aufgaben, die die deutsche Gesellschaft in all ihren Teilen zu lösen hatte. Diese Aufgaben bezeichnen gewissermaßen den Schnittpunkt aller grundlegenden Wandlungen der deutschen Gesellschaft der letzten Jahrzehnte.»[23] Nicht der historischen Totalität ‹Deutschland›, sondern bestimmten Gruppen, insbesondere den traditionellen Machteliten, mußten diese ‹Aufgaben› als unmittelbare Bedrohung ihrer Existenz erscheinen. Die verschiedenen partikularen Interessen, die damals in den Teilen Deutschlands in ‹Überlebenskämpfe› verwickelt waren, haben sich durchaus in Aggression, aber auch in Askese hervorgetan. «Es erscheint mir heute, wenn ich zurückblicke in jene dunkle Zeit, wie ein Wunder, daß sich überall in Deutschland Gruppen bildeten, die, durch das Erlebnis der nationalsozialistischen Zeit gegangen, eine auf christlichem Fundament stehende neue Partei forderten . . . Die Not des deutschen Volkes war so groß, daß es notwendig war, die tiefgreifendsten und stärksten geistigen und seelischen Kräfte zu wecken, um einen Wiederaufstieg möglich zu machen. Solche Kräfte sollten ihm insbesondere aus dem christlichen Fundament unserer Partei erwachsen.»[24] In breiten Schichten der deutschen Gesellschaft waren Altruismus und Gewalt alltäglich fast unlösbar ineinander verwoben.[25] Der ‹Kampf ums nackte Überleben› verschränkte die verschiedenen Agenten ‹relativ adäquater› Problemlösungsaktivitäten auf eine typische Weise, wie man sie heute in ähnlicher Form zwischen und in besonders unterprivilegierten und besonders privilegierten Gruppen in den Vereinigten Staaten findet.[26] Die eigentlich herrschaftsrelevanten ‹Überlebenskämpfe› in komplexen Gesellschaften aber finden, und fanden auch damals, dann statt, wenn Agenten relativ adäquater und äquivalenter Problemlösungsaktivitäten auf bewußte Agenten reproduktiver oder gar produktiver Arbeit stoßen. Wenn Arbeiter die ‹Gefährdung der Gesamtwirtschaft›, die ja zunächst eine Gefährdung partikularer Interessen ist, als die unmittelbare Bedrohung der Sicherheit ihres Arbeitsplatzes und ihrer Konsumfähigkeit erfahren und darauf mit der bewußtlosen Mühe größerer Anpassung und ‹Opferbereitschaft› reagieren, so ist das auch die Lage, aus der die Frage nach gesamtgesellschaftlich relevanten ‹Überlebensleistungen› gestellt werden kann. Der hier einsetzende ‹Test der Adäquanz› kann die partikulare Gruppe der Unternehmer durch die ganze Skala ihrer ‹funktional

---

23 DAHRENDORF, R., Wandlungen der deutschen Gesellschaft der Nachkriegszeit: Herausforderungen und Antworten. In: Gesellschaft und Freiheit, a. a. O., S. 301.

24 ADENAUER, K., Erinnerungen 1945–1953. Fischer Bücherei, S. 48 f.

25 Vgl. dazu z. B. die Schilderungen in H. SCHELSKY, Wandlungen der deutschen Familie in der Gegenwart. 4. Aufl., Stuttgart 1961.

26 Man denke an die verwobenen Beziehungen von Gruppen, wie durch MARTIN LUTHER KING einerseits und J. F. KENNEDY andererseits repräsentiert.

äquivalenten› Problemlösungsaktivitäten[27] treiben, ohne daß deren Existenz, die ja durch die Reproduktion einer ganz bestimmten Produktionsweise garantiert ist, die die ‹gefährdete› Majorität gerade in ihrer Unsicherheit besonders stützt, auch nur einen Augenblick ins Wanken kommt. Dieser Widerspruch: daß die objektiv in ihrem Überleben gar nicht gefährdete Majorität sich unsicher, die objektiv bedrohte partikulare Gruppe sich aber sicher fühlt, kann zum Auslöser manifester Herrschaftskonflikte werden.

2. Aggression und Gewalt

Aggression ist eine Form der Gewalt, die über die subjektive oder psychische Situation des Gewaltanwendenden vermittelt wird. Unter dieser Perspektive ist das durch Gewalt zu lösende Problem ‹objektlos›; die problematische Situation läßt zunächst keinen Raum für verstehende Anerkennung des Gegners; die Wahl der Gewaltmittel, der Ziele und auch der Gegner ist bis zu einem gewissen Grade beliebig. Diese vor allem von Psychiatern und Psychologen vertretene Auffassung von Gewalt kommt aber letztlich auch nicht ohne einen ‹objektiven› Bezugsrahmen aus; er ist im allgemeinen sehr weit gesteckt. Aggression wird als eine elementare Triebkraft im Kontext der Umweltanpassung, als Moment der Abwendung von Bedrohungen in ‹Anpassungskämpfen› begriffen. Es wird außerdem die Annahme eingeführt, daß der sozio-kulturelle Fortschritt den ‹Überlebenswert› gewaltsamer Aggression vermindere, so daß psychotechnische Manipulationen des Aggressionstriebs und alternative Verhaltensweisen denkbar werden.[28]

Der Begriff der Aggression umfaßt dann Anpassungsleistungen ‹auf Unkosten anderen Lebens› (Nietzsche): selbstbestätigendes, andere bedrängendes, angreifendes, abwertendes, dominierendes, selbstbewußtes und auch selbstzerstörerisches Verhalten. Gewaltsame Aggression ist die destruktive Variante, in der auf intensive, unkontrollierte, unmäßige, plötzliche oder ‹sinnlose› Weise Personen oder Sachen (sofern sie für den Gewaltanwendenden symbolische Bedeutung haben) physischer Schaden zugefügt wird. Unter Anpassung wird die sich aus den Prozes-

---

27 Z. B. Beeinflussung der Öffentlichkeit über Massenmedien, Preispolitik, Lobbyismus u. a.

28 Vgl. zum folgenden Daniels, D. N., Gilula, M. F., Ochberg, F. M., (eds.), *Violence and the Struggle for Existence.* Boston 1969; Gilula, M. F., und Daniels, D. N., *Violence and Man's Struggle to Adapt.* In: Science, Vol. 164, S. 396 ff; Literatur zu diesem Thema ist sehr umfangreich, Einführungen bieten: Denker, R., Aufklärung über Aggression. Stuttgart 1966; Marcuse, H., et al., Aggression und Anpassung in der Industriegesellschaft. Frankfurt 1968; Mitscherlich, A., Die Idee des Friedens und die menschliche Aggressivität. Frankfurt 1969; weitere Literaturangaben in Kaiser, K., Friedensforschung in der Bundesrepublik, a. a. O., S. 237 ff.

sen der natürlichen Zuchtwahl ergebende biologische und verhaltensmäßige Einfügung einer Spezies in ihre Umwelt verstanden; sie schließt beim Menschen eine zunehmende Umgestaltung der Umwelt selbst ein. Aggression ist dabei den auf kurzfristige Anpassungsvorteile ausgerichteten Verhaltensweisen zuzurechnen. Spezifisch menschliche Anpassungsleistungen (‹Problemlösungsaktivitäten›[29]) sind durch die permanente Lösung von Aufgaben, die das Überleben der Gattung ermöglichen, gekennzeichnet. Problemlösungsaktivitäten hängen von kulturell vorgegebenen Standards ab, zugleich werden diese Standards in Stress- und Bedrohungssituationen ständig getestet. In diesen Prozessen intensiver Problemlösung werden die Weichen für kognitive Leistungen (Lernleistungen) gestellt, die Skala der menschlichen Anpassungsleistungen differenziert sich erheblich; mit der erweiterten zerebralen Kapazität treten die Fähigkeiten der Intelligenz, des Bewußtseins, der komplexen Sprache in den Vordergrund. Gewaltsam-aggressive Verhaltensweisen erscheinen unter dieser Perspektive nicht nur als Adaptionstechniken, sondern selbst als ‹Umweltprobleme› oder ‹Aufgaben›, die im Sinne eines weiteren erfolgreichen Überlebenskampfs der Gattung zu ‹lösen› sind. Diese praktische Absicht jedenfalls verfolgen die verschiedenen aggressionstheoretischen Ansätze, die gegenwärtig in der angewandten Konflikt- und Friedensforschung eine Rolle spielen.

Die *Instinkttheorien* [30] gehen davon aus, daß der Aggressionstrieb eine im Selektionsprozeß entstandene, unausweichliche Komponente der menschlichen Natur ist. Er sei allerdings in eine Vielzahl von Verhaltensweisen aufgefächert, von denen viele zum konstruktiven, aktiven und schöpferischen Leben des Menschen gehören. Destruktive, ‹antisoziale› Verhaltensweisen können, was besonders im Gesichtsfeld der Individualpsychologie (Psychiatrie, Psychoanalyse) plausibel erscheint, als Verzerrungen des ‹natürlichen› Triebs interpretiert werden. Die Instinkttheorien schlagen vor, den Aggressionstrieb in konstruktive oder wenigstens harmlose Kanäle zu lenken, um dadurch die Gewalt im ‹sozialen Leben› zu reduzieren. «Neu-Orientierung der Aggression ist der nächstliegende und hoffnungsvollste Weg, sie unschädlich zu machen. Leichter als die meisten anderen Instinkte nimmt sie mit Ersatzobjekten vorlieb und findet an ihnen volle Befriedigung.»[31] Die ‹Kanäle› von LORENZ: ‹Ritualisierte Sonderformen› aggressiven Verhaltens wie Sport und andere internationale Wettbewerbe (Raumflug), Umlenkung der Begeisterungsfähigkeit auf etwas ‹Wertvolles›, z. B. auf Kunst und Wissenschaft, die ‹um dieser Aufgaben willen aber unpolitisch bleiben› müssen.

---

29 DANIELS spricht hier von *‹coping›*.

30 LORENZ, K., Das sogenannte Böse. Wien 1963; STORR, A., *Human Aggression*. New York 1968; FENICHEL, O., *The Psychoanalytical Theory of Neurosis*. New York 1945.

31 LORENZ, K., a. a. O., S. 373.

Die *Frustrationstheorien*[32] basieren auf der Annahme, daß aggressives Verhalten aus der Unterbrechung oder Störung zweckhafter Aktivität (Problemlösungsaktivität) entsteht. «Aggression in ihrer einfachsten Form kann als eine Art direkten Angriffs auf Hindernisse oder Barrieren verstanden werden und ist in diesem Sinne eigentlich Adaptionsverhalten. Aber Aggression kann zugleich eine effektive Beseitigung der Barrieren verhindern. Während z. B. eine Barriere eher eine subtile Annäherung als einen Frontalangriff verlangt, führt Aggression oft zu allzu großer Intensität und Willkür. Außerdem ist es möglich, daß die Frustration gar nicht von einer identifizierbaren Barriere ausgelöst worden ist, sondern aus früheren Versagungs- und Konflikterfahrungen stammt. Unter solchen Umständen gibt es dann gar kein ‹logisches› Angriffsobjekt; die Aggression kann sich auf viele Objekte, die mit der Frustration teilweise überhaupt nichts zu tun haben, verteilen.»[33] In diesen Theorien wird der Terminus Aggression also im allgemeinen synonym mit Destruktionsverhalten gebraucht, die konstruktiven Aspekte werden aus dem Frustrationszustand selbst abgeleitet (‹verstärkte Anstrengungen›, ‹Zielsubstitution›, ‹Neudefinition der Situation› usw.). Die aggressive Reaktion auf Frustrationen gilt in den nicht psychoanalytisch beeinflußten Frustrationstheorien meist als eine erlernte (nicht triebbedingte) Verhaltensweise, die durch entsprechende Kontroll- und Reduktionsmaßnahmen eingedämmt werden könne.

Ähnlich die *Lerntheorien* der Aggression[34]: sie betonen, daß aggressives Verhalten letztlich auf Praktiken der Kindererziehung und andere Formen der Sozialisation zurückzuführen sei. Daten aus sozialpsychologischen und sozialanthropologischen Untersuchungen zeigen, daß Aggressionen durch bloße Beobachtung und Imitation – ohne das Vorhandensein von Frustrationen – erworben werden können. Beispielsweise normieren bestimmte Kulturen und Subkulturen aggressives Verhalten durchaus positiv: «Der Dobuer ist also griesgrämig, prüde und leidenschaftlich zugleich und verzehrt sich fast vor Mißgunst, Argwohn, Rachedurst ... Der tüchtige Mann ist der, der viele ... Konflikte zu seinen Gunsten verbuchen kann ... Es gilt als ausgemacht, daß er gestohlen, Kinder und ihm sonst Nahestehende durch Zauberei gemordet, daß er betrogen hat, wo er dies nur zu tun wagte.»[35] Auch die amerika-

---

32 Dollard, J., Doob, L. W., Miller, N. E., Mowrer, O. H., Sears, R. R., *Frustration and Aggression.* New Haven 1939; Berkowitz, L., *Aggression: A Social-Psychological Analysis.* New York 1962.

33 Krech, D., Crutchfield, R. S., Livson, N., *Elements of Psychology.* 2nd edition, New York 1969, S. 758.

34 Bandura, A., Walters, R. H., *Social Learning and Personality Development.* New York 1963; Wolfgang, M. E., Ferracutti, F., *The Subculture of Violence.* New York 1967.

35 Benedict, R., Urformen der Kultur. rde Bd. 7, Hamburg 1955, S. 133.

nische Kultur, die individuelle Leistung und Eigeninteresse relativ hoch einschätzt, ist gleichzeitig durch einen hohen Grad interpersoneller Feindseligkeit und Gewaltbereitschaft gekennzeichnet.[36] Die Lerntheorien schlagen vor, durch sozialtechnische Eingriffe in die Sozialisationsprozesse und durch ‹Überprüfung der herrschenden Werte› die Disposition für Aggression abzubauen.

Diese positivistisch-erfahrungswissenschaftlichen Ansätze treffen sich im Schema einer auf der Grundlage der technischen Entwicklung akzelerierten evolutionären Differenzierung menschlicher Anpassungsleistungen, das als kritisch-kognitive Bestandsaufnahme der Problemlösungsmöglichkeiten auf die Aggressionswirklichkeit zurückgewendet wird. Was fehlt, ist ein differenzierter Begriff von Gesellschaft als des Vermittlungssystems, in dem sich äußere bearbeitete Natur und innere entfaltete Natur objektivieren. Die Hypostasierungen erlernter Aggressivität oder eines ‹Aggressionstriebes› stehen gleichermaßen in Gefahr, ‹objektlos› zu werden, weil sie nicht den vergesellschafteten Menschen, sondern entweder biologisch verankerte oder kulturell antizipierte Eigenschaften in den Mittelpunkt der Analyse stellen. Die intersubjektive (symbol- oder handlungsvermittelte) Qualität von Gewaltbeziehungen, aus der sich soziale Konflikte ja erst erklären lassen, gerät dabei auf oft fatale Weise außer Sicht. Die Bemerkung von LORENZ z. B., daß Aggression leichter als andere ‹Instinkte› mit Ersatzobjekten vorliebnehme, verdeckt so schwerwiegende soziologische Befunde wie die Einleitung von äußeren Konflikten zur Ablenkung von inneren und die Substitution starker Gegner durch schwache.

K. HORN versucht in einer Kritik solcher Positionen, das psychoanalytische Konzept des Aggressionstriebes, das in gewisser Hinsicht den Instinkttheorien und dem Frustrations-Theorem nahesteht, aus dem ‹unvermittelten› Gebrauch (vieler Analytiker) in sozialwissenschaftliche Bezüge zu überführen. Psychoanalyse als Sozialpsychologie könne sich durchaus einen längeren Atem zutrauen «und zunächst ihr entscheidendes Potential als Objektbeziehungspsychologie ausschöpfen – die die innere Differenzierung des Menschen aus eben jenen Objektbeziehungen mit hervorgehend sich vorstellt. In diesem Aspekt der Objektbeziehungspsychologie steckt nicht etwa eine abstrakte Überwindung jenes Biologismus, sondern dessen Aufhebung – im Hegelschen Sinne – in der sozialwissenschaftlichen Argumentation».[37] Wenn man den Aggressions-‹Trieb› nicht als ein kausalgenetisches Erklärungsprinzip, sondern als ein ‹Verhaltenspotential› verstehe, das sich erst im Prozeß der Sozialisation, im gesellschaftlichen Prozeß der ‹Differenzierung der Objektbeziehungen› dialektisch entfaltet, ergäben sich im Problem symbolisch

36 Vgl. GILULA, M. F., in Science, a. a. O., S. 399 ff.

37 HORN, K., Menschliche Aggressivität und internationale Politik. In: SENGHAAS, D., Hg., Friedensforschung und Gesellschaftskritik. München 1970, S. 163 f.

vermittelter Interaktion und in der Frage nach durch Herrschaft begrenzten individuellen ‹Reifemöglichkeiten›[38] Anschlußmöglichkeiten an die Sozialwissenschaften. «Aggressiv sind also Objektbeziehungen, die auf der entscheidend und spezifisch geminderten, zugleich triebhaft und gesellschaftlich vermittelten Symbolisierungsfähigkeit eines Subjektes beruhen ... Eine reife Objektbeziehung ... hätte über einen schöpferischen Gebrauch von Sprache als *eine* unerläßliche Bedingung herrschaftsmindernder Praxis zu verfügen. Die andere ist freilich, daß gesellschaftlich institutionalisierte Herrschaft solche Praxis überhaupt zuläßt.»[39]

Die gesellschaftliche Vermittlung von Gewalt kulminiert im System der durch Herrschaft legitimierten Gewaltsamkeit: im Staat. «Das spezifische Mittel der *legitimen Gewaltsamkeit* rein als solches in der Hand menschlicher Verbände ist es, was die Besonderheit aller ethischen Probleme der Politik bedingt. – Wer immer mit diesem Mittel paktiert, zu welchen Zwecken auch immer – und jeder Politiker tut das –, der ist seinen spezifischen Konsequenzen ausgeliefert. In besonders hohem Maße ist es der Glaubenskämpfer, der religiöse wie der revolutionäre. Nehmen wir getrost nur die Gegenwart als Beispiel an. Wer die absolute Gerechtigkeit auf Erden mit *Gewalt* herstellen will, der bedarf dazu der Gefolgschaft: des menschlichen ‹Apparates›.»[40] Der Staat und seine Apparate der Gewalt können, wie bei MAX WEBER, als das dauernde Objekt des ‹unlöslichen Kampfes der Wertordnungen› erscheinen, dem nur durch «ein starkes, langsames Bohren von harten Brettern mit Leidenschaft und Augenmaß zugleich»[41] das objektiv Mögliche (auch an Gewaltlosigkeit) entrungen werden kann. Die Gewaltapparate können aber auch als historisches, also vergängliches ‹Produkt der Unversöhnlichkeit der Klassengegensätze›, als besondere ‹Formationen bewaffneter Menschen, Gefängnisse usw.› und als ein nach gewaltsamer Revolution zum ‹Absterben› verurteiltes Stück Wirklichkeit begriffen werden; dann realisiert sich in ihnen die Utopie der Herrschaftsfreiheit als Voraussetzung der Gewaltlosigkeit.[42] In beiden Fällen besteht das soziologische Problem der Feststellung von Strukturen, die soziale Gewalt (gerade auch im Sinne des ‹Situations-Opportunismus›) ermöglichen, *zunächst* in der Bestandsaufnahme – und zwar nicht in der Bestandsaufnahme abstrakter Substitutionsleistungen, sondern konkreter Gewalthandlungen und Gewaltverhältnisse. Denn die Bedingungen der Kommunizierbarkeit des Ausmaßes tatsächlicher Gewalttätigkeit in Geschichte und Gesellschaft sind offensichtlich noch nicht geschaffen.

---

38 Vgl. Kapitel III, S. 78 f.

39 HORN, K., a. a. O., S. 171 f.

40 WEBER, M., Politik als Beruf. In: Gesammelte politische Schriften, 2. Aufl. Tübingen 1958, S. 544; vgl. auch v. FERBER, CHR., Die Gewalt in der Politik. Stuttgart 1970.

41 WEBER, M., Politik als Beruf, a. a. O., S. 548.

42 LENIN, W. I., Staat und Revolution. Berlin 1957.

Die Schwierigkeit, die ‹in Sprachlosigkeit organisierten› (HORN) sozialen Muster der Gewalt zu erfassen, spiegelt sich in den zahlreichen innerhalb der Konfliktforschung diskutierten Definitionen des Gewaltbegriffs wider.[43] J. GALTUNG unternimmt einen besonders komplexen Definitionsversuch. Die Ausgangslage für Gewalt sei gegeben, «wenn Menschen dahingehend beeinflußt werden, daß ihre tatsächlichen somatischen und geistigen Selbstrealisierungen unter dem Niveau der Realisierungsmöglichkeiten bleiben».[44] Diese Bestimmung wird ‹logisch kohärent› ausgebaut. Die entscheidende Formel laute also: Gewalt ist die Ursache des Unterschieds zwischen dem Potentiellen und dem Aktuellen, zwischen dem, was möglich ist, und dem, was ist; sie *vergrößert* die Distanz zwischen beiden. «Wenn beispielsweise im 18. Jahrhundert jemand an Tuberkulose starb, so wäre es schwierig, darin soziale Gewalt zu sehen, da dieser Tod damals kaum zu verhindern war; wenn dagegen heute, trotz aller medizinischen Ressourcen der Welt, jemand an Tuberkulose stirbt, dann ist nach unserer Definition Gewalt im Spiel.» Diese Bestimmung sozialer Gewalt (in unsrer Terminologie: Anpassung an das Gegebene) wird ergänzt durch die Erläuterung einiger Dimensionen, die in der Ausgangslage (ein Beeinflussender/Subjekt, ein Beeinflußter/Objekt, eine Form der Beeinflussung/Handlung) enthalten sind. Zwei Dimensionen charakterisieren die gewaltsame Handlung (Beeinflussung) selbst: die Unterscheidungen erstens zwischen physischer und psychischer Gewalt, zweitens zwischen negativem und positivem Charakter solcher Aktionen (bezogen auf die Tatsache, daß Gewalt auch durch Belohnungen, z. B. Konsumverführung, ausgeübt werden kann). Eine dritte Unterscheidung fragt, ob das Objekt wirklich verletzt wird (das internationale Abschreckungssystem beispielsweise beruht auf der bloßen Androhung von physischer Gewalt; auch ist es die Frage, ob die Zerstörung von *Sachen* an sich als Gewalt bezeichnet werden kann). Eine vierte, für GALTUNG besonders wichtige Unterscheidung: ob ein Subjekt (Person oder Personen) die Gewalt ausübt. «Wir werden den Typ der Gewalt, wo ein Handelnder die Gewalt ausübt, *personale* oder *direkte* Gewalt nennen; Gewalt ohne solche Handelnden soll *strukturelle* oder *indirekte* Gewalt heißen.» GALTUNG begründet diese Unterscheidung damit, daß es nicht mehr ‹sinnvoll› sein kann, nach unmittelbaren Verursachern von Gewalt zu suchen, wenn beispielsweise die Verteilungsstruktur der Ressourcen oder die Machtstruktur selbst der Ort der Gewalt sind. «Der wichtige Punkt ist: wenn Menschen Hungers sterben, obgleich das objektiv vermeidbar ist, dann

---

43 Vgl. NAESS 1958, GALTUNG 1959, CONVERSE 1968, PARSONS 1964, KORNHAUSER 1964, STINCHCOMBE 1965, SOUTHWOOD 1967; zum Thema Gewaltlosigkeit vgl. MAHADEVAN u. a. 1967, ROBERTS 1967, EBERT 1968 (genaue Literaturangaben vgl. Literaturhinweise, unten S. 236 ff).

44 GALTUNG, J., *Violence, Peace, and Peace Research.* PRIO-Publication No. 23, 1969, S. 168.

wird Gewalt ausgeübt, auch wenn die Subjekt-Aktion-Objekt-Relation nicht geklärt ist . . .» Auf jeden Fall sei immer dann von struktureller (oder strukturierter) Gewalt zu sprechen, wenn sichtbare, ‹dramatische› Aktion fehlt. Die fünfte Dimension betrifft die Frage, ob Gewalt mit Absicht oder absichtslos angewendet wird (die Unterscheidung sei deshalb wichtig, weil ethische Verurteilungen der Gewalt sich im allgemeinen nur gegen intendierte Gewalt richteten, ihren strukturellen, ‹nicht-intendierten› Formen aber hilflos gegenüberstehen). Eine sechste Dimension nimmt die übliche Unterscheidung einer ‹manifesten› und einer ‹latenten› Gewaltebene auf (manifeste Gewalt, ob personal oder strukturell, kann beobachtet werden; auf latente Gewalt kann nur geschlossen werden).
Diese Typologie der Gewalt

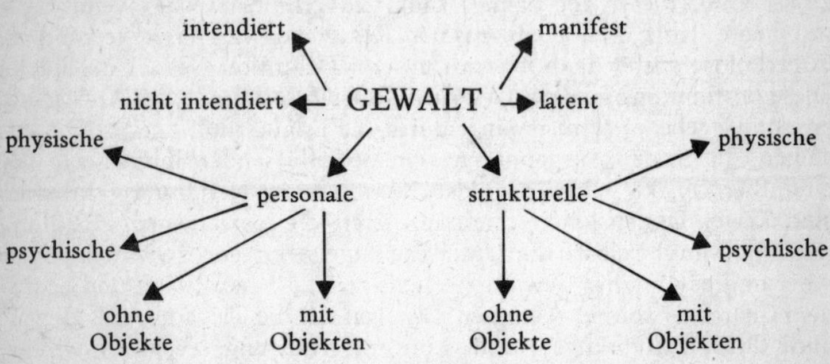

ist unter der Perspektive der Friedensforschung, also mit der Absicht entwickelt worden, den Begriff des Friedens (verstanden als Abwesenheit von Gewalt) weiterzubringen: ‹negativer› Frieden soll als die Abwesenheit personaler Gewalt, ‹positiver› Frieden als die Abwesenheit struktureller Gewalt verstanden werden. Damit steht die *Relation* von personaler und struktureller Gewalttätigkeit im Zentrum der Überlegungen von GALTUNG; letztlich ist auch ein genetischer oder historischer *Übergang* von ‹negativem› zu ‹positivem› Frieden, von Lösungen des Problems ‹personaler› zu Lösungen des Problems ‹struktureller› Gewalt impliziert. Das führt zu Fragen, inwiefern ein Typ von Gewalt den anderen *stützen* beziehungsweise *stürzen* kann. Die kombinatorischen Möglichkeiten des Schemas zu ihrer Beantwortung sind groß;[45] das Schema erlaubt zudem, außerhalb der strategischen Kriegsplanung (die ähnliche Kategorien natürlich ständig benutzt) über die Technizität von

45 GALTUNG zählt folgende Beziehungen zwischen struktureller und personaler Gewalt auf: 1. Strukturelle Gewalt reicht aus, um personale Gewalt abzuschaffen 2. Strukturelle Gewalt ist notwendig, um personale Gewalt abzuschaffen 3. Personale Gewalt reicht aus, um strukturelle Gewalt abzuschaffen 4. Personale Gewalt ist notwendig, um strukturelle Gewalt abzuschaffen. Diese Beziehungen sollen verschiedene Positionen zum Gewaltproblem darstellen.

Gewalt zu kommunizieren. Die Schwäche des Ansatzes liegt darin, daß typologische Methode und (friedens)strategische Perspektive nur den Eindruck erwecken können, als deckten sie das soziologische Problem der Gewalt ab. Nicht gelöst (und so nicht lösbar) ist die Frage der (asymmetrischen) Reziprozität der Gewaltanwendenden: ähnlich wie das Kontroll-Paradigma von E. Converse beschreibt Galtungs Ausgangsmodell nur die eine (oder die andere) Seite eines Gewaltverhältnisses (Subjekt-Aktion-Objekt), nicht die vielfach vermittelte Intersubjektivität der Situation. Unter diesen Umständen ist es nur auf Kosten einer gewissen moralisch induzierten logischen Inkonsistenz [46] möglich, soziologisch relevante Relationen zwischen den Gewalttypen oder eine praxisbezogene Handlungsanleitung zu entwickeln.

Die taxonomische Aufschlüsselung vorhandener Gewaltstrukturen (im Grunde ohne Subjektbezug) läßt sich in die weiter unten diskutierten systemtheoretischen Ansätze einbringen. Sie fügt sich zu einer funktionalistischen Differenzierung sozialer Strukturen und vergegenwärtigt die Möglichkeit von Gewalt als eine Möglichkeit ‹relativ adäquater› Problemlösung auf allen Ebenen von Gesellschaft. Gewalt ist nicht auf Überlebenskonflikte beschränkt; sie deutet aber in jedem Konflikt, in dem sie auftaucht, auf das fragwürdige Überlebensproblem partikularer Gruppen.

3. Konfliktdramatik

In der Diskussion um die dramatischen Aspekte von Konflikten werden oft Machiavelli und Darwin zitiert, um gewisse Tiefendimensionen (‹dazu ist der Mensch fähig›) zu bezeichnen und offenbar auch, um Ausschreitungen zu rechtfertigen. Hinter den abgewetzten Floskeln stehen begrenzte theoretische Ansätze, die nicht ausreichen, Ausmaß, Brutalität und soziale Bedingtheit menschlicher ‹Überlebenskämpfe› in diesem Jahrhundert auch nur annähernd zu fassen. In diesem Zusammenhang ist Max Webers These, Charisma sei Herrschaft legitimierende Ausstrahlung einzelner, auf den Kopf gestellter Darwinismus. «Sozialer Konflikt ist auf die Anstrengung sozialer Einheiten bezogen worden, ihre Autonomie zu erhalten. Diese Selbstbezogenheit oder *Hybris,* die die Welt den Zwecken einer Person oder Gruppe beugen will und diese Zwecke mit dem Willen Gottes identifiziert, ist von Toynbee als ‹Erbsünde› bezeichnet worden, obgleich auch er einräumt, daß der Kampf ums Dasein, den diese Hybris impliziert, das Wesen des Lebens selbst ist.»[47]

---

46 Das wird besonders deutlich in der mit gutem Willen geführten Auseinandersetzung mit seinem marxistischen Kritiker, Schmid, H., *Peace Research and Politics.* In: Journal of Peace Research, No. 3, 1968.

47 Wright, Q., *The Value for Conflict Resolution of a General Discipline of International Relations.* In: Journal of Conflict Resolution, Vol. I, No. 1, S. 3.

a) Machiavellismus

Machiavelli hatte als Diplomat eine genaue, langjährige Kenntnis der florentinischen und europäischen Politik der Renaissance-Zeit; seine Erfahrungen schrieb er wie Naturbeobachtungen nieder. In den vielen Zwangspausen seiner Karriere entdeckte er, daß die Mächtigen und Erfolgreichen, die politisch Glücklichen ihre Karriere der vollständigen, distanzlosen Hingabe an die historisch-objektive Bewegung verdanken: «Oft habe ich über die Ursachen des Glückes und Unglückes der Menschen nachgedacht und glaube sie darin gefunden zu haben, daß ihre Handlungsweise in ihre Zeit paßt oder nicht paßt ... Der fehlt weniger und hat günstige Erfolge, dessen Art zu handeln in die Zeit paßt.»[48] Den Protagonisten dieses historischen Opportunismus, den Fürsten, gab Machiavelli in ‹*Il Principe*› (1532) eine Kunstlehre der Selbsterhaltung und Machtsteigerung in die Hand, in der sie alles, was sie eigentlich immer getan hatten, nachlesen konnten. In seiner wichtigeren Schrift, den ‹*Discorsi*› (1531), entwickelte er die Ansätze einer rationalen Sozialtheorie: alle Menschen sind böse, d. h. befähigt zur Gewalt; Staaten regenerieren sich, indem sie ihre Regierungsformen wechseln oder mischen; das Volk ist auf die Dauer klüger und beständiger und besitzt ein besseres Urteil als die Fürsten; mächtige einzelne hingegen sind nützlich bei der Gründung und Errichtung der ersten Ordnung eines Staates; eine Betrachtung der Geschichte zeigt die Gleichförmigkeiten im sozialen Handeln und ermöglicht Voraussagen usw.[49]

Der wichtigste Punkt dieser Theorie war die Entdeckung der politischen Maschinerie als eines selbständigen Instrumentariums. Der Machtapparat, der sich diejenigen, die ihn sich gefügig machen, gefügig macht, faszinierte Machiavelli. Er repräsentiert in diesem Sinne die neue Klasse der Bürger, ist ein ‹typischer Renaissance-Geist› (Kofler), der in der Monarchie der neuen Nationalstaaten ebenso wie in der Aristokratie und Demokratie *Instrumente* sieht, die experimentell, beispielsweise um sich gegenseitig zu überwachen, eingesetzt werden können, um die expandierenden Interessen des Bürgertums zu schützen und ‹künftige Ereignisse zu ordnen›. Machiavellis Grundthema ist also nicht der Herrscher, sondern die Beherrschung der politischen Mechanismen; seine Entdeckungen betreffen nicht die natürliche Natur (Aristoteles), sondern die künstliche Natur des Staates. Er entzieht den Mächtigen ihre alten Legitimitätsmärchen und verpflichtet sie darauf, ihre Macht um der Macht willen auszuüben, und das heißt, um der Rationalität ihrer Machtinstrumente, um der Monarchie, Aristokratie, Demokratie willen. Von daher wird auch Machiavellis Präokkupation mit der Regeneration der ‹zusammengesetzten Staatskörper› verständlich: ihre

---

48 Schoeck, H., Die Soziologie und die Gesellschaften. Freiburg/München 1964, S. 78.

49 Vgl. dazu Schoeck, H., a. a. O., S. 75 ff.

Mechanismen sollen ‹jung›, sauber, funktionsfähig gehalten werden: «Das Mittel, sie zu erneuern, ist . . . sie zu ihrem Anfang zurückzuführen; denn alle Anfänge der Sekten, Republiken und Königreiche müssen notwendig etwas Gutes haben . . .»[50] Es ist die gleiche Vermutung zugunsten der Rationalität der ersten Form, die BAGEHOT (s. u.) später so formuliert: *«Civilization begins because the beginning of civilization is a military advantage.»*[51]

Im Zusammenhang mit der Suche nach den rationalen Ursprüngen der Machtmaschinerie muß auch MACHIAVELLIS Betonung der Gewalt gesehen werden. Er deckt die erste, entscheidende Leistung zur Erlangung und Aufrechterhaltung von Machtstrukturen auf: rücksichtslose Gewalttätigkeit. «Man muß sich darüber klar sein, daß es nur zwei Wege gibt, einen Streit zum Austrag zu bringen: entweder den Weg über ein rechtlich geregeltes Verfahren oder den Weg der Gewalt. Das erste Verfahren benützen Menschen, das zweite die Tiere. Da das erste nicht immer die Lösung bringt, muß man zum zweiten greifen.» – «Menschen müssen entweder geschmeichelt oder zerschlagen werden. Denn für ein kleines Unrecht werden sie sich rächen können. Aus dem Grabe heraus rächt sich niemand. Wenn man also schon jemand unrecht tut, so muß es derart sein, daß er sich wenigstens nicht mehr rächen kann.»[52] Es war ganz im Geiste dieser Machttheorie, daß die Jesuiten, die spanischen Habsburger und die französischen Bourbonen, deren Rationalität der Machtausübung nichts zu wünschen übrigließ, den Begriff des ‹Machiavellismus› als Schimpfwort für ihre Gegner popularisierten. Darin steckt eine gewisse Dialektik: da die konsequente Gewaltanwendung der rationale Kern der überkommenen Machtstrukturen ist, diese Konsequenz aber erst im Machtkonflikt vermittelt über die vom Gegner eingebrachten gewaltsamen Problemlösungsaktivitäten wahrgenommen werden kann, ist hier der Boden für eine neue, nicht mehr naive, nicht mehr mittelalterliche Ideologisierung der eigenen Machtrolle bereitet.

Die Machttheorie des MACHIAVELLI kann also für unseren Zusammenhang wie folgt charakterisiert werden: sie deckt auf, daß die ‹ursprünglichen› Konflikte, insbesondere jene, die zur Gründung eines Gemeinwesens, eines Staates führen, zugleich das Prinzip der Regeneration der politischen Formen enthalten und daß deshalb der für das Glücklichsein aller günstigste politische Prozeß darin besteht, die Konflikte zwischen den Mächtigen und zwischen den Mächtigen und dem Volk auf die ‹reinen› Machtmechanismen zu verpflichten. MACHIAVELLI hat nicht damit gerechnet, daß dieser purgatorische Effekt dadurch zu-

---

50 Ebda., S. 76.

51 Zitiert in CAIRNS, H., *Legal Philosophy from Plato to Hegel.* S. 278.

52 Zitiert in STÖRIG, H. J., Kleine Weltgeschichte der Philosophie. Stuttgart 1950, S. 245.

nichte gemacht werden kann, daß ursprüngliche Gewalt, die in eine erste Machtstruktur eingebracht worden ist, dort als Impuls ihrer eigenen Perfektionierung weiterwirkt. Die Fixierung auf das Machtinstrumentarium: das ist das Unsoziologische an dieser Machttheorie heute (machte aber natürlich damals gerade den Fortschritt aus).

b) Sozialdarwinismus

Die Formeln vom Kampf ums Dasein, der natürlichen Zuchtwahl, der Mutation und Selektion in Verbindung mit einem, was die bürgerliche Gesellschaft angeht, bereits gefährlichen Interesse für die Naturwissenschaften haben den Boden bereitet, auf dem, anders als MACHIAVELLI sich das vorstellen konnte, eine Rückkehr zu den Anfängen möglich wurde. Aber auch diese betrafen nicht etwa die Natürlichkeit der Natur, sondern die technischen Kniffe und Tricks, mit denen sie ihre Arten verfeinert und fortentwickelt. Die große Wendung bestand ja gerade darin, daß DARWIN vom Phänomen der domestizierten Tiere, vom Prinzip der Selektion, nach dem jeder Züchter vorgeht, ausging, um die natürliche Evolution zu erklären, daß er also in einer Technik, welche die Menschen seit Jahrtausenden praktizierten, ein Naturgesetz erkannte, das nunmehr, einmal aufgedeckt, einen um so weiteren Auslauf für menschliche Betätigung bot. Das jedenfalls haben die Sozialdarwinisten sofort gemerkt. Der Sozialdarwinismus ist eine wissenschaftliche Bewegung, die dem Auftreten sozialer Gewalt einen Bezugsrahmen anwies, der über den Rahmen staatlich organisierter Gewalt hinausführte. Dieser neue Auslauf für Gewalt war einerseits naturwissenschaftlich abgesichert, er erlaubte es andererseits, herkömmliche Herrschaftstheorien und die Herrschaftssysteme selbst von *außen* (ohne die servile Faszination des *‹insiders›*) anzusehen. Erschien dem Machiavellismus der Staat als ein Machtmittel, das seine eigenen Zwecke, seine eigene Vernunft oder zumindest Rationalität dadurch entfaltete, daß in Machtkonflikten seine Gesetze approximiert und rein gehalten wurden, so wurde der Staat jetzt ein Machtmittel, das eindeutig den Zwecken der Natur, dem ‹Überleben der Tüchtigsten› (SPENCER) unterworfen war. Für MACHIAVELLI war der ‹Glückliche› derjenige, den die Machtmaschinerie wie ein Schwert führte (nicht etwa umgekehrt), für SPENCER war der ‹Tüchtige› Mitglied einer Gesellschaft, die sich in der organischen Entfaltung und evolutionären Differenzierung im externen Kampf mit anderen Gesellschaften (oder Gruppen) bewährte. Machtkonflikte waren natur-, gattungs- und globalbezogen: das schon reduzierte die Rolle der Staatsmaschinerie. Sie boten außerdem, jedenfalls bei SPENCER, die Gelegenheit zur Selbstentfaltung von Individuen jenseits der Zwänge einer jeweiligen Staatsform; der Staat war den Bedürfnissen des Individuums untergeordnet, er vermittelte nur zwischen Individuum und Gattungswesen, war Faktor in einem umfassenden Evolutionsprozeß, nicht mehr.

Zwar war HERBERT SPENCER kein Sozialdarwinist im engeren Sinne, er hatte entscheidende evolutionstheoretische Gedanken vor der Veröffentlichung der ‹Entstehung der Arten› (1859) publiziert. Der Evolutionsgedanke lag damals auf der Straße: in ihm drückte sich gleichermaßen der Expansionsdrang des Kapitalismus wie die Tendenz zu einer naturwissenschaftlichen Weltanschauung aus. Doch HERBERT SPENCER hat diese Tendenzen zu einer komplexen soziologischen Theorie zusammengefaßt, die heute in ihrer Essenz von vielen ‹Makrosoziologen› wiederaufgenommen wird.[53]

Die wesentlichen Elemente von SPENCERS soziologischer Theorie wurden von seinem Schüler GIDDINGS wie folgt zusammengestellt:[54] 1. Gesellschaften sind Organismen oder super-organische Aggregate. – 2. Zwischen Gesellschaften und sie umgebenden Körpern, wie zwischen anderen endlichen Aggregaten in der Natur, besteht die Tendenz zu einem energetischen Gleichgewicht. Außerdem besteht diese Gleichgewichtstendenz zwischen Gesellschaften, zwischen sozialen Gruppen und zwischen sozialen Klassen. – 3. Die Gleichgewichtstendenz zwischen Gesellschaften und zwischen Gesellschaften und ihrer natürlichen Umwelt nimmt die Form eines Existenzkampfes zwischen den Gesellschaften an. Konflikt wird zur gewohnten (habituellen) Tätigkeit der Gesellschaft. – 4. Im Vollzuge dieses Überlebenskampfes entsteht Furcht vor den Lebenden und den Toten. Die Furcht vor den Lebenden, die den Konfliktzustand ergänzt, wird zum Ursprung politischen Zwangs, politischer Kontrolle. Die Furcht vor den Toten wird Ursprung religiöser Kontrolle. – 5. Organisiert und gelenkt durch politische und religiöse Kontrolle, entsteht aus habitualisiertem Konflikt ‹Militarismus›. Dieser Militarismus formt die Charaktere, das Verhalten und die sozialen Organisationen zur Bereitschaft für den gewohnheitsmäßigen Kampf. – 6. Durch den Militarismus werden kleine Gruppen zu größeren zusammengefaßt, diese in noch größere usw. Dadurch entsteht soziale Integration. Durch diesen Prozeß wird der Bereich erweitert, in dem ein immer größerer Teil der Bevölkerung sich gewohnheitsmäßig im Zustand des Friedens befindet und industriellen Beschäftigungen nachgeht. – 7. Die Gewohnheiten des Friedens und der Industrie formen die Charaktere, das Verhalten und die sozialen Organisationen für ein friedliches, freundliches, kongeniales Leben. – 8. In einer Gesellschaft dieses friedlichen Typs vermindern sich die Zwänge, während Spontaneität und individuelle Initiative zunehmen. Die sozialen Organisationen werden flexibler, die Individuen werden mobiler und können ihre sozialen Beziehungen wechseln, ohne den sozialen Zusammenhang zu zerstören. Der soziale Zusammenhang selbst beruht auf Kongenialität und Wissen und nicht mehr auf primitiven Zwängen. – 9. Der Über-

53 Vgl. Kapitel V.

54 Vgl. BARNES, H. E., *An Introduction to the History of Sociology*. Abr. ed., Phoenix Books, S. 85.

gang vom Militarismus zum Industrialismus hängt vom Ausmaß des energetischen Gleichgewichtszustandes zwischen einer Gesellschaft und ihren Nachbargesellschaften, zwischen den Gesellschaften verschiedener Rassen und zwischen Gesellschaft im allgemeinen und ihrer natürlichen Umwelt ab. Friedlicher Industrialismus wird sich nicht eher durchsetzen, bis nicht ein Gleichgewichtszustand zwischen Nationen und Rassen hergestellt ist. – 10. In Gesellschaften, wie in anderen endlichen Aggregaten, hängt das Ausmaß der Differenzierung und totalen Komplexität aller evolutionären Prozesse von der Geschwindigkeitsrate des Integrationsvorgangs ab. Je langsamer die Integration vonstatten geht, um so vollständiger und befriedigender ist der Evolutionsprozeß.

Der theoretischen Gefahr einer Umweltfixierung sozialer Konflikte[55] sind die eigentlichen Sozialdarwinisten im allgemeinen entgangen. Ihr Fixpunkt war zwar der Kampf mit externen Kräften, aber diese waren wenigstens soziologisch definiert als andere Gesellschaften, Rassen, Gruppen und gelegentlich einzelne. Der erste, der DARWINS Ideen direkt auf gesellschaftliche Prozesse anwendete, war WALTER BAGEHOT mit seinem Buch ‹*Physics and Politics*› (1872), gefolgt von LUDWIG GUMPLOWICZ' ‹Rasse und Staat› (1875), das allerdings erst in veränderter Auflage unter dem Namen ‹Der Rassenkampf› (1883) berühmt wurde. BAGEHOT sah ab vom biologischen Aspekt der natürlichen Zuchtwahl oder Auslese und versuchte statt dessen, im Überlebenskampf der Gesellschaften einen Zivilisationsprozeß in drei Stufen zu sehen: in einem ersten Stadium müssen Gesellschaften sich einen festen Bestand an gleichförmigen, für sie typischen Verhaltensweisen (‹*cake of custom*›) verschaffen; wenn dann in einem zweiten Stadium der Konflikt zwischen derart gefestigten Gesellschaften ausbricht und zu Eroberungen und der Entstehung von Imperien führt, kommt es eben wegen dieser ‹*cakes of custom*› zur Gefahr der Stagnation; es muß folglich in einem dritten Stadium, einem ‹Zeitalter der Diskussion› zu einer Auflösung der alten Gleichförmigkeiten kommen, d. h. Konflikte müssen zum Zwecke der Innovation auf einem höheren Niveau fortgesetzt werden. Die interessante These bei BAGEHOT ist die, daß der Mensch ein ‹*custom-making-animal*› ist, daß er letztlich nur diese Fähigkeit im Überlebenskampf einzusetzen hat.

GUMPLOWICZ hingegen konzentrierte sich zunächst durchaus auf biologische Gewalt und ihre Rolle in sozialen Konflikten. Er geht aus von der soziologischen Bedeutung des Rassenfaktors und dem ‹Gesetz der absoluten Feindseligkeit› zwischen Angehörigen unterschiedlicher genetischer Stämme. Der Kontakt zwischen den einzelnen Stämmen und Rassen führt zu einer endlosen Reihe von Kriegen und Eroberungen, aus denen Staaten entstehen, die ihrerseits in ihrer Struktur die alten

---

55 Die Abfälschung von Herrschaftskonflikten in ‹Konflikte mit der Umwelt› (Volk ohne Raum, Ökokatastrophe etc.) ist ein beliebtes Gesellschaftsspiel.

Animositäten bewahren. Die ursprünglich externen Konflikte schwelen also in jeder Gesellschaft weiter; GUMPLOWICZ bezieht diese heterogene Struktur auch auf die unterschiedlichen Besitzverhältnisse an den Produktionsmitteln und schließt hier direkt an MARX an. In seinen späteren Schriften geht er von der biologischen Perspektive etwas ab und betont den Kampf zwischen sozialen Gruppen oder noch deutlicher, zwischen Kollektiven. Man vergißt über seinem Ruf als einer der extremsten Sozialdarwinisten leicht seine staatswissenschaftlichen Beiträge, die für unseren Zusammenhang insofern relevant sind, als das sozialdarwinistische Motiv der Sieger und Besiegten als eine soziologische Zusatz- und Rahmenbestimmung des Staates eingeführt wird: «Würden die Staatsrechtslehrer wirklich nur die immer und überall an allen Staaten vorkommenden wesentlichen Merkmale in die Begriffsbestimmung derselben aufnehmen, so wäre eine Übereinstimmung an diesem Punkte bald hergestellt; denn solcher Merkmale gibt es nur zwei: all und jeder Staat ist ein Inbegriff von Einrichtungen, welche die Herrschaft der einen über die anderen zum Zwecke haben, und zwar wird diese Herrschaft immer von einer Minorität über eine Majorität geübt.»[56]

GUSTAV RATZENHOFER, Freund und Schüler von GUMPLOWICZ, der Einfluß auf die Gründer der amerikanischen Soziologie, insbesondere auf L. F. WARD gehabt hat, fügte den Gedanken von GUMPLOWICZ vor allem eine Theorie der Interessen hinzu, die als Organisationsprinzip der Gruppen in internen Sozialkonflikten wirken. Der letzte Sozialdarwinist in dieser Reihe ist FRANZ OPPENHEIMER.[57] Auch bei ihm, wie bei GUMPLOWICZ, muß vor allem der neue Blick auf das Zentrum von Machtkonflikten, den Staat, interessieren, der durch die Umwege über die Naturgeschichte, Evolution und Überlebenskampf möglich geworden war und, wie gesagt, den Bezugsrahmen sozialer Gewalt erheblich erweitert hat. Auch OPPENHEIMER vertritt die Theorie von der exogenen Entstehung des Staates, dessen Form die Herrschaft, dessen Inhalt die Ausbeutung ist. Idealtypisch beschreibt er die verschiedenen Stadien der Entstehung des Staates bis hin zum modernen Verfassungsstaat, dessen bewegendes Prinzip der Kampf der Interessengruppen, der Klassenkampf ist. Der Staat ist für OPPENHEIMER letztlich eine Rechtsinstitution, die «einer besiegten Gruppe durch eine siegreiche Gruppe einseitig auferlegt (wird) mit dem ursprünglich einzigen Zwecke, die Besiegten zugunsten der Sieger so hoch und so dauernd wie möglich zu besteuern».[58] Der gesamte Rechtsprozeß wird so zum Ausdruck eines ständigen sozialen Kampfes.

Als auf ein modernes Kuriosum (das von manchen Konfliktforschern ernst genommen wird) sei hier noch auf das Buch von ROBERT ARDREY

56 GUMPLOWICZ, L., zitiert v. F. BÜLOW in: Internationales Soziologen-Lexikon. Stuttgart 1959, S. 198.

57 Der Staat, 1908.

58 Soziologen-Lexikon, a.a.O., S. 423.

hingewiesen.[59] Es stellt den ‹Sozialdarwinismus› in seiner traurigsten Verfallsgestalt dar. ARDREY definiert als Territorium ein Stück Raum des Wassers, der Erde oder Luft, das von einem Tier oder einer Gruppe von Tieren als ihr ausschließliches Gehege verteidigt wird, und erklärt, daß ‹territoriale Tier-Spezies› dadurch gekennzeichnet sind, daß bei ihnen alle Männchen und manchmal auch die Weibchen einen Trieb besitzen, Eigentum zu erwerben und zu verteidigen. Diese ‹genetisch determinierte Verhaltensweise› sei eine Kraft, die möglicherweise älter als der Geschlechtstrieb ist. Und dann kommt der große Sprung ins Menschenreich: Der Mensch, meint ARDREY, ist ein Territorial-Tier. «Wir handeln, wie wir handeln, wegen unserer evolutionären Vergangenheit, nicht wegen unserer kulturellen Gegenwart ... Wenn wir unseren Besitzanspruch auf ein Stück Land oder die Souveränität unseres Landes verteidigen, hat das Gründe, die genauso tief und unauslöschlich sind wie die von niederen Tieren.»[60]

c) Charisma

Das ‹Selbstbewußtsein› des Überlebenskämpfers kann natürlich nicht nur durch solche etwas peinlichen Analogien entwickelt werden, es bedarf auch geistiger Kost. In der ‹normativ gesehen aus dem Nichts geborenen› Dezision beispielsweise, den Feind zu suchen und im Kampf den eigenen existentiellen Sinn zu vollenden,[61] steckt der Anspruch auf charismatisches, von der Geschichte begabtes Leben. «Wenn wir aufeinanderprallen im Gewölk von Feuer und Qualm, dann werden wir eins, dann sind wir zwei Teile von einer Kraft, zu einem Körper verschmolzen. Zu einem Körper – das ist ein Gleichnis besonderer Art. Wer es versteht, bejaht sich selbst und den Feind, der lebt im Ganzen und in den Teilen zugleich.»[62] Der Verzicht auf ein Bewußtsein von bürgerlichen Konfliktinhalten bringt den Dezisionismus ERNST JÜNGERS auf die Utopie der ‹planetarischen Herrschaftsgestalt› des ‹Arbeiters›, einen (undialektischen) Begriff revolutionärer Gewalt. Er steht für ein entwickeltes Selbstbewußtsein, das zwar nicht für den Einsatz im Erdkampf, aber für reflexiven Höhenflug taugt. «Wenn man erkannt hat, was heute notwendig ist, nämlich die Behauptung und der Triumph, oder wenn es sein muß, auch die Vorbereitung zum entschlossenen Untergange inmitten einer durchaus gefährlichen Welt, dann weiß man, welchen Aufgaben sich jede Art der Produktion, von der höchsten bis zur

---

59 *The Territorial Imperative: A Personal Inquiry into the Animal Origins of Property and Nations.* New York 1966 (dt.: Adam und sein Revier. Stuttgart 1968).

60 Ebda., S. 17.

61 Vgl. KROCKOW, CHR. GRAF V., Die Entscheidung. Stuttgart 1958, insb. S. 44–67.

62 JÜNGER, E., zitiert in KROCKOW, CHR. GRAF V., a. a. O., S. 45.

einfachsten, zu unterstellen hat. Je zynischer, spartanischer oder bolschewistischer im übrigen das Leben geführt werden kann, desto besser wird es sein.»[63]

Das transzendentale Gewaltbewußtsein[64] stellt einen Reflexionsfortschritt dar. Es leitet die Abwendung vom Sozialdarwinismus ein und ist beispielsweise im Begriff des ‹*élan vital*› (Bergson) als Weg zum Verständnis geschichtlicher Bewegung aus Intuition, unmittelbarer Anschauung, Verstehen und Erleben durchaus sinnvoll. Das läßt sich an George Sorel zeigen. Seine Kritik am Marxismus[65] versucht, den Propheten Marx vor dem Sozialwissenschaftler Marx zu retten; der Erfolg der Arbeiterbewegung könne nicht aus der Wissenschaftlichkeit der Marxschen Analysen, sondern nur aus den an vielen Stellen durchbrechenden Bildern eines ‹Mythos der Gewalt› begriffen werden. In den ‹*Réflexions sur la violence*› vertieft sich dieser Begriff von Gewalt des Geistes in Analysen der moralischen Gewalt christlicher Märtyrer, Asketen und insbesondere der von innen kommenden Gewalt der mönchischen Orden des Mittelalters. Es ist ganz klar, daß hier ein Wechsel in der humanen Bedeutung von Gewalt vonstatten geht, den wir weiter oben als den Übergang zu ‹altruistischen› Problemlösungsaktivitäten bezeichnet haben. Diese Möglichkeit des ‹gebildeten Schwachen›, Gewalt anzuwenden, wird in Arnold Gehlens Formel ‹Umkehr der Antriebsrichtung› verabsolutiert. «Es entstehen dann Handlungsbereiche und Techniken, welche in der übersteigert-befreiten Innenwelt enden, erstrebt und erlebbar wird ‹la vie à un degré plus intense›, und eine grandiose Umkehr des Lebensschwerpunktes wird möglich, ja geradezu eine Übersteigerung des Unterschiedes von Innen- und Außenwelt zum Gegensatz.»[66] Außenwelt-Askese in diesem Extrem ist blutiger Gewalt gegen andere sehr nahe, wird zu einer ausgesprochen gleichgültigen Problemlösungshaltung, die sich nur wenige (sie müssen nämlich auch noch klug sein) Privilegierte leisten können. Sorel dagegen denkt mit dem Mythos der Gewalt an die unterdrückten Massen. «Was hier unbedingt wesentlich ist: den Armen ein unbedingtes Vertrauen in ihre Kräfte geben; man muß, um dieses Ergebnis zu erreichen, die Traditionen der Unterwerfung besiegen, die ihnen seit ihrer Jugend eingeimpft worden sind. Dazu gelangt man mit der Hilfe zweier Mittel: indem man das Prestige der herrschenden Klassen zerstört und dann, indem man das Selbstbewußtsein der Armen hebt.»[67]

In gewissem Sinne paßt dazu auch die psychoanalytische Behandlung

---

63 Jünger, E., Der Arbeiter. 2. Aufl., Hamburg 1932, S. 201.

64 Damit meinen wir das Bewußtsein ‹reiner unmittelbarer Gewalt auch jenseits des Rechts› (W. Benjamin).

65 *La Décomposition du Marxisme*. Paris 1908.

66 Gehlen, A., Urmensch und Spätkultur. Frankfurt/Bonn 1964, S. 237.

67 Zitiert nach Barth, H., Masse und Mythos. Die Theorie der Gewalt: Georges Sorel. rde Bd. 88, Hamburg 1959, S. 111.

der Antriebe, nicht zuletzt des ‹Machttriebs›, die dem ‹Charisma› der Bourgeoisie an den Kragen geht. Wenn sie, nach FREUD, auch oberflächlich waren, so passen die Untersuchungen ALFRED ADLERS doch in die Zeit vor dem Ersten Weltkrieg.[68] Seine Beobachtungen an der Erscheinung des ‹Minderwertigkeitsgefühls› in den Salons bezieht er auf die prinzipielle Unterlegenheit des Kindes gegenüber seinen Eltern und kulturspezifische Sozialisationsfehler. Das alltägliche Machtstreben als die Kompensation frühkindlicher Autoritätsschäden wird für ADLER der handlungs- und entwicklungsbestimmende Antrieb des Menschen überhaupt. An diesem Punkt verliert für ihn die entwicklungspsychologische Dimension an Bedeutung, und die fiktiven und nichtfiktiven Ziele des Machtstrebens treten in den Vordergrund. ADLERS Einsicht, daß die Ausnutzung neurotischer Bedingungen zur Machtgewinnung ein unbewußter Vorgang ist, ist später von FREUD (unbewußte Abwehrfunktionen des Ich) nachvollzogen worden.[69] Die Individualpsychologie leistet hier einen Beitrag zur Situation ‹konkurrierender Persönlichkeiten›, der dieses kulturspezifische Verhaltensmuster weiter auflöst.[70] «Nachdruck wird gelegt auf jeweils geltende konventionelle Werte, wie äußerlich korrektes Benehmen, Erfolg, Fleiß, Tüchtigkeit, physische Sauberkeit, Gesundheit und konformistisches Verhalten. Durchweg denken und empfinden solche Menschen hierarchisch ... Das Lebensgefühl jener Menschen ist veräußerlich; um das Gefühl zu haben, etwas zu sein, bedürfen sie der Identifikation mit der vorgegebenen Ordnung und identifizieren sich mit ihr um so lieber, je strenger und machtvoller sie auftritt. Dahinter steht eine tiefe Schwäche des eigenen Ichs, das sich den Anforderungen der Selbstbestimmung angesichts der übermächtigen sozialen Kräfte und Einrichtungen nicht mehr gewachsen fühlt ... Unbewußt hegen solche Personen, bei allem optimistischen und weltbejahenden Gerede, den Wunsch nach Zerstörung.»[71]

Vom amerikanischen Soziologen E. GOFFMAN werden solche auf Ich-Schwäche beruhenden Verhaltensweisen, die natürlich einen bestimmten ‹Stil› alltäglicher Konflikte formen, als die eigentliche Wirklichkeit der Soziologie, als ihr Wirklichkeitsmaterial postuliert. Soziale Interaktionen sind für ihn theatralische Vollzüge, in denen Handelnde als ‹dramatische Effekte› erscheinen. Er geht von Phänomenen unmittelbar gegebener, selbstverständlicher sozialer Ordnung aus, in denen moralische Normen das zielgerichtete Verhalten von Personen in kontrollierte und kontrollierbare Bahnen lenken. Der Zwangscharakter solcher Ordnun-

---

68 Vgl. ADLER, A., Menschenkenntnis. Fischer-Bücherei Nr. 6068.

69 THOMPSON, C., Die Psychoanalyse. Zürich 1952, S. 166.

70 Vgl. ADORNO, TH. W., et al., *The Authoritarian Personality.* New York 1950. Hier, im ‹autoritären Syndrom›, ist die ‹konkurrierende Persönlichkeit› entlarvt.

71 ADORNO, TH. W., HORKHEIMER, M., Vorurteil. In: Soziologische Exkurse 1956, S. 156 f.

gen wirkt auch, und vielleicht vor allem, in den Verhaltensweisen bei mehr oder minder zufälligen ‹Personenansammlungen›.[72] «Man kann also sagen, daß die vom einzelnen als Nettigkeiten im sozialen Umgang empfundenen Verhaltensformen in Wirklichkeit Regeln sind, die seine Nähe oder Distanz zu sozialen ‹Ansammlungen› kontrollieren ... Der einzelne folgt diesen Regeln oft ganz gedankenlos, als zahlte er den Konventionen nur einen kleinen Tribut. Würde er aber dabei erwischt werden, sich nicht ‹anständig› zu verhalten, oder würde er andere ertappen, kann seine Verlegenheit erstaunlich tief sein ... Mehr als zu irgendeiner Familie oder einem Club, mehr als zu einer sozialen Schicht oder Geschlechtsgruppe, mehr als zu irgendeiner Nation gehört der einzelne zu solchen Ansammlungen – und er sollte lieber zeigen, daß er ihr vollwertiges Mitglied ist. Denn die Strafe für Regelbruch ist letztlich hart. So wie wir unsere Gefängnisse mit jenen füllen, die die Rechtsordnung übertreten, so füllen wir teilweise unsere Irrenhäuser mit jenen, die sich unpassend aufführen – die erste Art von Institution schützt dabei unsere Leben und unseren Besitz; die zweite unsere sozialen Ansammlungen und Gelegenheiten.»[73] Deutlicher läßt sich die diffuse Konkurrenzsituation konformistischer Gesellschaft kaum bezeichnen, die den einzelnen über subtile Nettigkeiten kontrolliert und zunächst auch nur Konfliktgegner zuläßt, die einander durch Subtilitäten ausschalten. Das zu sozialen Konflikten befähigende Selbstbewußtsein ist hier fast auf den Nullpunkt gestellt; das Sendungsbewußtsein erschöpft sich im richtigen Schlips. Dahinter aber wartet sprachlose Aggressivität und dieser Kultur selbst nicht begreifliche Brutalität.

Der Charme des Killers ist kein angenehmer Zugang zum klassischen Charisma-Begriff der Soziologie, liegt unserer historischen Erfahrung aber nahe. «Die Schöpfung einer charismatischen Herrschaft ... ist stets das Kind ungewöhnlicher äußerer, speziell politischer oder ökonomischer, oder innerer seelischer, namentlich religiöser Situationen, oder beider zusammen, und entsteht aus der einer Menschengruppe gemeinsamen, aus dem Außerordentlichen geborenen Erregung und aus der Hingabe an das Heroentum gleichviel welchen Inhalts. Daraus allein schon folgt: in ungebrochener Macht, Einheitlichkeit und Stärke wirkt sich sowohl der Glaube des Trägers selbst und seiner Jünger an sein Charisma ... wie die gläubige Hingabe derjenigen, an welche er sich gesendet fühlt, an ihn und seine Bewegung regelmäßig nur in statu nascendi aus. Flutet die Bewegung ... in die Bahnen des Alltags zurück, so wird zum mindesten die reine Herrschaft des Charisma regelmäßig gebrochen, ins ‹Institutionelle› transponiert und umgebogen ... so daß sie dann ... nur für die theoretische Betrachtung rein herauszupräpa-

---

72 Vgl. Goffman, E., *Behavior in Public Places.* Free Press of Glencoe 1963.
73 Ebda., S. 247 f.

rierende Komponente des empirischen historischen Gebildes darstellt.»[74] In der modernen soziologischen Literatur wird der Begriff des Charisma vorwiegend zur Kennzeichnung ‹aus dem Nichts› kommender sozialrevolutionärer Bewegungen verwendet. So schreibt S. N. Eisenstadt, das Auftreten charismatischer Persönlichkeiten sei «die beste Analogie zum Begriff der Mutation in der Evolutionstheorie»[75]. In diesem Sinne verwenden auch T. Parsons, N. J. Smelser und andere den Begriff: als eine Leerformel für mit dem jeweiligen theoretischen Instrumentarium nicht erschließbare Verhaltensweisen.[76] Die Bedeutung von Charisma als einer der wesentlichen Legitimationsformen von Herrschaft gerät dabei, mit einigem Recht, in den Hintergrund. Die Beobachtung von Machteliten hat bestenfalls Verfallsformen ‹außergewöhnlichen Sendungs- und Machtbewußtseins›, die oft schon mit psychopathologischen Kategorien erfaßt werden können, zutage gefördert.[77] Die historische ‹Aura› von Personen und Gruppen ist den Medien zum Opfer gefallen.

4. Soziologische Machttheorie: zwei Beispiele

Macht ist wie Gewalt ein durchgängiges gesellschaftliches Phänomen. In älteren Theorien erscheint Macht als Besitzform von Gewalt, als ‹aufgehobene› oder disponible Gewalt.[78] Sie ist aber auch disponibler Altruismus oder disponible Arbeitskraft (Macht der ‹Gewaltlosen› oder der Streikenden). Macht ist nicht nur aktuell, sondern auch historisch auf

---

74 Weber, M., Wirtschaft und Gesellschaft, a. a. O., S. 841.

75 Eisenstadt, S. N., Sozialer Wandel. Differenzierung und Evolution. In: Zapf, W., Theorien des sozialen Wandels, a. a. O., S. 86.

76 Vgl. Smelser, N. J., *Theory of Collective Behavior.* London 1962.

77 Vgl. z. B. Mills, C. W., *Power, Politics and People.* Ballantine Books New York: «*The characteristic member of the higher circles today is an intellectual mediocrity, sometimes a conscientious one, but still a mediocrity. His intelligence is revealed only by his occasional realization that he is not up to the decisions he sometimes feels called upon to confront. But usually he keeps such feelings private, his public utterances being pious and sentimental, grim and brave, cheerful and empty in their universal generality. He is open only to abbreviated and vulgarized, pre-digested and slanted ideas. He is a commander of the age of the memo and the briefing. He is briefed, but not for longer than one page; he talks on the phone, rather than writes letters or holds conversations.*» (S. 607 f).

78 Beispielsweise bei Machiavelli; vgl. auch Parsons, T., *On the Concept of Political Power.* Proceedings of the American Philosophical Society 107 (1963), S. 232–262; diesen Hinweis verdanke ich einem unveröffentlichten Manuskript von N. Luhmann, Klassische Theorie der Macht, Kritik ihrer Prämissen.

rudimentäre Problemlösungsaktivitäten in Situationen der Konstitution oder Umwälzung sozialen Zusammenhangs zurückzuführen; das Bewußtsein von ihr stützt sich auf die «breiteste Erfahrung, daß noch kaum je eine lohnende Sache in dieser Welt von selbst zum Zuge kam, und ohne die Überwindung des Widerstandes anderer Sachen, hinter denen auch Personen standen, die sie auch vertraten»[79]. Macht erscheint also als Medium des partikularen Über- und des universalen Weiterlebens in konkreten Situationen. Zugleich hat Macht als aufgehobene Gewalt, Askese, Arbeit den Hang zur Abstraktion; Macht bedeutet dann, in der berühmten Formel von Max Weber, «die Chance, innerhalb einer sozialen Beziehung den eigenen Willen auch gegen Widerstreben durchzusetzen, gleichviel worauf diese Chance beruht»[80]. Dieses ‹Herrschaftsstigma› (Luhmann) der Macht, das sie auf größere Komplexität und Dauer der Strukturen und für die Vertretung ‹urtümlicher› Interessen in normierten und geregelten Systemen vorbereitet, macht sie im ‹kontrollierenden gesellschaftlichen Bewußtsein›[81] zum Medium der schnellen Entscheidungen. Die Schwierigkeiten soziologischer Machttheorie bestehen darin, daß es in ihr keine Formulierung des Machtkonzepts gibt, die für mühelose Bewegung zwischen abstrakten und konkreten, komplexen und einfachen Machtphänomenen sorgt. Dazu zwei Beispiele.

Heinrich Popitz schildert einfachste Formen der Genese von Macht: unter den Passagieren eines Mittelmeerschiffes, in einem Kriegsgefangenenlager und in einer Erziehungsanstalt für Jungen.[82] «Wie geschieht es, daß wenige Macht über viele gewinnen? Daß ein geringer Vorsprung, den einige erreicht haben, ausgebaut werden kann zur Macht über andere Menschen? Daß aus etwas Macht mehr Macht wird und aus mehr Macht viel Macht?»[83] Die von Popitz gewählten Beispiele sollen verschiedene in der Soziologie übliche Erklärungen des Machtbildungsprozesses – Macht als Ausdruck von allgemeinem Konsens, Macht als ‹Autoritätswirkung› von Personen, Macht als ‹pure Vergewaltigung› – ‹verstellen›, d. h. verfremden und hinterfragen. «Uns sollen Machtbildungen interessieren, in denen sich eine Minderheit gegen die eindeutigen Interessen und Intentionen der Mehrheit durchsetzt.»[84] 1. Eine kleine Gruppe von Passagieren schöpft die aus im ‹Handstreich› erworbenen Privilegien (Besetzung knapper Liegestühle) sich ergebenden Organisationsmöglichkeiten konsequent aus und kann sich dadurch

---

79 Gehlen, A., Urmensch und Spätkultur, a. a. O., S. 69.

80 Weber, M., Wirtschaft und Gesellschaft, a. a. O., S. 38.

81 Zum Begriff des ‹kontrollierenden gesellschaftlichen Bewußtseins› vgl. Kapitel IV und V.

82 Popitz, H., Prozesse der Machtbildung. Reihe Recht u. Staat, H. 362/363, Tübingen 1968.

83 Ebda., S. 5.

84 Ebda., S. 6.

gegenüber einer überraschten und in ihren Interessen uneinheitlichen Majorität auf Dauer in den Besitz der Liegestühle und der damit verbundenen Vorteile setzen. Das Beispiel soll zeigen, daß von einer Gruppe einmal erworbene kleine Vorteile durch das Prinzip gegenseitiger Unterstützung auch gegenüber Angriffen der Benachteiligten zu einer stabilen Macht- und Verfügungsstruktur ausgebaut werden können. Hat sich ein ‹Besitzprinzip› auf diese Weise erst einmal legitimiert, ist das Interesse am allgemeinen freien Zugang (zu den Liegestühlen), das in keiner Organisation aktualisiert ist, nur noch radikal durchzusetzen. Außerdem haben die Privilegierten die Möglichkeit, durch Vergabe von Sekundärprivilegien und Bevorzugungen eine ‹Dienstklasse›, die zwischen den partikularen und den allgemeinen Interessen schwankt, als zusätzlichen Schutz heranzuziehen. 2. Im Kriegsgefangenenlager verschafft die spontane Solidarität von vier Männern ihnen den entscheidenden Vorsprung im Prozeß der Herausbildung einer informellen Lagerordnung. Durch Zusammenlegung ihrer Fähigkeiten (Bau einer Herdstelle) gelingt es ihnen, zur ‹Wohlstandsaristokratie› des Lagers zu werden und durch Monopolisierung des Herdbaus und des Lagerhandels eine Staffelung der Abhängigkeitsbeziehungen der anderen Gefangenen zu erreichen. Popitz hebt dabei die ‹produktive Überlegenheit von Solidaritätskernen› hervor: bei günstiger Differenzierung der Fähigkeiten der Machtgruppe lassen sich Leitungsfunktionen nach außen mit Entlastungseffekten nach innen verbinden, deren Vorteile so schnell akkumulieren, daß sich keine Gegengruppen mehr bilden können. 3. In einem Erziehungsheim entfaltet sich nach erster gewaltsamer Durchsetzung einer Gruppe im System der Brotverteilung ein ‹Machtautomatismus›. Die Machtgruppe verteilt mit Hilfe einer Helfergruppe den ‹Opfern› abgenommene Brotrationen so, daß regelmäßig sie selbst das meiste, die Diener mehr und die Unterdrückten weniger als die Zuteilung erhalten. Ist dieses Verteilungssystem erst einmal in Gang gesetzt, reproduziert sich in ihm die Macht ‹wie in einer Maschine, deren Antriebsenergie die Beherrschten selbst liefern›. Die einfache, alltäglich erfahrene Mechanik dieser Ordnung wird schließlich zur Basis ihrer Legitimität. «Die Akte der Machtausübung – die Veränderung des Verhaltens anderer in einer gewünschten Richtung – stehen in unseren Beispielen in drei unterscheidbaren Verbindungen: in Verbindung mit überlegener bzw. unterlegener Organisationsfähigkeit bestimmter Gruppen; in Verbindung mit exklusiven (andere ausschließenden) Verfügungsgewalten über mehr oder minder knappe, mehr oder minder begehrte Güter (‹Besitz›, ‹Eigentum›); in Verbindung mit Prozessen der Anerkennung neuer Ordnungen, die wir hier auf den Begriff der Legitimität bezogen haben.»[85]

Es ist fraglich, ob die Ausgangssituation für Machtbildungsprozesse mit der Situation der Herausbildung von Machtstrukturen, in denen

85 Ebda., S. 39.

partikulare Interessen sich gegen allgemeine durchsetzen, zusammenfällt. Denn auch ‹Koalitionschancen aller gegen einen› (LUHMANN) bezeichnen eine konkrete Anfangslage. Der Begriff der Macht läßt sich möglicherweise eher aus ihrer vollen Erscheinung (als Handlungspotential gesamtgesellschaftlichen Weiterlebens) entwickeln. Für diesen Fall wären die Beispiele von POPITZ falsch gewählt. Macht als gesamtgesellschaftliches Handlungspotential war weder bei den Schiffspassagieren (vor Anbordgehen der Appropriateure) noch bei den Gefangenen (vor Bildung eines Solidaritätskerns) oder bei den Jungen (vor der Kraftprobe) festzustellen; außerdem trugen diese ‹Kollektive› nicht einmal zur Erhaltung der jeweiligen Systeme (Schiff, Lager, Anstalt) bei, innerhalb derer sie agierten. Die von POPITZ beschriebenen Machtbildungsprozesse lassen sich deshalb besser als Prozesse der Gruppendifferenzierung innerhalb komplexer sozialer Systeme, in denen es bereits Macht- und Herrschaftsstrukturen gibt, verstehen. Sie sagen über Genese von ‹Macht› und über die abstrakte Aktualität von Macht wenig aus, sie halten sich in einer «eigentümlichen Schwebelage zwischen Machttheorie und Systemtheorie».[86] Doch wird, wie LUHMANN bemerkt, die ‹eigentümliche Interdependenz› systemmäßiger Machtphänomene deutlich: das aus nichtigem Anlaß entstandene ‹System› erzeugt Macht, Macht weitere Systeme, Systeme weitere Macht usw. Aber auch solche Prozesse haben historische Bestimmtheit. Auf jeder dieser Stufen repräsentiert Macht das gebündelte Potential rudimentärer Problemlösungen, das von Subjekten in den Streit um die Weiterführung sozialer Ordnung eingebracht wird; Macht drückt Vertrags- und Kombinationsentwürfe in Verträge, Stillhalteabkommen und temporäre Gleichgewichtszustände hinein und stützt oder stürzt dadurch ständig, von ‹System› zu ‹System›, Herrschaft (epochal ausgelegte Machtstrukturen).

KURT HOLM versucht, einen ‹theoretisch brauchbaren›, ‹neopositivistischen› Machtbegriff in ein entsprechendes konflikttheoretisches Modell einzubetten.[87] Im Stile einer axiomatischen Begriffsableitung wird der Begriff der Macht in mehrere spezifische Begriffe aufgegliedert («die teils den Status einer unabhängigen, teils den einer intervenierenden Variable haben»). Als ‹relationales› (d. h. für Zweierbeziehungen spezifisches) Konzept für eine ‹quantitative› (d. h. durch Skalierung differenzierbare) Dimension wird Macht zunächst, im Anschluß an WEBER, durch eine besondere Form des (meßbaren) Einflusses definiert: durch «die Möglichkeit, den eigenen Willen *gegen den Widerstand* des anderen durchsetzen zu können». Oder: «Die Macht von A über B ist die Menge Widerstand auf Seiten B's, die potentiell von A überwunden

---

86 LUHMANN, N., Besprechung des Heftes von POPITZ, H., In: Soziale Welt, Jg. 20, H. 3, S. 369.

87 HOLM, K., Zum Begriff der Macht. In: Kölner Zeitschrift f. Soziologie u. Sozialpsychologie, Jg. 21, H. 2, S. 269 ff.

werden kann.»[88] Die weiteren Ableitungen erfolgen im Rahmen eines konflikttheoretischen Modells: «Ein sozialer Konflikt besteht, wenn der Handelnde B eine Absicht hegt, und wenn der Handelnde A der Realisierung dieser Absicht Widerstand entgegenbringt. Die Absicht des Handelnden B wird als Begehren begriffen: Der Handelnde B begehrt ein Objekt. Der Handelnde A lehnt das Begehren von B ab.»[89] Diese Relation wird als Flußdiagramm veranschaulicht:

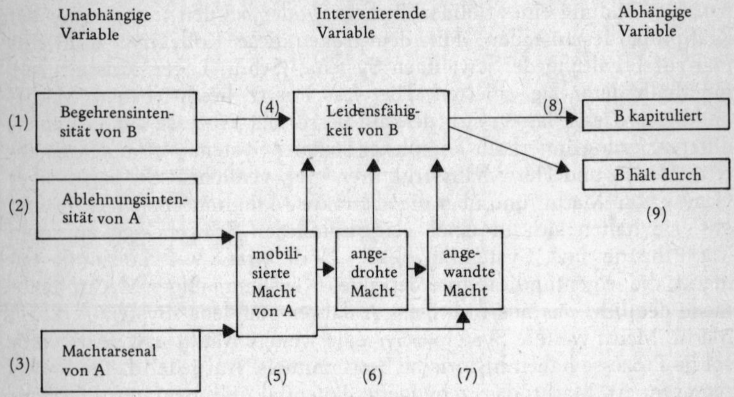

Es folgt die schrittweise Ableitung der inhaltlichen Fassung des Machtbegriffs aus dem ‹metrischen Grundbegriff des Wertes› (der die Stelle einer nicht explizierten ‹psychologischen Handlungstheorie› des Begehrens [1] und Ablehnens [2] einnimmt): «Die Macht von A gegenüber B ist die Fähigkeit von A, dem Handelnden B negative Werte beifügen zu können.» Dies läuft in einem (auf subjektiven Einschätzungen beruhenden) Handlungsvollzug ab, in dem ‹Machthandlung› die ‹konkrete Handlungsvollzugsmöglichkeit› und ‹Machtgrundlage› die Voraussetzungen dieser Handlungsvollzugsmöglichkeit bedeuten. Die Machtgrundlage kann im Begriff des ‹Machtarsenals› (3) erfaßt werden. «Machtarsenal ist die Gesamtheit aller Machtinstrumente, die A gegenüber B besitzt.» Aus dieser vorausgesetzten Grundsituation entfaltet sich nun das eigentliche Machtgeschehen, indem A die Möglichkeiten seiner Verteidigung gegen die Leidensfähigkeit von B (4) setzt: durch Mobilisierung (Bereitstellung und strategische Ausrichtung des Machtinstrumentariums), durch Drohung (in beliebig vielen Stufen) und Anwendung der mobilisierten Machtmenge (5, 6, 7). «Wird die Leidensfähigkeit von B nicht durch die Macht A's in einer dieser drei Erscheinungsweisen (der Macht) übertroffen, dann wird B im Versuch,

88 Emerson, R. M., zitiert bei Holm, K., a. a. O., S. 275.
89 Ebda., S. 276.

sein Begehren zu realisieren, durchhalten (9), trotz des Erleidens negativer Werte.» Machtkonzept und Konfliktmodell von Holm sollen lediglich die ‹konfliktäre Minimalsituation› beschreiben. «Dieses Modell ist also dadurch vereinfacht, daß angenommen wird, daß nur B derjenige ist, der begehrt, und daß nur A derjenige ist, der (als Ablehnender) Macht mobilisiert, androht und anwendet. Selbstverständlich werden reale Konflikte komplizierter sein ...»[90]

Die Frage ist hier natürlich, was unter ‹Minimalsituation› und ‹Kompliziertheit› verstanden wird. Die Minimalsituation eines Machtkonflikts ist noch nicht gegeben, wenn aus komplexen Zusammenhängen ein *Aspekt* herausgegriffen und zur Minimalsituation *erklärt* wird. Zur Kompliziertheit: «Wie lassen sich die unerläßlichen Verfeinerungen in die Analyse einführen und begründen? Wie verhält sich die Systemabhängigkeit der Macht zu ihrem Konfliktbezug? Welche Möglichkeiten struktureller Variation stecken in welchen Konstellationen? Welche Umverteilungen lassen sich erreichen, ohne den Ordnungserfolg zu mindern? Wie weit sind, mit anderen Worten, Ordnungserfolg und Vorteile für den Machthaber voneinander lösbar, und von welchen strukturellen Bedingungen hängt der Grad ihrer Ablösbarkeit ab?»[91] Schon in diesen Fragen von Luhmann ist angedeutet, daß innerhalb eines positivistischen Ansatzes entweder der Anspruch auf Erfassung einer Minimalsituation oder der Anspruch auf komplizierte Weiterungen aufgegeben werden muß. Eine ‹vollständige Konflikttheorie› im Sinne von Holm wäre erstens eingebettet in eine Theorie des gesellschaftlichen Bewußtseins (Werte, Nutzen, Valenz, Kathexis, expressive Orientierung, Verstärkung) und müßte zweitens als Theorie komplexer sozialer Systeme[92] ausgeführt werden. In dieser Eigenschaft, als Systemtheorie, wäre sie aber nicht in der Lage, sich an die von Holm entworfene ‹Minimalsituation›, die viel zu wenige Variablen enthält, in irgendeiner Weise zu halten. Andererseits ist das Minimalmodell (wie bei Converse und Galtung[93]) als ein logisches Schema des Eindringens in die psychologische Situation von ‹A› *oder* ‹B› zu gebrauchen: d. h. es erfaßt die subjektive (oder strategische) Tiefendimension der einen oder anderen Seite. Die Minimalsituation der ‹Intersubjektivität› jedoch bleibt unbegriffen.

Das ist nämlich sozusagen die ‹dritte› Seite: Machtkonflikt *ist* eine Minimalsituation (der Intersubjektivität). Er ist, zurückgeführt auf rudimentäre Problemlösungsaktivitäten, deren Möglichkeit er in komplexe Systeme einführt, der Kampf zweier Subjekte um gegenseitige Anerkennung, ein Überlebenskampf, um weiterleben zu können.

---

90 Ebda., S. 285.

91 Luhmann, N., Besprechung von Popitz, a. a. O.

92 Vgl. seinen Versuch in Holm, K., Verteilung und Konflikt. Ein soziologisches Modell. Stuttgart 1970.

93 Vgl. weiter oben S. 22 ff und S. 49 ff.

Hegel hat diesen Gedanken in der ‹Phänomenologie des Geistes› als erster dialektisch entfaltet: 94

«Am Anfang des sozialen Geschehens steht für ihn der Streit der Selbstbewußtseine miteinander. Die Selbstbewußtseine müssen sich durch Kampf auf Leben und Tod bewähren. Die Bewährung durch den Tod hebt das Leben auf. Wird dagegen das entgegenstehende Individuum nicht getötet, so tritt an die Stelle des Vernichtens die Unterwerfung, bei der die Anerkennung lediglich eine einseitige ist. Es ist das Verhältnis von *Herr und Knecht* erreicht ... Dem Selbsterhaltungstriebe folgend, d. h. dem physischen Dasein zuliebe, ordnet sich der Knecht dem Herrn unter und begnügt sich mit dem Sein für ein anderes Bewußtsein. Dieses dingliche, abhängige Sein ist die Kette des Knechts. Der Herr seinerseits hat sein Leben gewagt. Was ihn zum Herrn macht, ist die Tatsache, daß er den Tod nicht gefürchtet hat.

Der Herr ist Herr nicht nur über die Dinge, sondern auch über das unselbständige, knechtische Bewußtsein. Um sein Dasein zu bestreiten, bedient er sich des Knechts als Mittel zwischen sich und den Dingen. Er läßt ihn für sich arbeiten, überläßt dem Knechte die Bearbeitung des dinglichen Seins und behält sich selbst dessen Genuß vor, heimst also die Früchte der Arbeit des Knechts ein. Hier aber setzt die innere Gegenbewegung ein. Das Verhältnis des Herrn zu den Dingen ist nämlich ein rein passives, genießendes geworden. In Wahrheit wird nunmehr der Herr abhängig; denn die eigentliche Selbständigkeit gegenüber den Dingen besteht darin, daß man in der Arbeit ihrer Herr wird. Dieses adelnde Moment der Arbeit überläßt der Herr dem Knechte. Indem der Knecht zu den Dingen in ein aktives Verhältnis tritt, wird er ihnen gegenüber selbständig. Er arbeitet, während der Herr genießt. Als Knecht gestaltet und formt er die Dinge, d. h. er bildet sie. Dadurch jedoch bildet er im Grunde sich selbst. Arbeit erzeugt Selbstbewußtsein. Indem der Knecht so wirkt, überwindet er sein knechtisches Bewußtsein. Der Wert der Arbeit liegt also in der Erziehung zu echtem Selbstbewußtsein. Und umgekehrt: wer nicht arbeitet und schafft, der geht des Herrenbewußtseins verlustig und versinkt im Genuß. Es ist das Geheimnis der Arbeit, daß sie sich letztlich als ein anderes erweist, als sie dem Arbeitenden selbst zu sein scheint.»

Dieses ‹Modell› humaner Minimalsituation ist auf eine Theorie des Gruppenkonflikts und auf eine Theorie rudimentärer Problemlösungsaktivität angelegt: es deutet auf Philosophie der Arbeit und auf Ideologie der Klassengesellschaft. Es ist klar, daß eine Beschäftigung mit der Frage ‹adäquater› Problemlösungsaktivitäten auf ‹unterster Ebene›, dort wo wir den Menschen nur noch in der ‹Erniedrigung, Material zu sein› (Jonas) erfassen, weder um das Problem der Arbeit noch das Problem der ökonomischen Klassen (der ‹Herrschenden› und der ‹Beherrschten›) herumkommt. Das System der Vermittlung der Weiterlebens-Frage in

---

94 Die folgende Zusammenfassung stammt von Bülow, F., in: G. W. Fr. Hegel. Recht, Staat, Geschichte. Eine Auswahl aus seinen Werken, hrsg. und erläutert von F. Bülow, Stuttgart 1955, S. 160 f; vgl. auch Holz, H. H., Herr und Knecht bei Leibniz und Hegel. Neuwied und Berlin 1968.

die Komplexität der Gesellschaft ist das System der materiellen gesellschaftlichen Produktion, das grundlegende Bedürfnisse, auf denen das allgemeine gesellschaftliche Interesse aufbaut, in historisch sich wandelnder Form befriedigt. Wandel und Umwälzbarkeit des ökonomischen Systems, d. h. eben seine Unzerstörbarkeit nach aller Erfahrung, sind zugleich der Grund, weshalb keine Gesellschaft, auch nicht die bürgerliche Gesellschaft (in der diese Gedanken entstanden), sich als ganze in der Minimalsituation des Überlebenskampfes befinden kann.

5. Krieg

Der Begriff des Krieges macht der Soziologie aus verschiedenen Gründen Schwierigkeiten. Den Kriegstheorien des 19. Jahrhunderts, von Clausewitz bis Engels, war eines selbstverständlich gewesen: Kriege werden von partikularen herrschenden Gruppen *geführt*, bei entsprechender Legitimation im Namen und zugunsten des Volkes, bei zerbrochener Legitimation im Namen und auf Kosten des Volkes. Der Mythos der Volkskriege und Freiheitskriege des vergangenen Jahrhunderts kann nicht verdecken, daß ihre Schlachten professionell geschlagen wurden und daß in ihnen vornehmlich Kombattanten umkamen. Die unmittelbaren und mittelbaren ‹Kriegshandelnden› waren identifizierbar; die Kriegsursachen und Kriegsziele konnten auf sie bezogen werden. Es ist bemerkenswert, daß die meisten modernen soziologischen Versuche, die Erscheinung des Krieges theoretisch zu erfassen, entweder in historischen Analysen steckenbleiben oder sich, unter Verlust theoretischer Präzision, dem Trend zu quantitativen Untersuchungen anschließen. Ergebnis sind Typologien, die gerade an der Komplexität des Kriegsgeschehens der letzten hundert Jahre scheitern, beziehungsweise Datenanalysen, die sich nur sehr wenig von kriegstechnischen strategischen Studien unterscheiden und in diese auch eingeblendet werden können.[95] Daß der Begriff des Krieges der Soziologie aus den Händen gleitet, liegt unter anderem daran, daß sie die bisher dominierende Grundannahme der politischen Wissenschaften, daß der ‹Handelnde› in internationalen Auseinandersetzungen die ‹Nation› sei, einfach nicht mitmachen kann; versucht sie aber das internationale Handlungssystem mit Hilfe soziologischer Kategorien aufzuschließen, stößt sie auf Phänomene der Entscheidung, Kontrolle, Revolution und Konterrevolution. Sie stößt auf die Mythen des Überlebens, der Verteidigung von *‹belief systems›* und *‹ways of life›*; auf die Inhaber der Verfügungsgewalt über eine unglaubliche Waffenmaschinerie – und vor allem diese Konfrontation mit verschwiegener Gewalt raubt ihr die Sprache.

---

95 Vgl. z. B. Fuller, J. F. C., *The Conduct of War 1789–1961.* Rutgers University Press 1961; Wright, Q., *A Study of War.* 2. Aufl., Chicago 1964; Röling, B. V. A., Einführung in die Wissenschaft von Krieg und Frieden. Neukirchen-Vluyn 1970.

Es wird ihr aber zugleich deutlich, daß es nicht mehr darum geht, sich an der Abschaffung nationaler Kriege zu beteiligen, sondern darum, begreiflich zu machen, daß sie verschwunden sind: daß es nur mehr Waffen (als ‹Physik, Chemie und Biologie in sozialen Situationen›), Militärorganisationen, Waffenhändler, Entscheidungszentren, spezifische Gewalt und Zerstörung, kalkulierte Interessen, ‹Druck›, ‹Spannung›, ökonomische Faktoren usw. gibt. Man kann kein Volk mehr glauben machen, es handele als solches in diesem Metier. Kriegsplanung, die Vorbereitung auf Kriege, ist überall dem demokratischen Prozeß entzogen; sie erfolgt nicht einmal mehr unter Rechtfertigungen, sondern unter diffusen Drohungen und Ängstigungen: ein sicheres Zeichen für das schlechte Gewissen der Machteliten. Der ‹totale Krieg› steht am Ende des Zeitalters der Kriege. Die Zerstörungskraft der modernen Waffensysteme (die erstmals die krieg*führenden* Gruppen selbst gefährdet) macht auch die Unterscheidung zwischen Soldaten und Zivilisten sinnlos.[96] Die Armee erscheint, wie HANNAH ARENDT schreibt, nicht mehr als Schützerin und Verteidigerin der Zivilbevölkerung, sondern hat im Zeitalter der Abschreckung allenfalls die Rolle eines «verspäteten und im Grund vergeblichen Rächers». Eng damit verbunden ist ein zweites Faktum: «daß wir seit dem Ende des ersten Weltkriegs fast automatisch erwarten, daß keine Regierung, und kein Staat und keine Regierungsform, stark genug sind, um eine Kriegsniederlage zu überleben».[97] Kriege sind auf diese Weise eine Sache von Leben und Tod für die Gruppen geworden, die eine bestimmte Regierung oder Regierungsform tragen. Das Überlebensproblem partikularer Gruppen schält sich aus dem ‹Überlebenskampf› der Nationen heraus. Im Abschrekkungssystem entwickeln sich zudem eigene Gesetzmäßigkeiten: «Es scheint, als sei das Rüstungswettrennen zu einer Art tentativer Kriegsführung geworden, in der die Opponenten einander die Zerstörungskraft ihrer Waffen demonstrieren; und während es immer möglich ist, daß dieses tödliche Spiel der Wenns und Danns plötzlich in Ernst umschlägt, ist es zugleich keineswegs undenkbar, daß eines Tages Sieg und Niederlage einen Krieg, der niemals ausbrach, beenden werden.»[98]

Das älteste soziale Gewaltphänomen, der Krieg, weicht einem neuen sozialen Gewaltphänomen, der Revolution.[99] Es ist fast ein Gemeinplatz

---

96 In der Strategie heißt eine solche Kriegsführung, die auf die Zivilbevölkerung zielt, um die Kapitulation zu erzwingen, *‹coercive warfare›*. TH. SCHIELLING schreibt in *Arms and Influence*, Yale University Press 1966, S. 27: «In der heutigen Ära erscheinen Nichtkombattanten nicht nur als gelegentlich erwogene Ziele, sondern als Hauptziele.»

97 ARENDT, H., *On Revolution*. New York 1963, S. 6 (dt.: Über die Revolution. München 1965, S. 14).

98 Ebda., S. 7 (S. 16 f).

99 Vgl. zu dieser These auch ARON, R., Der permanente Krieg. Frankfurt 1953; HAHLWEG, W., Guerilla. Krieg ohne Fronten. Stuttgart 1968.

geworden, «daß das Ende von Kriegen Revolution ist, und daß der einzige Grund, der überhaupt noch Kriege rechtfertigt, der revolutionäre Grund der Freiheit ist».[100] Die Soziologie findet sich in dieser Lage in heilsamer Hilflosigkeit. Der Vorwurf, sie hätte sich viel zuwenig mit den gesamtgesellschaftlichen Faktoren von Kriegen beschäftigt,[101] trifft sie nicht, weil ihre Produzenten von Herrschaftswissen (in richtiger Erkenntnis der Lage) den Kopf in den Sand stecken und manche der ‹übrigen› Soziologen ganz andere Sachen im Kopf haben.[102] Um die politische Gewalt der Gegenwart soziologisch fassen zu können, geht es zunächst um die Abwehr der Reifizierung des Krieges im Sinne einer Konfrontation von ‹Nationen› oder Machteliten samt ‹Massenpublikum›.[103] Gerade die quantitative Kriegsforschung, die wegen des weitgehenden Verzichts auf kategoriale Klärung zudem meist leicht in die interdisziplinären Kooperationsgefüge der Großforschung integriert werden kann, trägt oft zu solchen Reifizierungen bei. M. Haas beispielsweise geht an Hand verschiedener quantitativer Studien gesamtgesellschaftlichen Faktoren der Kriegsentstehung (im politischen und im wirtschaftlichen System, in Druck- und Spannungszuständen des gesellschaftlichen Gesamtsystems) nach. Die Indizes für internationale Konfliktanfälligkeit (Zahlen über Arbeitslosigkeit, Kapitalverbrechen, Selbstmordraten, Alkoholismus, Entwicklungsstand der Wirtschaft, UN-Abgaben, Bevölkerungsdichte, Verstädterungsgrad usw.) werden dabei aus den statistischen Selbstdarstellungen der verschiedenen Länder bezogen.[104] Es wird also gar nicht erst der Versuch gemacht, auf Grund erarbeiteter fragespezifischer Kriterien einen spezifischen Datenhorizont zu schaffen. Es nimmt dann auch nicht wunder, daß keine der vorgelegten Korrelationen einen hohen Grad erreicht.[105]

Es gibt eine ganze Reihe von Konfliktproblemen, in die sich der Begriff des Krieges innerhalb der Soziologie auseinanderlegen läßt. Einige davon beziehen sich auf die in diesem Kapitel erörterten Fragen des sozialen ‹Überlebens›, der rudimentären Problemlösungsaktivitäten (Gewalt, Altruismus, Reproduktion) und der Macht. Andere verweisen auf komplexe gesamtgesellschaftliche und übergesellschaftliche Zusammenhänge, die in den folgenden Kapiteln unter dem Aspekt der Konfliktsoziologie behandelt werden. Wenn die Kriegsphänomene dieses Jahrhunderts, ‹totaler Krieg› und *‹coercive warfare›* den Hintergrund einer solchen Differenzierung bilden, verlieren konflikttheoretische

---

100 Arendt, H., a. a. O., S. 8 (S. 18).

101 Vgl. Haas, M., Krieg und gesamtgesellschaftliche Bedingungen. In: Krippendorf, E., Friedensforschung, a. a. O., S. 45.

102 Vgl. Kapitel VI, S. 220.

103 Vgl. Kapitel V, S. 171 ff.

104 Vgl. Bruce, R. M., et al., *World Handbook of Political and Social Indicators*. New Haven 1964.

105 Haas, M., a. a. O., S. 65.

Überlegungen die Unverbindlichkeit, die manchmal von ihren methodologischen Voraussetzungen nahegelegt wird. Außerdem schälen sich erst so Begriffe von Revolution heraus. Eine wichtige Dimension ist dabei das historische Kontinuum, das mit den Fragen nach den Ursachen und den Folgen von Kriegen impliziert ist. Kriegsursachen und -folgen ohne einen Begriff von Krieg zu untersuchen bedeutet nämlich, das gesamtgesellschaftliche Spektrum von *Konflikten*, konfliktuellen Bewegungen und Konfliktkontrollen als eine historische Totalität aufzufassen, die an bestimmten Punkten durch sprachlose Gewalt (‹Kriege›) unterbrochen wird. Die Gewalt der Kriege kann nur dadurch zur Sprache gebracht werden, daß ihr konfliktueller Kontext erforscht wird, der ja durch diese ‹Dunkelzonen› hindurch weiterlebt, auch wenn er ‹restauriert› oder ‹revolutioniert› wird. Der Kontext ist also tendenziell durch Kriege hindurchzuverfolgen; Krieg ist in diesem Sinne eine sozialwissenschaftliche Wissenslücke, deren Schließung nicht etwa einen Begriff von Krieg (oder gar von Frieden), sondern von gesamtgesellschaftlichem und schließlich weltgesellschaftlichem Konfliktgeschehen (Revolution) hervorbringt.

Eine zweite Dimension betrifft die ‹nationalen› Entscheidungszentren im internationalen Machtsystem, die einerseits partikulare Interessen repräsentieren, andererseits Teil des allgemeinen kommunikativen und kontrollierenden gesellschaftlichen Bewußtseins sind. Ein «internationaler Aggressions- oder Verteidigungskrieg erfordert die bewußte Ingangsetzung unzähliger vorgeplanter, koordinierter, überlegter Aktionen ... Internationale Kriege werden daher, das kommt der Sache am nächsten, durch nationale Entscheidungsprozesse verursacht».[106] K. DEUTSCH hat zu zeigen versucht, daß die Frage, wann solche Prozesse an den Punkt der tatsächlichen Kriegsentscheidung kommen, wenigstens teilweise von den Prozessen der Massenkommunikation innerhalb einer Nation abhängt, daß also nationale Führer in bestimmten Situationen ‹das Gesicht verlieren›, wenn sie nicht in den Krieg eintreten.[107] Offensichtlich wird damit das bewußtseinsmäßige Korrelat des Überlebensproblems partikularer Gruppen angesprochen. Wenn eine Herrschaftsordnung durch den Ausbau äquivalenter Problemlösungsmöglichkeiten, zu denen natürlich in erster Linie ein differenzierter Gewaltapparat gehört, etabliert worden ist (und durch das System der ihr zur Verfügung stehenden ‹Äquivalenzen› definiert werden kann), so ist der Punkt, an dem sie sich in einen Krieg einlassen muß, genau der, an dem für ein inneres *oder äußeres* Problem keine äquivalenten Problemlösungsaktivitäten mehr zur Verfügung stehen. In diesem Sinne haben Kriegsentschlüsse heute, wo den Herrschenden so umfassende Äquivalenz-

---

106 CONVERSE, E., a. a. O., S. 477.

107 DEUTSCH, K. W., *Mass Communications and the Loss of Freedom in National Decision-making: A Possible Research Approach to Interstate Conflicts.* In: Journal of Conflict Resolution, Vol. I, No. 2 (1957), S. 200 ff.

strukturen zur Verfügung stehen, eine nihilistische Komponente: sie markieren die uneingestandene Differenz zwischen dem Anspruch totaler (waffen- und sozialtechnologischer) Kontrolle und den beschränkten Interessen partikularer Gruppen. Der Entschluß zur Revolution dagegen markiert die erahnte Differenz von allgemeinem Interesse und beschränkter Selbstkontrolle; er leitet kollektive Lernprozesse ein; er ist auf die Verminderung der Differenz angelegt.

Eine dritte Dimension, die der leere Begriff des Krieges der Konfliktsoziologie öffnet, bezieht sich auf ‹moralische› Fragen. E. Converse z. B. bemerkt, daß die im ‹Journal of Conflict Resolution› publizierten Arbeiten «eine allgemeine Tendenz haben, die moralische Neutralität von Machtausübung zu betonen und auf die kulturelle Besonderheit der Tatsache hinzuweisen, daß man bei ihrem Gebrauch ein schlechtes Gewissen haben kann».[108] Es ist auch richtig, daß im Falle der ‹Kriegsforschung› die Frage nach dem Gewissen oder der ‹Moral› gerade *nicht* auf die Kriegführenden und deren Handlungen bezogen werden kann, wenn Konfliktforschung nicht in moralisierenden Dilettantismus übergehen soll. Sie kann nur auf den Charakter der Forschungen selbst zurückgewendet werden. Ein Beispiel, wenn auch keine Lösung, ist der Vorschlag von Chr. v. Ferber, die ‹konflikt-simulierende Funktion› der Wissenschaft, ihre Möglichkeit, gesellschaftliche Konflikte in ein anderes Medium zu verlagern, auszubauen. «Sie kann den Realkonflikt in den wissenschaftlichen Arbeitsprozessen wiederholen, es bilden sich dann Wissenschaftseinheiten, die dem Standpunkt der konfligierenden Parteien nahestehen bzw. ihn mit wissenschaftlichen Argumenten vertreten. Sie kann den Realkonflikt in einem Modell des Gesellschaftsprozesses oder der Geschichte zu vermitteln trachten, die Wissenschaft rückt dann in das ‹wahre› Wissen um die Gesellschaftsentwicklung ein, sie denkt die ‹Gedanken des Weltgeistes› nach. Sie kann ferner die Rolle des distanzierten Beobachters einnehmen, der um die Unlösbarkeit der gesellschaftlichen Konflikte weiß und der sich nicht bereits der Zukunftsprognose verschrieben hat.»[109] Derartige ‹reflexive Alternativen zur praktischen Auseinandersetzung› verweisen die Konfliktforschung letztlich auf die Notwendigkeit, sich nicht mit den herrschenden Interessen gemein zu machen und aus dieser Entscheidung eine praktische Moral zu entwickeln. Wieviel leichter gesagt als getan das ist, läßt sich am bezeichnend widersprüchlichen Zustand der modernen Konfliktforschung zeigen, auf den wir weiter unten eingehen.[110]

---

108 Converse, E., a. a. O., S. 527.
109 Ferber, Chr. v., a. a. O., S. 22.
110 Vgl. Kapitel VI.

III. RECHT UND ORDNUNG IN DER BÜRGERLICHEN GESELLSCHAFT

1. Das Entwerfen gerechter Verhältnisse und das Kombinieren sozialer Materialien

Gerechte Verhältnisse oder ‹Gesellschaftsverträge› werden (in Dialog und Debatte) aus der ‹sicheren› Entfernung derjenigen entworfen, die auf sie nicht unbedingt angewiesen sind. «In der jahrhundertelangen Diskussion über den Gesellschaftsvertrag (ein Begriff übrigens, der auch eine Übersetzung von Platons ‹Gerechtigkeit› liefert) haben sich durchweg zwei Ansätze gegenübergestanden. Da war einmal die Vorstellung des Gesellschaftsvertrages als eines Vertrages der Genossenschaft (*pacte d'association*), d. h. einer freien Übereinkunft, sich auf ein gemeinsames Unternehmen einzulassen, das von keinem Beteiligten eine Abtretung von Rechten verlangt ... Die andere Vorstellung des Vertrages besagte, daß wir, um Gesellschaft zu verstehen, eine Art von ursprünglicher Übereinkunft darüber annehmen müssen, eine Instanz zu schaffen, deren Aufgabe es ist, die Gesellschaft zusammenzuhalten. Allerdings wird durch die Schaffung einer solchen Instanz jeder Vertragspartner gezwungen, ein Stück Freiheit aufzugeben und sich anderen zu unterwerfen. Hier erscheint der Gesellschaftsvertrag als ein Herrschaftsvertrag (*pacte du gouvernement*) und wird ein wirklicher Vertrag mit seinen Problemen.»[1] Ob man, wie Dahrendorf, Partei nimmt für das ‹Konfliktmodell› einer Herrschaftsgesellschaft in der liberalen Nachfolge von Hobbes oder ob man eher für das ‹Harmoniemodell› einer Volksgemeinschaft in der Nachfolge von Rousseau ist: hier wird Herrschaft als gegebene Form materieller gesellschaftlicher Reproduktion hingenommen und nur als System der Interessen in Frage gestellt. Es bestehen in der Vorbereitung der Herrschaftsordnung auf höhere gesellschaftliche Komplexität Optionen für ein eher friedliches oder ein eher aggressives Arrangement der Interessenlagen. Die Frage selbst aber kommt aus einer Position, in der, wie Dahrendorf schreibt, «Menschen nicht konsequent sein (müssen), um zu überleben», in der es «möglich (ist), einer Meinung anzuhängen, aber entsetzt zu sein über ihre Implikationen».[2] Sie spielt hinauf zu den Herrschenden und bezweckt die intellektuelle Beeinflussung von Entscheidungen über die ‹Verfassung› oder ‹Konstitution› einer Gesellschaft. «Die gesatzten Ordnungen einer Vergesellschaftung können entstehen a) durch freie Vereinbarung oder b) durch Oktroyierung und Fügsamkeit. Eine Regierungsgewalt in einem Verbande kann die legitime Macht zur Ok-

1 Dahrendorf, R., Lob des Trasymachos. Zur Neuorientierung von politischer Theorie und politischer Analyse. In: Pfade aus Utopia, München 1967, S. 300.

2 Ebda., S. 312.

troyierung neuer Ordnungen in Anspruch nehmen. *Verfassung* eines Verbandes soll die *tatsächliche* Chance der Fügsamkeit gegenüber der *Oktroyierungsmacht* der bestehenden Regierungsgewalten nach Maß, Art und Voraussetzungen heißen. Zu diesen Voraussetzungen können nach geltender Ordnung insbesondere die Anhörung oder Zustimmung bestimmter Gruppen oder Bruchteile der Verbandsbeteiligten ... gehören.»[3]

Die Entwurfsprinzipien hinter der Alternative freie Vereinbarung/Oktroyierung können auf jene altruistischen beziehungsweise gewalttätigen Problemlösungsaktivitäten zurückgeführt werden, die Gruppen zur Verfügung stehen, welche nicht konsequent sein *dürfen,* um zu überleben. Beide Anpassungsleistungen gewinnen jedoch im Durchgang durch das System materieller gesellschaftlicher Reproduktion und in der Anwendung auf Interessen an Abstraktheit, Distanz und auf Dauer gerichteter Produktivität. Wenn intellektuell-emanzipative Interessen diese Leistungen einsetzen, um partikulare Interessen in ein Verhältnis zueinander zu bringen, beginnt aus sicherer Entfernung ein Prozeß der Aufklärung der herrschenden Verhältnisse. «Die Geschichte der Soziologie beginnt mit der Trennung von Gesellschaft und Staat. Schon seit dem Altertum kennen wir eine Staatslehre oder Staatsphilosophie, aber erst in der Neuzeit erscheint die Gesellschaft als ein Gegenstand, der einer eigenen Gesetzlichkeit unterliegt und dem daher auch eine eigene Wissenschaft zugeordnet werden kann.» Diese Emanzipation, fährt JONAS fort, setze zweierlei voraus: «die Entzauberung von Werten und Ideen, die aus sich selbst bewegenden Wahrheiten zu Teilstücken eines menschlichen Handlungskreises werden, und die Erhebung menschlicher Handlungen über die Vorstellung einer von außen verordneten Gesetzlichkeit ... Damit wird ein über Jahrhunderte praktisch und theoretisch stilisiertes und reflektiertes Thema – Herrschaft über Menschen im Namen einer Idee, die sich selbst legitimiert – abgelöst durch ein neues Thema von großartiger Unbestimmtheit und Gefährlichkeit: Herrschaft des Menschen über sich selbst im Namen seiner selbst, legitimiert durch sich selbst.»[4] Die ‹Entzauberung von Werten und Ideen› zu ‹Teilstücken des menschlichen Handlungskreises›, also zu partikularen und widersprüchlichen Interessen, steht am Anfang der bürgerlichen Gesellschaft und wird ihr allgemeines Aufbauprinzip. Weder die Prinzipien des *‹pacte d'association›* noch die des *‹pacte du gouvernement›* konnten im Verlaufe der Entwicklung die Oberhand gewinnen: die Rationalität des gesellschaftlichen Zusammenhangs mußte sich aus dem Gegeneinander der aufgescheuchten Interessen selbst ergeben. Dieses allgemeine Prinzip der *Rationalisierung* sozialen Handelns aus der ‹planmäßigen Anpassung an Interessenlagen› steht im Mittelpunkt

---

3 WEBER, M., Wirtschaft und Gesellschaft, a. a. O., S. 36.

4 JONAS, F., Geschichte der Soziologie. Bd. I, rde Bd. 302/303, Reinbek [2]1969, S. 11.

der Analysen MAX WEBERS. «Zahlreiche höchst auffallende Regelmäßigkeiten des Ablaufs sozialen Handelns, insbesondere (aber nicht nur) des wirtschaftlichen Handelns, beruhen keineswegs auf Orientierung an irgendeiner als ‹geltend› vorgestellten Norm, aber auch nicht auf Sitte, sondern lediglich darauf: daß die Art des sozialen Handelns der Beteiligten, der Natur der Sache nach, ihren normalen, subjektiv eingeschätzten *Interessen* so am durchschnittlich besten entspricht und daß sie an dieser subjektiven Ansicht und Kenntnis ihr Handeln orientieren.»[5] Es ist klar, daß das Prinzip der Anpassung an die Interessen anderer, um am eigenen Interesse nicht Schaden zu nehmen, direkt einer auf dem ‹Tauschkampf der Interessenten› basierenden Produktionsweise entstammt und zugleich den Inbegriff ‹äquivalenter› Problemlösungen auf dieser Stufe darstellt. Unter ihn können die übrigen Konstruktionsprinzipien subsumiert und nach Bedarf hervorgekehrt werden.

Die zunächst im ökonomischen Bereich auftretende punktuelle Form eines gesellschaftlichen Bewußtseins der Selbstregulierung (*homo oeconomicus*) bereitet Vergesellschaftungen vor, die nicht durch einen ‹Gesellschaftsvertrag›, sondern durch das Gegeneinander vieler Vertragsentwürfe und das Nebeneinander von Teilverträgen gekennzeichnet sind und in der Verinnerlichung fremder Erwartungen in *Rollen (homo sociologicus)* kulminieren.[6] Die Probleme der ‹Interdependenz› partikularer Interessen, die sich halten und ausweiten und zugleich auf das in ihnen enthaltene allgemeine Interesse an gerechten Verhältnissen reflektieren wollen, bringen es mit sich, «daß Aufklärung und status-quo-Ideologie durchwachsen scheinen, kaum mit dem Skalpell zu trennen. Die Scheidefrage wurde daher schon in der Auseinandersetzung zwischen Adel und Bürgertum gestellt: wie hältst du's mit den Schwachen?»[7] Es ist nämlich so, daß über das System materieller gesellschaftlicher Reproduktion nicht nur die asketischen oder aggressiven Züge partikularisierter Interessen vermittelt werden, sondern auch das eigentliche Movens der Reproduktion, die ‹bewußtlose Mühe der Schwachen›. Zumindest die einfachen, abstrakten Momente des Arbeitsprozesses kommen in einem bestimmten Stadium der Vergesellschaftung zu Bewußtsein und drängen sich als ein ‹neues› Entwurfsprinzip gesellschaftlicher Verhältnisse auf: als das Kombinieren sozialer Materialien (in mühevoller Arbeit) aus der ‹unsicheren› Nähe derjenigen, die auf diese Kombinationen angewiesen sind.

Unter dem ‹Kombinieren sozialer Materialien› soll eine Form ab-

---

5 WEBER, M., Wirtschaft und Gesellschaft, a. a. O., S. 21.

6 Vgl. zu dieser Entwicklungslinie DAHRENDORF, R., Homo sociologicus. Ein Versuch zur Geschichte, Bedeutung und Kritik der Kategorie der sozialen Rolle. Köln u. Opladen 1965 (5. Aufl.).

7 CLAESSENS, D., Nova Natura. Anthropologische Grundlagen des modernen Denkens. Düsseldorf u. Köln 1970, S. 40.

strakter, produktiver Arbeit [8] verstanden werden, die Bedürfnisse, Werte und Wissen (‹soziale Materialien›) zu tentativen sozialen Mustern (nicht gerechten, sondern objektiv möglichen Vorschlägen) zusammenfügt. Der Begriff der Kombination taucht in der Soziologie an theoretisch wichtiger Stelle vor allem bei Vilfredo Pareto auf. Er bezeichnet dort die erste und wichtigste der sechs Klassen von ‹Residuen›.[9] Unter Residuen versteht Pareto Manifestationen grundlegender menschlicher Instinkte und Gefühle, die als Repräsentanten äußerer, objektiver Faktoren natürlichen oder geschichtlichen Ursprungs durch die Subjekte hindurch (als deren Leistungen) den Aufbau gesellschaftlicher Realität bewirken. Das Residuum *‹combinazione›* steht dabei für alle Einflüsse im sozialen Handeln, durch die progressive Bewegung in die gesellschaftlichen Gleichgewichtszustände kommt. «Die Fähigkeit zu kombinieren wirkt intensiv und mächtig in der menschlichen Gattung und war und ist wahrscheinlich einer der wichtigsten Faktoren der Zivilisation. Dieses Residuum kommt in unzähligen Phänomenen vor als die Neigung, bestimmte Dinge mit bestimmten anderen zu kombinieren. Der Wissenschaftler in seinem Laboratorium stellt Kombinationen nach bestimmten Normen, Zwecken, Hypothesen her, die meist rational sind (gelegentlich aber auch dem Zufall folgen). Sein Handeln ist in erster Linie logisch. Unwissende Personen verfertigen Kombinationen in Form von Analogien, die meist phantastisch, absurd, kindisch sind (und oft ebenfalls zufällig). Jedenfalls sind letztere zum größten Teil nicht-logische Handlungen ... Nimmt man diese Klasse als ganze, so ist sie gekennzeichnet durch 1. eine natürliche Neigung zu Kombinationen; 2. eine Suche nach Kombinationen, die für die besten gehalten werden; 3. eine natürliche Neigung, daran zu glauben, daß sie tatsächlich das bewirken, was man von ihnen erwartet.»[10] Es läßt sich zeigen, daß zu-

---

8 «Wir unterstellen die Arbeit in einer Form, worin sie *dem Menschen* ausschließlich angehört. Eine ... Biene beschämt durch den Bau ihrer Wachszellen manchen menschlichen Baumeister. Was aber von vornherein den schlechtesten Baumeister vor der besten Biene auszeichnet, ist, daß er die Zelle in seinem Kopf gebaut hat, bevor er sie in Wachs baut. Am Ende des Arbeitsprozesses kommt ein Resultat heraus, das beim Beginn desselben schon in der *Vorstellung des Arbeiters,* also schon *ideell* vorhanden war. Nicht daß er nur eine Formveränderung des Natürlichen *bewirkt;* er *verwirklicht* im Natürlichen zugleich *seinen Zweck,* den er *weiß,* der die Art und Weise seines Tuns als Gesetz bestimmt und dem er seinen Willen unterordnen muß.» Marx, K., Das Kapital. Bd. I, Berlin 1959, S. 186.

9 Vgl. dazu die Diskussion von Parsons, T., *The Structure of Social Action.* Vol. I, Free Press Paperback 1968 (1937), S. 278 ff; vgl. weiter Zauels, G., Paretos Theorie der sozialen Heterogenität und Zirkulation der Eliten. Stuttgart 1968, S. 21 ff. (Über Pareto vgl. auch Friedrich Jonas, Geschichte der Soziologie. Bd. III, rde Bd. 306/307, Reinbek 1969, S. 120 f. Anm. d. Red.)

10 Pareto, V., *The Mind and Society. A Treatise on General Sociology.* New York 1963 (1935), § 889.

mindest der Begriff einer ‹logischen› Kombinationsfähigkeit in vieler Hinsicht mit dem Verständnis der ‹tätigen Seite› des Menschen zusammenfällt, das im Idealismus entwickelt und von MARX materialistisch uminterpretiert wurde. Allerdings hätte es PARETOS ‹logisch-erfahrungsgemäßer› Methode widersprochen, wenn er das Residuum *‹combinazione›* und die übrigen Residuen auf ihre geschichtlichen oder natürlichen Ursprünge oder Bedeutungen untersucht hätte. Wir können den Begriff der kombinatorischen Tätigkeit daher zunächst nur als Terminus von PARETO übernehmen. Er soll jenen synthetischen Aspekt gegenständlicher Tätigkeit bezeichnen, der weder einen logischen Zusammenhang noch eine absolute Einheit von Mensch und Natur stiftet,[11] aber als eine transzendentale Leistung in realen Arbeitsvorgängen die Selbsterzeugungstätigkeit der Menschengattung auf eine Ebene hebt, auf der Gesellschaft selbst als ein Produkt von Arbeit erscheint. Diese Form ‹produktiver› Arbeit muß ‹objektiv› auf bestimmte gesellschaftliche Gruppen, die den realen Arbeitsvorgängen am nächsten sind, bezogen werden.

Unter ‹sozialen Materialien› sollen gesellschaftlich erzeugte, ‹künstliche› oder ‹sekundäre› (auf dem Boden der materiellen gesellschaftlichen Reproduktion entstandene) *Bedürfnisse* verstanden werden, die noch nicht in relativ stabile Befriedigungssysteme wie Institutionen oder Organisationen eingebunden sind und auch keine unmittelbare Aussicht darauf haben. Die kultur-anthropologisch begründete Institutionenlehre[12] hat den widersprüchlichen, stabilitätsgefährdenden Charakter solcher ‹Folgebedürfnisse› durchaus erkannt und auf die ‹Aufgaben einer grundsätzlichen Bedürfnisanalyse der Verfassungsgesetzgebung› (SCHELSKY) hingewiesen. Sie geht von der Einsicht aus, «daß eine Institution nicht nur die Funktion hat, bereits vorhandene Bedürfnisse zu befriedigen und diese normierend in Führung und Zucht zu nehmen, sondern darüber hinaus den Wandel und die Neubildung von Bedürfnissen, die durch den Bestand jeder Institution hervorgerufen werden, selbst noch zu steuern bzw. sich ihnen formenschöpferisch anzupassen».[13] Die Schwierigkeit, dieses Problem rechtssoziologisch, als eine Angelegenheit der Elastizität von Institutionen und Verfassungen zu behandeln, liegt jedoch offenbar darin, daß ‹neue› Bedürfnisse nur dann ein gesamtgesellschaftliches (und damit verfassungsrechtliches) Problem darstellen, wenn sie Gruppen bewegen, die nicht über die Mittel verfügen, sie sofort und mühelos auch *ohne* institutionelle Vorgaben zu befriedigen. Oder anders: die mühelose, gesamtgesellschaftlich nicht ins Auge fallende Befriedigung neuer Bedürfnisse ist ein

11 Vgl. HABERMAS, J., Erkenntnis und Interesse. Frankfurt 1968, S. 47.

12 Vgl. SCHELSKY, H., Über die Stabilität von Institutionen, besonders Verfassungen. Kulturanthropologische Gedanken zu einem rechtssoziologischen Thema. In: DERS., Auf der Suche nach Wirklichkeit, a. a. O.

13 Ebda., S. 50.

Privileg jener partikularen Gruppen, die Mittel der äquivalenten Problemlösung besitzen und auf bestimmte institutionell geordnete Befriedigungsmodi gar nicht angewiesen sind. Die *institutionelle* Steuerung neuer Bedürfnisse und ihrer Befriedigung bezieht sich also auf die *Beherrschten;* sie ist eine verfeinerte Form des Entwerfens gerechter Verhältnisse, die sich nur aus der Ferne für die Bedürfnisse selbst und mehr für ihre disruptiven Folgen (Dysfunktionen) interessiert.

Das unmittelbare Interesse an der gesamtgesellschaftlich relevanten Befriedigung ‹neuer› Bedürfnisse dagegen liegt bei jenen Massen, die den alltäglichen Zwang zum ‹adäquaten› Handeln (Reproduktion der Verhältnisse) als einzigen Rahmen ihrer Bedürfnisbefriedigung kennen und in ihren kausalkettenartigen Lebensvollzügen ‹neue› Bedürfnisse folglich als attraktiv und störend zugleich, als ‹widersprüchliche soziale Materialien› erleben. Die neuen Bedürfnisse (auch die durch Marktwerbung erzeugten) treten hier zunächst als ‹private Sorgen› (*troubles*) auf.[14] D. h. sie erscheinen als ein Stoff möglicher privater Verhältnisse, die jedoch privat, im engsten Lebensumkreis, nicht zu realisieren sind. Die Versuche, es dennoch zu tun, schlagen sich in ihrer Summierung im allgemeinen gesellschaftlichen Bewußtsein als ein allgemeines, nach ‹Unersättlichkeit der Individuen› schmeckendes Unbehagen nieder, für das DURKHEIM den Begriff ‹Anomie› (Normlosigkeit) geprägt hat.[15] Das Problem liegt nun darin, diesen privaten Bedürfnisdruck (*troubles*) in ‹öffentliche Angelegenheiten› (*issues*) umzusetzen. Es geht um die Umsetzungsprozesse und um deren Resultat.

Eine Möglichkeit der Umsetzung ist sicher die, durch kritische öffentliche Kommunikation zu einer Klärung der Widersprüche zu kommen und die Bedürfnisse in symbolische Verteilungsmuster einzubringen, die gewissermaßen als kleine Utopien (*issues*) mit Institutionen, Verfassungen und anderen Vertragsmustern konfrontiert werden können. Hier wird jedoch der Mechanismus reproduktiver Arbeit ausgeklammert, auf dessen Boden die ‹neuen› Bedürfnisse entstehen und der denjenigen, die in ihn eingespannt sind, durch seine Insistenz auf ‹Adäquanz› auch die Schwierigkeiten mit ihnen (die ‹äquivalenten› Charakter haben) bereitet. Das Prinzip unbedingt adäquater Problemlösung bleibt als Konstruktionsprinzip gesellschaftlicher Verhältnisse ungenutzt. Die

---

14 MILLS, C. W., *The Sociological Imagination.* New York 1959, S. 7 (dt.: Kritik der soziologischen Denkweise. Neuwied 1963, S. 45).

15 «In stabilen sozialen Verhältnissen sind die Aspirationen der Menschen durch Normen geregelt und begrenzt; mit dem Niederbruch dieser Normen entsteht Anomie als ein Zustand unbegrenzter Aspirationen. Da diese naturgemäß nicht erfüllt oder gesättigt werden können, ist ein Zustand andauernden sozialen Unbehagens die Folge unbegrenzter Aspirationen (*‹malaise social›*), der sich in statistisch meßbaren Strömungen negativer sozialer Akte ausdrückt (Selbstmord, Kriminalität, Ehescheidungen etc.).» KÖNIG, R., in: Wörterbuch der Soziologie, hrsg. von W. Bernsdorf, Stuttgart 1969, S. 27 f.

andere Möglichkeit der Umsetzung schließt hier an. In ihr wird produktive (kombinatorische) Arbeit auf Bedürfnisse als Gegenstände, als Materialien gerichtet. «Der Mensch kann in seiner Produktion nur verfahren wie die Natur selbst, d. h. *nur die Formen der Stoffe ändern.*»[16] Die ‹mühevoll Arbeitenden›, ‹Schwachen› können ihren Selbstentwurf, der in ihren widersprüchlichen Bedürfnissen (*troubles*) erscheint, jedenfalls nur auf diese Weise realisieren. Das Resultat sind materielle gesellschaftliche Muster oder ‹Materialkombinationen› (Bedürfniskombinationen), die weder über ‹Gesellschaftsverträge› noch über ‹Öffentlichkeit›, sondern über das System materieller gesellschaftlicher Produktion vermittelt (und darin gesamtgesellschaftlich legitimiert) sind. Materialkombinationen (*issues*) in diesem Sinne sind also zu *eindeutiger* sozialer Form gekommene Folgebedürfnisse, die herrschenden Verhältnissen unvermittelt entgegenstehen. Ihre ‹Form› kann davon abhängen, welche rudimentären Problemlösungsaktivitäten neben kombinatorischer Arbeit in sie eingegangen sind: ob z. B. auch Gewalt (‹expressive Bedürfnisse›) oder Altruismus (‹neue Werte›) bei ihrer Konstitution eine Rolle gespielt haben; auf produktiver Arbeit beruhende Materialkombinationen könnten dann als ‹materielles soziales Wissen› bezeichnet werden. Sie alle stehen in einem antagonistischen Verhältnis zu den aus der ‹Tauschäquivalenz› partikularer Interessen entstandenen rationalen Interessensystemen, deren Problem, im Gegensatz zu jenen, die verfassungsmäßig (vertragsmäßig) und öffentlich vermittelte Legitimation bleibt.

Wir stoßen hier auf eine Grundform des Herrschaftskonflikts, die vereinfacht als der Gegensatz zwischen ‹Vertragsprinzip› und ‹materialem Naturrecht› zu begreifen ist. Dieser Herrschaftskonflikt kann zwei Auslegungen erfahren. Er kann entweder, nachdem die unterschiedlichen Entwurfsprinzipien klargeworden sind, als Klassenantagonismus *sofort* auf das Überlebensproblem partikularer Gruppen zurückgewendet werden: er erscheint dann als Klassenkampf im Sinne des Überlebenskampfes. Oder er gilt als Beginn einer Auseinandersetzung um die Adäquanz gesellschaftlicher Problemlösungsaktivitäten, in deren Gefolge das gesellschaftliche Bewußtsein (die gesamtgesellschaftliche Struktur) ‹von Stufe zu Stufe› kritisch zerlegt wird. Hier stünde am Ende der gleiche Herrschaftskonflikt an, er wäre aber durch einen emanzipativen Bewußtwerdungs- und Bildungsprozeß in den Köpfen (im kommunikativen und kontrollierenden gesellschaftlichen Bewußtsein) bereits entschieden.[17] Der Funktionalismus als die dominierende Methode innerhalb der westlichen Soziologie fügt sich implizit in das letztere Bild und dessen Anspruch. Die funktionalistischen Konflikttheorien fassen zwar soziale Konflikte als Bewußtseinsphänomene, doch

---

16 Marx, K., Das Kapital, Bd. I, a. a. O., S. 47.

17 Vgl. dazu den Abschnitt ‹Die Idee einer Erkenntnistheorie als Gesellschaftstheorie› in: Habermas, J., Erkenntnis und Interesse, a. a. O., S. 59–87.

so, daß im Ergebnis eine Rückwendung auf die materiellen Bedingungen dieser Konflikte möglich wird, die der ersten, vulgärmarxistischen Auslegung im Reflexionsstand überlegen ist (Kap. IV und V). In den folgenden Abschnitten soll zuvor noch einiges nicht ganz zu dieser soziologischen Perspektive, aber doch zum Thema gehörende Material dargestellt werden.

2. Formales versus materiales Naturrecht

Das Problem der Genese sozialer Ordnung oder ‹materieller gesellschaftlicher Verhältnisse› kann auf die gegen das alte Naturrecht des ‹historisch Gewordenen› (Gewohnheitsrecht, Volksgeist) gerichteten neuzeitlichen Axiome des Rechtsrationalismus zurückgeführt werden. In ihnen entsteht, so Max Weber, neben dem angelsächsischen und römischen Recht ein ‹drittes großes Weltrecht›, das sich besonders deutlich im napoleonischen *‹Code Civil›* niederschlägt. Dieses neue, rationale Naturrecht ist die «spezifische Legitimitätsform der *revolutionär* geschaffenen Ordnungen. Berufung auf Naturrecht ist immer wieder die Form gewesen, in welcher Klassen, die sich gegen die bestehende Ordnung auflehnten, ihrem Verlangen nach Rechtsschöpfung Legitimität verliehen, sofern sie sich nicht auf positive religiöse Normen und Offenbarungen stützten.»[18] Max Weber unterscheidet zwei ‹besonders nahe zur Wirtschaftsordnung in Beziehung stehende› Typen von Naturrechtsaxiomen in diesem Sinne, ein *formales* und ein *materiales* Naturrecht, die zwar nur graduell voneinander unterschieden seien, in denen sich aber doch der Grundwiderspruch der bürgerlichen Gesellschaft abbildet. Das *formale* Naturrecht, voll entwickelt im 17. und 18. Jahrhundert, trete vor allem als ‹Vertragstheorie›, und zwar vor allem in deren individualistischer Form auf. «Die ‹Freiheitsrechte› sind der wesentliche Bestandteil eines solchen Naturrechts, und vor allem: die *Vertragsfreiheit.* Der freiwillige rationale Kontrakt entweder als wirklicher historischer Grund aller Vergesellschaftungen einschließlich des Staates oder doch als regulativer Maßstab der Bewertung wurde eines der universellen Formalprinzipien naturrechtlicher Konstruktionen. Dies wie jedes formale Naturrecht steht also prinzipiell auf dem Boden des Systems der legitim durch Zweckkontrakt erworbenen Rechte und also, soweit es sich um ökonomische Güter handelt, auf dem Boden der durch Vollentwicklung des Eigentums geschaffenen ökonomischen Einverständnisgemeinschaft. Das legitim durch freien Vertrag mit allen (Urvertrag) oder mit einzelnen Anderen erworbene Eigentum und die Freiheit der Verfügung darüber, also prinzipiell freie Konkurrenz, gehört zu seinen selbstverständlichen Bestandteilen.»[19] In einer solchen Vertragsordnung kann

18 Weber, M., Wirtschaft und Gesellschaft, a. a. O., S. 636.
19 Ebda., S. 637 f.

das bürgerliche Subjekt seine sozialen Beziehungen bereits ‹als im wesentlichen selbstgemachte› auffassen; sie müssen für den Bürger ‹rational durchsichtig› sein, «weil er sie selbstbewußt eingehen können muß, weil er ihr Subjekt bleiben soll. In der Tat kommt hier das Moment der Permanenz in der bürgerlichen Revolution vielleicht am stärksten zum Ausdruck.»[20] Diesem Prinzip des permanenten Entwerfens gerechter Verhältnisse stellt Weber den Typus des *materialen* Naturrechts gegenüber. «Der entscheidende Umschlag zum materialen Naturrecht knüpft vornehmlich an sozialistische Theorien von der ausschließlichen Legitimität des Erwerbs durch eigene Arbeit an. Denn damit ist nicht nur dem entgeltlosen Erwerb durch Erbrecht oder garantierte Monopole, sondern dem formalen Prinzip der Vertragsfreiheit überhaupt abgesagt, weil alle Appropriation von Sachgütern nun material daraufhin geprüft werden muß, wieweit sie auf Arbeit als Erwerbsgrund ruhe.»[21]

Im ‹materialen Naturrecht›, fährt Max Weber fort, würden ‹Natur› und ‹Vernunft› und die aus ihnen ableitbaren allgemeinen Regeln des Geschehens und allgemein geltenden Normen zusammenfallen; eine sozusagen naturwissenschaftliche Einstellung gegenüber der Ordnung gesellschaftlicher Verhältnisse tritt hervor. Sie sei deutlich an eine neue Klasse gebunden. «Natürlich haben ebenso das formale rationalistische Naturrecht der Vertragsfreiheit wie dies materiale Naturrecht der ausschließlichen Legitimität des Arbeitsertrags sehr starke Klassenbeziehungen. Die Vertragsfreiheit und alle Sätze über das legitime Eigentum, welche daraus abgeleitet wurden, waren selbstverständlich das Naturrecht der Marktinteressenten als der an endgültiger Appropriation der Produktionsmittel Interessierten. Daß umgekehrt das Dogma von der spezifischen Unappropriierbarkeit des Grund und Bodens, weil ihn niemand durch seine Arbeit produziert habe, also: der Protest gegen die Schließung der Bodengemeinschaft, der Klassenlage ländlicher proletarisierter Bauern entspricht ... ist klar.»[22] Max Weber bezieht sich in diesen Passagen (geschrieben 1905/6) unter anderem auf die Klassenkämpfe in Rußland. Er glaubt allerdings, daß die Intellektuellenschichten, welche die materiellen Naturrechtsdogmen ‹in die Köpfe der Massen geschleust› haben, sie auch schon wieder durch ihre «zunehmend rasch arbeitende positivistische und relativistisch-evolutionistische Skepsis» zersetzt hätten; und «auf der Seite der offiziellen Wissenschaft» sei die Naturrechtslehre «teils durch Comtesche Entwicklungsschemata, teils durch die ‹organischen› Entwicklungstheoreme des Historismus vernichtet».[23] Materiale Naturrechtsaxiome würden allenfalls noch periphere antiformale Tendenzen der modernen Rechtsentwicklung beeinflussen,

20 Willms, B., Revolution und Protest oder Glanz und Elend des bürgerlichen Subjekts. Stuttgart 1969, S. 45.

21 Weber, M., Wirtschaft und Gesellschaft, a. a. O., S. 639.

22 Ebda.

23 Ebda., S. 641 f.

im wesentlichen aber in den Tendenzen des generellen Rationalisierungsprozesses untergehen. «Wie immer aber sich unter diesen Einflüssen das Recht und die Rechtspraxis gestalten mögen, unter allen Umständen ist als Konsequenz der technischen und ökonomischen Entwicklung, allem Laienrichtertum zum Trotz, die unvermeidlich zunehmende *Unkenntnis* des an technischem Gehalt stetig anschwellenden Rechts auf seiten der Laien, also Fachmäßigkeit des Rechts, und die zunehmende Wertung des jeweils geltenden Rechts als eines rationalen, daher jederzeit zweckrational umzuschaffenden, jeder inhaltlichen Heiligkeit entbehrenden, technischen Apparats sein unvermeidliches Schicksal.»[24]

D. McIntosh hat in einem Vergleich der Herrschaftskonzepte bei Max Weber und Sigmund Freud die herrschaftslegitimierende Funktion des rationalen Naturrechts untersucht und dabei impliziert, wie stark die ‹materiale› Komponente in dieser Tradition geblieben ist.[25] Er geht davon aus, daß Max Webers Typus legaler Herrschaft (die anderen reinen Typen sind traditionale und charismatische Herrschaft) nicht auf einen Rationalisierungs- und Bürokratisierungsprozeß, sondern nur auf ein umfassendes ‹Naturrecht› zu beziehen sei; daß also ein Herrschaftssystem sich nur durch Berufung auf Tradition, auf ein Charisma oder auf ein Naturrecht legitimieren könne. Naturrecht in diesem Sinne stünde im direkten Gegensatz zur charismatischen Herrschaftslegitimation, weil es sich auf Regeln und Normen beziehe, die sich im Verlaufe der historischen Entwicklung durch ihre inhärente Rationalität legitimiert hätten; zugleich enthalte es aber ‹naturgesetzliche›, materielle Elemente, auf denen seine Bedeutung für die Revolutionen des 18. und 19. Jahrhunderts beruhe. Wenn Weber angesichts der technischen und ökonomischen Entwicklung von einer Schwächung der ‹revolutionären Kraft› des Naturrechts zugunsten des Prinzips der Zweckrationalität spreche, so setze er die ‹menschliche› Seite des Gesellschaftsprozesses zu gering an. Um diesen Zusammenhang zu erläutern, zieht McIntosh einen Vergleich zwischen den Konzepten des Naturrechts und des Freudschen Über-Ich. Wenn im Verlauf der psychischen Entwicklung das Über-Ich sich so weit ausgebildet habe, daß es sich von den Einstellungen der Elternfiguren befreien und stabilisieren kann, komme es häufig zu ‹Rebellionen›, in denen die Eltern am Maßstab des von ihnen ursprünglich vermittelten Über-Ichs gemessen werden. Hier sei eine psychologische Quelle für jenes ‹Naturrecht auf Rebellion› gegeben, wie es z. B. Thomas von Aquin, Locke und Jefferson vertreten. Das Gewissen des einzelnen Gesellschaftsmitglieds brächte jene moralischen Standards politisch wirksam zur Sprache, durch die die Herrschaftsstruktur, in diesem Fall die amerikanische, einmal legitimiert worden wäre. Die hier

---

24 Ebda., S. 656.

25 McIntosh, D., *Weber and Freud: On the Nature and Sources of Authority*. In: American Soc. Review, Vol. 35, No. 5 (1970), S. 901 ff.

angedeutete Erklärung der amerikanischen Jugendrebellion impliziert, daß eine stabile Herrschaft heute auf aus Über-Ich-Identifikationen stammenden Loyalitätsgefühlen beruhen müsse. Es handelt sich also um eine eigentümliche Verbindung von Aspekten des materialen und formalen Naturrechts, deren Widersprüchlichkeit (verborgener Antagonismus) sich in folgendem Resümee zeigt: «Aus psychoanalytischer Sicht erscheint es zweifelhaft, daß der Säkularisierungsprozeß der Naturrechtsdoktrin die ideologische Kraft genommen hat ... Es ist wahrscheinlich eher so, daß diese Doktrin ein *zu* reifes Stadium psychologischer Entwicklung anspricht, als daß sie schon auf die Unterstützung der Massen rechnen könnte. Die Idee des Naturrechts befindet sich auf einem postödipalen psychologischen Niveau, während der größte Teil der Menschheit in seinen psychologischen Grundkonstellationen entweder in der ödipalen Phase verharrt oder sogar auf vor-ödipale Stufen zurückfällt.»[26] Es ist klar, daß hier eine Kritik an den Ordnungsprinzipien der (ödipalen) bürgerlichen Gesellschaft angedeutet ist, die bei McIntosh allerdings zu der pessimistischen Rückzugsposition führt, daß die ‹Menschheit› wegen mangelnder psychologischer Reife ihre Herrschaftsordnungen nur entweder traditional oder charismatisch, nicht aber ‹legal› legitimieren könne.

Der hier auf gewundenen Wegen konstatierte Zusammenbruch des formalen Vertragsprinzips bei Beibehaltung seines materiellen Substrats hat natürlich Folgen für den Konfliktcharakter einer Gesellschaftsformation. «In seiner sozialen Dimension hatte das bürgerliche Denken die Gesellschaft als Vertragsgesellschaft im universellen Sinne bestimmt. Die Vertragstheorie war das große Mittel der Durchsetzung gewesen, mit ihr wurde ein altes System beseitigt und welthistorisch das bürgerliche Subjekt in einem genauen Sinne zur Geltung gebracht ... Die abstrakte Unirritiertheit des Vertragsdenkens ist aber schon bei Hegel signifikant gebrochen. Kant hatte bekanntlich die Ehe definiert als einen ‹Vertrag zum wechselseitigen Besitz der Geschlechtseigenschaften› ... Mit Recht regte sich Hegel darüber auf ... Der entscheidende Reflexionsfortschritt, den Hegels Denken leistete, ließ ihn die Abstraktheit der Reduktion der Ehe ebenso wie des Staates auf den Vertrag durchschauen ... Indem Hegel den Vertrag als zentrale Kategorie zurücknahm in das Recht des Privateigentums, in das nur abstrakte Recht, wohin er gehörte, verlor die bürgerliche Theorie das Instrument, mit dem sie die Welt verändert hatte.»[27] – «Das Problem des Vertrags ist in der marxistischen Theorie intentional überholt. Einerseits ist die Lehre von Gesellschafts- und Staatsvertrag als Ideologie der herrschenden Klasse und der Durchsetzung der Interessen der Privateigentümer diffamiert, andererseits ist das Vertragsprinzip als Sozialvernunft der abstrakten Subjekte durch den Gedanken des Sozialismus überflüssig

26 Ebda., S. 906.
27 Willms, B., a. a. O., S. 56.

gemacht.»[28] Soziologisch interessant wird diese Gegenüberstellung des Prinzips der Vertragsfreiheit der Interessenten und des ‹Sozialismus› aber erst, wenn man darin einen auszutragenden gesellschaftlichen Antagonismus sieht. Die modernen soziologischen Systemtheorien beispielsweise haben zwar den individualistischen Aspekt der klassischen Vertragstheorie aufgegeben, ihre Bemühungen gehen aber darauf hinaus, ‹System als Vertrag›, als ein sich selbst bewegendes und regulierendes, vollkommen abstraktes Vertragsverhältnis von außerordentlicher, ‹leviathanischer› Bindungskraft zu konstruieren. Ein peripherer Antiformalismus in der Soziologie stellt sich diesen Versuchen entgegen. Hier werden individualistische oder personalistische Traditionen der Rechtssoziologie (als der den sozialen Gegenstand begründenden Theorie) aus der Überzeugung aktiviert, «daß der Kampf des einzelnen um ‹seine Rechte› einen den Charakter und das gesamte soziale und politische Verhalten des Menschen prägenden Einfluß hat» und daß «eine politische Erziehung, die als Entwicklung des Individuums zur Selbstbestimmung und Mitbestimmung im politischen Leben wird und diese *Erziehung zum Kampf der Person um ‹ihr› Recht* nicht leistet», ihren innersten Auftrag verfehle.[29] Eine so konzipierte Konfliktpraxis ist aber nicht denkbar ohne Kenntnisse über den Herrschaftszusammenhang, die über die Formel von den ‹gesellschaftlichen Zwängen› hinausgehen. Das materiale ‹Recht› des konkreten Menschen auf Selbstbestimmung liegt in der praktischen Entfaltung des in den Sozialwissenschaften bereits erreichten Reflexionsniveaus.

3. Gewalt und Utopie in Verträgen: Hobbes und Kant

Der frühbürgerliche Herrschaftskonflikt um die Begründung sozialer Ordnung setzt vergesellschaftete und durchrationalisierte Gewalt gegen das Bedürfnis nach Minimalregeln friedlichen Zusammenlebens, und zwar sozusagen in der Brust des Bürgers selbst, dem es um Frieden nach innen und Gewalt nach außen geht. Aus der Schwierigkeit, beide Prinzipien zu vereinen, entsteht auch die universale Herrschaftstheorie von Hobbes. Machiavelli war damit zufrieden gewesen, die Mechanik der Machtapparaturen aufzudecken und die politisch Handelnden auf die Vorteile, sich dieser Mechanik blindlings hinzugeben, aufmerksam zu machen. Er hatte der Flüchtigkeit des Machtkonflikts die Kontinuität des Machtinstrumentariums vermittelt und damit das Machthandeln an die sich entfaltenden technologischen Erfolge des Bürgertums angehängt.

---

28 Ebda., S. 72.

29 Schelsky, H., Systemfunktionaler, anthropologischer und personfunktionaler Ansatz der Rechtssoziologie. In: Jahrbuch für Rechtssoziologie und Rechtstheorie, Bd. 1 (1970), S. 88.

Hobbes dagegen wollte mehr. In den drei Teilen seines Systems, Corpus, Homo, Civis, glaubte er den gesamten menschlichen Wirklichkeitsbereich umfassen zu können, ja er glaubte, eine Formel für alle Phänomene des Universums gefunden zu haben. Ausgangspunkt seines Systems war eine materialistische Theorie der historischen Bewegung, in die sowohl seine Erfahrungen in den englischen Bürgerkriegen als auch die naturwissenschaftliche Diskussion des Kontinents eingingen. Er begann mit der Frage nach dem Wesen sinnlicher Erfahrung: da keine sinnliche Erfahrung möglich wäre, wenn alle Körper sich gleichmäßig bewegten, müsse die Ursache aller Dinge in den Unterschieden der Bewegung zu suchen sein. Die Geometrie als die Wissenschaft der einfachen Bewegungen müsse auch die Grundlage der Staats- und Rechtstheorie – die sich auch nur mit *‹matter in motion›* befasse – sein.

«Ich setze also an die erste Stelle als allgemeine Eigenschaft aller Menschen eine ewige, ruhelose Sehnsucht nach Macht und nochmals Macht, die erst im Tode endet. Die Ursache für dieses Streben liegt nicht so sehr darin, daß man sich noch größere Genüsse verschaffen will, als man schon hat, oder daß man nicht auch mit bescheidener Macht zufrieden sein könnte. Sie liegt vielmehr darin, daß man sich der Macht und der Mittel für ein angenehmes Leben, die man gegenwärtig hat, nur durch den Erwerb von mehr Macht versichern kann.»[30] Gewalttätige Problemlösungsaktivitäten bilden ein notwendiges Prinzip in seinen Vorstellungen vom Aufbau eines Herrschaftssystems: abstrakt in der Insistenz auf der Freiheit des bürgerlichen Individuums, konkret in der Verteidigung des Bedürfnissubjekts. «Die Natur hat die Menschen in ihren körperlichen und geistigen Fähigkeiten so gleichmäßig ausgestattet, daß, wenn auch der eine größere Körperkräfte, der andere größere Geisteskräfte hätte, die Unterschiede zwischen ihnen insgesamt unerheblich sind. Aus dieser Gleichheit der Fähigkeiten entsteht die Gleichheit in der Hoffnung, gesteckte Ziele zu erreichen. Und deshalb werden aus zwei Menschen, die ein Ding begehren, das sie gleichwohl nicht beide genießen können, Feinde; und auf dem Wege zum Ziele werden sie versuchen, einander zu zerstören oder zu überwinden.»[31] Für Machiavelli gewann dieser ‹Kriegszustand› seine Ordnung aus den Mitteln der Macht, aus ihrem rechten und konsequenten Gebrauch. Das war Hobbes nicht genug; für ihn führt dieser Weg ins Chaos, wenn nicht Verträge geschlossen werden. In seinem universalen Ordnungsentwurf stehen sich also in gewissem Sinne Gewalt und Vertrag zur Vermittlung gegenüber.

Talcott Parsons hat das Hobbessche Problem für die Soziologie wie folgt formuliert: weshalb entsteht und entwickelt sich trotz der desintegrativen Tendenzen der Gewalt eine soziale Ordnung?[32] Und er

---

30 Zitiert bei Cairns, H., a. a. O., S. 251.
31 Hobbes, Th., *The Leviathan*. Everyman Edition, S. 63.
32 Parsons, T., *The Structure of Social Action*, a. a. O., S. 89 ff.

wirft HOBBES vor, er habe bei der Beantwortung das rationale Prinzip überzogen, sei extremer Utilitarist und negiere das Prinzip des normativen gesellschaftlichen Zusammenhangs.[33] Indem PARSONS übersieht, daß die frühbürgerliche Gesellschaft zunächst mit den Problemen der Mechanik ihrer Produktionsweise zurechtkommen mußte und das Problem eines normativ stabilisierten gesellschaftlichen Bewußtseins hier erst im 19. Jahrhundert akut wurde, umgeht er «sehr geschickt das schwierige Problem, das Hobbes formuliert hat»[34]: das Problem der Genese von Normen aus kalten Berechnungen. Man kann zwar mit MARX sagen, daß HOBBES die physische Bewegung der mechanischen und mathematischen opfert und daß sein Materialismus menschenfeindlich ist; aber er war «der einzige Philosoph, auf den die Bourgeoisie sich je hätte berufen dürfen; ihre Weltanschauung jedenfalls, gereinigt von aller Heuchelei und unbeirrt von allen christlichen Zugeständnissen ... ist von ihm entworfen und nahezu endgültig formuliert worden, Jahrhunderte bevor die neue Klasse den Mut fand, sich ausdrücklich zu ihr zu bekennen, wiewohl sie zu den entsprechenden Verhaltensweisen eindeutig genug gezwungen war».[35] Nicht Normen, nur das Bild der Ordnung, die anschauliche Abstraktion, das Äquivalent kybernetischer Modelle, der Leviathan interessieren – und der Privattrieb. *«Law is fetter, right is freedom; and they differ like contraries.»*[36] Vertrag bleibt ein Anhängsel der Gewalt, der zivilen allerdings.

Der zentrale innere Herrschaftskonflikt der sich hier als ‹geometrische Struktur› legitimierenden frühbürgerlichen Gesellschaft ergibt sich aus der Frage, wie sich das universale ‹Naturrecht› in die Umstände und Einzelregeln umsetzt. Der Leviathan zerfällt hier in die Rollen des Souveräns und des Richters. Zwar vertritt der Richter nicht Privatpersonen, sondern das leviathanische Prinzip, aber er vertritt es gegen den Souverän mit dem Auftrag, die unzähligen alltäglichen Arrangements zwischen gewalttätigen Individuen als Raum der Freiheit zu erhalten. HOBBES hat den guten Richter durchaus als Advokaten MACHIAVELLIS, im Sinne des republikanischen Egoismus, beschrieben.[37] HOBBES' Theorie vom Recht des Bedürfnissubjekts als der konkreten Autonomie des bürgerlichen Individuums ist deshalb zwar vielleicht nicht revolutionär überholbar, sie ist aber an eine bestimmte Idee des Kampfs der Person ums Recht gebunden, die auch heute noch gerade auch gegen Revolution vertreten werden kann. Hier verlagert sich die den Verträgen zugrunde liegende absolute Rationalität gegenseitigen Mißtrauens auf die Seite

---

33 Ebda., S. 93.

34 COLEMAN, J. S., zitiert in ZAPF, W., Theorien sozialen Wandels, a. a. O., S. 100.

35 ARENDT, H., Elemente und Ursprünge totaler Herrschaft. Frankfurt o. J., S. 232 f.

36 Zitiert bei CAIRNS, H., a. a. O., S. 254.

37 Ebda., S. 263 ff.

privater Durchsetzungskraft und weckt bereits das Bewußtsein von der Fiktivität von Verträgen, die man niemals mit ‹wirklichen Handlungen›, sondern immer nur mit ‹richtigem Verhalten› erfüllen kann.

Die Spätform bürgerlicher Vorstellungen von sozialem Konflikt findet sich bei KANT. Die Idee der ‹ungeselligen Geselligkeit› taucht in der modernen Konflikttheorie an entscheidenden Punkten wieder auf: bei GEORG SIMMEL vor allem in dem bekannten Exkurs ‹Wie ist Gesellschaft möglich?›, in der SIMMEL-Rezeption LEWIS COSERS und bei RALF DAHRENDORF. In seiner Vertragstheorie nimmt KANT außerdem wichtige Elemente der soziologischen Rollentheorie vorweg.[38]

KANTS Bedeutung für die Konflikttheorie geht über diese enge Tradition aber hinaus: in seiner ‹Idee zu einer allgemeinen Geschichte in weltbürgerlicher Absicht› (1784) stellt er den Fortschritt im Bewußtsein und in der Verwirklichung der Freiheit sozusagen im Medium des Konflikts dar. Er gebraucht den Begriff des sozialen Konflikts oder Antagonismus dabei in der feinsinnigen Art des gesicherten Bürgers, der die weiteren Sicherungsmöglichkeiten der bürgerlichen Gesellschaft absehen kann und das Stadium antizipiert, in dem alle äußeren Kämpfe gekämpft und die enormen Konfliktpotentiale seiner Gesellschaft mit dem Freiheitswollen des Subjekts konsolidiert worden sind. Dieser Gedanke der Substitution aller ungeregelten äußeren Gewalt und Brutalität (‹zwischen den Völkern›) durch die perfekte Verinnerlichung des antagonistischen Prinzips gehört zu den Grundgedanken der westlichen Konflikttheorie.

Dabei denkt KANT einerseits an das autonome Subjekt der praktischen Vernunft, das sich durch die Verinnerlichung von Antagonismen für Umgang nach außen befreit; andererseits an eine bürgerliche Konfliktgesellschaft ‹öffentlich räsonierender Privatleute›. «Das Mittel, dessen sich die Natur bedient, die Entwicklung aller ihrer Anlagen zustande zu bringen, ist der *Antagonismus* derselben in der Gesellschaft, sofern dieser doch am Ende einer gesetzmäßigen Ordnung derselben überwunden wird. Ich verstehe hier unter dem Antagonismus die ungesellige Gesellschaft der Menschen, d. i. den Hang derselben, in Gesellschaft zu treten, der doch mit einem durchgängigen Widerstande, welcher diese Gesellschaft beständig zu trennen droht, verbunden ist. Hierzu liegt die Anlage offenbar in der menschlichen Natur. Der Mensch hat eine Neigung, sich zu vergesellschaften: weil er in einem solchen Zustande sich mehr als Mensch, d. i. die Entwicklung seiner Naturanlagen, fühlt. Er hat aber auch einen großen Hang, sich zu vereinzeln (isolieren): weil er in sich zugleich die ungesellige Eigenschaft antrifft, alles bloß nach seinem Sinne richten zu wollen, und daher allerwärts

38 SIMMEL, G., Soziologie. Berlin 1908; zur Beziehung zwischen Vertrags- und Rollentheorie vgl. z. B. DAHRENDORF, R., Homo sociologicus, a. a. O.; WILLMS, B., Funktion – Rolle – Institution. Düsseldorf 1971.

Widerstand erwartet, sowie er von sich selbst weiß, daß er seinerseits zum Widerstande gegen andere geneigt ist. Dieser Widerstand ist es nun, welcher alle Kräfte des Menschen erweckt, ihn dahin bringt, seinen Hang zur Faulheit zu überwinden und, getrieben durch Ehrsucht, Herrschsucht oder Habsucht, sich einen Rang unter seinen Mitgenossen zu verschaffen, die er wohl nicht leiden, die er aber auch nicht lassen kann.»[39] Diesem Konfliktbegriff fehlt die Vorstellung konfliktueller Intersubjektivität, eines dialektischen Konfliktverhältnisses. Außerdem, und das ist das Entscheidende, werden in dieser großen engen Welt nur diejenigen zum Konflikt zugelassen, die sich auf die Fiktion des Äquivalententauschs eingestellt und ihre ‹Natur› von einer bestimmten Produktionsweise abhängig gemacht haben. «Zum politisch räsonierenden Publikum sind nur Privateigentümer zugelassen, denn deren Autonomie wurzelt in der Sphäre des Warenverkehrs und geht darum auch mit dem Interesse an ihrer Erhaltung als einer privaten Sphäre zusammen.»[40]

Neben die Fiktion des antagonistischen Fortschritts «zu einer allgemein das Recht verwaltenden *bürgerlichen Gesellschaft* . . ., die die größte Freiheit, mithin einen durchgängigen Antagonismus ihrer Glieder und doch die genaueste Bestimmung und Sicherung der Grenzen dieser Freiheit hat», tritt allerdings eine Utopie des Friedens. «Es soll kein Krieg sein; weder der, welcher zwischen mir und dir im Naturzustande, noch zwischen uns als Staaten, die, obzwar innerlich im gesetzlichen, doch äußerlich (im Verhältnis gegeneinander) im gesetzlosen Zustand sind; – denn das ist nicht die Art, wie jedermann sein Recht suchen soll.»[41] Kant hat die praktische Idee des Vernunftfriedens, die seiner Gesellschaft objektiv unerreichbar war, auf eine geradezu skurril anmutende Weise durch ein besonderes konfliktuelles Prinzip, halb Streit der Fakultäten, halb Herrschaftspraxis der Wissenschaft, für die Zukunft zu sichern versucht. «Ein geheimer Artikel in Verhandlungen des öffentlichen Rechts ist objektiv, d. i. seinem Inhalte nach betrachtet, ein Widerspruch; subjektiv aber, nach Qualität der Person, die ihn diktiert, kann gar wohl darin ein Geheimnis statthaben, daß sie es nämlich für ihre Würde bedenklich findet, sich öffentlich als Urheberin desselben anzukündigen. Der einzige Artikel dieser Art ist in dem Satze enthalten: Die Maximen der Philosophen über die Bedingungen der Möglichkeit des öffentlichen Friedens sollen von den zum Kriege gerüsteten Staaten zu Rate gezogen werden. – Es scheint aber für die gesetzgebende Autorität eines Staates . . . verkleinerlich zu sein, über die Grundsätze seines Verhaltens gegen andere Staaten bei Untertanen (den Philosophen) Belehrung zu suchen; gleichwohl aber sehr ratsam, es zu tun. Also wird der Staat die letzteren stillschweigend (also indem er ein

---

39 Kant, I., Idee zu einer Geschichte in weltbürgerlicher Absicht. Akademie-Ausgabe, Bd. VIII, S. 19 f.

40 Habermas, J., Strukturwandel der Öffentlichkeit. Neuwied 1962, S. 125.

41 Kant, I., Metaphysik der Sitten, a. a. O., Bd. VI, S. 354.

Geheimnis daraus macht) dazu auffordern, welches soviel heißt, als: er wird sie frei und öffentlich über die allgemeinen Maximen der Kriegsführung und der Friedensstiftung reden lassen (denn sie werden es schon von selbst tun, wenn man es ihnen nur nicht verbietet), und die Übereinkunft der Staaten untereinander bedarf auch keiner besonderen Verabredung der Staaten unter sich in dieser Absicht, sondern liegt schon in der Verpflichtung durch allgemeine (moralisch-gesetzgebende) Menschenvernunft.»[42] Der Widerspruch, daß es für einen Staat ‹verkleinerlich›, aber doch nötig ist, sich bei Philosophen Rat zu holen, wenn Fragen von Krieg und Frieden entschieden werden, weckt hier also den Wunsch nach der ‹dritten› oder ‹neutralen› Regelungsinstanz, dem kommunikativen und kontrollierenden verwissenschaftlichten gesellschaftlichen Bewußtsein.

Die Ausbreitung des ‹öffentlichen Geheimnisses› als einer geheimen Drohung an die Mächtigen, Vernunft in Kriegsdingen anzunehmen, verhindert natürlich gerade, daß den Philosophen gestattet wird, frei zu reden. Denn das öffentliche Räsonieren über allgemeine Maximen der Kriegführung und Friedensstiftung unter den Völkern ist gerade im Sinne Kants bereits die Selbstentdeckung des reflektierenden Subjekts in seiner gesellschaftlichen Bedeutung. Indem es seinen inneren und den allgemeinen Widersprüchen folgt, gerät es an die historischen Bewegungen und entdeckt in ihnen Konfliktgründe, die aus Bereichen stammen, mit denen es als bürgerliches Individuum überhaupt nichts mehr zu tun hatte: beispielsweise aus den Systemen der Bedürfnisse und der Arbeit. Wenn Hobbes den Übergang vom Naturzustand zum Sozialzustand als den aus der Gewalt in den Vertrag begreift, so stehen dahinter die realen Konflikte der aufstrebenden bürgerlichen Gesellschaft. Wenn Kant den Weg aus Verträgen in einen Zustand des Weltfriedens sucht, so ist das sozusagen bereits Verrat an der Sache und spaltet die Philosophen in solche, die es vorziehen, nur noch verdeckte, nicht-öffentliche Ratschläge in dienender Funktion zu geben, und solche, die die bürgerliche Gesellschaft öffentlich als Verräter bezichtigen kann. Denn das eigentliche Konfliktfeld einer ihrer selbst gewissen bürgerlichen Gesellschaft bleibt das ‹Publikum räsonierender Privatleute› unter dem Schutz eines Gesellschaftsvertrags, der die Fiktion des Vertrauens über das Gewinnstreben der einzelnen breitet und außerdem immer mehr den Charakter eines normativen Zwangssystems annimmt.

4. Notizen zum Klassenantagonismus

In der Konfliktsoziologie bleiben viele Zusammenhänge unausgesprochen, die gleichwohl den Charakter ihrer Fragen, ihre Forschungsrichtungen und auch ihre Schwierigkeiten bestimmen. Der Vermutung, «daß

42 Kant, I., Zum ewigen Frieden, a. a. O., Bd. VIII, S. 368.

so gegensätzliche Theorien wie die von Marx und Mosca, oder von Dahrendorf und Parsons, sich innerhalb eines einzigen, einheitlichen Rahmens verstehen lassen»[43], steht das verständliche Zögern gegenüber, einen einheitlichen Konfliktbegriff, noch dazu unter der ‹Perspektive von HEGELS Dialektik›, zu formulieren, der Kriege und Revolutionen in eine Beziehung zu ‹Tauschkämpfen›, Familienzwistigkeiten und Dialogen bringen könnte. Die funktionalistischen Konflikttheorien nähern sich in der Ausfaltung dessen, was man das Bewußtsein der bürgerlichen Gesellschaft nennen kann[44], dennoch einem allgemeinen (auf Weltgeschichte und Weltgesellschaft bezogenen) Konzept des Konflikts und duplizieren darin, mit Hilfe eines raffinierten methodologischen Instrumentariums, die klassische und aktuelle Kritik an der bürgerlichen Gesellschaft. Die folgenden Notizen nehmen jedoch zunächst einige Aspekte aus der marxistischen Kritik auf, ohne sie in den Gang unserer Überlegungen voll einzuarbeiten.

a) Die bürgerliche Gesellschaft

Zum Begriff der bürgerlichen Gesellschaft zunächst eine ‹Collage› aus den ‹Grundlinien der Philosophie des Rechts› von G. W. FR. HEGEL:

(§ 182) ... Die bürgerliche Gesellschaft ist die Differenz, welche zwischen die Familie und den Staat tritt, wenn auch die Ausbildung derselben später als die des Staates erfolgt; denn als die Differenz setzt sie den Staat voraus, den sie als Selbständiges vor sich haben muß, um zu bestehen. Die Schöpfung der bürgerlichen Gesellschaft gehört übrigens der modernen Welt an, welche allen Bestimmungen der Idee erst ihr Recht widerfahren läßt. Wenn der Staat vorgestellt wird als eine Einheit verschiedener Personen, als eine Einheit, die nur Gemeinsamkeit ist, so ist damit nur die Bestimmung der bürgerlichen Gesellschaft gemeint. In der bürgerlichen Gesellschaft ist jeder sich Zweck, alles andere ist ihm Nichts. Aber ohne Beziehung auf andere kann er den Umfang seiner Zwecke nicht erreichen; diese anderen sind daher Mittel zum Zweck des Besonderen. Aber der besondere Zweck gibt sich durch die Beziehung auf andere die Form der Allgemeinheit und befriedigt sich, indem er zugleich das Wohl des anderen mit befriedigt. Indem die Besonderheit an die Bedingung der Allgemeinheit gebunden ist, ist das Ganze der Boden der Vermittlung, wo alle Einzelheiten, alle Anlagen, alle Zufälligkeiten der Geburt und des Glücks sich frei machen, wo die Wellen aller Leidenschaften ausströmen, die nur durch die hineinscheinende Vernunft regiert werden. Die Besonderheit, beschränkt durch die Allgemeinheit, ist allein das Maß, wodurch jede Besonderheit ihr Wohl befördert.

(§ 183) Der selbstsüchtige Zweck in seiner Verwirklichung, so durch die All-

---

43 LENSKI, G., zitiert bei DAHRENDORF, R., in: Pfade aus Utopia, a. a. O., S. 9.

44 Vgl. Kapitel IV.

gemeinheit bedingt, begründet ein System allseitiger Abhängigkeit, daß die Subsistenz und das Wohl des einzelnen und sein rechtliches Dasein in die Subsistenz, das Wohl und Recht aller verflochten, darauf gegründet und nur in diesem Zusammenhange wirklich und gesichert ist. – Man kann dies System zunächst als den *äußeren Staat – Not-* und *Verstandesstaat* ansehen.

(§ 184) Die Idee in dieser Entzweiung erteilt den Momenten eigentümliches Dasein – der Besonderheit das Recht, sich nach allen Seiten zu entwickeln und zu ergehen, und der Allgemeinheit das Recht, sich als Grund und notwendige Form der Besonderheit, sowie als die Macht über sie und ihren letzten Zweck zu erweisen. – Es ist das System der in ihre Extreme verlorenen Sittlichkeit, was das abstrakte Moment der Realität der Idee ausmacht, welche hier nur als die relative Totalität und innere Notwendigkeit an dieser äußeren Erscheinung ist.

(§ 185) Die Besonderheit für sich, einerseits als sich nach allen Seiten auslassende Befriedigung ihrer Bedürfnisse, zufälliger Willkür und subjektiven Beliebens, zerstört in ihren Genüssen sich selbst und ihren substantiellen Begriff; andererseits als unendlich erregt, und in durchgängiger Abhängigkeit von äußerer Zufälligkeit und Willkür, sowie von der Macht der Allgemeinheit beschränkt, ist die Befriedigung des notwendigen, wie des zufälligen Bedürfnisses zufällig. Die bürgerliche Gesellschaft bietet in diesen Gegensätzen und ihrer Verwicklung das Schauspiel ebenso der Ausschweifung, des Elends und des beiden gemeinschaftlichen physischen und sittlichen Verderbens dar.

(§ 186) Aber das Prinzip der Besonderheit geht eben damit, daß es sich für sich zur Totalität entwickelt, in die Allgemeinheit über, und hat allein in dieser seine Wahrheit und das Recht seiner positiven Wirklichkeit. Diese Einheit, die wegen der Selbständigkeit beider Prinzipien auf diesem Standpunkte der Entzweiung (§ 184) nicht die sittliche Identität ist, ist eben damit nicht als Freiheit, sondern als Notwendigkeit, daß das Besondere sich zur Form der Allgemeinheit erhebe, in dieser Form sein Bestehen suche und habe.

Die bürgerliche Gesellschaft enthält im *System der Bedürfnisse* die «Vermittlung des Bedürfnisses und die Befriedigung des Einzelnen durch seine Arbeit und durch die Arbeit und Befriedigung der Bedürfnisse aller Übrigen» (§ 188):

(§ 196) Die Vermittelung, den *partikularisierten* Bedürfnissen angemessene ebenso *partikularisierte* Mittel zu bereiten und zu erwerben, ist die *Arbeit,* welche das von der Natur unmittelbar gelieferte Material für diese vielfachen Zwecke durch die mannigfaltigsten Prozesse spezifiziert. Diese Formierung gibt nun dem Mittel den Wert und seine Zweckmäßigkeit, so daß der Mensch in seiner Konsumtion sich vornehmlich zu *menschlichen* Produktionen verhält und solche Bemühungen es sind, die er verbraucht.

(§ 197) An der Mannigfaltigkeit der interessierenden Bestimmungen und Gegenstände entwickelt sich die *theoretische Bildung,* nicht nur eine Mannigfaltigkeit von Vorstellungen und Kenntnissen, sondern auch eine Beweglichkeit und Schnelligkeit des Vorstellens und des Übergehens von einer Vorstellung zur anderen, das Fassen verwickelter und allgemeiner Beziehungen usf. – die Bildung des Verstandes überhaupt, damit auch der Sprache. – *Die praktische Bildung* durch die Arbeit besteht in dem sich erzeugenden Bedürfnis und der *Gewohnheit* der *Beschäftigung* überhaupt, dann der *Beschränkung seines Tuns,* teils nach der Natur des Materials, teils aber vornehmlich nach der Willkür anderer, und einer durch diese Zucht sich erwerbenden Gewohnheit *objektiver* Tätigkeit und *allgemeingültiger* Geschicklichkeiten.

(§ 198) Das Allgemeine und Objektive in der Arbeit liegt aber in der *Abstraktion,* welche die Spezifizierung der Mittel und Bedürfnisse bewirkt, damit ebenso die Produktion spezifiziert und die *Teilung der Arbeiten* hervorbringt. Das Arbeiten des einzelnen wird durch die Teilung *einfacher* und hierdurch die Geschicklichkeit in seiner abstrakten Arbeit, so wie die Menge seiner Produktionen größer. Zugleich vervollständigt diese Abstraktion der Geschicklichkeit und des Mittels die *Abhängigkeit* und die *Wechselbeziehung* der Menschen für die Befriedigung der übrigen Bedürfnisse zur gänzlichen Notwendigkeit. Die Abstraktion des Produzierens macht das Arbeiten ferner immermehr *mechanisch* und damit am Ende fähig, daß der Mensch davon wegtreten und an seine Stelle die *Maschine* eintreten lassen kann.

Zwei weitere Momente gehören zur bürgerlichen Gesellschaft: die Wirklichkeit des in der Vermittlung «enthaltenen Allgemeinen der *Freiheit,* der Schutz des Eigentums durch die *Rechtspflege*» und die «Vorsorge gegen die in jenen Systemen zurückbleibende Zufälligkeit und die Besorgung des besonderen Interesses als eines *Gemeinsamen,* durch die *Polizei* und *Korporation*» (§ 188). Eingebettet sind diese Differenzierungen im Progreß des gewollten und allgemein anerkannten *Rechts,* in dem Geist – in den dialektischen Stufen des ‹abstrakten Rechts›, der ‹Moralität› und der ‹Sittlichkeit› – aus Subjektivität in Objektivität übergeht. Gipfel dieser Entwicklung ist der Staat. Er ist «die Wirklichkeit der sittlichen Idee – der sittliche Geist als der *offenbare,* sich selbst deutliche, substantielle Wille, der sich denkt und weiß und das, was er weiß und insofern er es weiß, vollführt. An der *Sitte* hat er seine unmittelbare, und an dem *Selbstbewußtsein* des Einzelnen, dem Wissen und Tätigkeit desselben seine vermittelte Existenz, sowie dieses durch die Gesinnung in ihm, als seinem Wesen, Zweck und Produkte seiner Tätigkeit, seine *substantielle Freiheit* hat» (§ 257).

Gewissermaßen durch den Nachweis der elenden Lage des bürgerlichen Subjekts hat ADORNO diesen großartigen Rahmen öffentlicher Sittlichkeit in endgültigen Zweifel gezogen. «Hegel lieferte die Ideologie des positiven Rechts, weil es ihrer, in der bereits sichtbaren antagonistischen Gesellschaft, am dringendsten bedurfte. Recht ist das Urphänomen irrationaler Rationalität ... Die Rechtsnormen schneiden das nicht Gedeckte, jede nicht präformierte Erfahrung des Spezifischen um bruchloser Systematik willen ab und erheben dann die instrumentale Rationalität zu einer zweiten Wirklichkeit sui generis.»[45] – «Die Gewalt des sich realisierenden Allgemeinen ist nicht, wie Hegel dachte, dem Wesen der Individuen an sich identisch, sondern immer auch konträr ... Auch wo sie dem Primat der Ökonomie sich entronnen wähnen ... reagieren sie

---

45 ADORNO, TH. W., Negative Dialektik. Frankfurt 1966, S. 301 f.

unterm Zwang des Allgemeinen; je identischer sie mit ihm sind, desto unidentischer sind sie wiederum mit ihm als wehrlos Gehorchende. In den Individuen selber drückt sich aus, daß das Ganze samt ihnen nur durch den Antagonismus hindurch sich erhält. Ungezählte Male werden Menschen, auch bewußte und der Kritik an der Allgemeinheit mächtige, durch unausweichliche Motive der Selbsterhaltung zu Handlungen und Attituden genötigt, die dem Allgemeinen blind sich zu behaupten helfen, während sie dem Bewußtsein nach ihm opponieren. Einzig weil sie das ihnen Fremde zu ihrer eigenen Sache machen müssen, um zu überleben, entsteht der Schein jener Versöhntheit, den die Hegelsche Philosophie, welche die Vormacht des Allgemeinen unbestechlich erkannte, bestechlich als Idee verklärt. Was strahlt, als wäre es über den Antagonismen, ist eins mit der universalen Verstrickung. Das Allgemeine sorgt dafür, daß das ihm unterworfene Besondere nicht besser sei als es selbst. Das ist der Kern aller bis heute hergestellten Identität.»[46] Indem ADORNO jedoch die Verzweiflung systematisch nicht an den Momenten oder Mechanismen der bürgerlichen Gesellschaft, sondern an ihrem sittlichen Anspruch, in den sich all ihre Interessenmacht zurückgezogen hat, entwickelt, gewinnt Verzweiflung den Charakter der Ohnmacht. «Der heraufziehenden Katastrophe korrespondiert ... die Vermutung einer irrationalen Katastrophe in den Anfängen. Heute hat sich die vereitelte Möglichkeit des Anderen zusammengezogen in die, trotz allem die Katastrophe abzuwenden.»[47] Der Antagonismus der bürgerlichen Gesellschaft wird auf einen ‹Standpunkt der Entzweiung› zurückgeführt, auf dem das bürgerliche Subjekt im Elend seiner begriffenen Partikularität das abwenden will, was es im Glanz seiner unbegriffenen Allgemeinheit eingeleitet hat.[48]

b) Arbeit und Interaktion

HEGEL sieht in der Institution des Staates (unverwechselbar mit der bürgerlichen Gesellschaft durch seinen Charakter als ‹objektiver Geist›) das Prinzip der Emanzipation der Individuen. Indem er die allgemeinen Werte und die Freiheit des Subjekts an den Staat bindet, bindet er den Staat auch an das subjektive Bewußtsein. Im Prozeß der Selbstreflexion verschafft sich das Subjekt Gewißheit; es setzt Erkenntnisse und Handlungen in reflektierte Erkenntnisse und Handlungen, in die objektive Vernünftigkeit der Institutionen und schließlich in deren Inbegriff, den Staat, um. Deshalb kann der Staat auch nicht auf Vertrag beruhen. «Die

---

46 Ebda., S. 304.

47 Ebda., S. 315.

48 «Der Glanz des bürgerlichen Subjekts war seine welthistorische Allgemeinheit; sein Elend ist die nicht begriffene Partikularität.» WILLMS, B., a. a. O., Motto.

vernünftige Bestimmung des Menschen ist, im Staat zu leben; und ist noch kein Staat, so ist die Forderung der Vernunft vorhanden, daß er gegründet werde. Ein Staat muß eben die Erlaubnis dazu geben, daß man in ihn trete und daß man ihn verlasse; dies ist also nicht von der Willkür des Einzelnen abhängig, und der Staat beruht somit nicht auf Vertrag, der Willkür voraussetzt... Der große Fortschritt des Staats in neuerer Zeit ist, daß derselbe Zweck an und für sich bleibt und nicht jeder in Beziehung auf denselben wie im Mittelalter nach seiner Privatstipulation verfahren darf.»[49] Der Staat ist die Wirklichkeit der Vernunft, ist sozusagen die eigentliche Sozialstruktur, in der sich die kritisch reflektierenden Bewußtseine in die objektive Vernunft der Institutionen umsetzen und den Bürger mit den Widersprüchen und Entzweiungen der bürgerlichen Gesellschaft (als einer bestimmten historischen Gesellschaftsformation) versöhnen. Im ‹System der Differenz› der bürgerlichen Gesellschaft haben, wegen der Vernunftgewißheit, die Konflikte und die in ihnen enthaltenen Problemlösungsaktivitäten den Charakter des Positiven, sie sind dem Progreß des objektiven Geistes gegenüber gleich gültig, äquivalent, sie treiben die gesellschaftliche Entwicklung auf jeden Fall voran. Sie haben in diesem Sinne den Charakter der konfliktuellen Kommunikation, des sich Vorankritisierens im Medium der Interaktionen.

Gegen diese Begründung von Sozialstruktur, die keinen festen Punkt, nur noch die Erfahrung der Reflexion als solche kennen will und deshalb das Gewordene als das Vernünftige anerkennen muß, wendet sich Marx. Die ‹faktische Unvernunft der Verhältnisse› kann nicht durch die Anerkennung des Staates, sie muß durch die erarbeitete Verfügungsgewalt über die Natur umgewälzt werden: «das Wissen, das die Verfügung über Naturprozesse ermöglicht, geht auf der Stufe des Selbstbewußtseins der gesellschaftlichen Subjekte in ein Wissen über, das die Kontrolle des gesellschaftlichen Lebensprozesses ermöglicht. In der Dimension der Arbeit, als eines Prozesses von Hervorbringung und Aneignung, verwandelt sich Reflexionswissen in Produktionswissen. Die zu Technologien gerinnende Naturerkenntnis drängt das gesellschaftliche Subjekt zu einer immer weitergehenden Erkenntnis seines ‹Stoffwechselprozesses› mit der Natur, welche am Ende in die Steuerung von Gesellschaftsprozessen nicht anders sich umsetzt als Naturwissenschaft in technische Verfügungsgewalt.»[50] Der Begriff der Arbeit ist bei Marx freilich reicher und weiter; er schließt unmittelbar an die weiter oben erwähnten Stellen der ‹Phänomenologie des Geistes› an: «Das Große an der Hegelschen Phänomenologie und ihrem Endresultat – der Dialektik der Negativität als dem bewegenden und erzeugenden Prinzip – ist also einmal, daß Hegel die *Selbsterzeugung des Menschen* als einen Prozeß faßt, die Vergegenständlichung als Entgegenständlichung, als Entäuße-

49 Grundlinien der Philosophie des Rechts. § 75 (Zusatz).
50 Habermas, J., Erkenntnis und Interesse, a. a. O., S. 65.

rung und als Aufhebung dieser Entäußerung; daß er also das *Wesen der Arbeit* faßt und den *gegenständlichen Menschen*, wahren, weil wirklichen Menschen, *als Resultat seiner eigenen Arbeit* begreift. Das wirkliche, tätige Verhalten des Menschen zu sich als Gattungswesen oder die Betätigung seiner als eines wirklichen Gattungswesens, d. h. als menschlichen Wesens, ist nur möglich dadurch, daß er wirklich alle seine Gattungskräfte – was wieder nur durch das Gesamtwirken der Menschen möglich ist, nur als Resultat der Geschichte – herausschafft, sich zu ihnen als Gegenständen verhält, was zunächst wieder nur in der Form der Entfremdung möglich ist . . .»[51]

HABERMAS versucht, die Verschränkung von Arbeit und Interaktion, die MARX bei HEGEL im Prozeß der Institutionalisierung der Ich-Identität (‹Herr und Knecht›) vorfindet *und*, materialistisch gewendet zwar, als geschichtliches Handeln schlechthin übernimmt, durch eine detaillierte Kritik der Genese dieses HEGELschen Gedankens aufzulösen.[52] Er zeigt, daß in einer frühen Phase der HEGELschen Philosophie drei untereinander zunächst unverbundene Muster dialektischer Beziehung zwischen Subjekt und Objekt entfaltet wurden, die Dialektiken der Darstellung, der Arbeit und des Kampfes um Anerkennung (aus denen sich eine dreifache Identität des namengebenden, des listigen und des anerkannten existierenden Bewußtseins bildet). Vor allem der HEGELsche Interaktionsbegriff sei ursprünglich (weil entfernt vom Verhältnis der Arbeit) eher an der Anschauung des sittlichen Verhältnisses liebender Anerkennung als an der des Kampfes auf Leben und Tod entwickelt worden und deshalb richtiger als ein ‹dialogisches Verhältnis der komplementären Vereinigung entgegengesetzter Subjekte› zu begreifen. Und auch die Dialektik der Arbeit gehe einen eigenen Weg, der «sich nicht zwanglos in die Bewegung eines als absolute Sittlichkeit begriffenen Geistes» füge und deshalb eine Rekonstruktion erzwinge.[53] Sie führe zu HEGELS positiver Bestimmung des abstrakten Rechts, «weil er inzwischen den ökonomischen Zusammenhang des Privatrechts mit der modernen bürgerlichen Gesellschaft kennengelernt und gesehen hat, daß in diesen Rechtstiteln auch das Resultat einer *Befreiung durch gesellschaftliche Arbeit* festgehalten ist. Das abstrakte Recht besiegelt eine Emanzipation, die im buchstäblichen Sinne erarbeitet worden ist.»[54] Mit diesen Hinweisen will HABERMAS die ‹entwicklungsautomatische› Verbindung von Arbeit und Interaktion und die daraus mögliche ‹mechanistische› Herrschaftstheorie des Klassenkampfes in Frage stellen. Indem er vor einer Mißdeutung jener ‹genialen Einsicht› in den dialektischen Zusammenhang von Produktivkräften (Arbeit, ‹Knecht›) und Produktionsverhältnissen (Inter-

---

51 MARX-ENGELS-Gesamtausgabe (MEGA) I, 3, S. 156.

52 HABERMAS, J., Arbeit und Interaktion. In: DERS., Technik und Wissenschaft als ‹Ideologie›. Frankfurt 1968.

53 Ebda., S. 42.

54 Ebda., S. 43.

aktion, ‹Herr›) warnt, fällt der vieldeutige Satz, daß die *«Befreiung von Hunger und Mühsal . . .* nicht notwendig mit der *Befreiung von Knechtschaft und Erniedrigung»* konvergiere.[55]

Dieser Satz läßt sich als Motto über den Gang der bisherigen konfliktsoziologischen Forschung schreiben, sofern er als eine Aufforderung zu entlasteter, einseitiger oder auch opportunistischer Fragestellung verstanden werden kann. Sofern er eine Kritik der marxistischen Gesellschaftslehre in ihrem erkenntnistheoretischen Selbstverständnis impliziert, die HABERMAS an anderer Stelle ausführlicher dargelegt hat,[56] kann er am Gang der funktionalistischen Konflikttheorie überprüft werden, die in der Erforschung konfliktueller Interaktionen im Sinne einer ‹Dialektik des sittlichen Verhältnisses auf der Grundlage zwanglos sich einspielender Reziprozität› (HABERMAS) bereits so weit ist, daß die Frage nach der ‹Befreiung von Knechtschaft und Erniedrigung› im Rahmen der Systemtheorie ‹entwicklungsautomatisch› in die Frage nach der ‹Befreiung von Hunger und Mühsal› übergeht.

c) Der einfache Marx

Die Verbindung von Hunger und Knechtschaft, von körperlichen Bedürfnissen und Bildungsprozeß, vermittelt über die Kategorie der Arbeit, steht jedoch im Zentrum der marxistischen Herrschaftstheorie. Indem der Mensch durch Verausgabung seiner physischen Arbeitskraft Werte schafft (Wertgesetz) und darin das Materielle bis in Kopf und Sozialstruktur hinein umsetzt, erfährt er seine Entfremdung, Kennzeichen aller bisherigen Herrschaftsverhältnisse, als den Widerspruch von Wertschöpfung und Wertaneignung. In der bürgerlich-kapitalistischen Gesellschaft drückt sich dieser Widerspruch (Kampf um den Mehrwert) im Warencharakter der Arbeit aus. Der Tausch von Waren, in denen Waren durch ihren Tauschwert einander gleichgesetzt werden, ist das einfachste Element der Ökonomie der bürgerlichen Gesellschaft. «Die Warenproduktion unterstellt die Warenzirkulation, und die Warenzirkulation unterstellt die Darstellung der Ware als Geld, die Geldzirkulation, die Verdoppelung der Ware in Ware und Geld ist ein Gesetz der Darstellung des Produkts als Ware.»[57] Da dieser Warentausch in dieser reinen Form, als Austausch von Äquivalenten, keinen Mehrwert, keine Vergrößerung des zirkulierenden Werts und damit keine Verwandlung von Geld in Kapital (Agens der Vergesellschaftung) schafft, muß die Wertänderung (Wertsteigerung) außerhalb des Zirkulationsprozesses entstehen: sie muß aus der Konsumtion einer Ware und damit aus ihrem Gebrauchswert entspringen. Die Ware auf dem Markt, deren

---

55 Ebda., S. 46.
56 HABERMAS, J., Erkenntnis und Interesse, a. a. O.
57 MARX, K., Das Kapital. Bd. II, MEW, Berlin 1963, Bd. 24, S. 355.

Gebrauchswert so beschaffen ist, daß sich ihre Konsumtion zugleich als Quelle von Mehrwert erweist, ist das Arbeitsvermögen, die Arbeitskraft. «Zur Verwandlung von Geld in Kapital muß der Geldbesitzer den freien Arbeiter auf dem Warenmarkt vorfinden, frei in dem Doppelsinn, daß er als freie Person über seine Arbeitskraft als Ware verfügt, daß er andererseits andere Ware nicht zu verkaufen hat, los und ledig, frei ist von allen zur Verwirklichung seiner Arbeitskraft nötigen Sachen.»[58] Ledigsein von den Arbeits- oder Produktionsmitteln und Freisein als Besitzer der Arbeitskraft kennzeichnet den Beherrschten in der historischen Epoche des Kapitalismus; ihr Grundwiderspruch ist der zwischen dem gesellschaftlichen Charakter der Produktion und dem privaten Charakter der Aneignung.

Diese Theorie des Herrschaftskonflikts einer bestimmten Gesellschaftsformation entfaltet sich unter dem Anspruch welthistorischer Allgemeinheit, denn die europäische Gesellschaft schien damals «auf dem Wege, eine Weltgesellschaft einzurichten, die mit ihr selbst identisch war».[59] Die wichtigsten ihrer Konzepte und Propositionen lassen sich in der Terminologie der Konfliktsoziologie wie folgt[60] zusammenfassen:

1. Die ökonomische Basis einer Gesellschaft determiniert ihre gesamte Sozialstruktur und das Bewußtsein der Menschen, die in ihr leben. Die ökonomische Basis oder Produktionsweise setzt sich zusammen aus den Produktivkräften (Rohmaterialien, Werkzeuge, Maschinen, Wissen und Techniken; die Arbeitsorganisation; die in ihr Arbeitenden) und den Produktionsverhältnissen (Privateigentum an Produktionsmitteln, System der Warenzirkulation).

2. Die Dynamik des sozio-historischen Wandels beruht auf dem Konflikt zwischen Produktivkräften und Produktionsverhältnissen. Während in der frühkapitalistischen Phase die Produktionsverhältnisse die Entwicklung der Produktivkräfte (insbesondere Technik und Wissenschaft) gefördert haben, kehrt sich im Hoch- und Spätkapitalismus das Verhältnis um (insbesondere die Produktivkraft Mensch leidet).

3. Der Klassenkampf zwischen der besitzenden und der arbeitenden Klasse ist die soziale, politische und psychologische Reflexion dieses objektiven ökonomischen Widerspruchs. Seine subjektiven Repräsentanten sind die Kapitalisten (Eigentümer der Produktionsmittel, Kontrolleure der Produktionsverhältnisse) und die Lohnarbeiter (produktiven Arbeiter, Produktivkräfte).

4. Eigentum als Quelle des Einkommens ist das objektive Kriterium für Klassenzugehörigkeit. «Die Bourgeoisie selbst entwickelt sich erst mit ihren Bedingungen allmählich, spaltet sich nach der Teilung der Arbeit wieder in verschiedene Fraktionen und absorbiert endlich alle vorgefundenen besitzenden Klassen in sich (während sie die Majorität der vorgefundenen besitzlosen und einen Teil der bisher besitzenden zu einer neuen Klasse, dem Proletariat, ent-

---

58 Marx, K., Das Kapital. Bd. I, Berlin 1959, S. 176.

59 Tomberg, F., Basis und Überbau. Sozialphilosophische Studien, Neuwied 1969, S. 53.

60 Folgt im wesentlichen der Darstellung von C. W. Mills, *The Marxists.* Pelican Books, London 1963.

wickelt) in dem Maße, als alles vorgefundene Eigentum in industrielles oder kommerzielles Kapital umgewandelt wird.»[61]

5. Klassenkampf und nicht ‹natürliche› oder sonstige Harmonie ist die normale und unausweichliche Situation der kapitalistischen Gesellschaft. «Die einzelnen Individuen bilden nur insofern eine Klasse, als sie einen gemeinsamen Kampf gegen eine andere Klasse zu führen haben; im übrigen stehen sie einander selbst in der Konkurrenz wieder feindlich gegenüber.»[62] Im Konflikt der Klasseninteressen kann letztlich ein Interesse nur auf Kosten des anderen erfüllt werden.

6. Innerhalb der kapitalistischen Gesellschaft können die Arbeiter ihrer Lage der Ausbeutung und ihrer revolutionären Bestimmung nicht entgehen, auch nicht durch die Erringung legaler und politischer Rechte. Gewerkschaften und Massenparteien der Arbeiter sind zwar nützliche Orte zur Einübung der Revolution, aber sie garantieren noch nicht den Sozialismus.

7. Ausbeutung (Abschöpfung des Mehrwerts) ist ein Bauelement des kapitalistischen Wirtschaftssystems, sie erhöht die Chancen der Revolution. Nur produktive Arbeit schafft Wert; Zinsarbeit und Rentenarbeit schöpfen Wert ab.

8. Indem die Klassenstruktur sich immer stärker polarisiert, steigen die Chancen der Revolution weiter. Die Zahl der Kapitalisten sinkt; die Zahl der Lohnabhängigen steigt; die Zwischenklassen werden politisch unerheblich.

9. Das materielle Elend und die Entfremdung der Lohnarbeiter nehmen zu. «Mit der *Verwertung* der Sachenwelt nimmt die *Entwertung* der Menschenwelt in direktem Verhältnis zu.»[63]

10. Die Lohnarbeiter, die zuerst nur eine Klasse-an-sich waren, werden in das Proletariat, die Klasse-für-sich, transformiert. Aus einem bloßen Aggregat wird ein bewußter Zustand der Identität mit sich selbst, eine Erwartung, die sich in einer Ideologie ausdrückt.

11. Die Gelegenheit zur Revolution ergibt sich nur, wenn objektive Bedingungen und subjektive Bereitschaft zusammenfallen.

12. Die funktionale Unabdingbarkeit einer Klasse (der Klasse der Lohnarbeiter) führt zu ihrer politischen Überlegenheit in der Gesamtgesellschaft. Dies ist die Grundlage der marxistischen Machttheorie, die gewissermaßen von den ‹latenten› Machtstrukturen ausgeht.

13. In allen Klassengesellschaften ist der Staat das Zwangsinstrument der besitzenden Klassen. «Die moderne Staatsgewalt ist nur ein Ausschuß, der die gemeinschaftlichen Geschäfte der ganzen Bourgeoisieklasse verwaltet.»[64]

14. Der Kapitalismus gerät von einer Krise in die andere; diese Krisen werden immer tiefgreifender, bis zur Endkrise und der Revolution des Proletariats.

---

61 MARX, K., u. ENGELS, F., Deutsche Ideologie. In: MARX, K., Die Frühschriften. Hg. von S. LANDSHUT, Stuttgart 1953, S. 394 f.

62 Ebda., S. 395.

63 MARX, K., Texte zur Methode und Praxis II, Pariser Manuskripte 1844. Rowohlts Klassiker 209/210, Reinbek 1966, S. 52.

64 Kommunistisches Manifest. In: MARX, K., Die Frühschriften, a. a. O., S. 527.

15. Die nachkapitalistische Gesellschaft durchläuft zunächst ein Übergangsstadium – die Diktatur des Proletariats; ihm folgt die höhere Phase des wahren Kommunismus. Hier fällt die Arbeitsspezialisierung weg; mit der Aufhebung der Herrschaft von Menschen über Menschen stirbt der Staat ab. «Damit bricht die auf dem Tauschwert ruhende Produktion zusammen, und der unmittelbare materielle Produktionsprozeß erhält selbst die Form der Notdürftigkeit und Gegensätzlichkeit abgestreift. Die freie Entwicklung der Individualitäten, und daher nicht das Reduzieren der notwendigen Arbeitszeit um Surplusarbeit zu setzen, sondern überhaupt die Reduktion der notwendigen Arbeit der Gesellschaft zu einem Minimum, der dann die künstlerische, wissenschaftliche etc. Ausbildung der Individuen durch die für sie alle freigewordene Zeit und geschaffenen Mittel entspricht.»[65]

Diese «stärkste, stringenteste und ausgeführteste Verurteilung, die jemals gegen eine ganze Gesellschaftsordnung ausgesprochen wurde, gegen ihre Herrscher, ihre Helfer, ihre Ideologen, ihre willigen Sklaven, gegen alle, deren Leben an ihr Überleben gebunden ist»[66], bleibt gleichwohl als wissenschaftliche Theorie hinter ihrem Allgemeinheitsanspruch zurück, wenn sie auf sich begrenzt und nicht als Beginn einer neuen theoretischen Entwicklung verstanden wird. «Es gibt Argumente für die Annahme . . ., daß die Anstrengungen der lebenden Generationen um die Lösung der heutigen ökonomischen, staatsbürgerlichen, technischen, emotionalen und moralischen Probleme immer mehr – u. a. dank der bisherigen Erfolge der revolutionären Arbeiterbewegung – sich unter Bedingungen bewegen, die von den durch die Bewegung des Kapitals bestimmten unterschieden sind wie auch von der revolutionären Negation dieser Bedingungen *bei Aufrechterhaltung* der alten Grundformen der materiellen Praxis. Daraus ergibt sich die Dringlichkeit, die Grundfragen dieses neuen Typs der Rationalität zu klären, die der beginnenden zweiten Phase der revolutionären Kritik an den bürgerlichen Formen der menschlich-gesellschaftlichen Praxis entsprechen.»[67] Aber nicht nur die methodologischen Probleme dieser ‹Ontopraxeologie› (ZELENÝ) wachsen sich aus; auch die ökonomische Basis selbst ist aus ihren europäischen Schuhen gewachsen.

d) Der einfache Lenin

«Die Marxisten entlehnen der Marxschen Theorie vorbehaltlos nur die wertvollen Methoden, ohne die eine Aufhellung der gesellschaftlichen Verhältnisse unmöglich ist, und sehen folglich das Kriterium für ihre

65 MARX, K., Grundrisse der Kritik der politischen Ökonomie. Berlin 1953, S. 593.
66 BERLIN, I., zitiert bei C. W. MILLS, *The Marxists*, a. a. O., S. 94.
67 ZELENÝ, J., Die Wissenschaftslogik und ‹Das Kapital›. Frankfurt 1968, S. 324 f.

Beurteilung dieser Verhältnisse keineswegs in abstrakten Schemata und ähnlichem Unsinn, sondern darin, ob diese Beurteilung richtig ist und mit der Wirklichkeit übereinstimmt.»[68] Am Rande des kapitalistischen Europa, im unterentwickelten Rußland, hatten die Basiswidersprüche bereits eine andere konkrete Form. Während (innerhalb der russischen Arbeiterbewegung) die Menschewiken auf eine weitere Ausbildung des Kapitalismus und damit des revolutionären Potentials der ökonomischen Basis setzten, bezog sich der Flügel der Bolschewisten auf die aktuelle Situation, in der es nur eine schwache Arbeiterklasse gab. Die Bolschewisten konzentrierten sich auf die Organisation kleiner revolutionärer Kader. Nach dem durch Krieg und höchst heterogene revolutionäre Bewegungen bewirkten Zusammenbruch des Zarenreichs im Februar 1917 erwies sich die gute organisatorische Vorbereitung (auf der Grundlage einer korrekten Analyse der Situation) als entscheidend für den endgültigen Sieg der bolschewistischen Richtung (Oktoberrevolution). Die Oktoberrevolution war (abgesehen vom Pariser Kommune-Aufstand) der erste Wirklichkeitstest der marxistischen Konflikttheorie, der sofort wichtige Modifikationen mit sich brachte: Offensichtlich konnte eine sozialistische Revolution auch in einem im Sinne des Kapitalismus ‹unterentwickelten› Land durchgeführt werden, wenn eine disziplinierte Partei von Berufsrevolutionären als Agent eines ‹antizipierten› Proletariats auftrat. In der besonderen russischen Situation war außerdem das Bündnis mit den Bauern (als einer revolutionären Klasse) wichtig; die konkrete Bündnisfrage mußte also von Land zu Land anders gestellt werden. Der Gewalt-Charakter des Klassenkampfes trat nach den Erfahrungen mit dem zaristischen Staat stärker hervor. Außerdem mußten die Ereignisse in Rußland vor dem Hintergrund des Eintritts des Kapitalismus in seine imperialistische Phase gesehen werden. Die Auslegung der ‹monopolkapitalistischen Finanznetze› führte zu einer Periode von Kriegen unter den kapitalistischen Mächten um die endgültige Aufteilung der Welt. In diesem globalen Ausbreitungsprozeß trat an die Stelle des Güterexports der Kapitalexport (Herstellung neuer Märkte). Die Aufteilung der Welt und die Herstellung eines Weltmarkts verhinderten, daß sich die ökonomisch zurückgebliebenen Länder noch nach dem gleichen Phasenschema entwickeln konnten wie die bereits etablierten kapitalistischen Gesellschaften. Die durch den Imperialismus erzeugte internationale Lage führte den Arbeitern und Bauern in den zurückgebliebenen Ländern deutlich den Charakter der kapitalistischen Ausbeutung vor. Sie waren deshalb eher bereit, sich zu erheben, und inspirierten dadurch das Proletariat in den entwickelten Gesellschaften zur Fortführung der Revolution. Auch aus diesen Gründen mußte die bolschewistische Partei ihre revolutionäre Struktur erhalten und ihre Taktiken und ihre Organisation zum Vorbild für andere Revolutionen ma-

68 Lenin, W. I., Was sind die Volksfreunde und wie kämpfen sie gegen die Sozialdemokraten? Berlin 1962, S. 80.

chen. Entscheidend wurde dabei die Aufgabe, einerseits die alte Staatsmaschinerie völlig zu zerstören, andererseits einen sozialistischen Staat aufzubauen, der den kapitalistischen Staaten auf der Ebene des (internationalen) politischen Überbaus entgegentreten konnte.

Die bolschewistische Praxis und Theorie, so wie sie LENIN und TROTZKI vertreten haben, weist über den klassischen Marxismus hinaus. «Viel Marxismus nach Marx ist der Versuch, die Tatsache zu erklären, daß die Lohnarbeiter in den avancierten kapitalistischen Ländern im allgemeinen *nicht* proletarisiert wurden, geschweige denn eine proletarische Revolution durchgeführt haben. Aber für den Bolschewismus ist das nicht der zentrale Punkt, und sei es nur, weil der Bolschewismus als eine Theorie nicht generell von ‹avancierten kapitalistischen Gesellschaften› handelt und als Praxis in solchen Gesellschaften nicht vorkommt. Er bezieht sich auf zurückgebliebene, vorwiegend agrarische Gesellschaften von autokratischem und vorindustriellem Charakter. Außerdem ist er eine Suche nach Möglichkeiten, den Prozeß der Proletarisierung und die Heraufkunft des Sozialismus auf politische Weise aktiv zu beschleunigen. Als eine erfolgreiche Revolution wurde der Bolschewismus der Punkt, auf den sich alle anderen marxistischen Bewegungen in allen Ländern richten mußten. Alle Marxisten mußten sich in jeder Hinsicht mit ihm auseinandersetzen, und das ist ... auch heute noch der Fall.»[69]

e) *Produktivkraft und Produktionsverhältnis – Basis und Überbau*

Im Hinblick auf Konfliktsoziologie sind zwei Schemata der Klassenkampftheorie von besonderem Interesse: das Schema Produktivkraft/Produktionsverhältnis im theoretischen, das Schema Basis/Überbau im empirischen (aber auch im theoretischen) Bezug.

Das *Basis-Überbau-Theorem* wird bei MARX im Vorwort zur ‹Kritik der politischen Ökonomie› zu einer handlungsleitenden Formel, einem theoretischen ‹Bild›. «In der gesellschaftlichen Produktion ihres Lebens gehen die Menschen bestimmte, notwendige, von ihrem Willen unabhängige Verhältnisse ein, Produktionsverhältnisse, die einer bestimmten Entwicklungsstufe ihrer materiellen Produktivkräfte entsprechen. Die Gesamtheit dieser Produktionsverhältnisse bildet die ökonomische Struktur der Gesellschaft, die reale Basis, worauf sich ein juristischer und politischer Überbau erhebt und welcher bestimmte gesellschaftliche Bewußtseinsformen entsprechen. Die Produktionsweise des materiellen Lebens bedingt den sozialen, politischen und geistigen Lebensprozeß überhaupt. Es ist nicht das Bewußtsein der Menschen, das ihr Sein, sondern umgekehrt ihr gesellschaftliches Sein, das ihr Bewußtsein bestimmt.» Die ökonomische Basis ist durch den Stand der Produktivkräfte, die dadurch bedingten Produktionsverhältnisse sowie durch deren Widerspruch be-

69 MILLS, C. W., *The Marxists*, a. a. O., S. 140.

stimmt. Mit Hilfe der Klassentheorie können die Aktivitäten an der Basis, in denen der objektive Widerspruch zwischen den Klassen aufbricht, zum Angelpunkt der Umwälzung der Gesamtgesellschaft erklärt werden. Aber erst vermittelt über die sozio-politische Ordnung, die über dieser Basis entstanden ist, kann der Klassenantagonismus als bewußter politischer Kampf ausgetragen werden. Die Vorstellungen, die eine bestimmte Gesellschaft über ihre Praxis hat, die ‹Psychologie des gesellschaftlichen Menschen› (PLECHANOW), die Ideologien, die diese Eigenschaften widerspiegeln und insbesondere die Sprache als das ‹praktische, auch für andere Menschen existierende wirkliche gesellschaftliche Bewußtsein› gewinnen hier eine fast eigenständige Bedeutung. In den Diskussionen um die Wechselwirkung zwischen Basis und Überbau besteht heute innerhalb des historischen Materialismus eine Tendenz, Bereiche der Gesellschaft, die bei MARX als vertikal gegliedert vorgestellt waren, als ineinander verschränkte ‹Funktionsbereiche› aufzufassen. Auch der Kern des Basis-Überbau-Theorems, daß das gesellschaftliche Sein das Bewußtsein bestimme, ist in dieser Entwicklung in Frage gestellt worden. Theoretisch bedeutsam ist dabei zunächst der Fortschritt in der Analyse der Bewegungen des *gesellschaftlichen Bewußtseins*, der ‹unzählige Einzeluntersuchungen sozialistischer wie bürgerlicher Wissenschaftler› (TOMBERG) zusammengeführt hat. Die Aufschließung der *kommunikativen* und *kontrollierenden* Dimensionen des gesellschaftlichen Bewußtseins geht dabei in erster Linie von den bürgerlichen Sozialwissenschaften aus (Kommunikationstheorie, Kybernetik, Systemtheorie, Funktionalismus); andererseits erweist sich die Insistenz des historischen Materialismus auf dem Primat des ‹gesellschaftlichen Seins› als ein entscheidendes Korrektiv.

Für eine empirische Analyse der gegenwärtigen Weltsituation bleibt das klassische Basis-Überbau-Theorem erstaunlich fruchtbar. F. TOMBERG z. B. vertritt die Auffassung, daß die gesellschaftliche Entwicklung seit MARX das Theorem nicht falsifiziert, sondern im Gegenteil in seinem zeitlichen und örtlichen Geltungsbereich über den engen europäischen Horizont hinaus erweitert habe. Bis zur Oktoberrevolution nämlich, noch weitgehend in der liberalen Phase des Kapitalismus, sei «infolge des Anwachsens der Produktivkräfte» ganz im Sinne von MARX «sowohl eine Machtausweitung des Kapitals wie auch die Entwicklung einer immer mächtiger werdenden revolutionären Bewegung des Proletariats, vor allem in einem der fortgeschrittensten Länder, in Deutschland» zu beobachten gewesen. Durch den Übergang zum Monopolkapitalismus und zu einer umfassenden imperialistischen Politik sei es dem Kapital dann jedoch möglich geworden, «bestimmte Arbeiterschichten an seinen Extraprofiten teilnehmen zu lassen und dadurch in die bürgerliche Gesellschaft zu integrieren». Indem der Kapitalismus aber «durch Schaffung des von ihm beherrschten Weltmarkts und weltweiter Herrschaftssphären zur Weltgesellschaft wurde, vollendete er erst die Voraussetzung zur Weltrevolution». Die Oktoberrevolution selbst hatte zur Folge, daß der Sozialismus im internationalen politischen Überbau als eine Staatsmacht auftreten konnte und schließlich, in der staatsmonopolistischen Phase des Kapitalismus, sogar mußte. «Dem international verflochtenen staatsmonopolistischen System der kapitalistischen Gesellschaft kann die sozialistische Gesellschaft auch nur als Staat oder Staatssystem begegnen. Damit ist, unter den Bedingungen des Sozialismus in einem oder einigen Ländern, die Entwicklung der sozialistischen Basis nicht frei nach den Gesetzen dieser Basis möglich, sondern nur durch die Regulation eines auch von außerökonomischen Faktoren bestimmten politischen Überbaus.» Im Stadium der friedlichen Koexistenz haben mit der Verarmung der Massen der Dritten Welt auch die nationalen Befreiungsbewegungen ständig zugenommen. TOMBERG resümiert: «Das Eintreten der Revolution in einem Land, also das Entstehen einer zweiten Welt in der zweiten, der monopolkapitalistischen Phase und das Heraufkommen der Befreiungsbewegungen der Dritten Welt in der dritten, der staatsmonopolistischen Phase, bedeutet aber nicht ein Wandern der revolutionären Bewegung von einem Sektor zum anderen, sondern ist identisch mit ihrer Ausweitung, so daß die kapitalistische Gesellschaft sich inzwischen schon von drei Hauptströmen der Revolution bedroht sieht: durch die wachsende Eigenständigkeit der Völker der Dritten Welt, durch die wachsende Machtkonkurrenz des sozialistischen Staatensystems und durch die wachsenden systemauflösenden ökonomischen und sozialen Widersprüche mit dem daraus resultierenden schwelenden und offenen Klassenkampf im eigenen Herrschaftsbereich.»[70] Wir werden in Kapitel VI sehen, daß diese sozialistische Perspektive auf die internationale Konfliktsituation zwar nicht durch die ‹bürgerliche› Konflikttheorie, wohl aber durch verschiedene Ansätze der westlichen empirischen Konfliktforschung reflektiert wird.

Das Schema *Produktivkraft – Produktionsverhältnis* dagegen vermittelt eine interessante Sicht auf das in der Soziologie noch nicht gelöste Problem des Verhältnisses von strukturellen und prozessualen, systemmäßigen und handlungsmäßigen, bestandserhaltenden und leistungssteigernden Aspekten von Gesellschaft.[71] Es ist nicht einzusehen, weshalb das Begriffspaar Produktivkraft/Produktionsverhältnis auf rein ökonomische Zusammenhänge (Produktionsweise) beschränkt bleiben sollte. Die sich aus der Vergegenständlichung der Arbeit in materiellen Produkten ergebende inhaltliche Abhängigkeit der verschiedenen Bereiche des gesellschaftlichen Lebens voneinander bewirkt ja, wie z. B. der DDR-Soziologe E. HAHN betont, eine ‹Überlagerung, Ergänzung und Fortführung der Naturgesetzlichkeit durch soziale Gesetzlichkeiten›. «Die Lebenstätigkeit der Menschen wird von materiellen Umständen determiniert, aber von Umständen, die sie selbst

---

70 Zum obigen vgl. TOMBERG, F., a. a. O., S. 66–70.

71 Vgl. dazu z. B. TJADEN, K. H., Soziales System und sozialer Wandel. Stuttgart 1969.

geschaffen haben. Die Gesetzmäßigkeit der sozialen Wirklichkeit, der Gesellschaft, gründet sich auf materielle Bedingungen, die letztlich in natürlichen Voraussetzungen der menschlichen Existenz wurzeln, gleichzeitig diesen gegenüber eine neue Qualität darstellen, sich nicht auf sie reduzieren lassen. Sie gründet sich – mit einem Wort – auf *materielle gesellschaftliche Verhältnisse.*»[72] Hier geht der Begriff des Produktionsverhältnisses in eine ganz bestimmte (wenngleich noch keineswegs klare) Auffassung von Sozialstruktur ein: sie wird gesehen als Konjunkt zwischenmenschlicher Beziehungen «innerhalb eines gegebenen Zeitraumes, als Grundlage der Totalität eines historischen Zustandes, einer Entwicklungsstufe, als Entwicklungsform der materiellen Produktivkräfte innerhalb dieser für eine bestimmte Zeit konstanten Bedingungen.»[73] Diese Auffassung des Ineinanderdringens von prozessualen und strukturellen Elementen läßt sich auf allen Stufen der Sozialstruktur auf den ‹Grundkonflikt› zwischen beharrenden und bewegenden Elementen beziehen. In der bürgerlichen Soziologie seit DURKHEIM gilt das ‹Auseinanderfallen› von individuellem Tätigkeitsdrang und strukturellen Möglichkeiten als zentrales Problem des sozialen Wandels, das nur durch das Dazwischentreten konfliktregulierender Mechanismen zu bewältigen ist. Die Vorstellung eines Ineinanderdringens der beiden Aspekte hingegen erschließt ein zentrales Agens sozialer Veränderung, das zwar immer Konfliktcharakter hat, aber nur unter bestimmten historischen Bedingungen disruptiv wirkt. Hier wird der Übergang vom (antagonistischen) Herrschaftskonflikt zum (nicht-antagonistischen) Veränderungskonflikt denkbar.

f) Marxismus und Konflikttheorie

Unter diesem Vorzeichen (Veränderungskonflikte statt Herrschaftskonflikte) ist im Zusammenhang mit den Problemen der Industrialisierung und gesamtgesellschaftlichen Planung auch in den sozialistischen Ländern eine ‹pragmatische› Konflikttheorie und -forschung entstanden, die der westlichen in vielem, auch in der Heterogenität der Fragestellungen, ähnlich ist.[74] Der allgemeine methodologische Hintergrund ist die dialektische Theorie des Widerspruchs, die unmittelbar auf HEGEL zurückgeht

---

72 HAHN, E., Historischer Materialismus und marxistische Soziologie. Berlin 1968, S. 64.

73 Ebda., S. 65.

74 Für ältere Literatur vgl. LUDZ, CHR. P., Konflikttheoretische Ansätze im historischen Materialismus. In: Kölner Zeitschrift f. Soziologie u. Sozialpsychologie, Jg. 13 (1961), S. 661 ff; KLOFÁČ, J., u. TLUSTÝ, V., Die soziologische ‹Theorie des Konflikts› und die dialektische Theorie der Widersprüche. In: Soziale Welt, Jg. 16 (1965), S. 309 ff; STOLPMANN, G., Wesen und Funktion des Konflikts. In: Deutsche Zeitschrift für Philosophie, Jg. 12 (1964), S. 1413 ff; NENSKI, I. S., Über die Kategorie des Widerspruchs in der dialektischen Logik. In: Deutsche Zeitschrift f. Philosophie, Jg. 15 (1967).

und im wesentlichen unverändert[75] von ENGELS, LENIN und MAO TSE-TUNG (weniger von MARX selbst) übernommen wurde. «Alle Dinge sind an sich selbst widersprechend . . . Es ist aber eins der Grundvorurteile der bisherigen Logik und des gewöhnlichen Vorstellens, als ob der Widerspruch nicht eine so wesenhafte und immanente Bestimmung sei als die Identität; ja wenn von Rangordnung die Rede und beide Bestimmungen als getrennte festzuhalten wären, so wäre der Widerspruch für das Tiefere und Wesenhaftere zu nehmen . . . nur insofern etwas in sich selbst einen Widerspruch hat, bewegt es sich, hat Trieb und Tätigkeit . . . Die äußerliche sinnliche Bewegung selbst ist sein unmittelbares Dasein. Es bewegt sich etwas nur, nicht indem es in diesem Jetzt hier und in einem anderen Jetzt dort, sondern indem es in einem und demselben Jetzt hier und nicht hier, indem es in diesem Hier zugleich ist und nicht ist.»[76] Im Unterschied zum empirisch gefüllten Begriff des antagonistischen Herrschaftswiderspruchs der bürgerlich-kapitalistischen Gesellschaft muß aber unter den Bedingungen der sozialistischen Gesellschaften (für die der Anspruch besteht, daß dieser Widerspruch aufgehoben ist) mit dem Begriff des nicht-antagonistischen Widerspruchs gearbeitet werden, wenn binnengesellschaftliche Konflikte untersucht werden. Das führt zu Schwierigkeiten. «Wir müssen zugeben, daß wir auch in der marxistischen Theorie der dialektischen Widersprüche erst die groben Grundlagen gelegt haben und daß die schwierige Aufgabe, die allgemeine Theorie in verschiedene Richtungen auszuarbeiten, noch vor uns liegt. Es ist wahr, daß die marxistische Theorie große Erfolge in der Analyse einer ganzen Reihe historischer Gesellschaftswidersprüche erreichte (die Analyse der Klassenwidersprüche der kapitalistischen Gesellschaft von Marx bis Lenin), aber es fehlt uns eine systematische, objektive Analyse unserer heutigen Gesellschaft und ihrer allmählichen, ständig höheren Generalisierung.»[77] Einerseits droht die marxistische Konflikttheorie sich in den allgemeinen Gegensatz von antagonistischen Widersprüchen (innerhalb des Kapitalismus) und nicht-antagonistischen Widersprüchen (innerhalb des Sozialismus) zu entleeren, andererseits kommt es wegen des Verlusts der revolutionären Perspektive zu evolutionistischen Betrachtungsweisen, insbesondere in der Sowjetunion. Sie sind ja u. a. ein Anlaß der theoretischen Auseinandersetzungen zwischen chinesischen und sowjetischen Kommunisten geworden. Die Chinesen haben zweifellos ein lockereres Verhältnis zur Frage einer antagonistischen *sozialistischen* Gesellschaft; MAO TSE-TUNGS Programme[78]

---

75 Vgl. VETTER, H., Die Stellung des dialektischen Materialismus zum Prinzip des ausgeschlossenen Widerspruchs. Berlin 1962.

76 HEGEL, G. W. FR., Wissenschaft der Logik. Sämtliche Werke, Jubiläumsausgabe, Stuttgart, Bd. 4, S. 545 ff.

77 KLOFÁČ, J., a. a. O., S. 316.

78 Vgl. SCHICKEL, J., Hg., Mao Tse-tung. Der große strategische Plan. Dokumente zur Kulturrevolution. Berlin 1969.

sind als Konfliktualisierungsversuche zu verstehen, die alle nur möglichen Widerspruchsfronten durchtesten sollen, um in einer ‹auf Jahrhunderte hinaus› angelegten quasi-antagonistischen gesellschaftlichen Entwicklung erst einmal die Basis für massenhafte Konsensbildungsprozesse zu legen. Aber auch innerhalb der anderen sozialistischen Länder ist im Anschluß an praktische Probleme der ‹Dynamisierung› und ‹Expansion› (beispielsweise in den Diskussionen um das Verhältnis von Organisation und Spontaneität und um die Funktionen der Kritik und Selbstkritik und der Neuerung) das *Interesse* an Konflikten gewachsen.

Der Unterschied zur Perspektive der westlichen Konflikttheorie ist jedoch klar. In sozialistischen Gesellschaften stellt sich die Frage des Herrschaftskonflikts ‹offiziell› nur noch als eine der weltrevolutionären Auseinandersetzung, in der den Problemlösungsaktivitäten dieser Gesellschaften insgesamt die ‹Agentur der Adäquanz›, des historisch richtigen und eindeutigen Handelns im Sinne einer verwissenschaftlichten gesellschaftlichen Praxis zukommt. Konflikte und Aktivitäten, die die Adäquanz von Problemlösungen binnengesellschaftlich prüfen, können nur als Veränderungskonflikte (ohne umwälzenden Charakter) begriffen werden. Der hierfür vielleicht am meisten typische Problemlösungsprozeß wird derzeit in der DDR mit dem Begriff der ‹sozialistischen Gemeinschaftsarbeit› gefaßt. Er meint «bewußte, schöpferische Tätigkeit der in sozialistischen Arbeits-, Forschungs- und Leitungskollektiven vereinigten Werktätigen, um die im jeweiligen Bereich zu erfüllenden gesellschaftlichen Aufgaben des ökonomischen, wissenschaftlich-technischen und sozialen Fortschritts planmäßig zu lösen».[79] Es wäre zu prüfen, ob in solchen Problemlösungssituationen tatsächlich alle Äquivalenzstrukturen allen Beteiligten offenstehen beziehungsweise Adäquanz der Problemlösungen das einzige Ziel der ‹Konflikte› ist. In kapitalistischen Gesellschaften besteht die Tendenz der generellen Konfliktvermeidung, der Vermeidung der Ursachenforschung zugunsten einer Ausweitung technisch äquivalenter Problemlösungsangebote. Eine konformistische Konfliktsoziologie wird hier dazu beitragen, das Netz der Konfliktvermeidungstechniken und Konfliktregelungen zu differenzieren und zu verbessern: und das heißt insbesondere, das gesellschaftliche Konfliktbewußtsein zu amputieren. «Der staatlich geregelte Kapitalismus, der aus einer Reaktion auf die durch den offenen Klassenantagonismus erzeugten Systemgefährdungen hervorgegangen ist, stellt den Klassenkonflikt still. Das System des Spätkapitalismus ist durch eine die Loyalität der lohnabhängigen Massen sichernde Entschädigungs-, und das heißt: Konfliktvermeidungspolitik so sehr definiert, daß der mit der privatwirtschaftlichen Kapitalverwertung nach wie vor in die Struktur der Gesellschaft eingebaute Konflikt derjenige ist, der mit der relativ

79 Wörterbuch der marxistisch-leninistischen Soziologie. Köln u. Opladen, 1969, S. 138.

größten Wahrscheinlichkeit latent bleibt.»[80] Andererseits aber ist es der westlichen Konflikttheorie gegenwärtig möglich, die Bedingungen von Herrschaft, den Gegensatz von partikularen und allgemeinen Interessen und das konkrete Verhältnis von adäquaten und äquivalenten Problemlösungsaktivitäten schärfer und freier zu erforschen als in ideologisch verfestigten Gesellschaften und dadurch zu demokratischen Veränderungsprozessen beizutragen.

80 Habermas, J., Technik und Wissenschaft als ‹Ideologie›, a. a. O., S. 84.

IV. DIE FUNKTIONALISTISCHE ERSCHLIESSUNG DES GESELLSCHAFTLICHEN BEWUSSTSEINS: KOMMUNIKATION

1. Funktionen der Kommunikation

Die Bewegungen des gesellschaftlichen Bewußtseins werden konflikttheoretisch interessant, wenn Herrschaft sich nicht mehr durch das Pochen auf Verträge (gleich welcher Art) und auch nicht durch unvermitteltes Naturrecht legitimieren kann, sondern den sich in hin und her gehandelten Symbolen verselbständigenden Mustern ihrer eigenen Ordnung nachzulaufen beginnt. Das ist fraglos eine Folge der Entfaltung der Produktivkräfte, der technischen und geistigen Fähigkeiten, durch welche die geschichtliche Realität und die Widersprüche der Gegenwart erst auseinandergelegt und in ihren Teilen untersucht werden können. Das Wort von der Ideologie taucht in dem Augenblick auf, in dem es herrschaftsnotwendig wird, sich einen öffentlichen Zusammenhang der durch öffentliche Sprache auseinandergerissenen Ordnungsmuster zu besorgen. Die Beeinflussung des gesellschaftlichen Bewußtseins wird ein wesentliches Moment des Herrschaftsprozesses; das Kommunikationssystem wird zum Verteilungssystem der zerstückelten Legitimationsgrundlage – und zur Quelle für neue ‹Regelungen›.

In genau diesem Sinne macht Emile Durkheim eine von Natur und Geschichte losgelöste soziale und moralische Ordnung, die sich aus ihren eigenen Verursachungen erhält, zum Gegenstand der Soziologie. Durkheims ‹soziale Tatsache› des der Vergesellschaftung vorausgesetzten kollektiven Bewußtseins entspricht der Tatsache der nur noch im Bewußtsein ihrer Träger heilen bürgerlichen Herrschaftsordnung. Die neue Moral einer ‹organischen Solidarität›[1] soll diese ‹neue› Ordnung bei den einander durch den Prozeß der Arbeitsteilung ‹unähnlich› gewordenen Individuen durchsetzen: «Damit es nun anders werde, müssen vor allem die Leidenschaften eingedämmt werden. Nur dann werden sie mit den Möglichkeiten in Einklang gebracht und folglich befriedigt werden können. Aber da nicht sie in einem Individuum Grenzen zu setzen vermag, müssen solche Grenzen dem Individuum notwendigerweise von einer Macht von außen gegeben werden. Eine regulierende Kraft hat für die moralischen Bedürfnisse dieselbe Rolle zu spielen wie der Organismus für die physischen. Das heißt, diese Kraft kann nur moralisch sein. Durch das Erwachen des Bewußtseins ist der Gleichgewichtszustand zerstört worden, in dem das Tier dahindämmerte. Nur das Bewußtsein

1 Der Begriff der organischen Solidarität ist ursprünglich durch Ferdinand Tönnies' Gemeinschaftsbegriff angeregt worden, bezeichnet aber im Gegensatz zu diesem einen modernen gesellschaftlichen Zustand, in dem der ‹organische› Zusammenhang verschiedenartiger Individuen, etwa im Sinne einer ‹Volksgemeinschaft›, erst herzustellen ist.

kann also die Mittel liefern, um es wiederherzustellen.»[2] Die Funktion der Kommunikation, Möglichkeiten zu verteilen, wird hier also schon voll erkannt und im Sinne einer sozialtechnischen Disziplinierung entwickelt. Daneben aber, und unvermittelt, bleiben bei DURKHEIM die rudimentären Konfliktformen als eine komplementäre Bewegung erhalten, auf die zurückzugreifen später auch fast allen Vertretern einer ‹funktionalen Konflikttheorie› willkommen ist. Seine Lehre von den Bedingungen des Fortschritts von der frühen homogenen zur arbeitsteilig differenzierten Gesellschaft macht diesen Fortschritt von der Bevölkerungsentwicklung abhängig; das aber «setzt den Kampf der Menschen um das Überleben in den gegebenen Naturumständen voraus ... Die solidarischen Beziehungen zwischen den Menschen, die als eigenständige von Naturverhältnissen abgehoben werden, gehen schließlich auf einen Naturzwang zum Kampf um das Dasein zurück.»[3] Der unterschwellige Sozialdarwinismus DURKHEIMS, der sich auch in seinem Mißtrauen gegenüber den ‹unersättlichen Individuen› zeigt, akzentuiert nur die Herrschaftsrelevanz der Bewußtseinsoperationen, die er in die Soziologie eingeführt hat. Aber natürlich ist damit noch nicht die ganze Bedeutung der technisch beschleunigten Bewußtseinsprozesse erfaßt. Herrschaftskonflikte werden seit dem Ende des 19. Jahrhunderts überall auch als Kommunikations- oder ‹Überbau›-Konflikte ausgetragen; gerade in diesen Entwicklungen – Stichwort: Bildung proletarischen Bewußtseins – kommt der progressive Charakter dieser Form des Herrschaftskonflikts zum Ausdruck: die Verteilung symbolisierter Möglichkeiten wird zur Basis einer neuen gesellschaftlichen Möglichkeit.

Distribution von Macht- und Herrschaftschancen als Kommunikationsproblem verweist auf die sich historisch wandelnde Funktion der Sprache. Sprache hat nicht immer als Medium der Verteilung, Proportionierung, Beziehungsregelung im Mittelpunkt gestanden, sondern war lange Zeit nur in Gestalt von verfestigten Sprachkörpern gesellschaftlich relevant. Ihre distributiven Fähigkeiten konnten sich erst in einer Zeit entfalten, in der die «traditionellen Weltbilder und Objektivationen ... *als* Mythos, *als* öffentliche Religion, *als* eingewöhnter Ritus, *als* rechtfertigende Metaphysik, *als* fraglose Tradition ihre Macht und Geltung» verlieren und statt dessen «in subjektive Glaubensmächte und Ethiken umgebildet» und «zu Konstruktionen umgearbeitet» werden, die «eine Kritik der Überlieferung und eine Reorganisation des freige-

2 DURKHEIM, E., Über Anomie. In: MILLS, C. W., Hg., Klassiker der Soziologie. Frankfurt 1966, S. 396.

3 TJADEN, K. H., a. a. O., S. 39; dort auch das Zitat: «*Si le travail se divise davantage à mesure que les sociétés deviennent plus volumineuses et plus denses, ce n'est pas parce que les circonstances extérieures y sont plus variées, c'est que la lutte pour la vie y est plus ardente.*» DURKHEIM, E., *De la Division du travail social.* Paris 1960, S. 248.

wordenen Materials der Überlieferung nach Prinzipien des formalen Rechtsverkehrs und des Äquivalententausches» leisten.[4] HABERMAS ist der Auffassung, daß in diesem prekären Augenblick eine andere Entwicklung der Kommunikation die Bewegungsmöglichkeit raubt: Wissenschaft und Technik begännen sozusagen automatisch als ‹Ideologie› den faktischen Herrschaftszusammenhang der bürgerlichen Gesellschaft zu legitimieren, die spezifische Rationalität dieser Produktivkräfte gleite aus den Subsystemen der ökonomischen Basis unvermittelt in den institutionellen Rahmen politischer Herrschaft hinüber. Dadurch werde die Sprache als distributives Medium bedroht, das technokratische Bewußtsein schicke sich an, «die alten, in umgangssprachlicher Kommunikation entfalteten Bewußtseinszonen vollends aus(zu)trocknen».[5] Einen Ausweg böte allein die strikte Trennung der gesellschaftlichen Lebenskreise Arbeit (Basis) und Interaktion (Überbau) nach Maßgabe der in ihnen möglichen Rationalisierungsprozesse: «*Rationalisierung auf der Ebene des institutionellen Rahmens* kann sich nur im Medium der sprachlich vermittelten Interaktion selbst, nämlich durch die *Entschränkung der Kommunikation* vollziehen. Die öffentliche, uneingeschränkte und herrschaftsfreie Diskussion über die Angemessenheit und Wünschbarkeit von handlungsorientierenden Grundsätzen und Normen im Lichte der soziokulturellen Rückwirkungen von fortschreitenden Sub-Systemen zweckrationalen Handelns – eine Kommunikation dieser Art auf allen Ebenen der politischen und der wieder politisch gemachten Willensbildungsprozesse ist das einzige Medium, in dem so etwas wie ‹Rationalisierung› möglich ist.»[6] Es ist offensichtlich, daß damit der sprachlichen Kommunikation zwar ihre distributive Funktion gerettet werden soll, jedoch auf Kosten der zentralen Stellung der Sprache als Medium des praktischen gesellschaftlichen Bewußtseins. Sprache wird einem humanen Regelkreis zugeschlagen, der zur Kontrolle inhumaner Regelkreise einzusetzen ist, selbst aber in Gefahr steht, durch die Bewegungsprinzipien der Technik ‹kontaminiert› zu werden. In einem Augenblick also, in dem die gesellschaftliche Entwicklung die Sprache hin- und herzureißen beginnt und *dieses* Phänomen zu analysieren wäre, wird ein dialogisches Prinzip restauriert, dem Beziehungen zu wesentlichen Triebkräften der Geschichte fehlen.

Das Verhältnis zweier Aktionstypen, die als Arbeit und Interaktion, Gesellschaft und Gemeinschaft, organische und mechanische Solidarität, adaptives Verhalten und intentionales Handeln usw. in der Literatur eine Rolle spielen, ist, wie HABERMAS erwähnt und K. H. TJADEN neuerdings sehr gründlich belegt [7], eines der Hauptprobleme der bürgerlichen

---

4 HABERMAS, J., Technik und Wissenschaft als ‹Ideologie›, a. a. O., S. 72.

5 Ebda., S. 97.

6 Ebda., S. 98.

7 TJADEN, K. H., a. a. O.; die folgenden Überlegungen stützen sich z. T. auf TJADENS Thesen.

Soziologie geblieben. Die Gründe dafür sind darin zu suchen, daß mit der Abstraktion von historischen und natürlichen Bedingungen zwischenmenschlicher Tätigkeit (die der Bürger im Moment seiner historischen und natürlichen Gefährdung vornehmen muß) das Problem der Kontinuität des Sozialzusammenhangs zwar aus diesem selbst gelöst werden soll, aber einmal das Verhältnis zur Umwelt, ein andermal das Verhältnis zum geschichtlichen Sinn sozialen Tuns in dieser Beschränkung akzentuiert wird. Die Soziologie will also das Soziale als Gegenstand aus dem sozialen Bewußtsein konstituieren, wird dabei aber dessen äußere und innere Bedingungen nicht ganz los. Praktisch zeigt sich das im Schwanken zwischen traditionalen und zweckrationalen Mustern der Herrschaftslegitimation, im Kampf zwischen den ‹zwei Kulturen› des Humanismus und der Technik [8] und vielen anderen Widersprüchen des bürgerlichen Bewußtseins. Ihren vielleicht deutlichsten und bis heute in der theoretischen Entwicklung der Soziologie weiterwirkenden Ausdruck fanden diese Widersprüche in FERDINAND TÖNNIES' Dichotomie Gemeinschaft und Gesellschaft.[9] Seine ‹subjektive Begründung› aller sozialen Verbundenheit geht aus von der Annahme der Einheit von Wollen und Denken bei der Konstitution sozialer (und das heißt bei ihm Bejahungs-)Verhältnisse. Dabei lassen sich zwei Aktionstypen unterscheiden, je nachdem, ob es sich um einen Willen handelt, in dem das Denken enthalten ist (Wesenwille, Gemeinschaft), oder um ein Denken, das den Willen umschließt (Kürwille, Gesellschaft). Soziale Verhältnisse sind immer friedliche Verhältnisse, aber in Gemeinschaft leben die Menschen verbunden trotz aller Trennung, in Gesellschaft getrennt trotz aller Verbundenheit. Gemeinschaft bezieht sich also mehr auf naturwüchsige, intentionale, triebhafte, ‹motivierte›[10] Handlungsweisen, Gesellschaft hingegen auf historisch-rationale, adaptive, kognitive, ‹reagierende›[11] Verhaltensformen. Beide Aktionstypen werden als Bewußtseinstatsachen analysiert, die eine meint die von außen gelenkte Homogenität, die andere die von innen gesteuerte Heterogenität sozialer Beziehungen.

---

8 Für diesen ‹Kultur-Kampf› ist BERNHARD KELLERMANNS Roman ‹Der Tunnel› (1913) noch immer eine der besten Illustrationen; vgl. auch ERNST JÜNGERS ‹Der Arbeiter› (1931) und neuerdings SNOW, C. P., *The Two Cultures and the Scientific Revolution*. Cambridge, Mass., 1959.

9 TÖNNIES, F., Gemeinschaft und Gesellschaft. Darmstadt 1963; DERS., Einführung in die Soziologie. Darmstadt 1963; KÖNIG, R., Die Begriffe Gemeinschaft und Gesellschaft bei Ferdinand Tönnies. In: Kölner Zeitschrift f. Soziologie u. Sozialpsychologie, Jg. 1955.

10 Vgl. dazu den auf ‹individuelles Handeln in sozialen Situationen› abgestellten Handlungsbegriff von W. I. THOMAS, wie TJADEN ihn herausarbeitet. TJADEN, K. H., a. a. O., S. 43 ff.

11 Vgl. dazu den auf ‹Verhaltensakte von Individuen in sozialen Prozessen› (Tjaden) bezogenen Verhaltensbegriff von MEAD, G. H., *Mind, Self and Society*. Chicago 1959.

Die Problemgeschichte der Soziologie läßt sich durchaus als eine Geschichte der Bemühungen darstellen, die ‹komparative Statik› (TJADEN) dieser und analoger Dichotomien entweder hinsichtlich ihrer genetischen Beziehung (z. B.: wie entwickelt sich ‹Gesellschaft› aus ‹Gemeinschaft›) oder hinsichtlich ihrer kontinuierlichen Wechselwirkung (wie ‹mischen› sie sich) aufzuheben.

An diesem Punkt nun kommt dem Phänomen der Kommunikation in seiner Eigenschaft als Bewegungsprinzip des gesellschaftlichen Bewußtseins die entscheidende Bedeutung zu. Die soziologische Schule der ‹Symbolic Interactionists›[12] beispielsweise lebt davon, die Bedeutung der Sprache für die ‹Alltagswelt› (die allerdings nicht in ihrer Zerrissenheit begriffen wird) zu proklamieren. «Das Verständnis des Phänomens der Sprache ist also entscheidend für das Verständnis der Wirklichkeit der Alltagswelt.»[13] Darüber hinaus aber sei «Sprache fähig, die Wirklichkeit der Alltagswelt gänzlich zu transzendieren . . . Sie errichtet riesige Gebäude symbolischer Vorstellung, welche sich über der Wirklichkeit der Alltagswelt zu türmen scheinen wie gigantische Präsenzen von einem fernen Stern. Religion, Kunst, Wissenschaft sind die größten Symbolsysteme der bisherigen Geschichte des Menschen.» Diese Symbolsysteme werden von der Sprache jedoch auch wieder in die Alltagswelt ‹zurückgeholt›, um sie dort als objektiv wirkliche Faktoren zu ‹präsentieren›. «Symbole und symbolische Sprache werden so tragende Säulen der Alltagswelt und der ‹natürlichen› Erfassung ihrer Wirklichkeit. ‹Täglich› und ‹alle Tage› beziehungsweise ‹alltags› lebe ich in einer Welt der Zeichen *und* Symbole.»[14] – «Was an totaler Erfahrung des Einzelnen und der Gesellschaft zu ‹behalten› und was zu ‹vergessen› ist, das wird in semantischen Feldern entschieden.»[15] Die Frage, wie in solchen ‹semantischen Feldern› Wissen und symbolisierte Möglichkeiten verteilt werden, wird in diesen Theorien zwar kaum problematisiert. Wichtiger ist jedoch, daß das Medium der Sprache, vermittelnd zwischen Zeichensystemen und Symbolsystemen, hier als der Distributor und Regulator der Bruchstücke der traditionellen Objektivationen erscheint und darin eine wenigstens indirekt eminent wichtige Herrschaftsfunktion zugesprochen erhält. Sprache vermag die auseinanderstrebenden, ihren natürlichen und geschichtlichen Bedingungen nachhängenden Aktionsmuster dadurch zu vereinen, daß sie sie im gesellschaftlichen Bewußtsein

---

12 Vgl. dazu HARTMANN, H., Hg., Moderne amerikanische Soziologie. Stuttgart 1967, Einführung und den dort abgedruckten Aufsatz von A. M. ROSE, Systematische Zusammenfassung der Theorie der symbolischen Interaktion; eine differenzierte, weiterentwickelte Form des symbolischen Interaktionismus bieten BERGER, P., u. LUCKMANN, T., Die gesellschaftliche Konstruktion der Wirklichkeit. Eine Theorie der Wissenssoziologie. Frankfurt 1969.

13 BERGER, P., u. LUCKMANN, T., a. a. O., S. 41.

14 Ebda., S. 42.

15 Ebda., S. 43.

mischt und ihnen so den Anschein der Kontinuität und des Zusammenhangs verleiht. Genau dies: die Herstellung scheinbarer oder ‹magischer› Zusammenhänge in einer Gesellschaft wie der bürgerlich-industriellen, die ihren eignen Gesetzen nicht mehr ins Auge zu blicken wagt, meint auch die Rationalisierungsthese MAX WEBERS: «Die empirische ‹Geltung› *gerade* einer ‹rationalen› Ordnung ruht also dem Schwerpunkt nach ihrerseits wieder auf dem Einverständnis der Fügsamkeit in das Gewohnte, Eingelebte, Anerzogene, immer sich Wiederholende ... Der Fortschritt der gesellschaftlichen Differenzierung und Rationalisierung bedeutet also, wenn auch nicht absolut immer, so im Resultat durchaus normalerweise, ein im ganzen immer weiteres Distanzieren der durch die rationalen Techniken und Ordnungen praktisch Betroffenen von deren rationaler Basis, die ihnen, im ganzen, verborgener zu sein pflegt wie dem ‹Wilden› der Sinn der magischen Prozeduren seines Zauberers. Ganz und gar nicht eine Universalisierung des Wissens um die Bedingtheiten und Zusammenhänge des Gemeinschaftshandelns bewirkt also dessen Rationalisierung, sondern meist gerade das Gegenteil. Der ‹Wilde› weiß von den ökonomischen und sozialen Bedingungen seiner eigenen Existenz unendlich viel mehr als der im üblichen Sinn ‹Zivilisierte›.»[16] MAX WEBER spricht hier mit Deutlichkeit aus der Sicht des herrschenden Bürgertums von den mystifizierenden Funktionen eines technisch beschleunigten Kommunikationssystems; er erfaßt damit Funktionen ‹wertfrei›, die HABERMAS heute kritisch untersucht. Es geht um einen Begriff jener Form des gesellschaftlichen Bewußtseins, dessen wichtigste Funktion die Erhaltung von Bewegungen, Wechselwirkungen usw. unter sozialen Mustern und Möglichkeiten ist. Für WEBER scheint sich diese Funktion nur in einer technisch verordneten Magie zu erfüllen, HABERMAS fürchtet, daß eine rein zweckrationale Stabilisierung der Kommunikation ihr Ende wäre. Der Funktionalismus nun, auf den hin die Überlegungen dieses Abschnitts angelegt sind, ist nichts anderes als der *methodologische Ausdruck* dieses hin- und hergerissenen, auf Zusammenhang (oder Ordnung) um jeden Preis bedachten bürgerlichen, dem Bürger selbst nicht ganz geheuren Kommunikationsstils.

Das Konzept der Funktion bezieht sich im sozialwissenschaftlichen Kontext zunächst auf Handlungen und Handlungseinheiten, die der Erhaltung der Gesamtaktivität eines Systems dienen. Im Gegensatz zu funktionalistischen Ansätzen in den Naturwissenschaften, denen das Verhältnis zwischen Umwelt und System (z. B. zwischen Organismus und Umwelt, zwischen Mechanismus und Input/Output) im allgemeinen kein Problem ist, hat der sozialwissenschaftliche Funktionalismus immer Schwierigkeiten mit der Bestimmung der inneren und äußeren Umwelten sozialer Systeme gehabt. Für ihn waren ‹Grenzen› die zen-

16 WEBER, M., Über einige Kategorien der verstehenden Soziologie. In: Gesammelte Aufsätze zur Wissenschaftslehre, Tübingen [3]1968, S. 473.

trale Frage. Und da es ihm darum ging, das System des Sozialen *sui generis*, ohne Rückgriff auf Natur und Geschichte, zu etablieren, mußten die Grenzen sozusagen aus dem ‹überpersonellen Wechselwirkungszusammenhang› (TJADEN) selbst gesetzt werden. So gelangen die Konzepte der Selbstregulierung (und Selbstreproduktion) sozialer Systeme nach dem Vorbild homöostatischer und kybernetischer Modelle in die ‹funktionalistische› Soziologie hinein. Zugleich aber schien der Funktionalismus auch die Antwort auf das Problem der ‹komparativen Statik›, des Nebeneinander unvermittelter Aktionstypen und Handlungskonzepte zu sein; ähnlich wie die Sprache der zerrissenen ‹Alltagswelt›, erschien der Funktionalismus der sozialwissenschaftlichen Empirie mit ihren widersprüchlichen Funden als verteilende und regulierende Instanz. K. H. TJADEN hat gezeigt, wie die konsequente Einführung der funktionalistischen Methode[17] die ursprünglichen Antinomien Gemeinschaft/Gesellschaft, intentionales Handeln/adaptives Verhalten usw. in einem intensiven Mischungsprozeß zu differenzierten, komplexen Begriffssystemen (Systemtheorie, Organisationssoziologie) aufgetürmt hat, die außerordentlich aufnahmefähig für ‹Umweltkomplexität› geworden sind, ohne allerdings das Problem der Umweltbedingtheit sozialer Systeme zu lösen. Diese differenzierende Mischung der ursprünglichen Antinomien der bürgerlichen Soziologie verlief in zwei Phasen, die unterschiedlichen Formen und Funktionen des gesellschaftlichen Bewußtseins entsprechen. Der kurzgeschlossene Funktionalismus, mit dem wir uns, unter dem Aspekt des Konfliktphänomens, in diesem Kapitel beschäftigen, war nach dem Muster gesellschaftlicher Kommunikation vor allem an distributiven und regulativen Prozessen interessiert, ohne schon das ‹Ganze› eines Sozialzusammenhangs thematisieren zu müssen. Er stellte Bewegungen und Wechselwirkungen fest, wo er sie fand. Im nächsten Kapitel dagegen wird von jener Stufe des Funktionalismus die Rede sein, der die Kontroll-Form des gesellschaftlichen Bewußtseins nutzt und seine Aufmerksamkeit der Stabilisierung und Expansion des Gesamtsystems (auf der Basis der Selbstregulierung) widmet. Die Verteilung des Zerstückelten, die Regelung des Ungesicherten ist jedoch historisch das erste Problem der Kommunikation in der bürgerlichen Gesellschaft.

2. GEORG SIMMEL

Unter den Versuchen, der Soziologie eine allgemeine Erkenntnishaltung zu verschaffen, kommt dem Versuch von SIMMEL besondere Bedeutung zu. Der Einfluß der geistigen ‹Stimmung› seiner Untersuchungen ist in den Vereinigten Staaten ebenso groß gewesen wie in Europa. Es geht in jener Phase der historischen Entwicklung ja darum, die relative Binnen-

---

17 TJADEN, K. H., a. a. O., insbesondere Kapitel 2.

konsolidierung der bürgerlichen Gesellschaft (bei gleichzeitiger imperialistischer Expansion, die viele Widersprüche kurzfristig nach außen abzufahren erlaubte) als eine Möglichkeit dauerhafter, wenn auch gefährdeter sozialer Existenz zu begreifen. Da der Fortschrittsglaube der Positivisten des 19. Jahrhunderts, die bestimmter geschichtlicher und naturgeschichtlicher Entwicklungen noch sicher waren, nach den Erfahrungen mit den Arbeiterbewegungen nicht mehr ungebrochen durchzuhalten war, kam es darauf an, das Moment der Allgemeinheit gesellschaftlicher Entwicklung im bürgerlichen Subjekt selbst festzumachen. Die Schwierigkeit, nicht-marxistisch mit den materiellen Bedingungen von Gesellschaft zu operieren, war den Sozialdarwinisten zum Verhängnis geworden. Der Ausweg, den SIMMEL anbot, bestand darin, allgemeine Vergesellschaftungsformen, abgelöst von spezifischen Inhalten, zu erarbeiten und mit Hilfe solcher formal-soziologischer Kategorien die Vielfalt sozialer Erscheinungen zu ‹beleuchten›. SIMMELS zentrale Kategorie wird die der zwischen den Individuen hin- und hergehenden *Wechselwirkungen,* aus denen der allgemeine gesellschaftliche Zusammenhang erwächst.[18] Der Gegenstand der Soziologie konstituiert sich als das «Bewußtsein, mit den anderen eine Einheit zu bilden»[19], die Frage nach den Bedingungen dieses Bewußtseins fällt außerhalb der Kompetenzen der Soziologie: «Die formale Auffassung des gesellschaftlichen Geschehens setzt ... die Vergesellschaftung der erkennenden Subjekte schon voraus.»[20] Zurück bleibt eine Erkenntnishaltung, die keine Mühe nach innen, aber manche Mühe nach außen scheut.

Auf dieser Basis beginnt dieser phänomenologische ‹Funktionalismus› vorsichtig bestimmte Strukturen wie das ‹Geheimnis›, das ‹Geld›, den ‹Raum›, den ‹Streit› usw. zu erkunden.[21] Das Verhältnis zu diesen Strukturen und ihren Bedingungen oder Gründen umschreibt SIMMEL in seinen Tagebüchern wie folgt: «Für den tieferen Menschen gibt es überhaupt nur eine Möglichkeit, das Leben zu ertragen: ein gewisses Maß von Oberflächlichkeit. Denn wenn er die gegensätzlichen unversöhnlichen Impulse, Pflichten, Bestrebungen, Sehnsüchte alle so tief hinunterdenken würde, so absolut bis ans Ende empfinden, wie ihre und seine Natur erfordert, so müßte er zerspringen, wahnsinnig werden, aus dem Leben laufen. Jenseits einer gewissen Tiefengrenze kollidieren die Seins-, Wollens- und Sollenslinien so radikal und gewaltsam, daß sie uns zerreißen müßten. Nur indem man sie nicht unter jene Grenze hinuntergelangen läßt, kann man sie so weit auseinanderhalten, daß das Leben möglich ist.»[22] Diese ‹Mischung von gedanklichem Radikalismus und absoluter Anpassung an Verhältnisse, die keiner Kritik

---

18 SIMMEL, G., Soziologie. München/Leipzig 1923 (1908), Kapitel 1.
19 Ebda., S. 22.
20 TJADEN, K. H., a. a. O., S. 41.
21 Vgl. auch SIMMELS ‹Philosophie des Geldes›, 1904.
22 SIMMEL, G., Fragmente und Aufsätze. München 1923, S. 15 f.

standhalten könnten› (LUKÁCS), kann nicht nur negativ bewertet werden. In ihr konstituiert sich nämlich auch eine sozialwissenschaftliche Methodologie, eine ‹neue Art der Stoffbearbeitung› in neuen ‹logischen Formen›: «*Synthese* als Alternative und neue Möglichkeit . . . und zwar als ein hypothetisches Verfahren, durch das sich der Geist die Wirklichkeit zu Bewußtsein bringt.»[23] MAX WEBER hat diese Erkenntnishaltung in seinem Aufsatz über die Objektivität sozialwissenschaftlicher Erkenntnis ausführlich erläutert[24] und der bürgerlichen Soziologie dadurch erst einmal wieder Bewegungsfreiheit verschafft. Es war aber auch ein Weg, auf dem sich moderne Formen des phänomenologischen Funktionalismus entwickeln konnten. «Auf dem Hintergrund der problematischen Unendlichkeit, die durch die funktionalistische Interpretation aufgerissen wird, tritt die Funktion gemeinsamer Erwartungen, insbesondere Rollen und Institutionen, scharf hervor: sie liegt in der Reduktion unendlicher Möglichkeiten auf feste Strukturen, auf eine vorgezeichnete Typik des Verhaltens, auf relativ konstante Orientierungen. Solche relativ stabilen Orientierungssysteme entwickeln sich gerade in bezug auf eine unstabile Umwelt.»[25]

Vor diesem Hintergrund sind auch GEORG SIMMELS Aussagen über soziale Konflikte[26] zu verstehen, die in ihrer präzisen Oberflächlichkeit von den meisten konflikttheoretischen Ansätzen, die in diesem Kapitel behandelt werden, nicht übertroffen worden sind. In bewußtem Gegensatz zur Auffassung von FERDINAND TÖNNIES, der nur gewollte und bejahte (positive) Beziehungen als soziale Verhältnisse gelten lassen wollte,[27] betont GEORG SIMMEL die vergesellschaftenden und strukturbildenden Funktionen von Kampf und Streit, die zur Herausbildung von Regeln und Regelstrukturen menschlichen Zusammenlebens beitragen. «Wie der Kosmos ‹Liebe und Haß›, attraktive und repulsive Kräfte braucht, um eine Form zu haben, so braucht auch die Gesellschaft irgendein quantitatives Verhältnis von Harmonie und Disharmonie, Assoziation und Konkurrenz, Gunst und Mißgunst, um zu einer bestimmten Gestaltung zu gelangen. Aber diese Entzweiungen sind keineswegs bloße soziologische Passiva, negative Instanzen, so daß die definitive, wirkliche Gesellschaft nur durch die anderen und positiven Sozialkräfte zustande käme, und zwar immer nur so weit, wie jene es nicht verhindern. Diese gewöhnliche Auffassung ist ganz oberflächlich; die Gesellschaft, wie sie gegeben ist, ist das Resultat beider Kategorien von Wechselwir-

---

23 TENBRUCK, F. H., Die Genesis der Methodologie Max Webers. In: Kölner Zeitschrift f. Soziologie u. Sozialpsychologie, 11. Jg. (1959), S. 642.

24 WEBER, M., Die Objektivität sozialwissenschaftlicher Erkenntnis. In: Gesammelte Aufsätze, a. a. O., S. 146–214.

25 LUHMANN, N., Funktion und Kausalität. In: Kölner Zeitschrift f. Soziologie u. Sozialpsychologie, 14. Jg. (1962), S. 641.

26 SIMMEL, G., Soziologie, a. a. O., Kapitel ‹Der Streit›.

27 Vgl. TÖNNIES, F., Einführung in die Soziologie, a. a. O., S. 74 f, S. 194.

kungen, die insofern beide völlig positiv auftreten.»[28] Diesem allgemeinen Gedanken geht SIMMEL in seinem Essay in vielen Einzelbeobachtungen nach, in denen zum Teil Anspielungen auf die damalige politische Situation enthalten sind, die heute nicht mehr unmittelbar verständlich sind, die aber möglicherweise rekonstruiert werden müßten, um dieser ‹Konflikttheorie› gerecht zu werden.[29] SIMMEL betont, daß ein «gewisses Maß an Mißhelligkeiten, innerem Auseinandergehen und äußeren Kontroversen» zum organischen Band der Gesellschaft gehöre und in an sich unaushaltbaren Situationen zum wichtigsten Ventil werde.[30] Dysfunktional allerdings seien jene Streitformen, in denen «innere Energien vorhanden sind, die eben nur durch Kampf befriedigt werden können» und in denen eine ‹entgegenkommende Struktur der Gegenstände›, eine ‹materielle Veranlassung› fehlten.[31] Mit solchen aus der phänomenologischen Einzelbeobachtung gewonnenen ‹objektiven Bezügen› wird die subjektivistische Erkenntnishaltung gelegentlich relativiert, aber immer nur bis zu dem Punkt, zu dem auch die anderen funktionalistischen Konflikttheorien ‹mittlerer Reichweite› gelangen: bis zur Frage, wer die ‹materiellen Veranlassungen› definiert, die eine Herrschaftsfrage ist. Hier einige weitere Zitate, die den Stil der SIMMELschen Reflexionen zeigen:

«So ist Konflikt eigentlich die Abhülfsbewegung gegen den auseinanderführenden Dualismus, und ein Weg, um zu irgendeiner Art von Einheit zu ... gelangen – ungefähr wie die heftigsten Erscheinungen der Krankheit gerade oft die Anstrengungen darstellen, sich von Störungen und Schädlichkeiten zu befreien.»[32] – «So wenig der Antagonismus für sich allein eine Vergesellschaftung ausmacht, so wenig pflegt er in Vergesellschaftungen als soziologisches Element zu fehlen ... So also dürfte es sich vielfach mit der sogenannten Mischung konvergierender und divergierender Strömungen in einer Gemeinschaft verhalten.» – «Erotische Verhältnisse bieten die häufigsten Beispiele. Wie oft erscheinen sie uns zusammengewebt aus Liebe und Achtung, oder auch Verachtung; ... aus Liebe und Herrschsucht oder Anlehnungsbedürfnis.» – «Wenn ein solcher Kampf schlechthin auf Vernichtung geht, so nähert er sich allerdings dem Grenzfall des Meuchelmordes, in dem der Beisatz des vereinheitlichenden Elements gleich Null geworden ist; sobald dagegen irgendeine Schonung, eine Grenze der Gewalttat vorhanden ist, liegt auch schon ein sozialisierendes Moment, wenn auch nur als zurückhaltendes vor.»[33] – «Eine Gegnerschaft muß das Bewußtsein um so tiefer und heftiger erregen, von einer

---

28 SIMMEL, G., a. a. O., S. 249.

29 Vgl. SPYKMAN, N. J., *The Social Theory of Georg Simmel*. New York 1966.

30 SIMMEL, G., a. a. O., S. 251 f.

31 Ebda., S. 259, S. 263.

32 Ebda., S. 247.

33 Ebda., S. 257 ff.

je größeren Gleichheit unter den Parteien sie sich abhebt ... Menschen, die viel Gemeinsames haben, tun sich oft schlimmeres, ungerechteres Unrecht als ganz Fremde, ... dem Fremden, mit dem man weder Qualitäten noch weitere Interessen teilt, steht man objektiv gegenüber, man reserviert die eigene Persönlichkeit ... Je mehr wir als ganze Menschen mit einem anderen gemein haben, desto leichter wird sich unsere Ganzheit jeder einzelnen Beziehung zu ihm assoziieren. ... eben dies macht unter solchen einen entstehenden Zwist oft so leidenschaftlich expansiv ...»[34] – «Angesichts des unvergleichlichen Nutzens einer einheitlichen Organisation für den Kampfzweck möchte man glauben, jede Partei müßte das äußerste Interesse daran haben, daß die Gegenpartei dieser Einheit entbehre. Dennoch gibt es einige Fälle des Gegenteils; die Form der Zentralisation, in die die Kampfsituation die Partei drängt, wächst über die Partei selbst hinaus und veranlaßt sie, auch den Gegner am liebsten in dieser Form sich gegenüber zu sehen. In den Kämpfen der letzten Jahrzehnte zwischen Arbeitern und Arbeitgebern hat dies aufs unverkennbarste Platz gegriffen.»[35] – «Der Friedenszustand der Gruppe gestattet antagonistischen Elementen innerhalb ihrer, in einem unentschiedenen Zustand untereinander zu leben, weil jeder seine eigenen Wege gehen und Zusammenstöße vermeiden kann. Der Streitzustand aber zieht die Elemente so fest zusammen und stellt sie unter einen so einheitlichen Impuls, daß sie sich gegenseitig entweder vollkommen vertragen oder vollkommen repellieren müssen; weshalb denn auch ein äußerer Krieg für einen von inneren Gegnerschaften durchzogenen Staat manchmal das letzte Mittel ist, diese zu überwinden, manchmal aber gerade das Ganze definitiv auseinanderfallen läßt.»[36] – «Die vereinheitlichende Macht des Kampfprinzips zeigt sich nie stärker, als wenn es eine zeitliche oder sachliche Enklave aus Verhältnissen der Konkurrenz oder Animosität herausschneidet. Der Gegensatz zwischen dem sonstigen Antagonismus und der momentanen Kampfgenossenschaft kann unter besonderen Umständen sich so zuspitzen, daß für die Parteien gerade die Absolutheit ihrer Feindschaft die direkte Ursache ihrer Vereinigung bildet.»[37]

Die entscheidenden gesamtgesellschaftlichen Bezüge ergeben sich aus SIMMELS Feststellungen, daß stabile Sozialstrukturen vielfältige innere Konflikte ausreiten können und daß nur solche Gesellschaften, die bereits gefährdet sind, auf Konfliktvermeidungstechniken angewiesen sind. Besonders interessante Bemerkungen macht er über politische Konflikte, in denen die Parteien als ‹Vertreter überindividueller Ansprüche› auftreten; hier kann das Bewußtsein, «nicht für sich, sondern für die Sache zu kämpfen, dem Kampf einen Radikalismus und eine Schonungslosigkeit geben, die ihre Analogie an dem gesamten Verhalten mancher sehr selbstloser, sehr ideal gesonnener Menschen findet ... Über dieser Gemeinsamkeit der Parteien: daß jede nur die Sache und ihr Recht ver-

34 Ebda., S. 273 f.
35 Ebda., S. 308.
36 Ebda., S. 310.
37 Ebda., S. 316 f.

teidigt, und auf alles Persönlich-Selbstische verzichtet – wird der Kampf nun, ohne die Zuspitzungen, aber auch ohne die Milderungen durch personale Instanzen und nur seiner immanenten Logik gehorsam, mit der absoluten Schärfe ausgefochten. Der so geformte Gegensatz zwischen Einheit und Antagonismus spannt sich vielleicht da am fühlbarsten, wo beide Parteien wirklich eines und dasselbe Ziel verfolgen, also die Ergründung einer wissenschaftlichen Wahrheit. Hier würde jede Nachgiebigkeit ... ein Verrat an derjenigen Sachlichkeit sein, um derentwillen die Personalität des Kampfes ausgeschlossen worden ist. Zur gleichen Form entwickeln sich, bei unendlicher sonstiger Verschiedenheit, die sozialen Kämpfe seit Marx ...»[38] Diese Approximation der Inhalte des Klassenkampfes ist zugleich eine Approximation der Formen des dezisionistischen Kampfes, von denen in Kapitel II die Rede war. Der Erkenntnisgewinn liegt darin, daß auch aus der Perspektive der subjektiv konstituierten gesellschaftlichen Allgemeinheit die historische Bedeutung und regulative Wirkung von ‹Wissenskonflikten› nicht wegzudenken sind, daß der Faktor der wissenschaftlichen Erkenntnis sozialer Wirklichkeit selbst zu einem Moment sozialer Konflikte geworden ist, an dem die bürgerlichen Sozialwissenschaften im Sinne einer kognitiven Kritik der gesellschaftlichen Entwicklung beteiligt sind.

Die Differenzierung sozialer Konflikte aus dem Stadium gewaltsamer Überlebenskonflikte hinaus, die in einer ersten Stufe mit der Kategorie des Vertragskonflikts begriffen werden kann, wird in der Feststellung kommunikativer Gemeinsamkeiten (die im wesentlichen schon eine Feststellung der Aufklärung war) auf eine weitere Stufe gehoben. «Fast unvermeidlich flicht sich ein Element von Gemeinsamkeit in die Feindseligkeit, wo das Stadium der offenen Gewalt irgendeinem Verhältnis gewichen ist, das vielleicht eine völlig unverminderte Feindseligkeitssumme zwischen den Parteien aufweist ... man *vereinigt* sich, um zu kämpfen, und man kämpft unter der beiderseitig anerkannten Herrschaft von Normen und Regeln».[39] Die Schwierigkeit dieser konflikttheoretischen Erkenntnis liegt darin, daß ihre Träger die Existenz von ‹interessefreien› Regeln und Regelstrukturen in ein Verhältnis zu gewaltsamen und ‹kombinatorischen› Herrschaftskonflikten setzen müssen, d. h. aber letztlich, daß sie ‹Regelhaftigkeit› als eine neue Qualität von Herrschaftskonflikten verstehen *und gegenüber den herrschenden Konfliktformen ‹wie in einem Konflikt› vertreten müssen.*

38 Ebda., S. 260 f.
39 Ebda., S. 264.

3. Park und Burgess

Lange vor Cosers moderner Rezeption waren die Ideen von Georg Simmel durch Robert D. Park und Albion W. Small in Amerika bekanntgemacht worden. Park hatte um die Jahrhundertwende in Berlin bei Simmel studiert und inkorporierte in die von ihm und Ernest W. Burgess geschriebene berühmte ‹*Introduction to the Science of Sociology*› (1921) eine ganze Reihe von Simmelschen Ideen, die heute zu den gängigen Formeln der amerikanischen Soziologie gehören. Vor allem das Begriffspaar Konkurrenz (*competition*) und Konflikt fand ihr Interesse. Ihre soziologischen Gemeinplätze werfen etwas Licht auf die später wichtig werdende Unterscheidung von Subjekt und Objekt und erfassen mit dem Begriff der ‹*accommodation*› die kommunikative Wirklichkeitsebene, auf der es dann zu ‹geregelten› Konflikten kommen kann.

Konkurrenz kann ohne das Bewußtsein der Konkurrierenden bestehen. In dieser Weise besteht ‹Konkurrenz› in der Natur, im alltäglichen Leben, wenn zwei weit voneinander entfernt Lebende das gleiche Problem zu lösen trachten. Die Anstrengungen verlaufen hier letztlich parallel, haben das gleiche Ziel, z. B. das des Überlebens – aber es ist noch kein Konflikt vorhanden. Zum Konflikt kommt es erst, wenn die Konkurrierenden einander identifizieren und einander daran hindern, das gemeinsame Ziel zu erreichen: wenn der Wettlauf also in eine Rauferei ausartet. Da in der modernen Gesellschaft durch die Kommunikationsmittel der Kontakt auch zwischen sehr weit entfernten Konkurrenten möglich wird, steigert sich die Wahrscheinlichkeit, daß es zu Konflikten kommt. Park und Burgess betonen dann, daß Wettbewerb etwas Kontinuierliches und Unpersönliches sei, während Konflikt nur zeitweise und persönlich ausgetragen werde. Es gäbe dabei einen überlappenden Bereich, in dem sozusagen die parallelen Anstrengungen einander zu behindern beginnen. Um Konflikte auf einem Minimum und fair zu halten und den sozialen Wert des freien Wettbewerbs zu erhalten, gibt es moralische Standards und das Recht. Außerdem wird die Skrupellosigkeit und Gewaltsamkeit von Konflikten immer dann eingeschränkt, wenn eine ‹aufmerksame Öffentlichkeit› ihren Blick auf das Verhalten der Konkurrenten richtet. Konflikt geht in Akkommodation über, wenn ein *modus vivendi* geschaffen werden kann. Eine der häufigsten Formen der Akkommodation ist die Über- und Unterordnung. Eine andere die der gegenseitigen Anpassung durch Kompromisse. Da aber solche erreichten Gleichgewichtslagen immer auch eine Macht-Differenz beinhalten, bleiben latente Konflikte bestehen, auch wenn es an der Oberfläche nach Akkommodation aussieht. Wenn die Machtpositionen sich ändern, bevor eine spezifische Akkommodationsform grundlegendes Element einer kulturellen Tradition geworden ist, kann der Konflikt wieder aufflackern.[40]

---

40 Vgl. Angell, R. C., *The Sociology of Human Conflict*, a. a. O.

Es ist offensichtlich, daß dieses Bild sozialer Konflikte mit seiner Betonung des freien Wettbewerbs, dem Postulat der Gemeinsamkeit der Ziele, den schlicht gesetzten moralischen und rechtlichen Standards, den diffusen Lösungsstrukturen und der sozialdarwinistischen Nuance sehr gut auf die Bedürfnisse der damaligen amerikanischen Gesellschaft zugeschnitten war. Es hat sich auch ziemlich lange gehalten. Theoretisch hat dieser populäre, popularisierte Konfliktbegriff nur zwei Dimensionen: erstens ist in ihm untergründig, aber um so wirksamer, der Kampf ums Dasein, die gewaltsame Reproduktion erfaßt; zweitens wird, unvermittelt, darüber die Schicht der Eindämmungen fast vollständig auf Konventionen und Kommunikationsphänomene beschränkt. Praktisch entsprach dieses Bild sozialer Konflikte den gemeinsamen Interessen der Niederhaltung allzu scharfer Formen des heimischen Wettbewerbs in der ersten Phase imperialistischer Expansion.

In ähnlicher Weise gehen die meisten in diesem Milieu erscheinenden konflikttheoretischen Veröffentlichungen vor, bis hin zu von Wiese und Becker, Singer und Stagner. Der hier eingesetzte mehr oder minder explizite Funktionalismus eröffnet zwar den Ausblick auf konfliktuelle Bewegungen, aber die Kategorien der Wechselwirkung und Interdependenz dienen vornehmlich dazu, Unliebsamkeiten aus der Soziologie herauszufiltern. Einer der wenigen aus jenen Jahren, der sich, vor dem Hintergrund seiner Erfahrungen in der russischen Revolution, gegen die Verharmlosung von Konfliktphänomenen wendet und zahlreiche Untersuchungen über die Geschichte und die Ursachen von Krieg und Elend veröffentlicht, ist P. A. Sorokin. Die integrierenden Funktionen des Funktionalismus innerhalb der soziologischen Profession und die (nicht zwingende) Frontstellung zur dialektisch-materialistischen Methode halten das Gros der amerikanischen Soziologen aber von einer Beschäftigung mit Konflikten fern. Erst nachdem, beispielsweise in den Schriften von Parsons und Merton, eine scheinbare Konsolidierung des Funktionalismus erreicht war, wagte sich eine jüngere Generation wieder unter die Oberfläche hinab. Unsere folgende Diskussion greift einige Beispiele aus dieser Entwicklung heraus, aus denen bereits klar wird, daß einigermaßen sinnvolle funktionalistische Konflikttheorie sich erst im Gefolge der entfalteten Systemtheorien treiben läßt (Kapitel V).

4. Robert K. Merton

Merton hat Ende der vierziger Jahre einen großangelegten Versuch unternommen, der Methode des dialektischen Materialismus die funktionale Methode zur Seite zu stellen. Er geht von einer positivistischen Methodenauffassung aus, die den ideologisch neutralen Charakter des dialektischen und funktionalen Denkens betont. Die Neutralität der funktionalen Methode gegenüber den großen ideologischen Systemen leitet Merton aus der Dominanz der ‹funktionalen Orientierung› in den Naturwissenschaften ab. «Die zentrale Perspektive des Funktionalismus – die sich in der Praxis ausdrückt, Daten dadurch zu interpretieren, daß man ihre Folgen für die größeren Strukturen, in denen sie stehen, feststellt – findet sich in praktisch allen Wissenschaften vom Menschen – Biologie, Physiologie, Psychologie, in den Wirtschafts- und Rechtswissenschaften und in der Soziologie.»[41] In dieser allgemeinen Definition des Funktionalismus ist noch nichts von der Schwierigkeit zu bemerken, die sich ergibt, wenn man dieser Bewegung des Denkens keine ontologische Entsprechung, keine wirkliche Bewegung in der Natur und in der Geschichte zugesellt. Während die dialektische Methode sich als die den Bewegungen der Geschichte folgende und den naturwissenschaftlichen Methoden *analoge* Denkbewegung begreift, fehlt dem Funktionalismus ja das materialistische Postulat. Das führt dazu, daß er einerseits als eine phänomenologische, im subjektiven Sinnverstehen begründete Methode und andererseits als eine den naturwissenschaftlichen Methoden *äquivalente*, positivistische Methode verstanden werden kann. Diese nicht geklärte Ambivalenz durchzieht auch den Versuch von MERTON, die Schritte einer funktionalen Analyse in einem Paradigma zu kodifizieren. Betrachtet man diesen Versuch, so wird, ganz im Gegensatz zu DAHRENDORFS Auffassung, durchaus deutlich, daß Funktionalismus und Konflikttheorie vereinbar sind.[42] Allerdings ist es eine sozusagen unbehagliche Vereinigung, denn in diesen Ansätzen zu einer funktionalistischen Konflikttheorie verstärken sich zunächst die Schwächen einer in Abwehr der Dialektik entwickelten Methode und einer in Abwehr der Klassentheorie konzipierten Theorie gegenseitig. MERTONS ‹Paradigma der funktionalen Analyse in der Soziologie› steht außerdem für jenen Punkt in der Entwicklung der westlichen Soziologie, an dem man noch glaubte, auf einer Ebene ‹mittlerer Reichweite› zu adäquaten Theoriebildungen kommen zu können.[43]

Die wesentlichen Kategorien des Modells sind folgende: Grundsätzlich können alle soziologischen Daten einer funktionalen Analyse unterzogen werden, allerdings, und das ist eine wesentliche Einschränkung, müssen die Gegenstände ‹standardisiert› sein, d. h. einen vorstrukturierten und repetitiven Charakter haben. Unter dieser Voraussetzung können auch subjektive Dispositionen wie Motive und Zwecke berücksichtigt werden. Damit beschränkt sich die funktionale Analyse positivistisch-erfahrungswissenschaftlich, d. h. sie muß von den unmittelbar geschichtlich vorgegebenen gesellschaftlichen und individuellen Zuständen ausgehen und beispielsweise auf die Frage nach der Genese bereits vorhandener Strukturen verzichten. Folglich stehen die Kategorien der

---

41 MERTON, R. K., *Social Theory and Social Structure*. Rev. and enlarged ed., New York 1965, S. 46 f.

42 Vgl. DAHRENDORF, R., Die Funktionen sozialer Konflikte. In: Pfade aus Utopia, München 1967; vgl. auch unten Kapitel V.

43 MERTON, R. K., a. a. O., Kapitel 2 und 3.

‹objektiven Konsequenzen› vorhandener Strukturen und Daten im Vordergrund. Diese ‹objektiven Folgen› sozialer Rollen, Muster, Normen usw. sind ihre *Funktionen* oder *Dysfunktionen*. «*Funktionen* sind jene beobachteten Konsequenzen, die zur Anpassung oder Angleichung eines gegebenen Systems beitragen; *Dysfunktionen* sind jene beobachteten Konsequenzen, die die Anpassung oder Angleichung des Systems vermindern.»[44] An dieser Stelle taucht die Frage auf, wie und durch wen sich die Funktionalität bestimmter sozialer Erscheinungen feststellen läßt, denn nur dann kann die funktionale Analyse, wie MERTON betont, Handlungsanleitungen liefern. Eine damit zusammenhängende weitere Schwierigkeit ergibt sich daraus, daß die subjektiven ‹Motive›, die hinter einer Handlungseinheit stehen, nicht mit ihren ‹objektiven› Funktionen verwechselt werden dürfen. Stimmen die subjektiven Ziele und die objektiven Konsequenzen einer Handlungseinheit überein, so handelt es sich um *manifeste Funktionen;* nicht intendierte oder nicht erkannte Konsequenzen sind *latente Funktionen.* Diese Unterscheidung hat in der Konflikttheorie weitreichende Konsequenzen gehabt, denn das Problem der Umwandlung von latenten Funktionen in manifeste Funktionen involviert mit den Problemen der «Rolle des Wissens im menschlichen Verhalten und der ‹Manipulation› menschlichen Verhaltens»[45] auch die Frage danach, wer das Bewußtsein kontrolliert, wer Funktionen und insbesondere Dysfunktionen für ‹manifest› erklärt und daraus die Berechtigung für Korrekturmaßnahmen ableitet. Diese Schwierigkeiten veranlassen MERTON zu der Forderung, daß für jede funktionale Analyse der Rahmen zu ermitteln sei, innerhalb dessen sie gilt. Damit taucht das ontologische Problem, das Problem der Objektivität sozialer Wirklichkeit, erneut auf. Diesem Problem geht MERTON nach, indem er eine Reihe von funktionalistischen Wirklichkeitsbegriffen erprobt: das Konzept funktionaler Grundbedingungen, das Konzept funktionaler Mechanismen, das Konzept funktionaler Alternativen, das Konzept des strukturellen Kontexts und schließlich die Konzepte der Dynamik und des sozialen Wandels. Es genügt, hier festzuhalten, daß alle diese Kategorien in der Entwicklung der soziologischen Systemtheorien, die heute das letzte Wort des Funktionalismus in Sachen ‹Ontologie› darstellen, eine wichtige Rolle gespielt haben. MERTONS Modell schließt mit Hinweisen auf Probleme der Validität und Ideologiehaltigkeit funktionaler Analysen.[46] In ihnen kehren die politischen Implikationen zurück, die zunächst ausgeklammert worden waren. Der diffuse Wirklichkeitsbezug der funktionalen Methode und ihre ‹Überparteilichkeit› machen die Auswahl von ‹Samples sozialer Systeme› und das Verhältnis gegenüber Auftraggebern zu besonders schwachen Stellen des Ansatzes; es handele sich dabei, so MERTON, um noch zu klärende Probleme der sozial-

---

44 Ebda., S. 51.
45 Ebda.
46 Ebda., S. 54.

wissenschaftlichen Logik und der Wissenssoziologie. Diese Kennzeichnung der Grenzen des Funktionalismus ist in diesem Stadium deutlich genug, doch sind ihre ‹objektiven Konsequenzen› in der Folgezeit oft vergessen worden; und letztlich wird auch von MERTON eine positivistische Methode, die zunächst eine Ergänzung der Dialektik sein sollte, subjektivistisch dargeboten.

MERTONS Beitrag zur Konflikttheorie im engeren Sinne liegt erstens in der systematischen Verwendung des Konzepts der Dysfunktion. Dieser Begriff, «der die Konzepte der Anspannung, des Stress und der Spannung auf struktureller Ebene impliziert, erlaubt einen analytischen Zugang zum Studium von Dynamik und sozialem Wandel. Wie können beobachtete Dysfunktionen innerhalb einer bestimmten Struktur eingedämmt werden, damit sie keine Instabilität erzeugen? Erzeugt die Akkumulation von Stress und Spannungen einen Druck für Veränderungen in Richtungen, die zur Minderung dieser Spannungen führen?»[47] Damit sind die Grundthemen der funktionalistischen Konflikttheorie, wie sie MERTONS Schüler COSER dann entwickelt, schon ausgesprochen. Die Vorliebe des Funktionalismus für die Analyse von Gleichgewichtszuständen wird in Frage gestellt, ohne allerdings sein positivistisch-erfahrungswissenschaftliches Postulat anzurühren: so wie latente Funktionen in manifeste zu überführen sind, so sollen Dysfunktionen letztlich in Funktionen umgewandelt werden; Bezugspunkt bleiben die bereits manifesten Funktionen, also die Verhältnisse im Bewußtsein der Herrschenden. Neben die makrosoziologische Perspektive der Strukturspannungen tritt bei MERTON zweitens, in spezielleren Analysen, die mikrosoziologische Perspektive seiner Theorie abweichenden Verhaltens.[48] Abweichendes Verhalten gilt als ein «Symptom der Dissoziation zwischen kulturell vorgeschriebenen Zielen und den sozial vorstrukturierten Wegen, auf denen diese Ziele erreicht werden können»; es handelt sich um die Herausarbeitung von Indizien für strukturelle Spannungen im individuellen Verhalten, bis hin zur Normlosigkeit oder Anomie. Seine Typologie der verschiedenen Arten individueller Anpassung in Gesellschaften, in denen die kulturellen Ziele und die institutionellen Wege nicht mehr so recht übereinstimmen, verweist auf später in der Konfliktsoziologie herausgearbeitete sozialtechnologisch relevante Schemata der Konfliktvermeidung. MERTONS Typen individueller Anpassung: Konformität, Innovation, Ritualismus, Weltflucht und Rebellion[49] stellen, mit Ausnahme des letzten Typs (der auf deutlich anderer analytischer Ebene liegt), konfliktscheue Verhaltensweisen zur Auswahl,

---

47 MERTON, R. K., a. a. O., S. 53.

48 MERTON, R. K., a. a. O., Kapitel 4; auch der Begriff des Rollenkonflikts wird systematisch eingeführt, ebda., S. 116 f.

49 Ebda.; vgl. auch DUBIN, R., Abweichendes Verhalten und Sozialstruktur. In: HARTMANN, H., a. a. O.

die als Vorlage für die Definition von elastischen Rollenerwartungen in Organisationen, die sich keine Konflikte leisten wollen, dienen können.

5. Lewis A. Coser

Coser wird Mitte der fünfziger Jahre in den Vereinigten Staaten zum kritischen Verteidiger des Struktur-Funktionalismus, indem er versucht, die in der frühen amerikanischen Soziologie recht lebhafte konflikttheoretische Diskussion innerhalb eines gelockerten Funktionalismus neu zu beleben. Unter den Gründern der amerikanischen Soziologie, in der Zeit von ungefähr 1900 bis 1930, hatte die Kategorie des Konflikts als eine zentrale Kategorie bei der Analyse von gesellschaftlichem Wandel und Fortschritt gegolten. Die meisten Sozialwissenschaftler verstanden sich als Reformer und schrieben für ein interessiertes und aufgeklärtes Reformpublikum, wobei ‹strukturelle Reformer› wie Ward, Small, Ross und Veblen sich an eine ‹radikale bürgerliche Linke›, ‹Detail-Reformer› wie Sumner und Giddings sich an reformwillige Honoratioren wandten.[50] Schon in der zweiten Generation aber war, wie die milde Konflikttheorie von Park und Burgess zeigt, das Interesse an Konfliktphänomenen in Interessen an der Harmonisierung der Gesellschaft eingebettet. In den Jahren seit 1930 wandelt sich auch das Publikum der Soziologen; einerseits gibt es ein breiteres Fachpublikum, andererseits verlangen die Staats- und Industrie-Bürokratien verstärkt Informationen. Diese Gruppen sind eher an der Befestigung bestehender Strukturen als an strukturellen Reformen interessiert. Autoren wie T. Parsons, die für die Fachleute schreiben, konzentrieren sich auf die Frage nach der Möglichkeit sozialer Ordnung und betrachten soziale Konflikte als dysfunktional und störend; statt von Konflikten reden sie von ‹Systemspannungen›. Im Auftrage der Bürokraten entstehen Untersuchungen wie die von Elton Mayo, F. J. Roethlisberger, Lloyd Warner usw.[51], in denen die Voraussetzungen für Konfliktvermeidungstechniken, vor allem im industriellen Bereich, geschaffen werden. Erst seit Appellen wie dem von Jessie Bernard läßt sich eine Wiederbelebung der Konflikttheorie im engeren Sinne innerhalb der soziologi-

---

50 Coser, L. A., Theorie sozialer Konflikte. Neuwied 1965 (1956); seine Dissertation, Columbia University 1954, ‹*Toward a Sociology of Conflict*›, beschäftigt sich ausführlich mit der Geschichte der amerikanischen Konflikttheorie.

51 Zusammenfassend dargestellt in Mayo, E., *The Human Problems of an Industrial Civilization*. 2. Aufl., Boston 1946 (1933), und ders., *The Social Problems of an Industrial Civilization*. London 1946 (dt.: ‹Probleme industrieller Arbeitsbedingungen›. Frankfurt 1950); Roethlisberger, F. J., u. Dickinson, W. J., *Management and the Worker*. Cambridge 1939; Warner, W. L., u. Low, J. O., *The Social System of the Modern Factory*. New Haven 1947.

schen Profession feststellen, wobei zunächst unklar bleibt, wer denn das neue Publikum für diese Dinge sein könne. COSER scheint diese Frage mit seiner ‹Theorie sozialer Konflikte› (1956) zunächst zu beantworten: sein Buch ist eine Übersetzung von GEORG SIMMELS Kapitel über den Streit für professionelle Soziologen und für Bürokraten.

Unter dem Eindruck des Funktionalismus betont COSER, daß soziale Konflikte nicht nur hinsichtlich der Steuerung sozialen Wandels, sondern auch bei der Integration sozialer Strukturen konstruktiv wirken können. Eine offene Gesellschaft, die innere Konflikte an vielen Fronten gestatte, bewahre sich vor der Gefahr, daß ein einzelner Konflikt den Grundkonsens in Frage stellt. Dabei hebt COSER die Notwendigkeit von ‹Ventilinstitutionen› und von der ‹Tolerierung und Institutionalisierung von Konflikten› hervor. In einfacher Paraphrase lauten die sechzehn Thesen seines Buches wie folgt:

1. *Soziale Konflikte haben gruppenfestigende Funktionen:* in ihnen entsteht Gruppenidentität, strukturelle Grenzen zwischen Gruppen treten hervor; Konflikte können das Personal der Gruppen auf seine Plätze verweisen. Interessant ist, daß COSER, im Gegensatz zu SIMMEL, ‹Gefühle und Äußerungen der Feindschaft› aus der Bestimmung des *sozialen* Konflikts schon an dieser Stelle herausnehmen will.[52]

2. *Die gruppenerhaltenden Funktionen sozialer Konflikte zeigen sich besonders in ‹Ventil-Institutionen›:* da Gruppenmitglieder Aggressionen ‹loswerden› müssen, hat die Gesellschaft besondere Ventil-Institutionen geschaffen, die Ersatzobjekte zur Abreaktion von Aggression bereitstellen. Dadurch können soziale Systeme allerdings bis zur Stagnation ‹stabilisiert› werden, im Individuum können sich, durch die unbefriedigende Abreaktion an Ersatzobjekten, neue Aggressionsstauungen bilden.

3. *Es gibt echte und unechte Konflikte:* COSER geht den Komplikationen aus These 2 nach und entwickelt seine vielleicht wichtigste Unterscheidung: er versucht, ‹realistische›, zweckrationale Konflikte als die eigentlichen, echten sozialen Konflikte darzustellen, denen man wissenschaftlich auf den Grund gehen kann: «Konflikte, die durch Frustration bestimmter Forderungen innerhalb einer Beziehung und durch Gewinnkalkulationen einzelner Partner entstehen, können als *echte Konflikte* bezeichnet werden, insofern sie nämlich Mittel sind, ein bestimmtes Ergebnis zu erreichen. *Unechte Konflikte* dagegen sind ... nicht durch die gegensätzlichen Ziele der Gegner verursacht, sondern durch die Notwendigkeit einer Spannungsentladung zumindest bei einem von beiden.»[53] Diese Unterscheidung erlaubt es, fast nach Belieben die Grenze zu ziehen und damit sozusagen eine opportunistische Skala der legitimen Konflikte aufzustellen.

4. *Feindselige Impulse in Konflikten ‹helfen›, reichen aber zu ihrer Erklärung nicht aus:* es geht COSER darum zu zeigen, daß ‹echte›, zweckrationale Konflikte nicht notwendig Feindlichkeit und Aggressivität implizieren. Deswegen untersucht er die nächste, SIMMEL entnommene These.

---

52 COSER, L. A., Theorie, a. a. O., S. 44.
53 Ebda., S. 58.

5. *In engen sozialen Beziehungen findet sich immer ein gewisser Anteil an Feindseligkeit:* Coser spricht hier nicht von echten Konflikten, sondern von ‹Antagonismen› als Elementen intimer Beziehungen; positive und negative Gefühle sind, z. B. in einer Ehe, fast unentwirrbar. Haben solche Beziehungen auch Auswirkungen auf den Charakter ‹echter› Konflikte? Dieser Frage gilt die nächste These.

6. *Je enger die Beziehung, desto intensiver der Konflikt: wenn* es zu realistischen Konflikten kommt, so können sie bei enger Beziehung der Konfliktpartner besonders ‹leidenschaftlich und radikal› sein. Die ‹Enge› sozialer Beziehungen, soziologisch gefaßt, weist allerdings weit über den ‹Intim-Bereich› hinaus, den Simmel sieht: so sei beispielsweise gerade das Verhältnis zwischen Arbeiter und Kapitalist besonders ‹eng›, ohne jemals ‹intim› werden zu können.

7. *Konflikte innerhalb von Gruppen wirken ‹reinigend› und verhindern ‹Spaltungen›:* Coser erweitert hier Simmels diffizile These, daß «Konflikt eigentlich die Abhülfsbewegung gegen den auseinanderführenden Dualismus» sei 54, sozialtechnologisch um den sicher nützlichen Hinweis, daß Gruppen durch das Gestatten bestimmter Konflikte ‹jene Art von Konflikten, die den grundlegenden Konsens bedrohen würden›, verhindern können.

8. *Das Vorhandensein von Konflikten kann ein positives Zeichen für die Stabilität von Beziehungen sein:* nur zerbrechliche Sozialstrukturen können sich keine offenen Konflikte leisten. In Primärgruppen (z. B. Familien) sind sie – immer im Sinne von ‹echten› Konflikten – ein Zeichen für ‹Gesundheit›; in Sekundärgruppen (z. B. Betrieb) ein Zeichen für ‹funktionierende Ausgleichsmechanismen›.

9. *Konflikt mit Fremdgruppen verstärkt den inneren Zusammenhalt einer Gruppe:* in den Thesen 9 bis 11 geht es um die Wirkung von Außenkonflikten auf die Binnenstruktur von Gruppen. Wenn die gemeinsamen Werte und die Gruppenstruktur vor dem Konflikt intakt sind, nimmt bei Außenkonflikten der Zusammenhalt zu; andernfalls kommt es zu verstärktem ‹Despotismus› oder innerem Zerfall. Doch wirken Konflikte auch ihrerseits auf die Werte und die Gruppenstruktur zurück:

10. *Der Konflikt mit einer anderen Gruppe bestimmt die Gruppenstruktur und die Reaktion auf inneren Konflikt:* Dies betrifft vor allem Gruppen, die in ständigem Konflikt mit anderen Gruppen stehen; hier wird eine gewisse innere Intoleranz, Durchsetzung der Gruppeneinheit gegen Dissidenten notwendig. Simmel sprach hier vor allem von Einheiten im politischen Kampf (Parteien) und deren negativem Verhältnis zur inneren Toleranz.

11. *Solche ‹im Kampf erprobten› Gruppen sind oft auf die Suche nach Feinden angewiesen:* Gruppen, wie etwa die kommunistische Partei, sagt Coser, nehmen oft äußere Bedrohungen wahr, die es gar nicht gibt; das liegt an ihrer inneren Struktur. Das ist wiederum eine subtile Umformulierung Simmelscher Thesen, die allerdings dort schon angelegt ist.

12. *Ideologische Konflikte sind oft besonders hart:* «Konflikte, in denen die Teilnehmer wissen, daß sie nur Vertreter eines Kollektivs oder einer Gruppe sind, nicht für sich kämpfen, sondern für die Ideale der Gruppe, die sie reprä-

---

54 Simmel, G., Soziologie, a. a. O., S. 247.

sentieren, können radikaler und unerbittlicher sein als solche, die aus persönlichen Gründen ausgefochten werden.»[55] Die ‹Entpersönlichung› des Kampfes gilt COSER als gleichbedeutend mit ‹Ideologisierung›; Objektivierung und ‹Ideologisierung› werden synonym gebraucht.

13. *Konflikt bindet Gegner aneinander:* COSER knüpft hier an den vielleicht entscheidenden Satz SIMMELS an: «man *vereinigt*, um zu kämpfen, und man kämpft unter der beiderseitig anerkannten Herrschaft von Normen und Regeln».[56] COSER stellt mit Recht ‹eine auffallende Ähnlichkeit zwischen den Theorien von Durkheim und Simmel› fest. Wir haben bereits weiter oben darauf hingewiesen, daß auf der ‹struktur-funktionalen› (kommunikativen) Ebene Regeln und Normen die ‹Spuren› wirklicher sozialer Bewegungen (einschließlich konfliktueller Bewegungen) darstellen; zweifellos wirken die so zutage tretenden Regeln ihrerseits auf den Ablauf von Konflikten zurück. Dies ist, neben der Unterscheidung von echten und unechten Konflikten, die wichtigste und ‹funktionalistischste› These von SIMMEL und COSER. Auf dieser Grundlage wird auch die nächste These verständlich:

14. *In bestimmten Kampfsituationen kann Interesse an der Einigkeit des Feindes bestehen:* «Gewerkschaften haben häufig viel lieber mit Arbeitgeberverbänden verhandelt als mit einzelnen Arbeitgebern. Obgleich Streiks in solchen Fällen sich ausdehnen und länger dauern können, ziehen es beide Parteien vor, daß die Form des Konflikts ihren eigenen strukturellen Erfordernissen entsprechen möge.»[57] COSER bezieht auch diese These auf die ‹Rationalität› echter Konflikte, die aufhören, sobald die ‹realistischen› Ziele erreicht sind.

15. *Konflikte schaffen und erhalten das Gleichgewicht der Macht:* In Konflikten werden die Kräfteverhältnisse getestet und Gleichgewichtslagen, ‹stabile Verhältnisse›, dadurch erhalten, daß gelegentlich, durch Konflikt, die Machtverhältnisse wieder auf den neuesten Stand der Kräfteverhältnisse gebracht werden. Offensichtlich ist hier wieder von ‹realistischen› Konflikten die Rede und von Macht- und Herrschaftskonflikten nur in Abhängigkeit von deren enger oder weiter (opportunistischer) Bestimmung.

16. *Konflikt schafft Vereinigungen und Koalitionen:* Bei SIMMEL war hier vor allem an das Phänomen der ‹momentanen Kampfgenossenschaft› gedacht, die sich trotz sonstiger Antagonismen zwischen zwei Gruppen bilden kann; es war sozusagen die ‹Vielschichtigkeit› des Konfliktphänomens gemeint, wo z. B. ideologische Bündnisse eine Zeitlang mit materiellen Gegensätzen einhergehen. COSER weitet das zum Konzept der sich vielfältig überschneidenden (und einander neutralisierenden) Konflikte aus, das dem DAHRENDORFschen Konzept des vielfältig aufgespaltenen Herrschaftskonflikts sehr nahekommt: «Koalitionen und Zusammenschlüsse strukturieren eine individualistische Gesellschaft und verhindern eine Desintegration durch Atomisierung.»[58]

55 COSER, L. A., Theorie, a. a. O., S. 143.
56 SIMMEL, G., Soziologie, a. a. O., S. 264
57 COSER, L. A., Theorie, a. a. O., S. 159.
58 Ebda., S. 179.

Es gibt bei COSER viele Sätze wie den zuletzt zitierten, die deutlich machen, wie hier soziale Konflikte mit einer fast schon penetranten Oberflächlichkeit beschrieben und analysiert werden. Sie ist charakteristisch für die Erkenntnishaltung des vorsichtigen, z. B. von MERTON vertretenen Funktionalismus, der es nicht wagt, die besondere Chance wahrzunehmen, «die die funktionalistische Analyse so fruchtbar macht und die gerade darin liegt, daß man systematisch nach den bedingenden Faktoren (Voraussetzungen) eines bestimmten Zustandes eines – globalen oder partiellen – Systems sucht.»[59] Bei COSER wird dieses Zögern beispielsweise dort deutlich, wo er die ‹Objektivierung› von Konflikten mit einer ‹Entpersönlichung› und ‹Ideologisierung› (These 12) gleichsetzt. Hier werden alle Versuche, nach objektiven historischen Bedingungen sozialer Konflikte zu fragen, von vornherein abgeschnitten zugunsten einer Pseudo-Konkretheit strategischer Handlungsanweisungen für diejenigen, die nicht an Konfliktursachen, sondern nur an Konfliktfolgen für bereits bestehende Systeme interessiert sind.

In seiner späteren Studie ‹*Continuities in the Study of Social Conflict*› (1967) versucht COSER, seine spezifische funktionalistische Perspektive an Einzelproblemen weiterzuentwickeln, beispielsweise im Kapitel über die sozialen Funktionen der Gewalt.[60] Trotz seines Hinweises, daß die funktionalistische Perspektive von der rein moralischen Sicht befreien könne, haben diese Analysen einen moralischen Unterton: sie stehen ganz offensichtlich unter dem Eindruck der Desintegrationsprozesse in der amerikanischen Gesellschaft, insbesondere der repressiven Gewaltanwendung gegenüber Minderheiten. Indem aber das Gewaltphänomen nur in engen Dimensionen, in seiner Funktionalität für die ‹Täter›, seiner Warnfunktion für die Gesellschaft und seiner ‹katalytischen› Funktion in Solidarisierungsprozessen dargestellt wird, nicht aber in seiner Bedeutung für den funktionalen Zusammenhang der Gesamtgesellschaft und schon gar nicht im Hinblick auf Herrschaftsstrukturen und ökonomische Faktoren, ergeben sich wiederum praktische Folgerungen der Analyse, die Ratschlägen für die Mächtigen gleichkommen. «Gewalt deutet auf eine Krankheit im sozialen Körper, die sofortige Heilmaßnahmen verlangt, wenn sie nicht die ganze soziale Ordnung untergraben soll.»[61] Die ‹Heilung› könne mit einer Solidarisierung der Mitglieder der Gesellschaft mit den Opfern, mit den zur Gewalt übergehenden Minderheiten oder mit den staatlichen Organen der Gewalt beginnen, wobei die weitaus größten Chancen der letzten Möglichkeit zugebilligt werden. Die ‹Gebrochenheit› dieser konflikttheoreti-

---

59 MAYNTZ, R., Kritische Anmerkungen zur funktionalistischen Schichtungstheorie. In: Soziale Schichtung und Mobilität, Sonderheft 5, Kölner Zeitschrift f. Soziologie u. Sozialpsychologie, 1961, S. 15.

60 COSER, L. A., *Continuities in the Study of Social Conflict*. New York 1967 *(Some Social Functions of Violence)*.

61 Ebda., S. 87.

schen Position wird auch in anderen Studien dieses Buches deutlich, z. B. in der Konfrontation bestimmter Aspekte der marxistischen Konflikttheorie mit der DURKHEIM-Tradition und in den verschiedenen Versuchen, aktuelle politische Konflikte zu analysieren. Eine Weiterentwicklung von COSERS Konflikttheorie ist hier nicht mehr festzustellen, doch treten die Akzente etwas deutlicher hervor. Besonderes Gewicht wird auf jene Mechanismen der Sozialstruktur gelegt, die Konflikte durch normative Regulation kanalisieren können.[62] Es komme darauf an, in sozialen Konflikten Gemeinsamkeiten der Konfliktgegner festzustellen und mit Hilfe dieser sogenannten *‹termination points›* (gemeinsamer Standpunkte) zu institutionellen und kommunikativen Regelungen zu gelangen. Letztes Ziel sei es, ‹unendlichen Konflikt› in ‹endlichen Konflikt› überzuführen: mit diesem metaphysischen Problem wird die Konflikttheorie von COSER allerdings weit überfordert.

Ein theoretischer Beitrag von COSER hat sich jedoch gehalten: die Unterscheidung zwischen ‹echten› und ‹unechten› oder, wie es später heißt, zwischen ‹realistischen› und ‹unrealistischen› Konflikten. Sie steht einerseits im Zusammenhang mit der Antinomie unendlich/endlich, andererseits mit der Unterscheidung zwischen latenten und manifesten Funktionen (MERTON): Unter ‹realistischen› Konflikten versteht COSER solche, «die durch die Frustrierung spezifischer Forderungen und auf der Basis von Gewinneinschätzungen durch die Beteiligten entstehen ... sofern sie Mittel für bestimmte Zwecke sind». Im Gegensatz dazu werden ‹unrealistische› Konflikte «nicht durch rivalisierende Zwecke der Antagonisten ausgelöst, sondern durch das Bedürfnis nach Spannungsauslösung bei wenigstens einem der Konfliktpartner».[63] Eine wesentliche Funktion dieser analytischen Unterscheidung ist es zunächst einmal, die Frage nach dem *Zusammenhang* dieser beiden Konfliktformen zu provozieren, die sich mit der Frage nach der Abgrenzung sofort stellt. Indem es, wie COSER betont, durch die Unterscheidung zwischen realistischen und unrealistischen Konflikten beispielsweise unmöglich werde, jeden Ausbruch von Gewalt von vornherein als sinnlos und irrational abzutun, wird es auch möglich, den Bereich sozialwissenschaftlich faßbarer Phänomene überhaupt zu erweitern. Das ist für eine Soziologie, die sich jahrzehntelang von vielen wichtigen Problemen abgekapselt hatte, schon ein Fortschritt. Die Frage der Überführung von unrealistischen Konflikten in realistische läßt sich im Rahmen des funktionalistischen Ansatzes, dessen Kennzeichen ja gerade die Ausklammerung der Realitätsfrage ist, allerdings nur als das Problem des Übergangs von ‹ungeregelten› in ‹geregelte› Konflikte diskutieren. Nur im Umkreis normativer Regelungen im Sinne eines Realitätsersatzes gewinnt COSERS Unterscheidung zwischen realistischen und unrealisti-

---

62 Ebda., Kapitel *‹The Termination of Conflict›*.
63 Ebda., S. 98.

schen Konflikten einen vorläufigen Sinn. Deshalb wird es sehr wichtig sein, das Problem der Konfliktregelung zunächst im Zusammenhang eines kommunikativen Regelsystems und dann im Zusammenhang eines Kontrollsystems zu behandeln. Solange nämlich hier keine Klärung erfolgt ist, tritt an die Stelle wissenschaftlicher Kriterien der Beurteilung der ‹Funktionalität› sozialer Konflikte der Hang herrschender Verhältnisse, die Unterscheidung zwischen echt und unecht, realistisch und unrealistisch, endlich und unendlich allzuleicht zu machen.

6. Rollenkonflikte

Der Begriff der Rolle [64] geht in seiner Konzeption auf die erkenntnistheoretische Lage zurück, die Georg Simmel für die westliche Soziologie definierte; er gehört zweifellos zu jenen ‹gewissen Suppositionen, durch die man sich gegenseitig wie durch einen Schleier erblickt›. Nachdem die Fiktivität des bürgerlichen Gesellschaftsvertrags zur positiven Begründung der Soziologie gewendet worden war, konnten die handelnden Subjekte zu ‹Fragmenten, nicht nur des allgemeinen Menschen, sondern auch ihrer selbst› reduziert werden.[65] Der Rollenbegriff zieht aus diesem ‹Menschenbild› die praktische Lehre. Obgleich sein bloß metaphorischer Charakter niemals in Frage stand,[66] war er der Anlaß für eine außerordentlich umfangreiche und komplizierte Diskussion und für verschiedene Ansätze, ihn zum zentralen theoretischen Konzept der Soziologie zu machen; erst in letzter Zeit scheint das Interesse für ihn etwas abzunehmen.[67] In dieser Diskussion kann man eine eher funktionale, auf die Strukturbildung (insbesondere in Organisationen) bezogene und eine eher phänomenologische Auffassung des Rollenbegriffs unterscheiden.

In letzter Konsequenz bezeichnet der struktur-funktionale Rollenbegriff eine ‹Operations-Einheit› sozialer Systeme und Organisationen, eine Abstraktion von den wirklich Handelnden und ihren Aktivitäten und Fähigkeiten, die mehr an der Erhaltung spezifischer Strukturen als an der theoretischen Erfassung von Handlungsabläufen interessiert

---

64 Außer Dahrendorf, R., Homo Sociologicus, a. a. O., vgl. Claessens, D., Rolle und Macht. München 1968; Dreitzel, H. P., Die gesellschaftlichen Leiden und das Leiden der Gesellschaft. Stuttgart 1968; Hartmann, H., Hg., Moderne amerikanische Soziologie, a. a. O.; Popitz, H., Der Begriff der sozialen Rolle als Element der soziologischen Theorie. Recht und Staat, H. 321/322, 2. Aufl. 1970 (1967).

65 Simmel, G., Soziologie, a. a. O., S. 34.

66 Dreitzel, H. P., Die gesellschaftlichen Leiden, a. a. O., S. 105.

67 Vor allem in den modernen systemtheoretischen Entwürfen kommt er kaum noch vor, vgl. unten Kapitel V.

ist.[68] RENATE MAYNTZ hat das sehr deutlich formuliert: «Unter einer Rolle versteht man einen Komplex sozialer Normen oder Erwartungen, die sich auf den Inhaber einer bestimmten Position in der Organisation richten. ‹Erwartung› hat hier einen doppelten Sinn. Zunächst ist damit gemeint, daß ein Positionsinhaber sich auf bestimmte Weise verhalten *soll*; zugleich, und weil man um diese Soll-Erwartung weiß, nimmt man aber auch an, daß er sich tatsächlich so verhalten wird, und erwartet das im Sinne des Vorhersagens. Rollenerwartungen beziehen sich übrigens nicht nur auf das sichtbare Verhalten, sondern auch auf bestimmte Einstellungen und Werthaltungen des Positionsinhabers, sofern sie mit seinen Aufgaben in der Organisation etwas zu tun haben.»[69] Die Hoffnung allerdings, aus der Analyse von ‹Rollen-Netzen› die Sozialstruktur sozusagen additiv erschließen zu können, ist mit der Weiterentwicklung der Systemtheorien fragwürdig geworden. In dem Maße, in dem die theoretische Bedeutung des Rollenbegriffs sinkt, tritt seine ‹praktische› Aufgabe, nämlich sozialtechnisch wirksame Formulierungen der Rechte und Pflichten der Mitglieder von Organisationen abzustützen, in den Vordergrund. Diese Entwicklung führt zu den ursprünglichen Definitionen der sozialen Rolle zurück, die betont hatten, daß Rolle der dynamische Aspekt des Bündels von Rechten und Pflichten sei, die jeder Mensch habe.[70] Allerdings hat sich zwischen die handelnden Individuen und die zu ihnen gehörenden ‹Rollenerwartungen› ein wirksames sozialtechnisches Instrumentarium sozialer Kontrolle geschoben, das nicht zuletzt als das Ergebnis von empirischen Untersuchungen, die mit Rollenkonzepten operierten, angesehen werden muß.[71] In vielen sozialen Bereichen, insbesondere in Organisationen wie dem Industriebetrieb, ist die Definition bestimmter Rollen und Rollenzusammenhänge zum verbindlichen Organisationsschema geworden. In diesen verdinglichten Strukturen, in denen jeder Rollenträger genau weiß, was er zu tun und zu lassen hat, können sich soziale Widersprüche und Spannungen wie in einem Frühwarnsystem fangen und bereits auf der Indivi-

---

68 Vgl. BOGUSLAW, R., *The New Utopians. A Study of Systems Design and Social Change*. Englewood Cliffs, 1965.

69 MAYNTZ, R., Soziologie der Organisation. rde Bd. 166, Reinbek ⁵1971, S. 81.

70 «Ein Status, unterschieden vom Individuum, das ihn einnimmt, ist einfach ein Bündel von Rechten und Pflichten. Eine Rolle repräsentiert den dynamischen Aspekt eines Status. Das Individuum wird einem Status sozial zugewiesen und besitzt ihn in Relation zu anderen Status. Wenn es die Rechte und Pflichten, die den Status ausmachen, aktiviert, spielt es eine Rolle. Rolle und Status sind kaum zu trennen, und die Unterscheidung zwischen ihnen ist nur von akademischem Interesse.» LINTON, R., *The Study of Man: An Introduction*. New York 1936, S. 113.

71 Vgl. auch CLAESSENS, D., Rollentheorie als bildungsbürgerliche Verschleierungsideologie. In: Spätkapitalismus oder Industriegesellschaft? Verhandlungen des Sechzehnten Deutschen Soziologentages, Stuttgart 1969.

dualebene des Rollenspiels abgefangen werden. Vor diesem Hintergrund muß der Begriff des Rollenkonflikts aufgenommen werden.

Während der Rollenbegriff die Aktivität einer Handlungseinheit (eines Handelnden) in sozialen Beziehungsnetzen erfaßt, bezieht sich der Begriff der sozialen ‹Position› auf die Ruhestellung oder Lage dieser Handlungseinheit. Es ist klar, daß angesichts der Komplexität sozialer Strukturen in jeder Position unterschiedliche und zum Teil auch gegensätzliche Beziehungen zusammenlaufen. So ist zum Beispiel die Position des Vaters in unserer Gesellschaft von vornherein auf widersprüchliche Erwartungen angelegt. Aktivieren sich solche Widersprüche im dieser Position entsprechenden Rollenspiel, so kommt es zu dem, was innerhalb der Rollen-Theorie als ‹Intra-Rollenkonflikt› bezeichnet wird. Da jede Person in der Gesellschaft mehrere Positionen einnimmt (Vater, Angestellter), sind natürlich auch Rollenkonflikte denkbar, in denen aus verschiedenen Positionen abgeleitete Aktivitäten miteinander konfrontiert werden: hier spricht man von ‹Inter-Rollenkonflikten›. In beiden Fällen handelt es sich um konfliktuelle Erscheinungen in geregelten Handlungsabläufen, die auf die ungenügende Definition der Rollen (Rollen-Ambiguität) und vor allem auf eine ungenügende Organisation des Rollensystems hinweisen. Jedenfalls hat sich die Diskussion über Rollenkonflikte fast ausschließlich in diesen sozialtechnologischen Bahnen bewegt. Das wird besonders deutlich, wenn man die verschiedenen Möglichkeiten der Reduktion von Rollenkonflikten, die diskutiert worden sind, betrachtet. Neben den der Person offenstehenden Möglichkeiten der Verdrängung, des Rückzugs, der Beschränkung oder Delegierung interessieren dort vor allem die Funktionen der Sanktion und der zeitlich-räumlichen Segmentierung. Sanktionen stellen die ‹andere Seite› der Rollenerwartungen dar, sie regulieren deren Einhaltung und verweisen insgesamt auf das gesellschaftliche Kontrollsystem, und zwar bis ins Detail: «An Hand der negativen Sanktionen, die das Verhalten in bestimmten Rollen überwachen, wäre es sogar denkbar, hier bis zu quantitativen Unterscheidungen vorzudringen. Eine Skala, die alle möglichen negativen Sanktionen von Zuchthausstrafen bis zur Geringschätzung der Mitglieder der Bezugsgruppe mit Meßzahlen versieht, könnte dazu dienen, Rollenerwartungen wenigstens unter einem Aspekt durchgehend zu klassifizieren.»[72] Zwar ist ein solches Programm illusorisch, es entspricht aber dem Moment des Zwanges, das der strukturfunktionale Rollenbegriff enthält. Auch die Regulierung von Rollenkonflikten durch zeitliche und räumliche Segmentierung weist, wenngleich differenzierter, auf diesen Zwangscharakter hin. In komplexen sozialen Strukturen ist es sinnvoll, bei auftauchenden Rollenkonflikten nicht mit Sanktionen, sondern mit einer ‹Rollen-Schottung› (W. J. Goode) zu reagieren: die Positions- und Rollenanforderungen werden durch räumliche und zeitliche Trennung, d. h. durch bessere Organisa-

72 Dahrendorf, R., Homo Sociologicus, a. a. O., S. 57.

tion, voneinander abgedichtet und erlauben dann ein reibungsloseres Funktionieren der Handlungseinheiten. Die Definition von Rollen und Rollensystemen und die Bereitstellung von Techniken zur Einhaltung dieser Rollenerwartungen wird hier also über Rollenkonflikte als Indikatoren unzureichender Kontrolle oder Organisation vermittelt: «Meine These ist», schreibt z. B. PARSONS, «daß *jede* bedeutsame Störung der Gesellschaft mindestens auf der Rollenebene, nämlich in der Motivation der Individuen, weitgehende Störungen auslösen und mindestens auf dieser Ebene zu Strukturwandlungen führen wird.»[73]

Während der struktur-funktionale Rollenbegriff letztlich den Zwangscharakter von Gesellschaft impliziert und aus der Rollenmetapher die Begründung sozialtechnischer Maßnahmen auf personaler Ebene bezieht, werden mit dem phänomenologischen Rollenbegriff eher der ‹schicksalhafte› Charakter von Gesellschaft und ein gewisser Fatalismus gegenüber den Handlungsmöglichkeiten der Individuen beschworen.[74] Ausgangspunkt ist hier nicht das gesellschaftliche Kontrollsystem, sondern die subjektive Leistung der sinnhaften Ausrichtung des Verhaltens in einem kommunikativen Zusammenhang, der einerseits als ‹Lernmilieu›, andererseits als ‹Handlungssituation› gesehen werden kann. Der Versuch von H. P. DREITZEL, struktur-funktionale und phänomenologische Elemente zu einer Konzeption des Rollenspiels als einer «sinnvollen Einheit unterschiedlicher typisierter Verhaltensweisen im Hinblick auf einen Relevanzbereich und seine Präferenzordnung der Gegebenheiten»[75] zusammenzufassen, kann hier nicht referiert werden. Aber letztlich zeigt gerade dieser Versuch, daß eine von den ‹Ich-Leistungen› ausgehende Erfassung und Typisierung von Rollen den objektiven gesellschaftlichen Bedingungen noch hilfloser gegenübersteht als der Struktur-Funktionalismus. Zwar weist DREITZEL darauf hin, daß Störungen im Rollenspiel «stets auf ihren Ursprung in *Kommunikationsproblemen, Produktionsproblemen* oder *Herrschaftsproblemen* zurückverfolgt werden können», so daß die Untersuchung von Störungen des Rollenverhaltens «zu einer soziologischen Kritik der gesellschaftlichen Institutionen» führen müsse;[76] doch beweist seine Untersuchung selbst, daß Rollenkonflikte allenfalls als Indizien eines unerträglichen, aber auch unerklärlichen gesellschaftlichen Drucks verstanden werden können. Diese auf sozialpathologische Zustände angesetzte Rollenanalyse deutet an, «wo der [Rollen-]*Konflikt* als ein Abwehrmechanismus dient ..., wann ein Konflikt anomische Züge annimmt ..., unter welchen Bedingungen die *Wirkung* eines rebellieren-

---

73 PARSONS, T., Das Problem des Strukturwandels: Eine theoretische Skizze. In: ZAPF, W., Hg., Theorien des sozialen Wandels, a. a. O., S. 43.

74 DREITZEL, H. P., Die gesellschaftlichen Leiden, a. a. O.

75 Ebda., S. 135.

76 Ebda., S. 367.

den Verhaltens die bloße Störung des Rollenspiels sein wird ...»[77]; sie könnte aber erst dann «zu einer differenzierten Analyse der Formen und Chancen des Widerstands gegen die normative Verfassung einer Gesellschaft beitragen», wenn sie die historische und soziale Variabilität des Rollenverhaltens, die ideologische Struktur der Institutionen, die Maximen einer Sozialethik [78] und vor allem die Herrschaftsstruktur mit berücksichtigte. Das muß aber einem Rollen-Begriff und Begriff von Rollenkonflikt schwerfallen, der von der individuellen Inszenierung des Rollenspiels ausgeht. Denn alle Rollenkonflikte kulminieren dann in einem Phänomen, das schon bei DURKHEIM der Ausgangspunkt für die Rekonstruktion der bürgerlichen Gesellschaft im ‹kollektiven Bewußtsein› einer neuen Moral war: in der Disposition zum Selbstmord. «So ließe sich Durkheims Typ des fatalistischen Selbstmords hier als letzte Konsequenz der Distanzierungsstörung [d. h. jenes Rollenkonflikts, der auf der Schwierigkeit, die Rolle zu *spielen*, beruht, K.] anführen und sein Typ des anomischen Selbstmords als äußerste Konsequenz der Orientierungsstörung [d. h. der Unfähigkeit, *Rollen* zu spielen, K.] – der Selbstmord ist die *ultima ratio* der Identitätsbildung eines Menschen, der keinerlei Identifikationsmöglichkeiten mehr im Interaktionsprozeß findet und sich paradoxerweise als gesellschaftliches Wesen nur behaupten kann, indem er sich der Gesellschaft ein für allemal entzieht. Noch in der vollkommenen Negation der Gesellschaft ist das Individuum Teil dessen, was es negiert.»[79] Wer nicht ‹spielen› kann und wer keine Rollen wahrnimmt, den verläßt ‹die› Gesellschaft, die er selbst nicht verlassen kann. Hier ist eine Drohung impliziert, die keineswegs leer ist, obgleich sie sich eines leeren Gesellschaftsbegriffs bedient. Rollenkonflikt wird hier letztendlich zum Indiz einer Ohnmacht, wie sie, so MAX WEBER im Bewußtsein dieser Lage, «aus jenem schönen, unter die Jesaja-Orakel aufgenommenen, edomitischen Wächterlied in der Exilzeit klingt: ‹Es kommt der Morgen, aber noch ist es Nacht. Wenn Ihr fragen wollt, kommt ein ander Mal wieder.›»[80] Auch dem in ADORNOS negativer Dialektik als Leid der Subjekte fixierten Herrschaftskonflikt liegt diese Haltung des Stillehaltens nahe. Sie wird pragmatisch verstärkt dadurch, daß Rollenerwartungen gesellschaftliche Übermacht handfest und handlich darstellen und daß seine als Rollenkonflikte erfahrenen Konflikte dem einzelnen ‹Widerstand ist zwecklos› signalisieren.

---

77 Ebda., S. 400.

78 Diese Problembereiche bezeichnen bei DREITZEL die ‹Grenzen› seiner Rollenanalyse.

79 Ebda., S. 380.

80 WEBER, M., Aufsätze zur Wissenschaftslehre, a. a. O., S. 613.

7. Ein Kritiker der funktionalistischen Konflikttheorie: Ralf Dahrendorf

Der relativ frühe, breit angelegte Versuch von Dahrendorf, die Schwächen der funktionalistischen Konflikttheorie ‹mittlerer Reichweite› aufzudecken, ohne auf eine nicht-marxistische Konfliktsoziologie zu verzichten, verläuft in zwei Phasen. Zunächst einmal setzt sich Dahrendorf unter industriesoziologischem Aspekt mit der Theorie des Klassenkampfs auseinander [81] und gewinnt aus dieser verengten Sicht ein Modell industrieller Gruppenkonflikte, das die gesamtgesellschaftliche Herrschaftsanalyse zugunsten der Analyse von Konflikten in beliebigen, ‹prinzipiell voneinander unabhängigen› Herrschaftsverbänden zurückstellt. In einer zweiten Phase nimmt Dahrendorf den noch ungeklärten theoretischen Status des Struktur-Funktionalismus zum Anlaß, um sozusagen bis auf weiteres seine Mängel in einer von ihm unabhängigen, aber komplementär zu verstehenden Konflikttheorie aufzuheben; diese Phase endet, abgesehen von einigen hier an anderer Stelle referierten Ergebnissen, mit einer metaphysischen Theorie sozialen Wandels.

Dahrendorfs Herrschaftsbegriff behält die Marxsche Konzeption des Klassenantagonismus zwar bei, setzt aber an die Stelle einer gesamtgesellschaftlich fixierbaren Herrschaftsstruktur die Pluralität von Herrschaftsstrukturen in allen Lebensbereichen. «Klassen sind konfligierende soziale Gruppierungen, deren Bestimmungsgrund im Anteil an oder Ausschluß von Herrschaft innerhalb beliebiger Herrschaftsverbände liegt.»[82] Die darin enthaltene Tendenz, strukturelle Konflikte nur in partikulären Bezügen zu erfassen, steht natürlich in einem gewissen Widerspruch zur auch von Dahrendorf bekräftigten Absicht der Klassentheorie, «jene besondere *Form des strukturverändernden Konflikts,* die getragen wird von Herrschaftsverbänden entspringenden Aggregaten oder Gruppen», deuten zu wollen.[83] Dieser Widerspruch ist in den ersten Versionen seiner industriellen Konflikttheorie schwächer als in den späteren.[84] Dahrendorf unterscheidet zunächst exogene (von außen an eine Gesellschaft herangetragene) Konflikte von endogenen und diese wiederum danach, ob sie unter bestimmten historischen Bedingungen auftreten oder allgemein-strukturellen Charakter haben. Der wichtigste strukturelle Konflikt ist der *Herrschaftskonflikt,* wobei Herrschaft im Sinne Max Webers als ein Über- und Unterordnungsverhältnis begriffen wird. Folgende Schritte beschreiben die Entfaltung eines

---

81 Dahrendorf, R., Soziale Klassen und Klassenkonflikt. Stuttgart 1957; ders., Zu einer Theorie des sozialen Konflikts (1957). Neu abgedr. in: Zapf, W., a. a. O.

82 Dahrendorf, R., Soziale Klassen, a. a. O., S. 125.

83 Ebda., S. 135.

84 Vgl. die englische Version von ‹Soziale Klassen und Klassenkonflikt›: *Class and Class Conflict in Industrial Society.* Stanford 1959.

strukturellen Herrschaftskonflikts: 1. In jedem Herrschaftsverband bilden die Träger der positiven und negativen Herrschaftsrollen zwei Quasigruppen. Die Quasigruppe der Herrschenden ist an der Erhaltung des *status quo*, die der Beherrschten an seiner Veränderung *interessiert*. 2. Diese Quasigruppen *organisieren* sich zu Interessengruppen, *wenn* bestimmte empirische Bedingungen gegeben sind (vor allem: Kommunikationsmöglichkeiten, Garantie der Koalitionsfreiheit, materielle Mittel). 3. Die Interessengruppen stehen in ständigem *Konflikt* um die Erhaltung oder Veränderung des *status quo*, dessen Formen und Intensität wiederum von empirischen Bedingungen abhängen (vor allem: individuelle Mobilität, Mechanismen zur Regulierung sozialer Konflikte). 4. Der Konflikt zwischen Interessengruppen führt zu *Veränderungen* der Struktur von Sozialzusammenhängen durch die Veränderung in ihren Herrschaftsverhältnissen. Den Grad der Veränderung bestimmen ebenfalls empirische Bedingungen, zu denen vor allem die *Intensität* der Konflikte, bis hin zur Gewalt, gehört.[85]

In dieses Modell paßt noch durchaus das nur in gesamtgesellschaftlichen Bezügen denkbare Konzept der Revolution, der Umwälzung einer Herrschaftsstruktur von unten her, und DAHRENDORF sieht hier auch noch Anschlußmöglichkeiten an eine Soziologie der Revolutionen.[86] Im Zuge der Verfeinerung seines Ansatzes wird Strukturwandel allerdings immer deutlicher nicht mehr als Umwälzung, sondern als in vielen Rinnsalen verlaufende allgemeine Bewegung begriffen. Vor allem in der englischen Version seines Buches über den Klassenkonflikt tritt diese Tendenz hervor. DAHRENDORF formalisiert hier seine Theorie in 39 Thesen, die einem funktionalistischen Modell zum Verwechseln ähnlich sehen.[87] Das läßt sich erstens an seinen hier noch einmal formulierten Prämissen, zweitens an der Behandlung der Dimensionalität von ‹Klassenkonflikten› und drittens an seinem Begriff des sozialen Wandels zeigen. DAHRENDORF spricht von zwei ‹metatheoretischen oder methodologischen› Prämissen seiner Untersuchungen; die eine sei formal und betreffe das heuristische Ziel, Strukturwandel durch Formen des Gruppenkonflikts zu erklären: unter dieser Prämisse könne man weder deskriptiv vorgehen noch auf Probleme gesellschaftlicher Kohärenz, wie die Integrationstheorien sie behandeln, rekurrieren, sondern müsse eine ‹reine Konflikttheorie› entwerfen. Die zweite Prämisse sei substantiell und setze voraus, daß man das heuristische Ziel nur erreichen könne, wenn man sich gesellschaftlichen Zusammenhang und gesellschaftliche Stabilität als das Ergebnis von *Zwang* vorstelle; das müsse in Form

85 DAHRENDORF, R., Zu einer Theorie, a. a. O.

86 DAHRENDORF, R., Über einige Probleme der soziologischen Theorie der Revolution. In: Europäisches Archiv für Soziologie 2 (1961).

87 LOCKWOOD, D., Soziale Integration und Systemintegration. In: ZAPF, W., a. a. O., S. 124 ff; RÜSCHEMEYER, D., Einleitung zu T. PARSONS, Beiträge zur soziologischen Theorie. Neuwied und Berlin 1964.

einer ‹Zwangstheorie der Gesellschaft›, die sich von funktionalistischen Integrationstheorien absetze, geschehen. DAVID LOCKWOOD hat mit überzeugenden Argumenten bezweifelt, «ob das Phänomen des Konflikts hinreichend erfaßt werden kann, ohne viele der Vorstellungen und Behauptungen über die dynamischen Eigenschaften der Wertsysteme (oder Ideologien), die vom normativen Funktionalismus entwickelt oder übernommen wurden, in die Konflikttheorie einzubeziehen».[88] Und er fährt fort, daß «heute die Divergenz zwischen dem, was Dahrendorf ‹Integrationstheorie› und ‹Zwangstheorie› nennt, bei der Definition der Probleme viel offensichtlicher (ist) als bei ihrer Lösung».[89] Ein zweites Indiz für die Nähe zum Funktionalismus: die Dimensionen, innerhalb derer ‹Gruppenkonflikte des Klassentyps› ablaufen sollen, werden primär unter dem Aspekt der Konfliktlösung oder Konfliktvermeidung analysiert. In Frage stehen nicht mehr die Bedingungen der Intensitätssteigerung von Klassenkonflikten, sondern die Bedingungen ihrer Abwiegelung: «Die Intensität des Klassenkonflikts nimmt ab in dem Maße, in dem die Bedingungen der Klassenorganisation präsent sind ... in dem Klassenkonflikte in verschiedenen Herrschaftsverbänden dissoziiert (aber nicht verdrängt) sind ..., in dem verschiedene Gruppen in einer Gesellschaft dissoziiert sind ..., in dem die Verteilung von Herrschaft und die Verteilung von Belohnungen und Vorteilen in einem Verband dissoziiert sind» usw. Gleiches gilt für die Dimension der Heftigkeit von Konflikten: sie nimmt ab «in dem Maß, in dem der Klassenkonflikt wirksam reguliert wird».[90] Es handelt sich hier letztlich um die für die funktionalistische Konflikttheorie typische Denkfigur der Überführung von Unordnung (Intensität, Ungeregeltheit etc.) in Ordnung, Struktur, Regelung. Das wird auch deutlich, wenn man vor diesem Hintergrund ‹dissoziierter› Klassenkonflikte erneut den hier verwendeten Begriff des sozialen Wandels oder Strukturwandels betrachtet: «Gruppenkonflikte des Klassentyps bewirken Strukturwandel in den Verbänden, in denen sie auftauchen. – Die Radikalität des Strukturwandels variiert entsprechend der Intensität des Klassenkonflikts. – Die Plötzlichkeit des Strukturwandels variiert entsprechend der Heftigkeit des Klassenkonflikts.»[91] Die Dimensionen der Radikalität und Plötzlichkeit können nicht verdecken, daß es sich nicht mehr um generellen ‹Strukturwandel›, sondern um den Wandel von sehr begrenzten Strukturen handelt und daß damit eine reifizierende Eingrenzung konfliktueller Bewegungen stattgefunden hat, die den ob-

---

88 LOCKWOOD, D., a. a. O., S. 127, versteht unter ‹normativem Funktionalismus› jene Richtung, in der die Analyse der sozialen Stabilität der Analyse des sozialen Wandels vorausgeht und den ‹gemeinsamen Wertelementen› für die Integration sozialen Handelns eine emphatische Rolle zukommt.

89 Ebda., S. 128.

90 DAHRENDORF, R., *Class and Class Conflict*, a. a. O., S. 239 f.

91 Ebda., S. 240.

jektiven Möglichkeiten ihrer Eingrenzung bei weitem vorgreift.

DAHRENDORF hat sich der Enge kontrollierten Wandels in einem zweiten Anlauf zur Kritik am Struktur-Funktionalismus zu entziehen versucht. Schon in seinem zuerst 1958 erschienenen Aufsatz ‹Pfade aus Utopia›[92] wird das Konfliktmodell der Gesellschaft mit einem gewissen ‹metaphysischen› (COSER) Schwung vertreten, der einerseits zu verschiedenen Typologien beflügelt, andererseits in den Appell zu einer neuen soziologischen Sehweise mündet. In dem ironisch (?) ‹Die Funktionen sozialer Konflikte›[93] überschriebenen Aufsatz geht DAHRENDORF noch einmal mit COSER ins Gericht: «Liegt wirklich die einzige soziologisch relevante Konsequenz eines Streiks oder gar einer Revolution darin, daß sie eine Beziehung zwischen den feindlichen Parteien konstituiert? Die Frage stellen, heißt sie verneinen. Es gelingt Coser zwar zu zeigen, daß auch der Funktionalist noch über Konflikte etwas auszusagen vermag, zugleich aber zeigt er die Armseligkeit des funktionalen Ansatzes angesichts von Phänomenen, die über je bestehende soziale Systeme hinausweisen. Cosers Schluß ist das letzte Wort des Funktionalismus zur Problematik sozialer Konflikte: Diese sind der Möglichkeit nach aus der Struktur der Gesellschaft erwachsen; sie können dysfunktional, aber sie können auch funktional sein. Doch möchte man hoffen, daß das letzte Wort des Funktionalismus nicht auch das letzte Wort der Soziologie zu diesem Problem ist. Das heißt aber, daß die soziologische Theorie sich bei der Bestimmung der Konsequenzen sozialer Konflikte vom funktionalen System-Modell der Gesellschaft radikal trennen und neue Bezugspunkte suchen muß.»[94] Wie aber kann eine radikale Trennung vom Struktur-Funktionalismus aussehen, bei der historischer Materialismus oder doch wenigstens die dialektische Theorie nicht einmal als mögliche Alternative auftreten? Schon LOCKWOOD fragt ja in seiner Kritik an DAHRENDORF vorsichtig, «ob nicht die Marxsche Betrachtungsweise die Elemente einer allgemeineren soziologischen Formulierung [der Konflikttheorie] enthält».[95] Die Bemühungen von DAHRENDORF, sich dieser impliziten Frage implizit zu entziehen, spiegeln das Dilemma vieler konfliktsoziologischer Ansätze wider, das erst in der Entwicklung der modernen funktionalistischen Systemtheorien bis zu einem gewissen Grade nutzbringend aufgeschoben wird. Im Grunde hat DAHRENDORF statt eines Auswegs nur paratheoretische Affekte anzubieten: «Immer aber liegt in sozialen Konflikten eine hervorragende schöpferische Kraft von Gesellschaften. Gerade weil sie über je bestehende Zustände hinausweisen, sind Konflikte ein Lebenselement der Gesellschaft – wie möglicherweise Konflikt überhaupt ein Element allen Lebens ist.»[96] Das erinnert

---

92 Neu abgedruckt in DAHRENDORF, R., Pfade aus Utopia, a. a. O.

93 In: DAHRENDORF, R., Pfade aus Utopia, a. a. O., S. 263 ff.

94 Ebda., S. 271.

95 LOCKWOOD, D., a. a. O., S. 129.

96 DAHRENDORF, R., Pfade aus Utopia, a. a. O., S. 272.

doch stark an Gabriel Tardes *‹L'Opposition Universelle›* und andere globale Konflikttheorien des 19. Jahrhunderts, ohne daß eine Anschlußmöglichkeit an die moderne soziologische Forschung sichtbar würde. Vielmehr verwickelt sich das Plädoyer für die Konfliktperspektive in Widersprüche: einerseits «liegen der Sinn und die Konsequenz sozialer Konflikte darin, den historischen Wandel wachzuhalten und die Entwicklung der Gesellschaft voranzutreiben»; andererseits beklagt sich Dahrendorf darüber, daß viele Soziologen seit Marx «die Faktoren sozialen Wandels in metasozialen Gegebenheiten gesucht» hätten, und setzt dagegen einen allgemeinen Konfliktbegriff, der «alle strukturell erzeugten Gegensatzbeziehungen von Normen und Erwartungen, Institutionen und Gruppen» meint. Dann wieder führt er für seinen Ansatz selbst ‹metasoziale› Bedingungen ein: «Es ist klar, daß eine solche Funktionsbestimmung sozialer Konflikte andere para-theoretische Voraussetzungen hat als die struktur-funktionale Theorie ... Die These ..., daß die Konsequenz sozialer Konflikte in der Erhaltung des historischen Wandels liegt, setzt voraus, daß jede Gesellschaft zu jeder Zeit in allen ihren Teilen dem Wandel unterliegt. Diese Voraussetzung ist in aller Radikalität zu verstehen. Auch Konflikte sind nicht Ursachen des sozialen Wandels [aber Wandel ist offensichtlich ihre Konsequenz, K.]; überhaupt entfällt die Frage nach den Ursachen des Wandels, wenn wir die galileische Wende vollziehen, die Bewegung zu unserer ersten Setzung zu machen.»[97]

Diese galileische Wende ist in den bürgerlichen Sozialwissenschaften allerdings schon durch Hobbes vollzogen worden. *‹Matter in motion›* bewegt sich auf ‹Ordnung› zu; eine als unendlich komplex gesetzte Umwelt erlaubt keine andere Endlichkeit als die Endlichkeit des Systems. Der Entschluß, sich dieser Probleme *weder* dialektisch *noch* funktional anzunehmen, führt nicht, wie Dahrendorf gehofft hat, zu einer ‹philosophischen Theorie der Gesellschaft›, sondern zu einem Philosophieren inmitten unbegriffener Verhältnisse. Dahrendorfs Beitrag zur Konfliktsoziologie bleibt aber von dieser letzten Entwicklung seiner Theorie insofern unberührt, als viele seiner Einsichten und Modelle ohne weiteres unter den Ansatz der funktionalistischen Konflikttheorie subsumiert und dort auch fruchtbar gemacht werden können. Das gilt nicht zuletzt für seine Überlegungen zur Frage der Lösung und Regelung von Konflikten.

8. Die Regelung sozialer Konflikte

Wir haben zu Beginn dieses Kapitels zu zeigen versucht, daß zu den Funktionen von Kommunikation in erster Linie die symbolische Verteilung sozialer Muster und die Regelung des ‹Verkehrs› unter diesen

97 Dahrendorf, R., a. a. O., S. 274.

symbolisierten Verteilungsmustern gehören. Kommunikation kann in diesem Sinne mit einer Form des gesellschaftlichen Bewußtseins verglichen werden, in der Bewegung und ‹Wechselwirkung› die wichtigsten Qualitäten sind. Wir werden im nächsten Kapitel sehen, daß die Funktionen sozialer Kontrolle sich im Gegensatz dazu auf die Stabilisierung und Expansion sozialer Verteilungsmuster beziehen und folglich Kontrolle auf bestimmte Struktur- und Wirkungsqualitäten des gesellschaftlichen Bewußtseins verweist. Diesen beiden Aspekten entsprechen verschiedene Entwicklungsstufen des Funktionalismus. Es ist ganz deutlich, daß GEORG SIMMELS Methodologie darauf angelegt war, den vielfältigen oberflächlichen Bewegungen des verallgemeinerten Subjekts relativ sprunghaft zu folgen. Und MERTONS vorsichtig formuliertes funktionalistisches Paradigma tastet letztlich die Verhältnisse im herrschenden Bewußtsein ab, ohne das Bewußtsein der Herrschenden anzutasten. Die in ihrem Gefolge entwickelten Konflikttheorien haben konsequenterweise vor allem ein Auge für erste normative Zusammenhänge und Regulationen, die sich aus ursprünglich ungeregelten sozialen Konflikten ergeben können. Nach einem ersten Begriff von Konflikt richtet sich ihr Interesse auf Möglichkeiten der Konfliktreduktion und -lösung.

Das spezifisch ‹funktionalistische› Interesse an der Beendigung von Konflikten betrifft also ihre *Regelbarkeit*. DAHRENDORF nennt eine Reihe von Voraussetzungen erfolgreicher Regelung: den Konsens aller Beteiligten über Unvermeidbarkeit und sogar Existenzberechtigung von Konflikten, den Verzicht auf Ursachenforschung zugunsten einer Regelung der *Formen* sowie die Kanalisierung und Bewußtmachung bestehender Konflikte (Manifestation). Sind diese Bedingungen erfüllt, so können sich die Beteiligten auf bestimmte ‹Spielregeln› einigen, die «gewiß der entscheidende Schritt jeder Regelung sozialer Konflikte» sind.[98] Der Verzicht «auf den vergeblichen Versuch der Beseitigung der Ursachen», das Postulat des Konsens und das Verlangen nach Manifestierung implizieren bereits, daß hier auf der Ebene der Kommunikation operiert wird. Das wird noch deutlicher bei DAHRENDORFS Versuch, verschiedene Formen von Spielregeln, d. h. Arten und Weisen, in denen «die Kontrahenten ihre Gegensätze auszutragen beabsichtigen», zu unterscheiden. In Anlehnung an eine industriesoziologische Typologie [99] gibt DAHRENDORF die folgende Übersicht:

98 DAHRENDORF, R., Gesellschaft und Freiheit, a. a. O., S. 227 f.

99 MOORE, W. E., *Industrial Relations and the Social Order*. New York 1946.

Formen der Regelung sozialer Konflikte
(nach Dahrendorf)

Einladung	Annahme	Bezeichnung
der Entscheidung Dritter		
keine	keine	Verhandlung
freiwillig	freiwillig	Vermittlung
freiwillig	verbindlich	Schlichtung
verbindlich	freiwillig	
verbindlich	verbindlich	Zwangsschlichtung

Verhandlungen stellen die einfachste Form der kommunikativen Konfliktregelung dar; sie haben, wenn sie erst einmal beginnen, eine inhärente Struktur, die man mit Hilfe spieltheoretischer Überlegungen und umfassender Theorien der Handlungsstrategie aufzuschließen versucht hat.[100] Allerdings haben spieltheoretische Modelle zum Verständnis der Komplexität des Kommunikationsvorgangs einer Verhandlung letztlich weniger beigetragen als Analysen traditioneller diplomatischer Verhandlungsformen und von Persuasions- und Beeinflussungsprozessen.[101] Im übrigen involvieren soziale Regelungen sozialer Konflikte im allgemeinen ‹Dritte› oder ‹Neutrale›, von der unverbindlichen Hinzuziehung von Außenstehenden bei der *Vermittlung* bis zu den strengeren Formen der *Schlichtung* und *Zwangsschlichtung*.

Eine genauere Betrachtung der Rollen des ‹Dritten› zeigt, daß es sich bei diesem zunächst zur besseren Strukturierung des Kommunikationsvorgangs eingeführten Faktor um eine Schlupfvariable handelt, die eine große Zahl von objektiven und subjektiven Aspekten abdeckt. E. Converse ist dem Phänomen der ‹dritten Partei› im Ablauf geregelter internationaler Konflikte nachgegangen. Sie zählt eine Reihe von ‹Dritt-Rollen› auf, die in der konflikttheoretischen Literatur vorkommen: den *tertius gaudens*, den Prügelknaben, die Majorität als Schiedsrichter bei Streitigkeiten zwischen Minoritäten, Gerichte, den Guerilla als Katalysator, den Zuschauer, den Vermittler, die dritte Macht in multipolaren Verhältnissen, Agenten des sozialen Wandels, Geiseln usw. Als das wichtigste Kriterium ergibt sich dabei das der Neutralität, die im allgemeinen entweder auf Desinteresse oder auf Mißtrauen und aufgeschobenem Urteil beruhe.[102] Der neutrale Dritte als die soziale Regel-

100 Vgl. zur Einführung Shubik, M., Hg., Spieltheorie und Sozialwissenschaften. Frankfurt 1965.

101 Vgl. z. B. Iklé, F., Strategie und Taktik des diplomatischen Verhandelns. Gütersloh 1965.

102 Weitere Literaturangaben bei Converse, E., a. a. O.

instanz wird zum Problem, wenn man der Legitimation seiner Neutralität nachgeht, also fragt, wer die Richter richtet, wessen Interessen derart verallgemeinerungsfähig sind und unter welchen Umständen die Neutralität abbricht. Es liegt nahe, die ‹dritte Partei› dann nicht mit sozialen Gruppen, sondern mit gemeinsamen Werten oder Normen, unpersönlichen sozialen Mechanismen und unabdingbaren Menschenrechten zu identifizieren. Auf diesem Wege kommt der ganze strukturelle Kontext eines sozialen Konflikts als Quelle von Spielregeln in Frage. Statt von Spielregeln konfliktueller Interaktion zu sprechen, schlägt E. Converse deshalb vor, von einer im Konfliktprozeß selbst entstehenden ‹dritten Wirklichkeit› auszugehen, so wie sich beispielsweise das Pidgin-Englisch als Lingua Franca herausgebildet habe. Sie deutet damit eine Möglichkeit der Erschließung der jedem Konflikt eigentümlichen kommunikativ-kognitiven Struktur an, die neuerdings in das Zentrum des Forschungsinteresses an geregelten Konflikten gerückt ist.

So gehen beispielsweise Hammond und Brehmer[103] davon aus, daß Konflikte nicht nur aus der Konkurrenz um knappe Güter, sondern auch durch kognitive Differenzen entstehen. Sie schlagen vor, eine derartige kognitive Inkonsistenz der Perspektiven mit Hilfe kybernetischer Techniken zu korrigieren: die Kontrahenten sollten einem visuell-interaktiven Computersystem ihre differenten Standpunkte eingeben, die dann sofort in visuell-graphischer Form zurückgemeldet würden; dadurch könne der mühselige verbale Prozeß der Konfliktregelung umgangen werden. «Solche Hilfsmittel müßten die symbolischen Hilfsmittel der Mathematik und eher Diagramme als Worte verwenden . . . wir brauchen einen Wechsel von der verbalen zur quantitativ-piktorialen Form des feedback.»[104] Wir erwähnen dieses Beispiel aus zwei Gründen. Erstens ist schon bei der Entwicklung spieltheoretischer Modelle deutlich geworden, daß die Regelung von Konflikten im wesentlichen ein kognitives Problem ist; es weist über die primitiven Formen normativer Gemeinsamkeiten, über die Gemeinsamkeit von Rechtsregeln und auch über den Rechts- und Legitimitätscharakter von Herrschaft hinaus und bezieht in die Regelung die kritische Analyse der spezifischen latenten Struktur eines Konflikts mit ein. Auf diesem Wege ist dann auch ein Rückbezug auf das materielle Substrat sozialer Konflikte, auf ihre ‹Ursachen›, möglich, was Dahrendorf bezeichnenderweise ausgeschlossen hatte. Zweitens macht der Versuch, effizientere Medien der Kommuni-

---

103 Hammond, K. R., u. Brehmer, B., *Cognition, Quarrels and Cybernetics.* Boulder, Col., 1969, Institute of Behavioral Sciences, University of Colorado, Program on Cognitive Processes Report No. 117; vgl. auch Rapoport, L., *Cognitive Conflict as a Function of Socially Induced Cognitive Difference.* JCR, Vol. VIII, 1969, S. 143 ff.

104 Hammond, K. R., u. Brehmer, B., a. a. O., S. 6.

kation als die verbalen zu suchen, auf die jedem Konflikt inhärente Dringlichkeit aufmerksam, die bislang vielen kommunikativen Regelungsmöglichkeiten im Wege stand. Auch die Regelungsinstanz einer kritischen Öffentlichkeit beispielsweise kann erst in Gang kommen, wenn sie vom irrationalisierenden Druck der Ungeduld entlastet wird, den vor allem herrschende Interessen immer wieder zu ihren eigenen Gunsten ausgenutzt haben: erst wenn der Stau der Bedürfnisse in ‹Materialkombinationen› und von da in symbolische Muster abgeleitet worden ist, kann statt Aggressionen der Kern der Konflikte freigelegt werden.

9. Der dialogisch oder auch dialektisch ergänzte Funktionalismus

Parteilichkeit für ‹Regelhaftigkeit› im Konfliktfall, für eine «in organisationsinternen Öffentlichkeiten entfachte kritische Publizität»[105] gehört zu einer sozialwissenschaftlichen Tradition, die zwar keine ausdrückliche Konflikttheorie entwickelt hat, den Konfliktphänomenen aber durch eine grundsätzlich ‹dialektische› Haltung sozusagen müheloser als der reine Funktionalismus auf der Spur geblieben ist. Zu dieser Tradition gehören neben vielen anderen[106] C. Wright Mills und Jürgen Habermas. Mills' Formel, daß private Sorgen mittels einer funktionierenden *‹public›* (Öffentlichkeit) in gesellschaftliche Probleme umzusetzen seien, wird von Habermas im Begriff einer wissenschaftlich-kritisch räsonierenden Öffentlichkeit aufgenommen. Präziser als Mills entwikkelt Habermas dabei den Aspekt der in Frage kommenden Kommunikationsmechanismen. Das führt bei Habermas sogar so weit, daß er den Austragungsbereich sozialer Konflikte auf den institutionellen Rahmen symbolisch vermittelter Interaktion beschränkt sehen möchte und damit implizit die Analyse anders als kommunikativ vermittelter Herrschaftskonflikte vorzeitig, wenn auch mit guten moralischen Gründen, verdrängt. Diese Parteinahme für die geregelte (kommunikativ organisierte) Austragung von Konflikten ist gleichwohl ein wichtiges wissenschaftspolitisches Moment, auf das wir im Zusammenhang mit der Rolle der Konfliktforschung in Herrschaftskonflikten noch zurückkommen.

Wichtiger sind hier zunächst die von Mills und vor allem Habermas aufgeworfenen methodologischen Fragen. Mills beschreibt eine ‹soziologische Denkweise› oder besser eine Form soziologischer Urteilskraft, die befähigen müsse, «von einer Perspektive zur anderen zu wechseln – von der politischen zur psychologischen; von der Untersuchung einer einzelnen Familie zu einer vergleichenden Erhebung über die National-

105 Habermas, J., Strukturwandel der Öffentlichkeit, a. a. O., S. 270.
106 Veblen, Th., Lynd, R., Lundberg, F., Riesman, D., Whyte, W. F., etc.

budgets der Welt ... von Untersuchungen der Ölindustrie bis zu Studien über Gegenwartslyrik. Es ist eine Fähigkeit, sich von den unpersönlichsten und entferntesten Wandlungserscheinungen bis zu den innersten Eigenschaften des menschlichen Selbst zu bewegen – und die Verbindung zwischen beiden zu sehen.»[107] Diesen innerwissenschaftlichen Kommunikations- und Forschungsstil kann man als dialektischen Funktionalismus bezeichnen, denn er verbindet die Kategorie der Wechselwirkung mit der Forderung nach historischer Konkretheit, ohne, wie der dialektische Materialismus, historische Bewegungsgesetze zu postulieren, die über die generelle Hoffnung auf eine Durchsetzung der emanzipatorischen Vernunft hinausgehen. In ähnlicher Weise verlangt HABERMAS nach einem ‹hermeneutisch aufgeklärten und historisch gerichteten Funktionalismus›: «Ein funktionalistischer Ansatz hat den Vorzug, objektiv-intentionale Zusammenhänge systematisch in den Griff zu nehmen. Der objektive Zusammenhang, aus dem soziales Handeln ohne Preisgabe von Intentionalität begriffen werden kann, wird nicht allein aus den Fäden tradierten Sinns und sprachlich artikulierter Überlieferung gesponnen. An ihm dürfen Dimensionen der Arbeit und Herrschaft nicht zugunsten der subjektiv vermeinten symbolischen Gehalte unterschlagen werden. Ein funktionalistischer Rahmen kann auch die nichtnormativen Bedingungen zu ihrem Recht bringen. Die kulturelle Überlieferung verliert hier den absolutistischen Schein, den eine verselbständigte Hermeneutik ihr fälschlich vindiziert. Der Tradition kann *im ganzen* ihr Stellenwert zugewiesen, sie kann in ihrem Verhältnis zum System der gesellschaftlichen Arbeit und der politischen Herrschaft begriffen werden ... Der Funktionalismus erlaubt, mit einem Wort, die Analyse von Handlungszusammenhängen unter dem doppelten Gesichtspunkt des subjektiv bestimmenden und des objektiven Sinns.»[108] Die Verbindung der ‹empirisch-analytischen› Erfassung von Strukturen mit hermeneutischer Erfahrung und dialogischer Betätigung reicht aber nach unseren bisherigen Überlegungen nicht aus, um der objektiven Dimension sozialer Konflikte gerecht zu werden, die ja hier gewissermaßen zu einem Testfall für den sozialwissenschaftlichen Funktionalismus geworden ist. Das methodologische Programm von HABERMAS wäre erst zu verstehen, wenn der Funktionalismus selbst auf eine Stufe gehoben werden könnte, auf der er die Totalität von ‹Arbeit› und ‹Herrschaft› wirklich abbildete und zu einem wirksamen Instrument der ‹Wirklichkeitskontrolle› geworden wäre. Diesen Anspruch erheben heute die funktionalistischen

---

107 MILLS, C. W., *The Sociological Imagination*, a. a. O., S. 7 (dt. S. 44); vgl. auch NEGT, O., Soziologische Phantasie und exemplarisches Lernen. Frankfurt 1968, der ein gleiches dialektisch-didaktisches Verfahren für die ‹konkrete Arbeiterbildung› verwenden will.

108 HABERMAS, J., Logik der Sozialwissenschaften. Tübingen 1967, S. 192.

Systemtheorien, ohne ihn aber, wie zu zeigen sein wird, bisher eingelöst zu haben.[109]

Das muß der stufenweisen Einfügung des Funktionalismus in eine historisch-dialektische Betrachtungsweise nicht im Wege stehen. Umgekehrt hingegen ist die Lage schwieriger: die Belebung positivistisch vorgehender Natur- und eben auch Sozialwissenschaften durch einen wissenschaftsorganisatorisch ja erst durchzusetzenden kritischen Reflexions- und Konfliktstil käme nämlich einer Untergrabung ihrer Prämissen gleich. «Die systematischen *Handlungswissenschaften,* nämlich Ökonomie, Soziologie und Politik, haben, wie die empirisch-analytischen Naturwissenschaften, das Ziel, nomologisches Wissen hervorzubringen. Eine kritische Sozialwissenschaft wird sich freilich damit nicht bescheiden. Sie bemüht sich darüber hinaus zu prüfen, wann die theoretischen Aussagen invariante Gesetzmäßigkeiten des sozialen Handelns überhaupt und wann sie ideologisch festgefrorene, im Prinzip aber veränderliche Abhängigkeitsverhältnisse erfassen. Soweit das der Fall ist, rechnet die *Ideologiekritik,* ebenso übrigens wie die *Psychoanalyse,* damit, daß die Information über Gesetzeszusammenhänge im Bewußtsein des Betroffenen selber einen Vorgang der Reflexion auslöst; dadurch kann die Stufe unreflektierten Bewußtseins, die zu den Ausgangsbedingungen solcher Gesetze gehört, verändert werden. Ein kritisch vermitteltes Gesetzeswissen kann auf diesem Wege das Gesetz selbst durch Reflexion zwar nicht außer Geltung, aber außer Anwendung setzen.» Kritische Reflexion als die wissenschaftliche Disziplinierung von Konfliktbereitschaft ließe sich allerdings nicht durchstehen, wenn sie nur die unendliche Mühe vor sich hätte, geltende Gesetze außer Anwendung zu halten. Die ‹Historisierung› des Funktionalismus wäre also über diese Anspannung kritischer Dauerreflexion *hinaus* zu verfolgen. Losgelöst von der Mühe mit dem Funktionalismus ist diese Steigerung, wie HABERMAS vorschlägt, im Begriff der *Selbstreflexion* zu fassen, die «das Subjekt aus der Abhängigkeit von hypostasierten Gewalten» löse.[110] So aber könnte das Allgemeine – Einheit von Erkenntnis und Interesse – sich allenfalls im ‹Bewußtsein, mit den anderen eine Einheit zu bilden›, (SIMMEL) konstituieren; eine bestimmte Tradition des sozialwissenschaftlichen Funktionalismus ginge auf. Die Schwierigkeit liegt darin, wie das bürgerliche Subjekt sich in der Selbstreflexion davon befreien kann, das ‹Latente› vom ‹Manifesten› her zu definieren, wie es die Art des Funktionalismus ist. Es geht nicht nur darum, sich in eine dialektische Bewegung zu setzen, «die aus den geschichtlichen Spuren des unterdrückten Dialogs das Unterdrückte rekonstruiert»[111], der Funktionalis-

109 Vgl. HABERMAS, J., und LUHMANN, N., Theorie der Gesellschaft oder Sozialtechnologie – Was leistet die Systemforschung? Frankfurt 1971.

110 HABERMAS, J., Technik und Gesellschaft als ‹Ideologie›, a. a. O., S. 158 f.

111 Ebda., S. 164.

mus hat vielmehr sein Interesse an den ‹objektiven Konsequenzen› des Bestehenden bekundet, und es ist ihm klarzumachen, daß das Bestehende das ‹Latente› ist.

Robert Macaire bietet Aktien aus ...

... so stellte Honoré Daumier sich Anno 1840 den Verkauf von Wertpapieren vor. Wie ein Marktschreier ruft der Makler die Aktien aus und verschleudert sie meistbietend, während sein Werbepauker die Leute zusammentrommelt. Die Spottzeichnung kritisiert die Zustände jener Zeit, als unseriöse Geschäftemacher mit Aktien noch so großen Schwindel treiben konnten, daß der deutsche Rechtsgelehrte Rudolf von Ihering zu der Überzeugung gelangen konnte, alle Aktiengesellschaften seien Raub- und Betrugsanstalten (das Zitat steht auch in einer neueren Sammlung geflügelter Worte, wo im Index die lapidare Anmerkung zu finden ist: «Aktiengesellschaften, siehe Raubanstalten»).

Da hat sich einiges doch geändert inzwischen. Wertpapiere werden nicht mehr im Straßenverkauf feilgeboten, längst herrscht Börsenzwang. Und die Gefahr, übers Ohr gehauen zu werden, ist so gering wie das Risiko, im Bodensee von einem Hai gefressen zu werden. Eine Flut von Gesetzen, Verordnungen und Vorschriften schützt heute den Wertpapierkäufer vor vermeidbarem Schaden. Einige Wertpapiere, Pfandbriefe zum Beispiel, sind vom Gesetzgeber gar für mündelsicher erklärt worden. Pfandbriefe galten übrigens schon zu Zeiten des Alten Fritz als die sichersten aller Wertpapiere.

V. DIE SYSTEMTHEORETISCHE ERSCHLIESSUNG DES GESELLSCHAFTLICHEN BEWUSSTSEINS: KONTROLLE

1. Funktionen der Kontrolle

Die funktionalistische Erschließung des gesellschaftlichen Bewußtseins folgt dem Bedürfnis, die bei der Regelung der Bewegungen zwischen symbolisierten Verteilungsmustern sich erneut herausbildende Dominanz partikularer Interessen, Resultat ungelöster und verschobener Konflikte, gesamtgesellschaftlich verbindlich zu normieren. Zur Analyse dieses Vorgangs wird, auch aus konflikttheoretischen Gründen, die vorläufige begriffliche Trennung von Kommunikation und Kontrolle entscheidend. Schon die methodologischen Probleme, die sich bei gleichmäßiger Behandlung distributiv-regulatorischer (Kommunikation) und ‹selbstregulatorisch›-expansiver (Kontrolle) Bewegungen ergeben, sind groß; entweder das dialogische Prinzip (Wechselwirkung) wird voll entfaltet, um allen Möglichkeiten geregelter Distribution zu folgen, dann ist die Aufrechterhaltung von Institutionen von sekundärer Bedeutung; oder das Prinzip der Selbstregulierung und Selbstreproduktion der Institutionen und Systeme steht im Vordergrund, dann müssen bestimmte Möglichkeiten der individuellen und ‹kollektiven› Selbstverwirklichung ausgeschlossen werden. Diese Kippbewegung im gesellschaftlichen Bewußtsein, von den in seiner Zerrissenheit aufscheinenden vielen realen Möglichkeiten zu der aus Stabilitäts- und Herrschaftsgründen notwendigen Selektion dieser Möglichkeiten, wird in der weiteren Entwicklung funktionalistischer Systemtheorien abgebildet. Sie ist gekennzeichnet durch das Verlassen handlungstheoretischer Positionen (die sich um eine Vielzahl individueller und kollektiver Zwecke zu kümmern hätten) zugunsten solcher Positionen, die zunächst den normativen Zusammenhang des seine Zwecke oder Ziele verfolgenden gesellschaftlichen Ganzen (Parsons), dann den Sinn eines seine Zusammenhänge verfolgenden Systems (Luhmann) betonen. Die Herrschaftsfunktion dieser Entwicklung deckt sich überall dort auf, wo Modelle der Selbstreproduktion und Selbstregulierung sozialer Systeme als Leitbilder legitimer Systemtätigkeit in die Kommunikationsschichten zurückgefüttert werden sollen oder wo auf der Suche nach ‹Systemgrenzen› der weltgesellschaftliche Bezug (Imperialismus) auftaucht. Zugleich bereitet der Funktionalismus durch diese Schritte die Konzeptualisierung weiterer Konfliktebenen vor, von denen aus Konflikte, die durch Kontrolle in einen Systemzusammenhang eingearbeitet werden sollten, doch wieder als Herrschaftskonflikte begriffen und aus gesamtgesellschaftlicher Sicht auf das Überlebens- oder Reproduktionsproblem partikularer Gruppen zurückgeführt werden können.

Der Begriff der sozialen Kontrolle taucht in der Soziologie der Jahrhundertwende zunächst in einer banaleren Fassung der Formel des Wissenschaftsprogramms von Auguste Comte (‹*savoir pour prévoir, pré-*

voir pour faire›) auf: in LESTER F. WARDS Formel *‹predict in order to control›*.[1] WARD und andere der Begründer der amerikanischen Soziologie gebrauchen den Begriff im Sinne der Möglichkeit sozialer und geistiger Kontrolle der sozialen Evolution (‹Telesis›). Hier ist die Doppelbedeutung des Begriffs sozialer Kontrolle noch klar: (stabilisierte) Expansion und (expansive) Stabilität; unklar hingegen ist die Bezugsgröße: ob Personen (um der Systeme willen) oder Systeme (um der Personen willen) kontrolliert werden sollen. Innerhalb dieser Matrix – Stabilität, Expansion, Person, System – läßt sich die weitere Entwicklung des eine Zeitlang stark ausfächernden Kontrollbegriffs beschreiben.

Die vor dem Hintergrund sozialer Desorganisationserscheinungen in den USA durchgeführten industriesoziologischen Untersuchungen der dreißiger Jahre beispielsweise verwenden einen Kontrollbegriff, der das Stabilitätsmoment und die Person- oder Rollenbezogenheit relativ naiv hervorhebt. Auch die daran anschließenden theoretischen Reflexionen halten sich an diese Perspektive.[2] Soziale Kontrolle meint hier im wesentlichen die der Person auferlegten Verhaltenserwartungen, Rollenerwartungen, Uniformitätsregeln usw., die als ‹gesellschaftliches Gewissen› internalisiert werden. Neben den institutionell evidenten Kontrollnormen aus Staat, Wirtschaft, Religion und Familie interessieren vor allem die subtileren Arten sozialer Kontrolle, wie Brauchtum, Sitte, Mode, epochale Kulturstile. Als besonders ergiebig erweisen sich die Analyse von Kontrollmechanismen in spezifischen Institutionen oder Organisationen sowie der Mechanismus des Rechts. Empirisch bezeichnen diese Bereiche mikro- bzw. makrosoziologische Brennpunkte sozialer Kontrolle in komplexen Industriegesellschaften; theoretisch ergeben sich hier Anschlußpunkte zur Rollen- bzw. Systemtheorie. Institutionell oder organisatorisch spezifizierte Verhaltensmuster, deren Nichtbefolgung vom Führungspersonal der jeweiligen Institution negativ sanktioniert wird (z. B. Betriebsstrafen), dienen der Selbststabilisierung dieser Institutionen durch Stabilisierung des Verhaltens ihres Personals. Im gleichen Sinne (im größeren Rahmen) wird zunächst das Recht aufgefaßt. Durch die Institution des Staates, die über den Gesetzesapparat alle anderen Institutionen kontrolliert, durch den zur Durchsetzung der Rechtsnormen eigens ermächtigten Stab (Richter etc.) und durch die außerordentlich starken zur Verfügung stehenden negativen Sanktionen (Todesstrafe) stellt der Kontrollmechanismus des Rechts, verstärkt durch die technische und ökonomische Entwicklung, den Inbegriff legaler Herrschaft dar. Aber gerade diese ‹Selbstverständlichkeit› der Einbindung

---

1 Vgl. BARNES, H. E., *Lester Frank Ward: The Reconstruction of Society by Social Science.* In: DERS., Hg., *An Introduction to the History of Sociology.* Abr. ed., Chicago/London 1948; ROSS, E. A., *Social Control.* New York 1904.

2 Vgl. GURVITCH, G., *Social Control,* und POUND, R., *The Sociology of Law,* beide in: GURVITCH, G., u. MOORE, W. E., Hg., *Twentieth Century Sociology.* New York 1945.

von Person in Herrschaft, die sich auch auf die einzelnen Institutionen überträgt, macht es schwer, mit diesem Kontrollbegriff auf Herrschaftskonflikte zu stoßen oder sie zu verstehen. Konflikte können hier nur als Kampf der Person um ‹ihr Recht› begriffen werden, die Vermittlung dieses Konflikts durch die jeweilige Herrschaftsordnung wird durch die Vermittlung des Konflikts durch die internalisierte jeweilige Herrschaftsordnung ersetzt; der Herrschaftskonflikt wird zum inneren Konflikt des bürgerlichen Subjekts, der als vergebliches Pochen auf Recht wiederum nach außen dringt.

Der Funktionalismus hat diese personbezogene Position relativ früh aufgegeben. Parsons markiert hier den Übergang; er führt aus, daß Kontrollmechanismen sich zwar einerseits auf Persönlichkeitsmechanismen der ‹Anpassung› und des ‹Widerstands› beziehen und in dieser Hinsicht eine enge Beziehung zum psychologischen Begriff des Über-Ich aufweisen, daß sie aber andererseits nur teilweise diesen Persönlichkeitsmechanismen zuzuordnen sind und eigentlich als Mechanismen des sozialen Systems verstanden werden müssen.[3] Am Beispiel des Rechts wird besonders deutlich, wohin eine Entwicklung, in der die Systemfunktion von Kontrollmechanismen konsequent zu Ende gedacht wird, führt. Luhmann schreibt in einem Aufsatz zum Verhältnis von positivem Recht und Ideologie: «Das Vertrauen in die soziale und politische Ordnungskraft des Rechts hat in den letzten zweihundert Jahren in auffälliger Weise abgenommen. Die große Zeit des Vernunftrechts und seines Versuchs, das Verhältnis Mensch–Gesellschaft als ein Rechtsverhältnis zu bestimmen, liegt weit hinter uns.» Dadurch, daß der Ideologieverdacht auf das Recht gerichtet wurde, sei es auch möglich geworden, daß «das Recht erstmals in der Weltgeschichte vollständig positiviert, das heißt der Entscheidung des politischen Systems der Gesellschaft überlassen wird ... Die Positivierung des Rechts bedeutet, daß für beliebige Inhalte legitime Rechtsgeltung gewonnen werden kann, und zwar durch eine Entscheidung, die das Recht in Geltung setzt und ihm seine Geltung auch wieder nehmen kann. Positives Recht gilt kraft Entscheidung.»[4] Luhmann zeigt, daß ein derartiges Recht sich durch eine komplizierte Organisation kooperativer Entscheidungsprozesse und insbesondere durch ‹Normierung seiner normativen Entscheidungen› zu allererst selbst kontrollieren müsse und folglich auch keine direkten kontrollierenden *Wirkungen* (z. B. auf Personen) ausübe, sondern primär als ein Input-System, als ein System, auf das die Gesamtgesellschaft (oder die Person) einen Teil ihrer Probleme abwälzen kann, verstanden werden muß. Es ist klar, daß hier eine Umkehrung des Begriffs des stabilisierenden Kontrollmechanismus vollzogen wird: Konflikte, ob sie nun innere Konflikte der Person oder Herrschaftskonflikte sind, wer-

---

3 Parsons, T., *The Social System*. London 1951, S. 206 ff.

4 Luhmann, N., Positives Recht und Ideologie. In: Ders., Soziologische Aufklärung, a. a. O., S. 178 ff.

den für das Kontrollsystem nur relevant, sofern es darauf eingerichtet ist, sie als Probleminput zu verarbeiten. Ansonsten sind sie ‹Umweltkomplexität›.[5] Die Ebene der Kontrolle verselbständigt sich, wird zu einem strukturellen Element der Gesamtgesellschaft, das die Bedingungen, zu denen es arbeitet, als Aufforderung zur Strukturierung des Gesamtsystems an dieses weitergibt und dadurch dessen Stabilität verstärkt. Eben dadurch aber wird das Recht zu einem Herrschaftsmonopol, zum vorrangigen ‹Planungsinstrument› (SCHELSKY).

Hier ist auch das andere Moment sozialer Kontrolle impliziert, ihr Beitrag zu (stabilisierter) Expansion, zu ‹Wachstum› oder ‹Wandel›. Auch *Prozesse* sozialer Kontrolle werden zunächst in ihrem Personen- oder Rollenbezug untersucht; die funktionalistischen Sozialisationstheorien sind dafür das wichtigste Beispiel.[6] Unter Sozialisation werden Interaktionsprozesse verstanden, in denen das Verhalten von Personen so modifiziert wird, daß es den Erwartungen der anderen Mitglieder der Gruppe entspricht. Dabei wurde bislang den Prozessen der Transformation des ‹hilflosen Kindes› in einen ‹reifen Erwachsenen›, dem sogenannten primären Sozialisationsprozeß, die größte Aufmerksamkeit geschenkt, doch es ist klar, daß auch Erwachsene, beispielsweise bei der Einpassung in neue Gruppen, Organisationen oder gesellschaftliche Veränderungen, solchen (dann sekundären) Sozialisationsprozessen unterliegen. Bestimmt wird der Sozialisationsprozeß durch verschiedene Formen des *sozialen Lernens* und durch die Tatsache, daß er in Interaktion mit anderen Personen (einschließlich der durch Kommunikationsmedien übertragenen Personen), die als Agenten erwarteter Verhaltensweisen auftreten, erfolgt. Das entscheidende Ziel, auf das hin sozialisiert wird, ist für diese Theorien das Erlernen von sozialen *Rollen*: die Einübung des Verhaltens, Fühlens und Sehens auf einen gewissen Standard, der Inhaber gleicher Rollen einander angleicht; die Schärfung der Perzeption für andere oder Gegenrollen; das geschickte Umgehen mit Rollenbündeln und Rollensystemen; schließlich, aber meist vernachlässigt, die ‹Autonomie› gegenüber Rollen durch Ausbildung der Ich-Identität, der Fähigkeiten zu Rollen-Distanz, Spontaneität und Expression von Bedürfnissen. Der Sozialisationsprozeß befördert die inneren Kontrollen des Systempersonals, die Internalisierung des gesellschaftlichen ‹Gewissens›, und die ‹Charakterplanung›. Produkte dieses Prozesses sind Stabilität und Konsistenz des Verhaltens; die Fähigkeit, unter der Bedingung kognitiver oder affektiver Kongruenz, Selbst und Verhalten zu ändern. «Während eine Person sich durch die Sozialstruktur bewegt, wird sie in verschiedene Rollenkategorien plaziert und erwirbt eine mit jeder Rolle verbundene Identität. Schließlich können einige dieser erworbenen Eigenschaften ein Teil des Kern-Selbst werden. Dabei bleibt

5 Zum Begriff der Umweltkomplexität vgl. weiter unten, S. 165 f.

6 Vgl. zur Einführung SECORD, P. F., u. BACKMAN, C. W., *Social Psychology*. New York 1964.

ein wesentlicher Teil des Kerns Affekt gegen das Selbst: ein allgemeines Gefühl der positiven, negativen oder ambivalenten eigenen Qualität.»[7] Diese disponible Leere, die durch diffuse Affekte steuerbar ist, ist das personale Pendant zum von Geschichte und Natur (und deren Eindeutigkeiten) abgeschnittenen gesellschaftlichen Bewußtsein. Die Legitimation bestimmter Verteilungsverhältnisse und Herrschaftsordnungen erfolgt *nicht* mehr durch das Eintrichtern kultureller Traditionen, bürgerlicher Ideologien usw., sondern durch das Einrichten eines sich selbst regulierenden Prozesses namens Person, der sich den Lernprozessen, die die *Systeme* durchmachen, fügt. Diese ‹Person› erfährt Herrschaftskonflikte allenfalls noch als Brüche in der Einübung von Abläufen.

Der Übergang von der Person- zur Systembezogenheit prozessualer oder expansiver Kontrollmechanismen zeigt sich auch im Umbau der Psychoanalyse: «Das klassische psychoanalytische Modell, nach dem der Vater und die vom Vater beherrschte Familie die Agentur psychischer Vergesellschaftung waren, wird dadurch entwertet, daß die Gesellschaft das entstehende Ich unmittelbar durch Massenmedien, Schul- und Sportgruppen, Banden von Jugendlichen usw. dirigiert. Dieser Verfall der Rolle des Vaters folgt dem Rückgang des privaten und Familienunternehmens: der Sohn wird immer unabhängiger vom Vater und der Familientradition bei der Wahl und Suche eines Arbeitsplatzes und in der Art, seinen Lebensunterhalt zu verdienen. Die gesellschaftlich notwendigen Zwänge und das gesellschaftlich notwendige Verhalten werden nicht mehr erlernt – und verinnerlicht – in dem langen Kampf mit dem Vater – das Ichideal wird vielmehr dazu gebracht, auf das Ich direkt und ‹von außen› einzuwirken, ehe noch das Ich tatsächlich sich als das persönliche und (relativ) autonome Subjekt der Vermittlung zwischen dem eigenen Selbst und den anderen herausgebildet hat.»[8] Der eindimensionale Mensch, die einsame Masse, der Mensch in der wissenschaftlichen Zivilisation[9] sind Formeln für diesen Vorgang. Die Umstellung sozialer Kontrollprozesse auf Systembezug ist damit aber noch nicht abgeschlossen. Es bleibt nicht bei der Abkehr des bürgerlichen gesellschaftlichen Bewußtseins von seinen geschichtlichen und natürlichen Bedingungen. Die gegenwärtige Phase der Entwicklung ist vielmehr dadurch gekennzeichnet, daß ‹Natur› und ‹Geschichte› vom Inneren der Systeme her durch Hinausschieben der Grenzen und Steigerung der Selektions- und Reduktionsleistungen sozusagen ohne Verlust der Leere zurückerobert werden sollen. Es geht darum, wie gegebene Verteilungsverhältnisse ‹lernen› können, in einem geplanten Expansionsprozeß evolutionär-

---

7 Ebda., S. 601.

8 Marcuse, H., Kultur und Gesellschaft 2. Frankfurt 1965, S. 88 f.

9 Marcuse, H., Der eindimensionale Mensch. Frankfurt 1963; Riesman, D., Die einsame Masse. rde Bd. 72/73, 13. Aufl. Reinbek 1970; Schelsky, H., Der Mensch in der wissenschaftlichen Zivilisation. In: Ders., Auf der Suche nach Wirklichkeit, a. a. O., S. 439 ff.

emanzipatorischen Anscheins (der partikulare Interessen verdeckt) bis zum ‹Welthorizont› [10] vorzudringen.

Hier geht Sozialisation von Personen um des Systems willen in Selbstsozialisation des Systems über. «Die Systemtheorie bricht radikal mit der Annahme, daß bestimmte Werte oder Zwecke als Ausgangspunkte für planende und kontrollierende Tätigkeiten invariant vorgegeben seien. Sie sieht alle Entscheidungsprämissen als Eigenleistungen des Systems selbst, mit denen das System sich seine Umwelt interpretiert ... Diese Umorientierung untergräbt die herkömmliche Auffassung, daß es bei der Kontrolle nur darum gehe, Abweichungen von festgelegten Entscheidungskriterien zu entdecken und auszumerzen, obwohl natürlich diese Funktion anzuerkennen ist und ihr relatives Recht behält. In der Perspektive, die die Systemtheorie eröffnet, muß sich Kontrolle ebenso wie die Planung auf die Zweckprogrammierung selbst erstrecken. Sie erfaßt und begleitet den gesamten Prozeß der Umformung von Bestandsproblemen in Entscheidungsprogramme, überwacht die Kleinarbeit von Zwecken und Mitteln zu lösbaren Problemen, und sie findet den Grund ihres Daseins in den Gefahren und Unzulänglichkeiten dieses Transformationsprozesses ... Die Kontrolle dient gleichsam als *kritisches Gewissen der Absorption von Komplexität.*»[11] Kontrolle im Sinne einer Selbstsozialisation des Systems kann als *Planung* bezeichnet werden. Ein gesellschaftliches Bewußtsein, das beschlossen hat, sich als System zu stilisieren und in dieser Form einen Expansionsversuch zu wagen, muß sich seiner Umwelt gegenüber durch eine nicht von ihr getrübte Form kognitiver Antizipation ausweisen. Statt einer Ideologie macht es einen universalen oder viele partikulare Pläne, nicht etwa um diese unbedingt durchzuführen, sondern um sich durch deren Existenz als in der Zeit wirklich zu legitimieren. Planung ersetzt oder parallelisiert hier keine totalen oder partikularen Ideologien [12], sie ist vielmehr jene systempolitische Kontrollmaßnahme, die ‹Zukunft als Vergangenheit sicherstellt› (LUHMANN); denn die Muster der Selbstsozialisation von Systemen können selbstverständlich nur aus deren Vergangenheit stammen, wie immer kritisch-kognitiv (und gerade wegen dieser Rückversicherung auch ohne ontologische Kategorien) diese aufgearbeitet und als Zukunft apostrophiert wird. Planung ist auf die Ebene der Selbstreproduktion und Selbstregulierung transponierte Ideologie und eben deshalb keine Ideologie mehr. Sie bedarf nicht des kommunikati-

10 Zum Begriff des Welthorizonts vgl. weiter unten, S. 165.

11 LUHMANN, N., Zweckbegriff und Systemrationalität. Über die Funktion von Zwecken in sozialen Systemen. Tübingen 1968, S. 223.

12 Zum Begriff der totalen und der partikularen Ideologie vgl. MANNHEIM, K., Ideologie und Utopie. 3. verm. Aufl., Frankfurt 1952; vgl. auch JONAS, F., Geschichte der Soziologie. Bd. IV (rde Bd. 308/309), S. 75 ff; SCHÄFERS, B., Ansatzpunkte einer gesamtgesellschaftlichen Planungsdiskussion in den Sozialwissenschaften. In: Jahrb. f. Sozialwissenschaft, Bd. 20 (1969), H. 3, S. 356 ff.

ven Charakters der Ideologie, sondern nur noch der Systemaktivität. Ohne Steigerung der Systemaktivität würde Planung, das impliziert z. B. ETZIONIS Theorie,[13] den Charakter eines Kontrollmechanismus verlieren. Vermag sie aber genügend Systemaktivität auf sich zu ziehen, so ist Planung programmiertes Lernen des Systems aus seiner Vergangenheit mit dem Ziel, nicht prinzipiell mit dieser Vergangenheit abrechnen zu müssen.

2. TALCOTT PARSONS

PARSONS hat vor kurzem bekräftigt, wie sehr er sich im ‹harten Kern› der Entwicklung soziologischer Theorie angesiedelt fühlt.[14] Solche Gefühle ergeben sich aus der ‹existentiell› determinierten Beschäftigung mit den «integrativen Problemen der modernen Gesellschaft», die sich auf die «weitesten Fragen nach der Natur der modernen industriellen Gesellschaft – insbesondere der Natur des Kapitalismus» beziehen; aus der ‹Verfangenheit vieler Intellektueller im Individualismus-Sozialismus-Dilemma›; aus dem ‹Bedürfnis der Sozialwissenschaften in den Vereinigten Staaten, mit den Naturwissenschaften (*hard sciences*) identifiziert zu werden›; und vor allem aus der Notwendigkeit, einen ‹kohärenten *Körper*› theoretischen Denkens, eine allgemeine, ‹große› Theorie zu schaffen, die dem verstärkten Einfluß des Marxismus auf der ‹zeitgenössischen intellektuellen Szene› entgegentreten könne. Mit anderen Worten, das Verlangen nach einer zentralen Perspektive entspringt zunächst dem Wunsch nach Kontrolle einer widersprüchlichen, uneinheitlichen theoretischen Entwicklung innerhalb der westlichen Soziologie. PARSONS hat sein Programm einer eleganten, analytischen, systematischen und vollständigen allgemeinen Theorie in mehreren Phasen realisiert, in denen deutlich eine Verschiebung des Interesses von Problemen der Stabilisierung sozialer Ordnung hin zu Fragen der Evolution und Expansion sozialer Systeme zu bemerken ist. Er selbst unterscheidet eine Phase ‹struktur-funktionaler› Theoriebildung, eine Phase der Beschäftigung mit ‹Strukturen und Prozessen› in sozialen Subsystemen und eine Phase, in der er zum ‹post-linearen Evolutionismus› MAX WEBERS zurückkehre. Die erste Phase galt der Entwicklung eines zunächst an ökonomischen und physikalischen, dann an biologischen und anthropologischen Modellen orientierten Systemkonzepts; außerdem nahm er am Beispiel der ‹intellektuellen Professionen› (Ärzte, Soziologen etc.) das Thema der Orientierungslosigkeit der Intellektuellen auf und entwickelte in diesem Zusammenhang, ausgehend von TÖNNIES' Dichotomie Gemeinschaft/Gesellschaft, das komplizierte theoretische

13 Vgl. weiter unten, S. 176 ff.

14 PARSONS, T., *The Structure of Social Action*, a. a. O., Einleitung; daraus die folgenden Zitate.

Schema der Pattern Variablen – widersprüchlicher Orientierungsalternativen sozialen Handelns.[15] In der zweiten Phase führte die Beschäftigung mit handlungstheoretischen Fragen und mit der Rolle des ökonomischen Systems im gesamtgesellschaftlichen System zu einer weiteren Verfeinerung der Binnenstruktur des Systemmodells durch das sogenannte AGIL-Schema.[16] Hier ergaben sich Möglichkeiten, politisch relevante Strukturen und Prozesse der gegebenen Realität mit größerer Plausibilität als zuvor nachzuzeichnen. Die neueste Phase bezieht sich auf die Analyse von gesellschaftlichen und damit verbundenen kulturellen und psychologischen Wandlungsprozessen einschließlich der Frage gesellschaftlicher ‹Universalien›; Rahmen ist die Möglichkeit einer ‹Weltgesellschaft›.[17] Für unseren Zweck interessiert im folgenden die Frage, welche Konfliktbegriffe diese prominente Systemtheorie hinsichtlich der Stabilität und der Expansivität der amerikanischen Gesellschaft (des sozialen Systems, um das es geht) anzubieten hat.

Dazu ist es nötig, den geläufigen Vorwurf gegen PARSONS zu untersuchen, sein «theoretischer Bezugsrahmen, der Wertkonsens, Integration und Funktionalität zu Zentralbegriffen macht, (sei) inhärent statisch und verbau(e) den Zugang zu einer adäquaten Theorie des sozialen Wandels» und des sozialen Konflikts.[18] So richtig dieser Vorwurf ist, wenn man an den methodologischen Grundlagen dieser Theorie ansetzt, so falsch ist er angesichts ihrer unverbindlichen Aufnahmefähigkeit für fast beliebige Probleme: Phänomene des sozialen Konflikts, der Desorganisation und Desintegration werden in ihr von Anfang an verarbeitet; die Schriften von PARSONS enthalten zahlreiche konflikttheoretische Analysen, auch wenn Konflikt als Wort selten und als analytischer Begriff niemals auftaucht.

Auch die funktionale Schule insgesamt hat, nachdem sie sich über die zentrale Bedeutung ‹gemeinsamer Wertelemente› für die Erhaltung gesellschaftlicher Ordnung einig geworden war, ihre integrationistische Perspektive oft ergänzt. H. HARTMANN zählt einige vom Funktionalismus ‹konzedierte› Möglichkeiten von Spannung und Wandel auf: die theoretische Weiterentwicklung des Grundwiderspruchs der bürgerlichen Soziologie im Schema der Pattern Variablen, insofern die «Präsenz einander widersprechender Merkmale einen ernsthaften Konfliktstoff im sozialen System» bedeute; die Untersuchung von Fällen des «‹institutionalisierten› Konflikts wie Verhandlungen zwischen Tarifpartnern,

15 Vgl. dazu RÜSCHEMEYER, D., in: PARSONS, T., Beiträge zur soziologischen Theorie, a. a. O.; KRYSMANSKI, H. J., Soziales System und Wissenschaft. 2., erw. Aufl., Gütersloh 1971.

16 Vgl. weiter unten, S. 160.

17 Vgl. z. B. PARSONS, T., Ordnung und Gemeinschaft im internationalen System. In: NERLICH, U., Hg., Krieg und Frieden im industriellen Zeitalter. Bd. I, Gütersloh 1966.

18 Vgl. RÜSCHEMEYER, D., a. a. O., S. 23.

Auseinandersetzungen zwischen Fraktionen in Partei und Gewerkschaft, politischen Wahlen» usw.; die Entwicklung der Konzeption des *‹tension management›* oder Krisenmanagement: «Auf der einen Seite wird dem System jetzt ausdrücklich bestätigt, daß bestimmte eigene Spannungen es stetig zum Wandel drängen, auf der anderen Seite minimiert man die Wahrscheinlichkeit, daß solche Spannungen zu zerstörerischem Konflikt und tiefgreifendem Wandel führen.»[19] Vor allem PARSONS' Schüler N. SMELSER hat versucht, das konflikt- und wandlungstheoretische Potential der struktur-funktionalistischen Systemtheorie zu demonstrieren: in seinem Buch *‹Social Change in the Industrial Revolution›* [20] erprobt SMELSER ein Modell der ‹strukturellen Differenzierung›, das für den Funktionalismus typische Probleme wie das der (allzeit knappen) ‹Systemressourcen› und der ‹Grenzaustauschprozesse› aufnimmt, an einem Beispiel der Frühindustrialisierung; sein Buch über kollektives Verhalten [21] bemüht sich, einen Aspekt des intentionalen Aktionstyps (‹Gemeinschaft›) funktionalistisch zu interpretieren, der bei der Konstruktion integrierter Handlungssysteme vernachlässigt worden war: die kollektive Konfliktbereitschaft beispielsweise in chiliastischen und charismatischen Bewegungen. Dazu sei angemerkt, daß auch ein Moment des *adaptiven* Aktionstyps (‹Gesellschaft›), das bislang stiefmütterlich behandelt wurde, das kreativ-kognitive (z. B. wissenschaftliche) Verhalten, neuerdings funktionalistisch besser erschlossen wird.[22] Es ist aber schon jetzt deutlich, daß der auf Kohärenz des sozialen Geschehensfeldes und auf sich selbst bedingende Wechselwirkung aller Aktionen bedachte Struktur-Funktionalismus seine Möglichkeiten dabei so weit angespannt hat, daß eine methodologische Diskussion unumgänglich wird. Während Funktionalisten wie NIKLAS LUHMANN an diesem Punkt mit einer Neuformulierung des funktionalistischen Programms einsetzen,[23] ergibt sich hier auch zwingender Anlaß zu einer grundlegenderen Methoden-Kritik. «Hierzu sind der Unterschied und die Beziehung von Zusammenhängen interpersoneller Aktivität zu umgebenden Bedingungen, welche körperliche Natur und die psychische Persönlichkeitsstruktur setzen, sowie zu grundlegenden Bedingungen, welche der organischen Reproduktion und der kulturellen Tradition der Gesellschaftsmitglieder entspringen, jeweils als gesellschaftliches Verhältnis zu begreifen: die in der soziologischen Lehrgeschichte seit langem übliche Methode, soziale Aktionszusammenhänge nicht in ihrer

---

19 HARTMANN, H., Moderne amerikanische Soziologie, a. a. O., S. 22 ff.

20 SMELSER, N. J., *Social Change in the Industrial Revolution. An Application of Theory to the Lancashire Cotton Industry 1770–1840.* London 1959.

21 DERS., *Collective Behavior,* a. a. O.

22 Vgl. KRYSMANSKI, H. J., Wissenschaft, a. a. O.; vgl. KLIMA, R., Einige Widersprüche im Rollen-Set des Soziologen. In: SCHÄFERS, B., Hg., Thesen zur Kritik der Soziologie. Frankfurt 1969.

23 Vgl. LUHMANN, N., Funktion und Kausalität, a. a. O.

Differenz und in ihrem Bezug zur Umwelt und zum Substrat interpersoneller Aktivität zu fassen, entspringt gerade der Abstraktion von der gesellschaftlichen Dimension, in der soziale Aktionsbeziehungen fungieren und vermöge deren sie auf jene Bedingungen bezogen sind.»[24] – Dem Struktur-Funktionalismus wird also der Vorwurf gemacht, er sehe davon ab, «ob die Logik der Selbsterhaltung sozialer Systeme menschlichen Zielsetzungen und Interessen gehorcht ... Der Gegensatz zwischen einer positivistischen und einer dialektischen Konzeption von der Gesellschaft rückt mehr stets ins Bewußtsein und spitzt sich zu.»[25]

Betrachtet man jedoch das von der gesellschaftlichen Realität *notwendig* etwas abgezogene gesellschaftliche Bewußtsein in seiner kontrollierenden, auf Strukturierung und Wirkung ausgerichteten Form, so bleiben bestimmte Einstellungen des Struktur-Funktionalismus plausibel. Sie betreffen erstens das Problem der Stabilisierung von Wert- und Konsenssystemen und den in diesem Kontext verwendeten spezifischen Konfliktbegriff der Systemspannung oder -störung. Zweitens wird, unter der Perspektive evolutionärer Entwicklungen, mit der Frage des konfliktträchtigen Strukturwandels einer expansiven kapitalistischen Gesellschaft ein sozusagen weltweiter Werte-Konflikt konzeptualisiert, den man schon deshalb nicht außer acht lassen kann, weil er zur Ideologie der westlichen Welt gehört.

Der Begriff der Spannung oder Störung in normativen Kontroll-Systemen wird von PARSONS anfänglich nur in seinen empirischen Analysen verwendet und erfährt erst später, in der ‹zweiten› Phase, eine systematische Einordnung in die Theorie. So geht es zunächst vornehmlich um die Deskription von Spannungszuständen in bestimmten Rollenzusammenhängen, vor allem in jugend- und familiensoziologischen Untersuchungen. Beispiel: «Im Falle der weiblichen Rolle stellt die Heirat das einzige Ereignis dar, auf das sich ein selektiver Prozeß richtet, in dem persönliche Eigenschaften und Anstrengungen eine entscheidende Rolle spielen können. Mit der Heirat ist der grundsätzliche Status der Frau festgelegt ... In einer Gesellschaft, in der der individuelle Leistungserfolg so stark betont wird, ist es allerdings nicht überraschend, daß sich bei der Frau ein gewisses romantisches Heimweh nach jener Zeit entwickelt, in der ihr die Wahl noch offenstand. Dieses Spannungselement wird weiter verstärkt dadurch, daß eine klare Definition der weiblichen Erwachsenenrolle fehlt. Selbst wenn die Berufslaufbahn als Möglichkeit ausgeschlossen wird, bleibt immer noch das unausgewogene Schwanken zwischen dem häuslichen Muster, dem Glamor-Muster oder dem Muster des guten Gefährten.»[26] Man sieht, wie hier aus dem Ist-

24 TJADEN, K. H., Soziales System und sozialer Wandel, a. a. O., S. 288.

25 ADORNO, TH. W., u. FRIEDEBURG, L. v., Vorwort zu BERGMANN, J., Die Theorie des sozialen Systems von Talcott Parsons. Frankfurt 1967, S. 8.

26 Vgl. PARSONS, T., Beiträge, a. a. O., S. 77.

Zustand ‹geltender› Rollenerwartungen (gegenüber einer amerikanischen Ehefrau) der Soll-Zustand eines selbstregulierten Systems abgeleitet wird, in dem Chancen der Spannungslösung nicht etwa auf die Möglichkeiten einer emanzipatorischen Bewegung, sondern auf die eher ornamentalen Muster einer ‹guten Miene zum bösen Spiel› bezogen werden. Noch deutlicher wird diese Behandlung aufkommenden Konfliktstoffs und seiner Indikatoren in PARSONS' Definition des manifesten, expressiven Spannungszustands der ‹Aggressivität›. Aggressivität sei «die Disposition eines Individuums oder einer Gesamtheit, ihr Handeln auf Ziele auszurichten, in denen die bewußte oder unbewußte Absicht enthalten ist, die Interessen anderer, dem gleichen System zugehöriger Individuen oder Gesamtheiten unrechtmäßig zu verletzen. Der Ausdruck *unrechtmäßig* (oder *illegitim*) impliziert, daß die fraglichen Individuen oder Gesamtheiten in einer, wenn auch noch so unvollkommenen, moralischen Ordnung integriert sind, die ihre gegenseitigen Rechte und Pflichten definiert. Die Universalität einer moralischen Ordnung in diesem Sinne stellt eine der Hauptthesen der modernen Sozialwissenschaften dar.»[27] Damit ist der Anspruch des ‹kollektiven Bewußtseins› (DURKHEIM), die neue moralische Disziplin, der Stabilisator und letztendliche Kontrolleur des gesamtgesellschaftlichen Zusammenhangs zu sein, auch auf individuelle Expressionen, ob sie nun einer ‹tieferen psychologischen Ebene› entstammen oder nicht, ausgedehnt. Gleichzeitig ist von hier aus ein Übergang zum Einbau des Konzepts der Spannung in die funktionalistische Theorie möglich.

Ein entscheidendes Problem der frühen handlungstheoretischen und späteren systemtheoretischen Überlegungen von PARSONS war es gewesen, ‹internalisierte Bedürfnisdispositionen› (kathektische, intentionale oder auch ‹expressive› Elemente) der Person mit vorgegebenen allgemeinen Wertemustern (in denen kognitive, adaptive oder auch ‹instrumentale› Elemente dominieren) der Gesellschaft in Einklang zu bringen. Eine erste Formulierung dieses Problems stellt sein sogenanntes ‹Theorem der institutionellen Integration› dar, das die Integration der beiden Aspekte zum «Kernphänomen der Dynamik des sozialen Systems» erhebt.[28] Das Bedürfnis des Funktionalismus, widersprüchliche Elemente des Sozialen (und das heißt: des Bewußtseins der bürgerlichen Gesellschaft) so zu mischen, daß sie sich wie in einer Emulsion in der Schwebe halten, führt also zu ersten Resultaten. PARSONS postuliert in jenem Theorem bereits «eine Integration in doppelter Hinsicht: einmal sind Wertvorstellungen und Verhaltensdispositionen jeweils in sich integriert, zum anderen sind diese beiden Komplexe miteinander synchronisiert».[29] Die Absicht, Widersprüchliches und Schwervereinbares unter Beschränkung auf systemimmanente Konstitutionsbedingungen so

27 Ebda., S. 223.
28 PARSONS, T., *The Social System*, a. a. O., S. 42.
29 HARTMANN, H., a. a. O., S. 23.

zu kombinieren, daß sich aus Kreuz- und Querverbindungen eine innere Stabilisierung der eingeführten Handlungselemente ergibt, stößt allerdings auf Schwierigkeiten, sobald größere, auf Gesamtgesellschaft bezogene Systemmodelle konstruiert werden sollen. PARSONS beginnt hier, angeregt durch R. F. BALES, über die ‹funktionalen Vorbedingungen›[30] oder Grundprobleme gesellschaftlicher Sozialsysteme zu spekulieren. Das in der Folge entwickelte sogenannte AGIL-Schema der Systemprobleme unterscheidet zwei die Leistungsfähigkeit des Systems gegenüber seiner Umwelt sichernde Prozeßfunktionen, Umweltanpassung (*Adaption*: A) und Zielverwirklichung (*Goal-Attainment*: G), und zwei der inneren Bestandserhaltung des Systems dienende Strukturfunktionen, Integration der Systemelemente (*Integration*: I) und Erhaltung der latenten normativen Strukturen (*Pattern Maintenance* oder *Latency*: L). Das ‹Theorem der institutionellen Integration› wird in diesem Schema auf die Erfordernisse ‹großer› sozialer Systeme zugeschnitten; es werden zahlreiche neue und vermeintlich das ‹stabilisierende› und ‹expansive› Potential einer Industriegesellschaft nachzeichnende theoretische Annahmen eingeführt;[31] das Grundproblem dieser Systemtheorie, die Stabilisierung des Verhältnisses zwischen intentionalen und adaptiven Aktionstypen, zwischen ‹Gemeinschaft› und ‹Gesellschaft› oder, in ihrem entwickelten Stadium, zwischen ‹Tätigkeiten der Bestandserhaltung und Leistungssicherung› (TJADEN), wird aber auch mit dem Konzept eines ständig unter Spannungen stehenden Systems nicht gelöst.

Es ist weiter oben deutlich geworden, daß im sich selbst kontrollierenden gesellschaftlichen Bewußtsein das Problem der Stabilisierung eng mit dem Problem der Expansion verbunden ist. Ein instabiles System kann seine inneren Probleme dadurch aufschieben, daß es expandiert – so es die Ressourcen dazu hat. In seiner ‹letzten› Phase hat sich PARSONS, unter dem Aspekt weltgesellschaftlich-evolutionärer Prozesse, mit solchen Perspektiven beschäftigt. Man kann dabei zwei Tendenzen unterscheiden. Erstens hat er gelegentlich vorgeschlagen,[32] nach allgemeinen, eine Weltgesellschaft ‹präjudizierenden› Normen und Werten zu suchen und diese durch internationale Institutionalisierungen abzustützen. Hier wird also der ‹normative Funktionalismus› Elargierungsversuchen unterworfen. Zweitens versucht PARSONS das mechanisch-zweckrationale Moment seiner Systemtheorie, ihren ‹rationalisierenden› Effekt, an die

---

30 Vgl. dazu PARSONS, T., u. BALES, R. F., Prinzipien des Aktions-Systems. In: HARTMANN, H., a. a. O., S. 289.

31 Vgl. dazu PARSONS, T., u. SMELSER, N. J., *Economy and Society*. London 1957; PARSONS, T., *The Point of View of the Author*. In: BLACK, M., Hg., *The Social Theories of Talcott Parsons, A Critical Examination*. 3. Aufl., New York 1961.

32 PARSONS, T., *Polarization of the World and International Order*. In: WRIGHT, Q., et al., Hg., *Preventing World War III*. New York 1962.

Expansionstendenzen der amerikanischen Gesellschaft anzupassen. Diese Überlegungen geben sich zunächst rein technisch, als theoretische Skizzen zu Problemen des Strukturwandels, in denen das Konzept der ‹Spannung› weiterentwickelt wird. In sozialen Veränderungsprozessen sind exogene Faktoren (z. B. ‹genetische Veränderungen des menschlichen Organismus und Veränderungen der genetischen Merkmale ganzer Bevölkerungen›, Veränderungen in der physischen Umwelt, in sozialen Nachbarsystemen) und endogene Faktoren wirksam. «Der allgemeinste, am häufigsten zur Kennzeichnung endogener Wandlungstendenzen verwendete Begriff ist der der ‹Spannung› (*strain*). *Spannung* bezieht sich hier auf die *Beziehung* zwischen zwei oder mehr strukturellen Einheiten (z. B. Subsysteme eines Systems), die die Tendenz hat, einen Druck in Richtung auf den Wandel dieser Beziehung ausüben, eine Veränderung, die mit dem Gleichgewicht des betreffenden Systems unvereinbar wäre. Wenn die Spannung groß genug wird, können die Kontrollmechanismen die Konformität mit den normativen Erwartungen, die den Bestand der Struktur garantieren, nicht mehr aufrechterhalten. Eine Spannung ist eine Tendenz zum Ungleichgewicht in der Input-Output-Bilanz zwischen zwei oder mehreren Systemeinheiten.»[33] Spannungen werden hier also nicht nur auf Stabilitätsprobleme bezogen, sondern als der entscheidende *innere* Faktor für soziale Veränderungen angesehen, wenn die befriedigende Lösung durch Wiederherstellung der vollen Konformität mit den Erwartungen, vergleichbar mit der ‹völligen Heilung einer Krankheit›, nicht möglich ist. Es ist klar, daß in einem solchen Prozeß keine unmittelbare Hoffnung auf die Reinstitution der brüchig gewordenen normativen Ordnung besteht: die Hoffnungen des Gesamtsystems auf Stabilisierung und Expansion verlagern sich zunächst auf den Export seiner *Mechanismen* der Bestandserhaltung und Leistungssteigerung. Das Ziel bleibt bei Parsons allerdings, im Gegensatz zu moderneren Funktionalisten, letztlich die Legitimierung und «Legitimität des ‹amerikanischen Weges›».[34]

Bezeichnend für diese Doppelgleisigkeit – Systemmechanismen, aber auch oberste Werte übertragen zu wollen – ist Parsons' bemerkenswerte strategische Einschätzung des Verhältnisses zwischen den Ländern der Dritten Welt und den (westlichen) Industriegesellschaften. Ausgerüstet mit seinem komplexen systemtheoretischen Instrumentarium kann er darauf verweisen, daß sich «viele Wandlungsprozesse gleichzeitig auf verschiedenen Ebenen ereignen» und daß sich «ihre Einflüsse durch die einzelnen Kontrollebenen hindurch fortpflanzen». So lasse sich beispielsweise zeigen, daß im entscheidenden Bereich der Wirtschaftsentwicklung in den unterentwickelten Ländern «die beiden wichtigsten Inputwirkungen ... politisch und (im Sinn des Wertsystems) kulturell sind, nicht aber im üblichen analytischen (!) Sinn ökonomisch».

---

33 Parsons, T., Das Problem des Strukturwandels, a. a. O., S. 38.
34 Ebda., S. 42.

Und zwar bewirke der Argwohn dieser Länder gegenüber dem ‹Negativsymbol Imperialismus›, daß sie den eigenen Industrialisierungsprozeß «rein *instrumental*, als Hilfsmittel der politischen Macht» und rein *funktional*, als eine systemstabilisierende Wandlung bestimmter, unwesentlicher Teile des Wertsystems übernehmen, sich aber weigern, ihre obersten gesellschaftlichen (traditionalen) Werte zu modifizieren. Aus der «Tendenz dieser Länder, ihre höchsten Werte zu bewahren, aber auf der nächstniedrigeren Ebene der Wertspezifizierung wesentliche Wandlungen zuzulassen», antizipiert PARSONS «schwere Spannungen», die nur vorübergehend durch ‹Verteidigungsideologien› wie die rein instrumentelle Behandlung der ökonomischen Entwicklung oder das ‹Symbol des Sozialismus› überbrückt werden können. Von seiten der westlichen Industrieländer allerdings könnten ‹einschneidende Wandlungen› durch folgende Strategie erreicht werden: «Erstens muß die mit dem Symbol ‹koloniale Abhängigkeit› ausgedrückte *tatsächliche* politische Inferiorität der betroffenen Gesellschaft steigen (!). Zweitens muß in der sozialen Umwelt ein *Modell* für eine instrumentelle Reorganisation vorfindbar sein, das es erlaubt, funktionsorientierte Werte zu übernehmen, ohne zunächst die höchsten Werte des (traditionalen) Systems zu zerstören.»[35] Abgesehen davon, daß hier die typisch funktionalistische Ebene der Analyse, die von den materiellen ökonomischen Bedingungen des Problems absieht, gewählt ist, besagt dieses strategische Konzept folgendes: unterentwickelte Länder sollen mit der Superiorität des ‹amerikanischen Weges› konfrontiert werden, bis ihre ‹politische Unreife› selbst ihnen unmittelbar evident ist; für die Übergangszeit sollen von der ‹sozialen Umwelt› (den kapitalistischen Ländern) Modelle des *social engineering* zur Verfügung gestellt werden, die die Rationalisierungsprozesse in den Subsystemen der Entwicklungsländer stützen. Das generelle Konfliktpotential liegt hier im stabilisierten Expansionsdrang des spätbürgerlichen Bewußtseins.

3. NIKLAS LUHMANN

Vertreter der Systemtheorie, die nicht im harten Kern des westlichen Systems lokalisiert sind, können sich eine abstraktere und in vielem theoretisch ergiebigere Vorgehensweise erlauben; die Schwierigkeiten des umfassend angesetzten Funktionalismus bleiben jedoch im wesentlichen erhalten. Sie liegen, seit SIMMEL, in einer spezifischen Geisteshaltung, die den festen Boden unter den Füßen bewußt verlassen (oder verloren), dafür aber, das muß betont werden, einen hohen Grad der Sensibilität für Spuren der Wirklichkeit in einem auf Zusammenhang (Struktur und Wirkung) bedachten Bewußtsein gewonnen hat. Diesem Denken ist die Revision des Rationalitätsbegriffs gelungen: Rationalität

35 Ebda., S. 43 ff.

stellt «sich nun als eine Art Weltbetrachtung dar, der die Weltinhalte eigentlich gleichgültig, d. h. in ihrem Wertanspruch ‹gleich gültig› geworden sind».[36] Nicht gelungen zu sein scheint diesem Denken jedoch die Revision der Rationalisierungsthese Max Webers. «Was bedeutet nun aber die Rationalisierung der Ordnungen einer Gemeinschaft praktisch? Damit ein Kontorist oder selbst der Leiter eines Kontors die Vorschriften der Buchführung ‹kenne› und sein Handeln an ihnen durch richtige . . . Anwendung orientiere, ist offenbar nicht erfordert, daß er die rationalen Prinzipien, an deren Hand jene Normen erdacht worden sind, gegenwärtig habe.»[37] Mit anderen Worten, (magische) Formeln und Routinen orientieren *auch*, gerade in einer komplexen Wirklichkeit, und tatsächliche Stabilisierung und Expansion des spätbürgerlichen Bewußtseins machen bis zu einem gewissen Grade frei von objektiven Bedingungen. Die ‹Schwelle relativer Indifferenz zwischen Wissenschaft und Gesellschaft› (Luhmann) lädt zum Verweilen ein.

Luhmanns systemtheoretischer Ansatz ordnet, im Gegensatz zu Parsons, von dem er ausgeht, den Funktionsbegriff dem Strukturbegriff vor; die Bedeutung der funktionalistischen Methode für die Konstitution einer ‹übergreifenden theoretischen Gesamtkonzeption› der Soziologie wird also betont. Im Zentrum unseres Interesses steht dabei der spezifische ‹Konfliktbegriff›, der in dieser methodologischen Umorientierung eine entscheidende Rolle spielt: der Begriff des Problems. Luhmann schreibt,[38] die herrschende strukturfunktionalistische Schule habe Funktion bisher als einen Sonderfall der Kausalität betrachtet und in ihrer Präokkupation mit dem Problem des ‹Bestands› sozialer Systeme Bestand als einen «durch funktionale Leistungen bewirkten Zustand angesehen, der durch laufende Wiederholung der Leistung . . . gesichert werden kann». Es habe sich jedoch gezeigt, daß wichtige Leistungen der Bestandserhaltung durch andere, funktional äquivalente *ersetzt* werden können und daß es daher vor allem auf die Feststellung der Vielzahl äquivalenter Problemlösungsmöglichkeiten ankomme. – «Die Problemformel scheint die Bestandsformel zu verdrängen.» Dieser Austausch sei aber ‹gleichsam unter der Hand und unbemerkt vollzogen› worden, so daß nicht klar wurde, daß der Funktionalismus mit der Problemformel «eigentlich etwas anderes im Sinne hat als die Feststellung des Bewirkens bestimmter Wirkungen durch bestimmte Ursachen». Das eigentlich Neue sei «die Fixierung eines abstrakten Bezugsgesichtspunktes» geworden, «von dem verschiedene Möglichkeiten des Handelns, äußerlich ganz unterschiedlich anmutende soziale Tatbestände als funktional äquivalent behandelt werden können». Diese «Rationalisie-

36 Claessens, D., Rationalität revidiert. In: Kölner Zeitschrift f. Soziologie u. Sozialpsychologie, Jg. 17, H. 3, S. 474.

37 Weber, M., Kategorien der verstehenden Soziologie, a. a. O., S. 523.

38 Luhmann, N., Funktionale Methode und Systemtheorie. In: Ders., Soziologische Aufklärung, a. a. O., S. 32 ff.

rung der Problemstellung durch abstrahierende Konstruktion von Vergleichsmöglichkeiten» sei «der eigentliche Sinn der funktionalen Methode».[39]

LUHMANN kommt zu dieser Formulierung eines ‹Äquivalenzfunktionalismus› auf einem etwas komplizierten Wege, der den amerikanischen Funktionalismus in Beziehung zur dialektischen Methode und beide in Beziehung zu einem sie ‹verbindenden› Menschenbild setzt: «Wenn der amerikanische Funktionalismus seinen Problembegriff analysieren und die darin enthaltenen Denkvoraussetzungen entfalten würde, könnte er eine erstaunlich nahe Verwandtschaft mit den dialektischen Sozialtheorien Hegel-Marxscher Abkunft entdecken ... Der Funktionalismus ist hundert Jahre jünger, deshalb weniger rationalistisch eingestellt und weniger auf sein philosophisches Fundament bedacht. Aber er teilt mit der Dialektik die ontologische Prämisse: daß ein Seiendes nicht wahrhaft und beständig sein könne, wenn es einen Widerspruch zu sich selbst enthält, wenn es als Problem zwischen Sein und Nichtsein in der Schwebe bleibt. Allerdings verhindern die anti-evolutionäre, anti-historische Konstellation der Geburtsstunde des Funktionalismus und die Ungeklärtheit seines Problembegriffs, daß er wie die Dialektik aus gebrochener Logik auf Entwicklung schließt.» – Und ‹natürlich› sei auch ein «Schluß vom sachlichen Widerspruch auf zeitliche Entwicklung ... logisch unhaltbar».[40] Interessanter und fruchtbarer werde es, wenn man die hinter beiden Methoden stehende, ihnen gemeinsame Selbstprojektion des Menschen zur methodologischen Prämisse erhebe: «Der Mensch setzt sich selbst in die Lücke, setzt sich selbst voraus als derjenige, der das Problem erkennt und durch Vorstellung und Herstellung eines anderen Zustandes löst. In ihm verbinden sich zeitliche und sachliche Dimension.»[41]

Es ist an dieser Stelle nötig, an den im ersten Kapitel eingeführten Begriff des Herrschaftskonflikts zu erinnern. Wir hatten dort Herrschende als diejenigen definiert (oder identifiziert), die sich bei gesamtgesellschaftlich relevanten Problemlösungsaktivitäten *keine* Gedanken über die *Adäquanz* einer Leistung machen müssen, da ihnen für jedes objektiv feststellbare, ‹historische› Problem eine Reihe von *äquivalenten* Problemlösungsaktivitäten (oder Leistungen) zur Verfügung steht. Beherrschte dagegen sind auf die *Adäquanz* ihrer Leistungen und damit auf den Kausalnexus Leistung/Problem *angewiesen,* weil sie durch jeweils historisch zu bestimmende Mechanismen am Zugang zu äquivalenten Leistungen gehindert werden; das macht sie sozusagen in der Sache und in der Zeit stark, in den jeweiligen sozialen Verhältnissen (Herrschaftsstrukturen) des Mangels an Möglichkeiten wegen aber ‹schwach›. Das Problem des Verhältnisses von Adäquanz und Äquiva-

39 Ebda., S. 35.
40 Ebda., S. 34.
41 Ebda., S. 35.

lenz ist an anderer Stelle skizziert worden.[42] Man kann aber hier sagen, daß das Konzept des ‹Äquivalenzfunktionalismus› als ein Ausdruck des Problemlösungsstils der Herrschenden aufgefaßt werden muß, solange es möglich ist, den Status des ‹Problemlösers› oder eben ‹des Menschen› nach seinen Zugangschancen zu äquivalenten Leistungen (Problemlösungsaktivitäten) zu differenzieren.

Die dem LUHMANNschen Äquivalenzfunktionalismus adäquate Theorie sozialer Systeme gibt auf die eben aufgeworfene Frage noch keine schlüssige Antwort.[43] Der Systembegriff wird in dieser Theorie durch das Prinzip der Differenzierung von Innen und Außen konstituiert – wobei System das Innen, Welt das Außen markieren. Welt ist im Sinne des HUSSERLschen ‹Horizontes› aus ihrer Eigenart, «ins Unendliche zu verweisen und doch sinngebend wie endlich zu wirken», zu begreifen; sie ist («nicht unter dem Gesichtspunkt ihres Seins, sondern unter dem Gesichtspunkt ihrer Komplexität») der Inbegriff der Bestandsgefährdung sozialer Systeme. Weltkomplexität als die «Gesamtheit der möglichen Ereignisse» bezeichnet eine Relation zwischen System und Welt, sie «hängt ab von den Systemen in der Welt; man kann auch sagen: Was sich ereignen kann, hängt ab von den Beständen. Zugleich bedrohen die Ereignisse die Bestände. Diese Interdependenz läßt es von einer gewissen Schwelle der Entwicklung ab vorteilhaft sein, im System Möglichkeiten des Erlebens vorzustellen und durch selektive Prozesse der Selbststeuerung zu eliminieren. Organische Systeme, die dies leisten, überfordern sich aber selbst. Sie entwerfen sich eine Welt von Möglichkeiten, die ihre Kapazität für aktuelle Aufmerksamkeit und Informationsverarbeitung weit übersteigt, und *steuern sich gerade durch diese Überforderung, durch Prozesse der Reduktion übermäßiger Komplexität.*» Systeme oder ‹Subjekte› realisieren sich durch «Steuerungssysteme besonderer Art, die auf einer *sinnhaften* Verbindung von Ereignissen beruhen, auf einer Form der Verbindung, die auf andere Möglichkeiten verweist und den Zugang zu ihnen ordnet. Sinnsysteme dieser Art sind z. B. die Sprache und andere kulturelle Symbolsysteme, die individuellen Persönlichkeiten ... und die sozialen Systeme – eben Systeme der sinnhaften Beziehung zwischen Handlungen verschiedener Menschen.»[44] Alle diese Bestimmungen, aus denen soziale Systeme in ihrer Funktion als Systeme der ‹Erfassung und Reduktion von Komplexität› und in ihren Grenzen als ‹Sinngebilde› hervortreten, bewegen sich auf einer Ebene unangreifbarer Abstraktion. Der nächste Schritt dieser Systemtheorie besteht darin, die Bedingungen der Stabilität ‹relativ autonomer Sozialsysteme› (impliziert sind gesellschaftliche Sozialsysteme) zu untersuchen. In diesem Vorgehen konkretisiert sich die

---

42 Vgl. weiter oben, S. 27 ff.

43 Vgl. LUHMANN, N., Soziologie als Theorie sozialer Systeme. In: DERS., Soziologische Aufklärung, a. a. O., S. 113 ff.

44 Ebda., S. 115.

Theorie insofern, als nunmehr *erfahrungsgemäß* erfolgreiche Strategien der Lösung von Weltproblemen behandelt werden.

Als Selektions- und Reduktionsmechanismen dienen sie der immer ungewissen und problematischen Erhaltung der Identität sozialer Systeme. Zu ihnen gehören ‹Strategien der Problemverschiebung›, die das generelle Problem der Weltkomplexität auf verschiedene Dimensionen verteilen: in der Zeitdimension erscheint es als ‹Bestandsproblem›, in der Sachdimension als ‹Knappheitsproblem›, in der Sozialdimension als ‹Dissensproblem›.[45] Die Eigenschaft sozialer Systeme, Struktur und Prozeß zugleich zu sein, erscheint ebenfalls als ein Bündel von Problemlösungsstrategien: Das Denken in *Strukturen* macht sich die ‹Täuschung über die wahre Komplexität der Welt›› zunutze, indem es einen ‹Sinnentwurf ins Ungewisse› wagt, der sozial als ‹Generalisierung von Erwartungen für systemzugehöriges Verhalten› stabilisierend wirkt.[46] Das Denken in *Prozessen*, nur ein anderer Aspekt von Selektivität (im Sinne von Problemlösung), verstärkt die ‹Faktizität des selektiven Geschehens›, indem es sich auf sich selbst anwendet (Reflexivität) oder als Medium die Übertragung von Selektionsleistungen (Medien der Kommunikation) sichert.[47] Vor allem die hier sich entwickelnde Theorie der prozessualen Problemlösungsstrategien kann als eine Theorie der Selbststabilisierung des aufgeklärten, gleichwohl noch immer, wie das bürgerliche, auf Struktur und Wirkung (unabhängig von Bedingungen) bedachten gesellschaftlichen Bewußtseins betrachtet werden. Sie entfaltet sich bei LUHMANN an zwei Punkten, die das Potential zu großer Konkretheit haben. Die reflexive Schlaufe, in der Systeme oder ‹Subjekte› als Prozesse sich auf sich selbst ‹besinnen›, führt zum Konzept des ‹reflexiven Mechanismus›. «Beispiele wären etwa das Sprechen über Sprache im begriffsbewußten Sprachgebrauch, das Entscheiden über Entscheidungen in der Bürokratie, das Lehren des Lehrens in der Pädagogik, die Anwendung von Macht auf Macht in komplexen politischen Systemen, das Eintauschen von Tauschmöglichkeiten in der Form von Geld, das Normieren der Normsetzung als Grundlage der Positivierung des Rechts oder die Bewertung von Werten im Rahmen einer Ideologie.»[48] Bislang ist in dieser Theorie jedoch der sozusagen klassische reflexive Mechanismus *Arbeit* im Sinne HEGELS, als ‹aufgeschobener Vollzug›, unterschlagen worden.[49] Ähnliches gilt für die Theorie der Medien der Kommunikation, den zweiten Punkt. Hier wird der Tatsache

---

45 Ebda., S. 118.

46 Ebda., S. 121 u. S. 123 f.

47 Ebda., S. 125 f.

48 Ebda., S. 126.

49 Vgl. z. B. § 198 der ‹Grundlinien der Philosophie des Rechts›: «Die Abstraktion des Produzierens macht das Arbeiten ferner immer mehr *mechanisch* und damit am Ende fähig, daß der Mensch davon wegtreten und an seine Stelle die *Maschine* eintreten lassen kann.» HEGELS ursprünglicher, sich zwi-

nachgegangen, daß (beispielsweise in reflexiven Mechanismen) stabilisierte Prozesse noch einmal *intersubjektiv*, als Medien der Übertragung von Selektionsleistungen vom einen zum anderen, stabilisiert werden können: «In der Entwicklung der neuzeitlichen Gesellschaften läßt sich beobachten, daß verschiedene Übertragungsmedien auseinandertreten, je besondere Eigenart gewinnen, interpretiert, begrenzt und verschiedenen Teilsystemen zugewiesen werden. Die wichtigsten dieser Medien scheinen zu sein: Wahrheit, Macht, Liebe und Geld.»[50] Wahrheit überträgt Sinn unter Bedingungen intersubjektiver Gewißheit, Macht überträgt individuelle Entscheidungen, Liebe überträgt persongebundene Sympathien, «Geld schließlich überträgt quantitativ begrenzte, aber im übrigen unbestimmt bleibende Komplexität, nämlich einen Anteil am gesellschaftlichen Potential wirtschaftlicher Befriedigungsmöglichkeiten».[51] Hier ist zu fragen, weshalb das in der ‹Entwicklung der neuzeitlichen Gesellschaften› sicherlich entscheidende Übertragungsmedium *Eigentum* im Sinne HEGELS, als ‹aufgehobene Arbeit› unerwähnt bleibt.[52] Erst wenn Arbeit und Eigentum wenigstens probeweise als ‹reflexiver Mechanismus› bzw. ‹Übertragungsmedium› im Zusammenhang gesamtgesellschaftlich relevanter Problemlösungsaktivitäten diskutiert würden, ließen sich die Konkretisierungsmöglichkeiten dieser wichtigen, auf das historische Substrat sozialer Systeme ausgerichteten theoretischen Ansätze abschätzen und dem Herrschaftsproblem stellen.

In anderen Abteilungen der LUHMANNschen Theorie werden konfliktsoziologische Fragen direkter behandelt; aber gerade dort gelangt er über die bisher erwähnten anderen funktionalistischen Konflikttheorien nicht hinaus. So zeigt LUHMANN beispielsweise in seinen Untersuchungen über ‹formale Organisationen›[53], daß in ihnen, auf Grund der Formalisierung von Erwartungen, die von keinem Mitglied bestritten werden können, deutliche Grenzen der Toleranz für Konflikte herrschen.

---

schen Begierde und Genuß entfaltender, eigentlich ‹aufgeschobenen›, ‹ideell› gewordenen Genuß (also das ‹Genießen des Genusses›) meinender Arbeitsbegriff wird in jener späten Fassung auf das gesamtgesellschaftliche (ökonomische) System der Arbeitsteilung und damit zunächst auf reine Mechanismen bezogen. Aber erst die Reflexion auf diesen allgemeinen Mechanismus bezeichnet schon bei HEGEL den entscheidenden gesellschaftlichen Emanzipationsprozeß. Vgl. dazu auch den Begriff der ‹Dauerreflexion› bei H. SCHELSKY, Der Mensch in der wissenschaftlichen Zivilisation, a. a. O., S. 471.

50 Ebda., S. 127.

51 Ebda., S. 128.

52 LUHMANN bemerkt allerdings, daß die Medien Wahrheit, Macht und Geld (nicht aber Liebe?) «im neuzeitlichen Denken unter die Kategorie des ‹Habens› gebracht werden» konnten. Ebda., S. 135.

53 LUHMANN, N., Funktionen und Folgen formaler Organisation. Berlin 1964, S. 239 ff.

Die latente Funktion regulierter Konflikte liegt, ganz wie bei SIMMEL und COSER, in der Festigung der gemeinsamen Ordnung. In diesen Konflikten wird nicht gegen das System, sondern um Einfluß im System gekämpft; Organisationen müssen durch entsprechende Formen der Konfliktregelung überdies alle jene Konflikte eindämmen, die den organisierten Problemlösungsprozeß zu blockieren drohen. Auch LUHMANNS Analyse des politischen Systems bewegt sich in diesen Grenzen: «Die Fähigkeit des politischen Systems, gesellschaftliche Konflikte zu absorbieren, muß wachsen, wenn die Gesellschaft komplexer und konfliktreicher wird. Das politische System verwandelt dann diese Konflikte aus einem unvermittelten Gegensatz in einen geregelten, verbalisierten Kampf um Einfluß auf Entscheidungszentren ... Konflikte können aber in das System nur übernommen werden, wenn die Komplexität widerspruchsvoller Forderungen auf Entscheidungen hin kanalisiert werden kann ... Die Beteiligten müssen in Rollen gebracht werden, die komplementäres Handeln, zum Beispiel Reden und Antworten, erfordern, und es müssen ihnen bindende Selbstdarstellungen abverlangt werden, auf die auch ihre Gegner sich stützen können. Nur so kommt ein Prozeß der Kommunikation zustande ...»[54] All das sind vertraute und wichtige Motive: die Überführung von ungeregelten Konflikten in geregelte, von ‹unendlichen› in ‹endliche›, von dysfunktionalen in funktionale, von Existenzkonflikten in Kommunikationskonflikte als Bedingung der Selbststabilisierung des ‹Systems›. Da diese Momente hier ausdrücklich als Teil einer übergreifenden theoretischen Gesamtkonzeption auftauchen, deren Exposition zudem relativ weit fortgeschritten ist, soll an diesem Punkt der Versuch gemacht werden, die Stabilisierungs- und Expansionschancen des herrschenden oder doch wenigstens kontrollierenden Bewußtseins zusammenfassend zu erwägen.

4. STABILISIERUNG UND EXPANSION DES KONTROLLIERENDEN BEWUSSTSEINS

Der in der Systemtheorie LUHMANNS implizierte ‹konflikttheoretische› Fortschritt besteht darin, daß soziale Systeme nicht mehr, wie bei PARSONS, als für Spannungen und ‹mögliche Ereignisse› anfällige, sondern als auf Problemlösung angelegte Strukturen und Prozesse erscheinen. Die Frage ist nun, wie weit der Anspruch auf *systemmäßige* Problemlösung und damit indirekt auf systemmäßige Konfliktregelung reicht. Während nämlich bislang auch von den funktionalistischen Konflikttheorien noch eine Form konfliktueller Interaktion konzediert wurde, in der Konfliktgegner als historische Subjekte ihre differenten Problemlösungsaktivitäten um der Richtung der Geschichte willen gegeneinan-

54 LUHMANN, N., Soziologie des politischen Systems. In: DERS., Soziologische Aufklärung, a. a. O., S. 161.

dersetzen, wird hier angedeutet, daß schon die *Differenz* von Problemlösungsaktivitäten irregulär und durch das Kriterium der *Äquivalenz* zu ersetzen sei. Danach würden Problemlösungsaktivitäten, die nicht durch andere, ‹äquivalente› ersetzbar sind, aus den Systemen ausgeschieden, wären dem kontrollierenden Bewußtsein, das in Äquivalenzen denkt, aus den Augen und würden, tauchten sie im System, beispielsweise im politischen System, auf, wegen der unbedingt zu lösenden Systemprobleme des Bestandes, der Knappheit und des Dissens, ausgelöscht werden müssen. Mit anderen Worten, gerade die adäquaten, ‹unersetzbaren› Problemlösungsaktivitäten wären aus dem Bewußtsein ausgeschlossen. Das aber wäre nicht die Perspektive des kontrollierenden, sondern des *herrschenden* kontrollierenden gesellschaftlichen Bewußtseins. Zur systemtheoretischen Okkupation der Subjektivität, die aus der unbestreitbar erfolgreichen Konstitution von Sinn und Welt in ‹Systemen› begründet wird, gesellte sich die Okkupation von Intersubjektivität – die bislang systemtheoretisch nicht so erfolgreich, nämlich eigentlich nur mit Hilfe der ‹Medien der Kommunikation›, begründet werden kann. Die latente Megalomanie des Systemdenkens appellierte dabei an die manifeste Megalomanie der Herrschenden: die Strukturen, die eigentlich auf ‹Täuschung über die wahre Komplexität der Welt› (LUHMANN) beruhen, würden zur Legitimation einer stabilisierten Expansion des herrschenden gesellschaftlichen Bewußtseins.

Doch ist das nicht die einzige Perspektive, die sich aus der Möglichkeit systemmäßiger Problemlösung, in der die intensiven historischen Konflikte, zum Beispiel Klassenkämpfe, aufgehoben wären, ergibt. Gelänge es nämlich, und das ist die Perspektive des Systemtheoretikers als Wissenschaftler, das Problem der Differenz von Problemlösungsaktivitäten tatsächlich, durch die schrittweise Verselbständigung menschlicher Praxis, in ein Problem der Äquivalenz von Problemlösungsaktivitäten umzuwandeln, so wäre dies natürlich der Inbegriff des geschichtlichen Fortschritts. Hier appellierte die latente Megalomanie des Systemdenkens sozusagen an die manifeste Megalomanie der Erkennenden, die sich allerdings nur durch die Prozesse, zu denen sie sich machen, als kontrollierendes gesellschaftliches Bewußtsein legitimieren können. LUHMANN hat solche Prozesse einer kognitiven Kritik der bisherigen Strukturen in einem Aufsatz über den ‹Zustand der Weltgesellschaft› beschrieben: «Achtet man auf die Erwartungsstrukturen, die jene universell gewordenen Interaktionsfelder der Wissenschaft und Technik, der Wirtschaft, der öffentlichen Kommunikation von Neuigkeiten und des Reiseverkehrs orientieren, dann fällt ein deutliches Vorherrschen kognitiver, adaptiver, lernbereiter Erwartungen auf, während normative, Moral prätendierende und vorschreibende Erwartungen zurücktreten ... Der durchgehende Grundzug dieser Präferenz für kognitive Erwartungen läßt vermuten, daß wir einem selektiven Prinzip auf der Spur sind – das heißt: daß die Weltgesellschaft sich zunächst in Interaktionsbereichen konstituiert hat, in denen kognitives Erwarten in bezug auf das

Erwarten und Verhalten anderer stabilisiert werden kann. Solche Selektion scheint von der Struktur des Systems der Weltgesellschaft auszugehen. Jene Präferenz zu verstehen, könnte daher etwas beitragen, diese Struktur zu verstehen.»[55] Dieses in dieser expansiven Dimension der Weltgesellschaft erst richtig heimisch werdende kognitive Erwarten, das sich gern ‹lernbereit stilisiert›, das sich im Gegensatz zum normativen Erwarten (das sein Objekt ändern will) selbst zu ändern sucht; das schwerer institutionalisierbar ist als normatives Erwarten: das scheint innerhalb der avancierten Systemtheorie ein Ausdruck für eine *nicht* durch die herrschenden Verhältnisse stabilisierte Expansion des kontrollierenden Bewußtseins zu sein. LUHMANN macht deutlich, daß diese lernbereite kognitive Erwartungshaltung sogar über den Begriff von Gesellschaft mit sich reden ließe: «Eine Theorie der Gesellschaft bleibt als Bezugsrahmen der funktionalen und strukturellen Bestimmungen der Differenzierung sozialer Systeme unentbehrlich. Mit ihr verschwände der Begriff für das, was sich differenziert. Aber damit ist nicht präjudiziert, wie eine solche Theorie der Gesellschaft auszusehen hätte. Sie kann heute nur, so viel ist zu sehen, eine Theorie der Weltgesellschaft sein und muß ihren Begriff der Gesellschaftsgrenze entsprechend abstrakt (und vielleicht uninstitutionalisierbar) ansetzen. Dabei wird es darauf ankommen, jene Schwerpunktverschiebung von normativen zu kognitiven Erwartungen sowie letzte Bedingungen des Lernens in sozialen Beziehungen mitzuerfassen.»[56] Aber mit dieser Okkupation der Subjektivität und der Intersubjektivität (Lernen in sozialen Beziehungen) durch das wissenschaftlich-kritische kontrollierende Bewußtsein wäre so lange nichts gewonnen, solange es zu keiner Konfrontation mit ‹normativ verfaßten Strukturen› käme, die hier längst schon implizit als Herrschaftsstrukturen identifiziert sind. Das heißt, gerade eine solche Perspektive, die den im bürgerlichen Bewußtsein enthaltenen Widerspruch zwischen intentional-normativen und adaptiv-kognitiven Erwartungen (s. o., S. 111 ff) aufbricht, hätte sich praktisch in der Parteilichkeit für kognitive Prozesse – und *gegen* geregelte Konfliktstrukturen – zu bewähren; sie müßte sich mit den Agenten normativer Strukturen in Wissenskonflikten auseinandersetzen, die zu Herrschaftskonflikten würden.

Die meisten systemtheoretischen Ansätze erreichen in diesem Punkt nicht das Reflexionsniveau der Theorie von N. LUHMANN; sie nehmen, ob kritisch oder unkritisch, die expansiven herrschenden Interessen wahr. Dazu im folgenden einige Beispiele. Aber auch die Interessen an adäquaten Problemlösungen werden auf diesem Niveau innerhalb der westlichen Soziologie nicht zureichend vertreten. Dazu danach einige

---

55 LUHMANN, N., Der Zustand der Weltgesellschaft. Unveröff. Mskr., S. 9.

56 Ebda., S. 21; vgl. auch LUHMANN, N., Moderne Systemtheorien als Form gesamtgesellschaftlicher Analyse. In: Spätkapitalismus oder Industriegesellschaft, a. a. O., S. 253 ff.

Hinweise. Wissenskonflikte als Herrschaftskonflikte können, unter der Perspektive dieses Buches, nur am Bereich der Konflikt- und Friedensforschung illustriert werden (Kapitel VI).

5. Karl W. Deutsch und Dieter Senghaas

Die Ergebnisse der soziologischen Systemtheorie lassen sich nicht ohne weiteres in Präskriptionen für die politische Praxis umsetzen, solange ein normativer, auf Bruchstücke der Tradition setzender Kommunikations- und Kontrollstil in der nationalen und internationalen Politik dominiert. Gleichwohl besteht die Notwendigkeit, traditionelle Interessen in einer differenzierten, dem durch Wirtschaft, Wissenschaft und Technik geprägten internationalen Verkehrsmodus angemessenen Weise beschleunigt zu ‹systematisieren›. Die vorliegenden politischen Stabilisierungs- und Expansionsbedürfnisse wiederum dürfen, so meint man, durch solche Operationen nicht wesentlich modifiziert oder in ihrem gesamtgesellschaftlichen Zusammenhang über das Maß der Opportunität hinaus aufgedeckt werden. Diese Schwierigkeiten scheint das sozialkybernetische Modell politischen Handelns zu überbrücken. Die zentrale Problemstellung der Sozialkybernetik ist die Systemanalyse vorherrschenden kollektiven Bewußtseins in praktischer Absicht. «Kybernetische Analyse von Gesellschaften ist in der Tat Bewußtseinsanalyse, denn ihr Gegenstand ist die *Intelligenz von Gesellschaften.* Sie untersucht im weitesten Sinne das Bewußtsein, das Gesellschaften im Prozeß der Selbsterhaltung über sich selbst gewinnen und besitzen und das ungeachtet momentan sich ändernder konkreter Zielsetzungen ihr Verhalten bestimmt. In dieser Perspektive erscheinen die Informationsprozesse einer Gesellschaft als analytischer Brennpunkt. Der Kybernetiker, der systemanalytische Bewußtseinsanalyse treibt, untersucht die Netzwerke von Informationskanälen, die Effizienz von Informationsflüssen und Steuerungsprozessen; die Annahme, daß die Effektivität der Steuerung von Gesellschaften von dem in ihnen entwickelten Selbstbewußtsein abhängt, bestimmt die Richtung der Fragestellungen.»[57] Wir haben weiter oben (Kapitel II) gezeigt, daß ein ‹entwickeltes Selbstbewußtsein› ein wesentlicher Faktor in rudimentären Überlebens- und Machtkämpfen ist. Einmal entwickelt, legitimiert es sich selbst – und an genau diesem Punkt der Legitimation von Herrschaft kann ein Modell der Selbstregulierung und -steuerung zusätzliche verstärkende Funktionen übernehmen.

Der zentrale Bezugspunkt der Schriften von Deutsch[58] ist das Ge-

---

57 Senghaas, D., Sozialkybernetik und Herrschaft. In: Atomzeitalter, H. 7/8 (1967), S. 392.

58 Vgl. insb. Deutsch, K. W., *The Nerves of Government.* New York 1966; ders., Politische Kybernetik. Modelle und Perspektiven. Freiburg 1969.

sellschaftsmodell eines ‹lernfähig vermaschten Regelsystems›, in dem die vom politischen System (der Regierung) ausgehenden Kontroll- und Rückkoppelungsprozesse das entscheidende Instrument zur Steuerung der Lernkapazität (des ‹Selbstbewußtseins›) des Gesamtsystems darstellen. Von den Kontroll- und Kommunikationskapazitäten des Staates hängt es ab, ob eine Gesellschaft durch verstärkte innere Differenzierung, durch verbesserten internen Informationsfluß ‹wächst› (effektiv expandiert) oder ob sie den Weg ‹pathologischer Lernprozesse› einschlägt, der durch Zerfallsprozesse wie die Reduktion der Zahl und Effektivität von Informationskanälen und Rezeptoren und/oder die starre Fixierung von Verhaltensweisen ohne Rücksicht auf Umweltveränderungen gekennzeichnet ist. Dieses Modell wird von DEUTSCH in seinem Buch *‹The Nerves of Government›* wie ein ‹Fürstenspiegel› gehandhabt: ‹Wir› befänden uns in einer Zeit des Übergangs in eine völlig neue historische Epoche. Die beschleunigten Wandlungsprozesse hätten uns an den Rand unserer traditionellen intellektuellen Fähigkeiten getragen. «Indem wir an die Grenzen unseres bisherigen Verständnisses stoßen, müssen wir entweder intellektuelle Impotenz und wahrscheinliche Niederlage akzeptieren, oder auf Irrationalität, blindes Glück und ‹Durchwurschteln› (das in Hiroshima nicht besonders erfolgreich war) bauen, oder aber unsere Fähigkeiten des Denkens und der Wahrnehmung hinsichtlich unseres Vermögens, für andere zu fühlen und ihnen kompetent und wirkungsvoll zu helfen, substantiell verstärken.»[59] Kommunikationstheorie, Kontrolltheorie und Kybernetik versprächen, die Kapazität ‹unserer› intellektuellen Ausrüstung wenigstens um einiges zu erhöhen, und sollten deshalb entsprechende Verbreitung finden. Die internationale Konfliktkonstellation jedoch, in die dieses Modell hineinpraktiziert werden soll, wird auf durchaus altertümliche Weise charakterisiert.

«Es wird oft gesagt, daß es die Aufgabe der Politik sei, das ‹öffentliche Interesse› oder ‹Gemeinwohl› einer Nation oder Gesellschaft jenseits aller speziellen oder partikularen Interessen zu fördern. Wenn wir zugeben, daß es ein solches Gemeinwohl gibt und das soziale Leben nicht durch Gruppenkonflikte ausgeschöpft wird, so müssen wir danach fragen, worin es besteht. Trotz großer kultureller und normativer Unterschiede können wir vorläufig annehmen, daß einer der am meisten verbreiteten Werte das *Überleben* einer Familie, einer Gemeinde, eines Volkes oder einer Nation ist. Hinsichtlich der Wahrscheinlichkeit ihres Überlebens kann man alle politischen Systeme und Organisationen in vier Kategorien einteilen: 1. Selbstzerstörerische Systeme, die selbst in einer relativ günstigen Umwelt zusammenbrechen würden; 2. lebensuntüchtige Systeme, die angesichts der Schwierigkeiten, die die meisten Umwelten bieten, kaum überlebensfähig sind (obgleich sie nicht selbstzerstörerisch sein müssen); 3. lebenstüchtige Systeme, die ihre vorhan-

---

59 DEUTSCH, K. W., *The Nerves . . .*, a. a. O., S. XVI (dt.: S. 28).

denen Überlebenschancen innerhalb eines begrenzten Spektrums von Überlebensbedingungen bewahren können, und 4. sich selbst entwickelnde und selbst verbessernde Systeme, die in der Lage sind, den Wahrscheinlichkeitsgrad ihres Überlebens selbst zu erhöhen und den Umfang ihrer Handlungsmöglichkeiten in eine zunehmende Umweltkomplexität auszudehnen.»[60] Nun haben aber gerade die soziologischen Systemtheorien gezeigt, daß die Frage des Überlebens oder des ‹Todes› sozialer Systeme falsch gestellt ist. Gesellschaften und Völker, auch in ihrer Gestalt als gesellschaftliches Bewußtsein, stehen kaum in Gefahr, im Vollzuge jener historisch relativ kurzfristigen Aufgaben, die sich ein politisches System stellen kann, vollständig unterzugehen. Das Überlebensproblem im *gesamtgesellschaftlichen* Zusammenhang stellt sich vielmehr, wie wir weiter oben (Kapitel II) angedeutet haben, gerade als ein Problem des Überlebens (der Selbstreproduktion) partikularer Gruppen, wird somit von gruppenegoistischen Interessen gestellt. Der globale Appell an das Gemeinwohl unter diesem Prätext ist also mit Vorsicht zu beurteilen. Und es ist auch so, daß die mit dieser letztlich sozialdarwinistischen Überlebensmetapher bezeichnete internationale Konfliktkonstellation nur einer bestimmten Gruppe, den ‹Eliten›, nahegebracht wird.

Deutsch unterscheidet in seiner Theorie politischer Meinungsbildungsprozesse[61] drei relevante Gruppen: eine relativ kleine Elite, die im allgemeinen auf weniger als fünf Prozent der Bevölkerung zu veranschlagen sei, ein größeres Stratum politisch mobilisierter Bevölkerung, dessen Anteil zwischen 10 und 90 Prozent schwanken könne, und schließlich eine passive, an öffentlichen Angelegenheiten überhaupt nicht interessierte Gruppe. Es wird deutlich, daß die Überlebensformel und die Warnung vor ‹pathologischen Lernprozessen› sich vor allem an die Meinungsführer vor und hinter den Kulissen richten, wobei allerdings unterstellt wird, daß sich die Interessen aller vom politischen System erfaßten Gruppen letztlich decken. Die Einheit, in der politisch relevante Meinungsbildungs- und Entscheidungsprozesse ablaufen, ist die (von Fall zu Fall näher präzisierte) ‹Organisation›; in ihr seien es meist ‹die Köpfe einiger weniger Individuen›,[62] auf die es ankommt. Die Bewußtseinsqualität, die es dabei zu erhalten und zu erweitern gilt, ist die ‹Autonomie› oder Fähigkeit der Selbststeuerung. Der wichtigste Prozeß der Selbststeuerung von Organisationen ist der Hin- und Rückfluß der im Gedächtnis gespeicherten Daten im Bezug auf die jeweiligen aktuellen Entscheidungen – und es ist dieser Prozeß, in dessen Verlauf es zu lernpathologischen oder Fehlentwicklungen kommen kann, in de-

---

60 Ebd., S. 248 f (S. 330).

61 Deutsch, K. W., *Social Mobilization and Political Development.* In: American Political Science Review 55, 3 (1961), S. 493 ff.

62 Deutsch, K. W., *The Nerves . . .*, a. a. O., S. 219 ff (S. 298 ff).

ren Folge dann das Gesamtsystem gefährdet wird.[63] Die wichtigste Aufgabe von Eliten oder Schlüsselgruppen in solchen Prozessen ist es daher, ihre Fähigkeit zum Umbau ihrer ‹inneren Struktur›, d. h. ihres Gedächtnisses (Speicherkapazitäten) und ihrer Entscheidungspraktiken, flexibel zu halten. Die Begründung der Fähigkeit zur Selbststeuerung (Autonomie) in der Datenspeicherung (Gedächtnis) führt natürlich zu ambivalenten Ratschlägen der Selbstentwicklung und Selbstverbesserung; einerseits ist «Autonomie unmöglich, wenn die von außen kommenden Informationsströme nicht zu einem bedeutenden Ausmaß von inneren Erinnerungen und Präferenzen ‹überstimmt› werden», andererseits bedarf Autonomie größtmöglicher Offenheit: Die Schwierigkeit, diejenigen lernbereit zu machen, die auf Grund des von ihnen Gespeicherten nicht lernbereit sein können, der Übergang also von institutionalisierter normativer zu nicht-institutionalisierter kognitiver Erwartungshaltung wird zum Dilemma dieser Art von Politik-Beratung.

Bei Senghaas verdichtet sich die Schwierigkeit der analytisch-präskriptiven (politikwissenschaftlichen) Durchdringung des herrschenden gesellschaftlichen Bewußtseins zur Vision eines internationalen Drohsystems, in dem sich in lernpathologischen Prozessen verformte Machteliten (und ihre Gesellschaften) im *status quo* «organisierter Friedlosigkeit» gegenüberstehen.[64] Seine Argumentation verläuft wie folgt: Die immanente Logik des nuklearen Abschreckungssystems der Großmächte ist gekennzeichnet durch rationale Manipulationen der Abwendung des offenen Krieges durch laufende Perfektion seiner Mittel. ‹Vorbereitung auf Krieg› als Dauerzustand macht seine intellektuelle Antizipation zum Konstituens seiner Eindämmung. Das Abschreckungssystem ist historisch die Folge einer nach den Schrecken des Zweiten Weltkriegs zunächst unmöglich erscheinenden erneuten ‹rationalen Zuordnung von Gewalt und Politik›. Ausgelöst wurde diese Entwicklung durch das Bemühen, die als politische Drohmittel ungeeigneten, monströsen Nuklearwaffen der ersten Stunde durch ein abgestuftes, lückenloses Gewaltspektrum zu ergänzen und so ein Kosten-Gewinn-Kalkül der Rüstung in das außenpolitische Handeln einzubringen. Das führte zur Lehre von der Begrenzbarkeit von Kriegen auch im Atomzeitalter und konkret zur sogenannten ‹Vorwärts-Strategie› der fünfziger Jahre. In der Praxis erwies sich das Abschreckungssystem insofern als korrekturbedürftig, als die Eigendynamik der Waffenentwicklung immer neue Einstellungen der Synchronisation zwischen Gewalt und Politik notwendig machte. Das führte in den Ost-West-Beziehungen zu einer Periode der Rüstungskontrollmaßnahmen (Eliminierung des Überraschungseffekts durch ‹heißen Draht› und institutionalisierte gegenseitige Überwachung, Teststoppabkommen, Versuch der Selbstbeschränkung durch Aufstellung von Spielregeln). Entscheidend für eine Korrektur

---

63 Ebda., S. 221 f (S. 300).

64 Senghaas, D., Abschreckung und Frieden, a. a. O.

des sich ‹eigengesetzlich› fortentwickelnden internationalen Drohsystems wird das Verständnis seiner Wirkungen auf die Qualität des sozialen Lebens in den Abschreckungsgesellschaften selbst. Abgesehen von den ungeheuren finanziellen Belastungen ergeben sich diese sozialen Kosten aus der Tatsache, daß eine Gesellschaft nur dann glaubwürdig am Abschreckungssystem teilnehmen kann, wenn sie die Bereitschaft zur Gewalt auf allen Ebenen organisiert und wachhält. Diese Militarisierung des Lebens, die bei der Manipulation und Suggestion diffuser Angst und generellem Mißtrauen beginnt, endet in lernpathologischen Prozessen, die, ausgehend von den Machteliten, zu einer Loslösung der Handlungsziele und des Selbstverständnisses von allen realen Bezügen führen (Autismus). Hier seien die Grenzen der ‹Funktionalität› des Abschreckungssystems erreicht; die Suche nach Alternativen zu diesem System müsse beginnen.

Unter der Perspektive einer Soziologie des Konflikts interessieren noch zwei Gesichtspunkte. Sie betreffen die Ebene des verwendeten Konfliktbegriffs und den Bewußtseinsstatus der Kombattanten. Die insbesondere von Deutsch postulierte Konfliktwirklichkeit eines Überlebenskampfes der Nationen wird durch seine Hoffnung auf eine integrierende Wirkung sich ausbreitender Selbststeuerungsfähigkeiten nicht gemildert. Wenn Deutsch davon spricht, daß die Kombination von Macht einerseits und Wissen um die eigenen Grenzen, von Ausbau des Gedächtnisses und Offenheit für neue Informationen andrerseits in der Fähigkeit für integratives Verhalten kulminiere und «dies alles zusammen ... wohl am wirkungsvollsten zum Überleben in der internationalen Politik beitragen» dürfte,[65] so steht diese Annahme der Integration für die «von Deutsch postulierte und von Senghaas weiter explizierte These der Konvergenz von Selbstregulierung und gesellschaftlicher wie individueller Emanzipation», die «praktisch nicht falsifiziert werden (kann), da sie kaum eine inhaltliche und damit informative Bestimmung enthält».[66] Diese unverbindliche Abstraktheit macht einen Konfliktbegriff verbindlich, der durch die Brutalität des kleinsten gemeinsamen Nenners gekennzeichnet ist.[67]

Zu diesem Konfliktbegriff fügt sich das von Senghaas entwickelte Modell ‹autistischen Verhaltens› in internationalen Konflikten. Der Begriff des Autismus ist der älteren Individualpsychologie entnommen, die darunter eine Form des Realitätsverlusts versteht, in der sich paranoide und aggressive Verhaltensweisen verbinden. Bei Senghaas meint der Begriff das bei Abschreckungsbeziehungen zu beobachtende Über-

65 Deutsch, K. W., *The Nerves* ..., a. a. O., S. 253 f (S. 335 f).

66 Naschold, F., Systemsteuerung. Stuttgart 1969, S. 165.

67 Seine Elemente sind ‹Wille› (Entscheidungsfähigkeit und Entscheidungsfestigkeit) und ‹Macht› (die Fähigkeit zu befehlen statt zu hören und ‹Härte des Diamanten›); seine Form ist das Modell eines einfachen Kosten-Gewinn-Kalküls ohne sozialen Gehalt, vgl. Deutsch, K. W., a. a. O., S. 110 ff (S. 170 ff).

wiegen innengerichteter gegenüber außenorientierten Prozessen, in deren Verlauf sich eine einmal eingeschlagene Drohpolitik als ein ‹feindorientierter› Prozeß zwischen der jeweiligen Elite und ihrem eigenen ‹Massenpublikum› (SENGHAAS) reproduziert und einen höheren ‹Realitätsgrad› erreicht als die anscheinend so direkten Feindbeziehungen. Interessant ist an diesem Theorieansatz bislang nur der Versuch, die Funktionen eines ‹entwickelten Selbstbewußtseins› in einem gegebenen internationalen Konfliktsystem empirisch zu bestimmen. Die Daten für autistisches Verhalten von Machteliten stammen nämlich in erster Linie aus dem Entscheidungsmilieu der amerikanischen Regierung und deuten auf relativ banale Sachverhalte: ‹realitätsferne› Entscheidungen auf Grund persönlicher Prestigefragen, durch Propaganda verstärkte Selbstbindungen, Gruppenzwänge in bestimmten Organisationssituationen usw.[68] Sie stützen einfach den alten Verdacht, daß die Legitimation für Herrschaftshandeln nicht immer ‹rational einsehbaren› Quellen entstammt, sondern manchmal ‹das Kind ungewöhnlicher innerer seelischer Situationen› ist; MAX WEBER hielt dafür den Begriff der *charismatischen* Herrschaft bereit.[69] Autismus, wie SENGHAAS ihn erfaßt, erscheint – so überraschend das klingen mag – als eine der charismatischen ähnliche Form der *Legitimation* aktueller Herrschaft (Gefangensein von Machteliten in pathologischen Lernprozessen). Autismus ist sozusagen eine heruntergekommene Variante des Charisma: vielleicht die einzige Form charismatischer Herrschaft, die diese Systeme noch zulassen. Damit wird die Autismus-These auf den Status empirisch faßbarer Herrschaftsgruppen im kontrollierenden gesellschaftlichen Bewußtsein verwiesen; sie bezeichnet eine, wenn auch kümmerliche, Rechtfertigung von Herrschaft. Die *tatsächlichen* Beweggründe und Handlungsleitlinien der internationalen Politik und internationaler Konflikte aber bezeichnet sie nicht. Daß die Kombattanten der internationalen Politik klar definierbare Interessen vertreten, genau wissen, was sie wollen, und gerade wegen der Objektivität dieser Positionen ihr ‹Massenpublikum› in gefährliche Situationen bringen, kann freilich nicht durch sozialkybernetische Bewußtseinsanalysen an den Tag kommen.

6. AMITAI ETZIONI

Sozialkybernetische Metaphern der Selbstbewegung des herrschenden Bewußtseins können die gesamtgesellschaftlich relevanten Kommunikations- und Kontrollbewegungen vor allem deswegen nicht abdecken, weil ihnen ein der Ebene der Analyse entsprechender Konfliktbegriff fehlt: ihre Vorstellungswelt involviert sofort ganze gesellschaftliche

68 Die jetzt aufgedeckten Hintergründe der Vietnam-Eskalation liefern genügend Anschauungsmaterial.

69 Vgl. weiter oben, S. 61 f.

Systeme in Überlebenskämpfe. Das Überlebensinteresse partikularer Gruppen jedoch realisiert sich normalerweise in komplizierten Wechselwirkungen konfliktueller Kommunikation und Kontrolle. Außerdem treffen jene Metaphern nicht den Kern der inneren und äußeren Aktivität von Gesellschaften im internationalen Konfliktsystem: die ökonomischen Interessen werden nicht inhaltlich bestimmt, die universalen Interessen der Unterdrückten, die nicht systematisierbar sind, figurieren in Verkehrung der Situation am Rande. ETZIONI hat in seinem umfangreichen Entwurf einer systemtheoretischen ‹Makrosoziologie des Konflikts›[70] die dort fehlenden Aspekte wenigstens berührt. Zudem hat sein Idealtyp einer *‹Active Society›* die normative Funktion, für makroskopische (gesamtgesellschaftliche) Aktion innerhalb einer Gesellschaft wie der amerikanischen, der die ‹makroskopische Handlungsfähigkeit› immer deutlicher entgleitet, zu werben.

Makrosoziologie im Sinne ETZIONIS untersucht die spezifischen Eigenschaften makroskopischer Einheiten (Subgesellschaften, Gesellschaften, Supragesellschaften: z. B. Klassen, Nationen, internationale Machtblöcke) im Hinblick auf zentrale gesamtgesellschaftliche Probleme wie Modernisierung, Demokratisierung, Veränderungen im relativen Status von Großgruppen, Umverteilung des Sozialprodukts, politische Integration vormals autonomer Einheiten usw. Grundproblem und praktisches Ziel der Makrosoziologie sei die Entwicklung effektiver Steuerungsmethoden sozialen Wandels, die nicht einzelnen Interessengruppen, sondern der Gesamtgesellschaft dienen. ETZIONI überführt zwei Traditionen der sozialwissenschaftlichen Makro-Theorie in sein Modell, die er als den voluntaristischen und den kollektivistischen Ansatz bezeichnet. Kollektivistische Theorien, zu denen er traditionelle funktionalistische Modelle wie die von MALINOWSKI[71] oder PARSONS, ethnologische Konfigurationstheorien und phänomenologische Ansätze rechnet, betrachten sozialen Wandel als einen ungesteuerten, schicksalhaft ablaufenden Prozeß, etwa nach dem Muster eines ‹unmerklichen› Übergangs vom Strukturtypus ‹Gemeinschaft› zum Strukturtypus ‹Gesellschaft›. In ihnen ist kein Platz für das Konzept einer ‹makroskopischen Aktion›: auch das gesamtgesellschaftlich relevante Handeln wird als Handeln in Mikroeinheiten (Institutionen, Subsystemen) begriffen. Voluntaristische Theorien dagegen betonen die Möglichkeit der Steuerung sozialer Wandlungsprozesse; zu ihnen gehören die General Systems Theorien, die Sozialkybernetik, die Kommunikationstheorien. Sie basieren auf der These, daß in jedem System eine zentrale Instanz vorhanden ist, die die anderen Systemeinheiten steuern kann. Dabei lasse sich eine irrationalistisch-voluntaristische Perspektive (Identifikation der Systemmitglie-

---

70 ETZIONI, A., *The Active Society*. New York 1968; vgl. auch DERS., Elemente einer Makrosoziologie. In: ZAPF, W., a. a. O., S. 147 ff.

71 Vgl. MALINOWSKI, B., Eine wissenschaftliche Theorie der Kultur und andere Aufsätze. Zürich 1949.

der mit einer ‹Führung›) und eine rationalistisch-voluntaristische Perspektive (kybernetisches Modell der Maschinensteuerung) unterscheiden. Die voluntaristischen Theorien seien in der Lage, makroskopische Aktionen als über Entscheidungszentren und Kommunikationsnetze vermittelte Steuerungshandlungen zu begreifen. ETZIONI versucht, angesichts der Einseitigkeiten der beiden genannten Theorien, den kollektivistischen und voluntaristischen Ansatz in einer *integrierten Theorie gesamtgesellschaftlicher Selbsttransformation* zu verbinden. Zu diesem Zwecke seien als drittes wichtiges Element Begriff und Theorie der Macht einzuführen und zu entwickeln. Das sei nötig, weil es in jeder Gesellschaft und gesellschaftlichen Einheit innere *Konflikte* zwischen den Steuerungseinheiten (des herrschenden kontrollierenden Bewußtseins) und den ‹passiven Elementen› (des beherrschten kontrollierenden Bewußtseins) gibt. Im kollektivistischen Ansatz wird Macht lediglich als ein Faktor zur Wiederherstellung von Gleichgewichtszuständen angesehen, ohne daß nach ihrem Transformationspotential gefragt wird. Der voluntaristische Ansatz versteht unter Machtausübung vor allem die ‹Manipulation von Symbolen› und scheint vorauszusetzen, daß die ‹passiven Elemente› keinen Widerstand leisten können. Durch eine Verbindung der beiden Ansätze mit einer ausgeführten Machttheorie werde die bislang in der Makro-Theorie vorherrschende Annahme, daß Gesellschaft eine monolithische, hochintegrierte Einheit sei, korrigiert. Es müsse auch kein bestimmter Charakter der Beziehungen zwischen den Systemeinheiten angenommen werden; vielmehr könnten sowohl ‹erzwungene› (den Beteiligten vollkommen äußerliche) als auch ‹utilitaristische› (auf gemeinsamen Interessen beruhende) und ‹normative› (auf gemeinsamen Werten beruhende) Beziehungen in vielfältiger Mischung berücksichtigt werden. Um von diesen Voraussetzungen zu einer praktischen ‹makroskopischen Steuerungsmethode› zu gelangen, unterscheidet ETZIONI makroskopische Einheiten, deren spezifische Strukturen (Beziehungsmuster zwischen den Mitgliedern) keine Selbststeuerungskapazität zulassen (z. B. unorganisierte, passive ‹Klassen›) von solchen, die diese Kapazität erworben haben (z. B. organisierte, aktive Klassen). Besonders aktive Einheiten besitzen außerdem die entscheidende Fähigkeit zur *Selbsttransformation* (bewußt gesteuerte Herstellung neuer Strukturen) durch kombinierte Mobilisierung ihrer ‹kybernetischen Fähigkeiten›, ihrer ‹relativen Macht› und ihrer ‹Konsensbildungsfähigkeit›.

Die drei zuletzt genannten Schlüsselbegriffe (kybernetische Fähigkeit, relative Macht und Konsensbildungsfähigkeit) beziehen sich auf die Instrumente gesellschaftlicher Kontrolle, den Machtaspekt sozialer Kontrolle und die Prozesse der Konsensbildung. Gesellschaftliche Kontrolle, der «Prozeß, der bevorzugte soziale Zustände spezifiziert und laufende Prozesse so revidiert, daß die Distanz zu diesen bevorzugten Zuständen sich verringert»,[72] hat ihren Sitz in sogenannten ‹Kontrollzentren›, die

72 ETZIONI, A., *The Active Society*, a. a. O., S. 668.

Informationen verarbeiten, Hauptentscheidungen treffen und ihre Signale an eine ‹Kontrollschicht› (ständig ablaufende symbolische Beeinflussungsprozesse und ihre kommunikativen Stützen wie Symbolsysteme und Verteilungssysteme) weitergeben, die diese Signale an ‹Kollektive› (makroskopische Einheiten, die auf Grund normativer Bindungen gemeinsam handeln können) vermitteln.[73] Macht (die «Fähigkeit, Veränderungen auch gegen Widerstand durchzusetzen; eine Fähigkeit, Widerstand teilweise oder ganz zu überwinden»[74]) ist immer eine ‹relationale und relative› gesellschaftliche Kraft. Einerseits besitzt sie einen kooperativen Aspekt; sie vermag beispielsweise mögliche Störfaktoren aus kooperativen Verhältnissen zu eliminieren. Andererseits aber ist Macht eng mit Phänomenen des Konflikts verbunden; das liegt vor allem daran, daß innerhalb der üblichen sozialen Beziehungen die meisten Handlungseinheiten sich ihrer potentiellen Macht nicht bewußt sind; da es kaum möglich sei, die Macht der Mitgliedseinheiten eines makroskopischen Systems zu ‹messen›, übernehme sozialer Konflikt die grundlegende Funktion, Machtverhältnisse auszudrücken, zu testen und zu entscheiden.[75] Ein wichtiger Punkt ist hier das Verhältnis zwischen Kontrolle und Macht: «Kontrollhandelnde haben ständig zwei Arten von Entscheidungen zu fällen: welche Kommunikationssignale sie aussenden und wieviel Macht sie gebrauchen sollen, um diesen Signalen Nachdruck zu verleihen. Wir behaupten, daß die *Reserven, aus denen Macht geschöpft wird, viel knapper sind als die Symbole, die Hauptträger der Kommunikation.* ‹Kontrollschichten› senden typischerweise weitaus mehr Kommunikationssignale aus, als sie durch Machtgebrauch abstützen könnten.»[76] Wohl wegen der Knappheit wirklicher Macht in den Kontrollzentren betont ETZIONI den dritten Aspekt, den Konsensbildungsprozeß. Konsens, die «Kongruenz der Perspektiven bei einer Gruppe Handelnder», kommt dadurch zustande, daß die Perspektiven der Mitglieder einer makroskopischen Einheit entweder den Kontrollschichten ‹von unten nach oben› übermittelt werden (Konsensformation), oder ‹gesamtgesellschaftliche› Perspektiven den Mitgliedern von ‹oben nach unten› zukommen (Konsensmobilisierung).[77] ETZIONIS Resümee seiner Analyse von Konsensbildungsmechanismen (sie erschöpft sich im wesentlichen in der Hoffnung auf einen ‹post-modernen› Staat und in Andeutungen über mögliche neue Planungsstrukturen) lautet: «Wenn die Mechanismen der Kontrollbildung wirksam operieren, sichern sie, daß diejenigen, die Macht besitzen, die Leitlinien der gesamtgesellschaftlichen Handlungen bestimmen, auch wenn sie ihre Perspektiven der Tatsache anpassen müssen, daß andere Handelnde

73 Ebda., S. 112 ff.
74 Ebda., S. 670.
75 Ebda., S. 318 f.
76 Ebda., S. 335 f.
77 Ebda., S. 668.

auch Macht besitzen, einschließlich der Macht, die in den Kontroll- und Kommunikationsschichten investiert ist. Die Staatsmechanismen ... variieren in ihrem Vertrauen auf Konsensbildungsprozesse, sofern sie der Kontrolle entgegenstehen; gleiches gilt für den Grad der Artikulation der beiden Elemente und für das Ausmaß der gesamtgesellschaftlichen Steuerungskapazität des Staates ... Doch auch jene, die wenig oder keine Stimmen in den Organen der Konsensbildung haben, beeinflussen gesamtgesellschaftliche Handlungen, und sei es nur durch ihren passiven Widerstand oder ihren Unwillen. Und ihre Bedürfnisse verlangen nach dem gleichen ethischen Status wie die Bedürfnisse der mächtigeren Mitglieder der Gesellschaft.»[78] Ohne die Bedingungen der Herrschaftsordnung berührt zu haben, ist hier also die strukturelle Ausdehnung des kontrollierenden gesellschaftlichen Bewußtseins bezeichnet.

Man kann diese Theorie, beschränkt auf den Macht- und Konfliktaspekt, von ‹oben nach unten› oder von ‹unten nach oben› lesen; sie dupliziert dann im letzten Fall in gewisser Hinsicht die marxistische Lehre von den Überbau-Prozessen. Vor allem die Frage, wo denn nun wirklich das größte latente Machtpotential liegt, ist interessant. Aber im ganzen entzieht sich das Modell der politischen Dimension, zu deren Analyse und Praxis es beitragen soll. Es liefert detaillierte Explikationen einer großen Anzahl eigens entwickelter soziologischer Konzepte; dabei bleibt es auf der Stufe der Taxonomie, auf der man glauben kann, eine ständige Verfeinerung, Überarbeitung und Operationalisierung der Begriffe produziere schon eine ‹wissenschaftliche Theorie›. Diese szientistische Rigorosität behindert den normativ-praktischen Anspruch. Etzionis Absicht, einen Weg aus der entfremdeten, inauthentischen ‹post-modernen› amerikanischen Gesellschaft in eine ‹aktive› Gesellschaft zu zeigen, in der alle Mitglieder politisch partizipieren können, reflektiert das marxistische Programm und ist wohl als Gegenstrategie konzipiert. Er versucht auch, ein Konzept grundlegender menschlicher Bedürfnisse, das die Begründung dieser Bedürfnisse in der Produktionsweise umgeht, zu entwickeln (die Liste enthält die Bedürfnisse nach Liebe, Anerkennung, ‹Kontext› oder Zusammenhang und wiederholter Befriedigung). Dieses ‹Image› von Gesellschaft, das Strukturen und Wirkungen des gesellschaftlichen Bewußtseins auf eine handlungsleitende Formel bringen und die Stabilisierung und Expansion der positiven Elemente des ‹amerikanischen Weges› unterstützen soll, erweist sich letztlich als ein Appell in schwerverständlicher Sprache. In ihm spiegelt sich die Lage der Intellektuellen wider, die, wenn sie von gesamtgesellschaftlicher Kontrolle und Transformation sprechen, nicht die eigentlich noch zu bestimmenden Kontrolleure und Transformateure, sondern sich selbst meinen und darin, in immer neuen Volten, die Ohnmacht der eigenen Lage ausdrücken. Etzioni fragt: «Bis zu welchem Grad haben Intellektuelle, Wissenschaftler und Astronauten den Platz der Unternehmer eingenom-

78 Ebda., S. 494.

men?»[79] Und er antwortet mit einem bezeichnend hilflosen Zitat: «Wissenschaft *ist* die brennende Idee des zwanzigsten Jahrhunderts ... der Altruismus der Wissenschaft, ihre ‹Reinheit›, die atemberaubenden Ausblicke ... haben ihr von allen Gruppen ... leidenschaftliches Interesse und Vertrauen eingetragen.»[80]

7. Das universale Interesse an adäquaten Problemlösungen

Den im kontrollierenden Bewußtsein herrschenden partikularen Interessen erlaubt die systemtheoretische Perspektive, sich ihrer ‹ontologischen› Bezüge wie eines schlechten Gewissens zu entledigen und die gegebenen Verteilungsverhältnisse als einen Wachstumsprozeß einzurichten, in dem eine beliebige Zahl äquivalenter, also tauschbarer Problemlösungsaktivitäten zur Verfügung steht. Das System, als ‹eigentliches› Sinnsubjekt, nimmt den Subjekten die Würde des Problemlösers aus den Händen und müht sich außerdem, reflexiv gebrochene Intersubjektivität durch Medien, Apparate oder Schichten der Kommunikation zu ersetzen. Kontrolle erfolgt durch die Verallgemeinerung aller Konflikte zu Systemkonflikten, d. h. zu Konflikten im gesellschaftlichen Bewußtsein, d. h. zu prinzipiell äquivalenten Konflikten zwischen prinzipiell äquivalenten Gegnern. Kontrolle ist hier also bereits, jenseits aller traditionellen Ideologie, so weit, daß sie als ein abstrakter Zusammenhang auftreten kann, in dem die partikularen Interessen «das gesellschaftliche System so sehr als Ganzes (definieren), daß sie mit dem Interesse an der Erhaltung des Systems sich decken».[81]

Die Systemtheorien verstärken aber auch das universale Interesse an *adäquaten* Problemlösungen. Zunächst einmal dadurch, daß dem ‹äquivalenzfunktionalistischen› Modell tatsächlich eine emanzipatorische Absicht der schrittweisen Verselbständigung menschlicher Praxis in komplexer Umwelt entspricht. «Dieses synthetische Aufsteigen zu Gesetzen höherer Ordnung als sukzessive Annäherung an die einheitliche objektive Gesetzmäßigkeit ist eigentlich das, was wir unter Systemdenken verstehen. Systemdenken ist die Erfassung und Beherrschung vielkomponentiger gesetzmäßiger Zusammenhänge und damit die moderne Gestalt des Gesetzesbegriffs. Die generelle Methodologie zu diesem synthetischen Vorgehen hat Marx mit seiner Konzeption des Aufsteigens vom Abstrakten zum Konkreten entwickelt.»[82] Adäquate Problemlösungen können sich also sozusagen aus dem Abtesten zunächst abstrakt konzipierter Äquivalenzen ergeben; sie müßten aber dann immer noch, um sich als universales Interesse entfalten zu können, von

79 Ebda., S. 493.
80 Heilbronner, R., zitiert ebda., S. 502.
81 Habermas, J., Technik und Wissenschaft als ‹Ideologie›, a. a. O., S. 80.
82 Laitko, H., zitiert bei Tomberg, F., Basis und Überbau, a. a. O., S. 61.

ihren Agenten gegen partikulare Interessen, die aus der Verfügung über ‹Äquivalenzen› herrschen, in Konflikten vertreten und durchgesetzt werden. Das führt, wegen der allgemeinen Bedeutung der Frage der Problemlösung (‹der Mensch› als Problemlöser), zu einer fast selbstverständlichen Erweiterung der systemtheoretischen Perspektive in Richtung auf die Möglichkeit von Weltgesellschaft. Diese Perspektive ist nicht so abstrakt, wie sie scheint, denn zumindest die präskriptiven Systemtheorien liefern handfeste imperialistische Ratschläge. So bewährt sich diese ‹universale› Perspektive zwar zunächst in einem allgemeinen Systemansatz, in dem die Beziehungen zwischen Nationen im Weltzusammenhang analysiert werden. Doch verlangt das international verflochtene kapitalistische System nach Untersuchungen, die diesen abstrakten Rahmen von Fall zu Fall füllen. In oft schwer zugänglichen, verstreuten empirischen Untersuchungen[83] sammeln sich Kenntnisse an, die in den Entscheidungszentren wie austauschbare, beliebige Alternativen gehandelt werden; die aber nur von denjenigen, die (ohne Entscheidungsspielraum) auf die Adäquanz ihrer Leistungen angewiesen sind, als Zugänge zu adäquaten (oder inadäquaten) Problemlösungen erkannt werden können. Das partikulare Interesse an vieldeutigem Herrschaftswissen kann sich vom universalen Interesse an eindeutigem Kontrollwissen nicht mehr freischütteln. «Gerade die Komplexität moderner technologischer Gesellschaft zwingt die amerikanische Herrschaftsstruktur, einen ständigen Strom exakter Daten über jeden Aspekt menschlicher Bemühungen zu produzieren. Man kann deshalb mit Sicherheit annehmen, daß die Informationen, die für die Erforschung eines beliebigen Segments der amerikanischen Gesellschaft benötigt werden, irgendwo, in irgendeiner Form, auch zu finden sind.»[84]

Die funktionalistische Soziologie hat gegen diese zweischneidigen Konsequenzen expansionistischer Kontrolle relativ früh bestimmte Rückzugsstrategien ‹in die Stabilität› entwickelt. ALVIN GOULDNER beispielsweise macht – in einer Kritik an PARSONS – die Vollständigkeit der Erklärung des Fortbestands einer Sozialstruktur davon abhängig, daß «der Forscher nicht nur die Folgen von A für B deutlich gemacht hat, sondern auch die Gegenleistungen von B für A». Der für eine funktionale Analyse ‹einzige logisch sichere Endpunkt› liege nicht in der Darstellung der Konsequenzen einer sozialen Struktur für andere, sondern in der Demonstration der reziproken Funktionalität der anderen für diese Sozialstruktur.[85] Dieses ‹Prinzip der funktionalen Rezipro-

83 Vgl. Kapitel VI.

84 *NACLA Research Methodology Guide*, North American Congress on Latin America. New York 1970, S. 3.

85 GOULDNER, A. W., Reziprozität und Autonomie in der funktionalen Theorie. In: HARTMANN, H., Moderne amerikanische Soziologie, a. a. O., S. 293 ff.

zität›, ausdrücklich auf Herrschaftsordnungen bezogen,[86] verlangt eine Äquivalenz von partikularen und universalen Interessen. Da funktionale Reziprozität (Systeminterdependenz) keine Selbstverständlichkeit sei, müsse nach ‹kompensatorischen Mechanismen› gesucht werden. GOULDNER schlägt vor, die ‹funktionale Autonomie› von System-Teilen unter diesem Aspekt zu untersuchen. Unter funktionaler Autonomie wird vom System erzeugte, auf das System bezogene Selbstgenügsamkeit und Aktionsbereitschaft verstanden: sozusagen der Schwung des Systems, der sich in Personen und anderen Systemteilen fortsetzt. Diese ‹Autonomie› könne durch eine ‹Strategie der funktionalen Entdifferenzierung› zum Stützmechanismus des ‹Mustersystems›, das ‹verzweifelte Bemühungen um Selbsterhaltung› unternehmen muß, ausgebaut werden. «Das heißt, das System kann auf gehobene Formen der Integration verzichten und seinen funktional autonomen Teilen erlauben, sich auf einer weniger komplexen Ebene umzugruppieren. Soziologisch gesprochen bedeutet das, daß die ‹Verteidigungsmechanismen› eines sozialen Systems ihm unter Umständen nicht erlauben, Gefahren durch Anpassung zu begegnen, und daß sich dieses System dann unter Abgabe seiner Souveränität an die System-Teile in einzelne Primärgruppen destrukturieren kann.»[87] Mit dieser ‹defensiven Strategie der letzten Rettung› werden jene Eigenschaften der Personen oder Systemteile, in denen sie Systemroboter sind, mobilisiert. Diese Form der Selbstkontrolle und Selbstreproduktion des Systems ist also eine Karikatur der auf der Grundlage adäquaten Kontrollwissens möglichen Selbstbestimmung und Selbstorganisation universaler Interessen: «Amerika kann und will nicht *alle* Pläne machen, *alle* Programme entwerfen, *alle* Entscheidungen treffen und die *gesamte* Verteidigung der freien Nationen der Welt übernehmen.»[88] Solche Doktrinen des ‹Disengagement› oder der ‹strukturellen Entdifferenzierung› sind insofern regressiv, als sie auf das unvermittelte Überlebensinteresse partikularer Gruppen spekulieren und damit die Vorteile der Systemplanung und des Denkens in Äquivalenzen aufgeben. Gerade ihnen gegenüber wächst das Interesse an adäquaten Lösungen auf Kontrollebene.

Der Funktionalismus, der widersprüchliche bürgerliche Werte in ein Verhältnis der Wechselwirkung zwingen wollte, hat dabei das gesellschaftliche Bewußtsein in seine kommunikativen Bewegungen und Regeln und seine kontrollierenden Strukturen und Wirkungen auseinanderlegen müssen – und zwar auf eine auch revolutionär nicht überholbare Weise. Das bestätigen TOMBERGS Überlegungen zur heutigen Lage des Basis-Überbau-Schemas. Die Basis-Überbau-Konzeption ist «der Ausdruck dafür, daß es sich in der Marxschen Theorie nicht um die Aufdeckung von Gesetzen handeln kann, die Bewegung und Form des

---

86 Ebda., S. 294.
87 Ebda., S. 307.
88 Präsident R. NIXON, nach ‹Newsweek›, 14. Dez. 1970, S. 13.

Gesamtorganismus der Gesellschaft festlegen, sondern daß ihr Anspruch auf Wissenschaftlichkeit gerade aus der Beschränkung auf die Analyse des grundlegenden Bereichs der Gesellschaft herrührt. Die Basis ist nicht das Ganze, sie ist allerdings auch nicht bloß ‹Unterbau›, sondern das Fundament, dem alles andere aufruht.» Die im historischen Materialismus erfaßte Notwendigkeit einer Entwicklung und eines Wechsels der Produktionsweisen sage folglich noch nichts über Zeit und Ort einer Umwälzung dieser herrschaftsbestimmenden Verhältnisse aus. Denn dazu «müßte auch die Form dieses Geschehens festgelegt werden. Die Form, in der der zur Revolution treibende Konflikt ausgetragen wird, heißt bei Marx Überbau. Sollte in ihm eine ähnlich strenge Gesetzmäßigkeit ausgemacht werden können wie in der Basis, so müßten Basis und Überbau als Momente einer Struktur aufgefaßt werden können, die das Handeln der Individuen genau determiniert.»[89] Nun sei in MARX' Theorie zwar ausgesagt, daß das Handeln der Individuen durch die ökonomische Struktur bestimmt ist, «umgekehrt aber ergibt sich die Struktur erst aus dem Handeln der Menschen, und zwar, soweit es die ökonomische Struktur betrifft, mit Naturnotwendigkeit, unabhängig von Wille und Bewußtsein»; für die gesamtgesellschaftliche Struktur hingegen, «die die Individuen in ihrer ganzen Komplexität einbefaßt», müsse ein dialektischer Strukturbegriff entwickelt werden. Seine Ausarbeitung werde «unaufschiebbar, wenn die Analyse von gesellschaftlichen Gesamtsystemen in Angriff genommen werden soll».[90] Programme wie das TOMBERGsche kommen nicht um eine Rezeption und Umarbeitung der Selbstversuche des bürgerlichen Bewußtseins herum. Viele der in den Systemtheorien gewonnenen Kategorien können in ihrer Leistungsfähigkeit überhaupt erst abgeschätzt werden, wenn sie auf konkrete Beispiele gesamtgesellschaftlicher Umwälzung, also auf die Revolutionen dieses Jahrhunderts und gegenwärtige weltrevolutionäre Bewegungen bezogen werden. Umgekehrt haben sich in den Revolutionen Erfahrungen über adäquate Problemlösungen (vielleicht auch nur über ‹Adäquanz›) auch auf Kontroll- und Kommunikationsebene angesammelt, die den Funktionalismus von seinen ‹Oberflächenfunktionen› abbringen können. So sind beispielsweise die Versuche in der Volksrepublik China – «in einer Situation, in der eine *Minorität* von Kadern einer *Majorität* von manuellen Arbeitern gegenübersteht, die (durch das niedrige Niveau der Produktivkräfte) gezwungen sind, sehr schwere physische Arbeiten zu leisten»[91] –, ein Auseinanderbrechen des kontrollierenden gesellschaftlichen Bewußtseins (in Kontrollierende und Kontrollierte) zu vermeiden, von allgemeinem Interesse. Beteiligung der Kader an der manuellen Arbeit, organisierter Dialog zwischen politischer Füh-

89 TOMBERG, F., Basis und Überbau, a. a. O., S. 57 f.

90 Ebda., S. 58.

91 BETTELHEIM, G., u. a., Der Aufbau des Sozialismus in China. München 1969, S. 154.

rung und den Massen und das in der Kulturrevolution aktivierte Bewußtsein vom historischen, also temporären Charakter der Institutionen – und das alles in einem 700-Millionen-Volk – füllen ETZIONIS Modell der *‹Active Society›* besser als seine eigenen Beispiele (Skandinavien und Israel).

Konkretisiert sich dieses allgemeine Interesse in Forschungsinteressen, kommt es zu Herrschaftskonflikten einer weiteren Form, zu ‹Wissenskonflikten›. Das Forschungsinteresse an Revolution wird nämlich aus einer Position formuliert, in der das ‹kontrollierende Bewußtsein› auf die Bedingungen materieller gesellschaftlicher Produktion zurückgewendet werden muß. Die von der Systemtheorie erschlossene gesamtgesellschaftliche Perspektive übersteigt das Interesse an der Selbstreproduktion eines Systems, das mit der kapitalistischen Produktionsweise die Überlebensbedingungen partikularer Interessen reproduziert, und stößt dabei «nicht mehr auf eine noch beständigere höhere Geltung, sondern gerade umgekehrt auf ein Prinzip der Variation: Daß etwas geändert werden könnte, ist die Grundlage aller Stabilität und somit aller Geltung.»[92]

92 LUHMANN, N., Positives Recht und Ideologie. In: DERS., Soziologische Aufklärung, a. a. O., S. 180.

VI. ZUR PRAXIS DER KONFLIKT- UND FRIEDENSFORSCHUNG

1. Die Bearbeitung des Sinnlosen

Dem Soziologen, der den Bewegungen des gesellschaftlichen Bewußtseins folgt, der ‹Theorie› treibt als eine besondere Praxis, stellt sich Gesellschaft anders dar als dem empirischen Sozialforscher. Während letzterer zwischen der unendlichen Regression der Details und den Widersprüchen organisierter Wirklichkeit schwankt, stößt der Theoretiker auf die scheinbar unendliche Progression der Bestände oder auf den endlichen Zusammenhang historischer Gebilde. Dem Empiriker der unendlichen Regression der Details und dem Theoretiker der unendlichen Progression des Bestehenden sind jedoch bestimmte ontologische Prämissen gemeinsam, innerhalb derer das Sinnproblem sich als das Problem der Reduktion von Sinnlosigkeit stellt.[1] Dem Empiriker der Widersprüche organisierter Wirklichkeit und dem Theoretiker historischer Endlichkeit hingegen stellt sich das Sinnproblem als das der Entfaltung von Sinn.[2] Der Konflikt zwischen diesen Gruppen, die natürlich unterschiedliche wissenschaftstheoretische Positionen implizieren, ist zunächst Herrschaftskonflikt ‹am Rande›, außerhalb des genauen Zugriffs der wirklich Herrschenden. Dieser Konflikt ist aber zugleich dadurch, daß er ‹soziales Wissen› produziert, das zu materiellen gesellschaftlichen Verhältnissen oder zu Interessenverträgen kombiniert werden kann, in den tragenden Rahmen des gesamtgesellschaftlichen Zusammenhangs, wie immer man ihn ‹sieht›, eingespannt.

---

1 D. h. Sinn ist vorhanden, weil Sinn die «Reduktion der äußersten Weltkomplexität auf ein Format, das Erleben und Handeln ermöglicht», steuert: «Systembildung besteht mithin in der Stabilisierung relativ invarianter und auf die Umwelt bezogener Sinnstrukturen, die Komplexität reduzieren oder doch die Reduktion von Komplexität durch konkretes Verhalten erleichtern können.» Luhmann, N., Zweckbegriff und Systemrationalität, a. a. O., S. 121 f – Sinn wird hier zum heuristischen Prinzip der Bearbeitung des Sinnlosen.

2 Beispiel ist hier etwa die vom dialektischen Materialismus hervorgehobene Beziehung zwischen Erscheinung und Wesen: «Ideelle Erscheinungen könnnen ... ihren Grundlagen gegenüber die Funktion nebensächlicher, zufälliger, zweitrangiger, unwesentlicher Faktoren einnehmen. Für die Erklärung der betreffenden Erscheinung oder des betreffenden komplexen gesellschaftlichen Prozesses ist es daher von ausschlaggebender Bedeutung, dem erkennenden Denken überhaupt die Aufgabe zu stellen, zum Wesen des Gegenstandes vorzudringen.» Hahn, E., Historischer Materialismus und marxistische Soziologie, a. a. O., S. 33 – Wesen meint hier gedanklich-konkret gewordenen Sinn als Arbeitsprodukt.

Soweit es innerhalb der westlichen Sozialwissenschaften für notwendig erachtet wird, über Sinn zu reflektieren oder gar einen Konsens herzustellen über das, was ‹jenseits› des funktionablen kontrollierenden gesellschaftlichen Bewußtseins ‹ist›, treffen sich diese Reflexionen meist im Problem der Reduktion von Sinnlosigkeit und im Versuch der Konstruktion von ‹sinnvollen› Äquivalenzstrukturen. «Schließlich sollte nicht unbedacht bleiben, daß übermäßige Komplexität gerade das Kernproblem unserer modernen Gesellschaft und das für sie charakteristische Weltverhältnis ausmacht. Einige Merkmale dieser Gesellschaft sind: (1) die funktionale Differenzierung ihrer primären Teilsysteme wie Wirtschaft, Politik, Familie, Wissenschaft, Religion, Erziehung usw., die sämtlich für spezifische Funktionen relativ autonom konstituiert sind und so im Hinblick auf je ihre Funktion einen Überhang an Möglichkeiten produzieren, die sich als offene Zukunft abzeichnen, aber nie allesamt realisiert werden können; (2) der Verlust gemeinsamer Außengrenzen der Gesellschaft, in denen alle Teilsysteme konvergieren, so daß Gesellschaft kaum noch durch ihre Grenzen, sondern nur noch durch Lösung der Folgeprobleme funktionaler Differenzierung integriert werden kann; (3) das hohe Maß an Interdependenz aller funktional spezifizierten Leistungen, das jede Änderung in ihren Auswirkungen potenziert, die Gesellschaft aus sich heraus dynamisiert und ein immer rascheres Tempo struktureller Änderungen erzeugt; (4) die zunehmende Abstraktion und Variabilität der Sinngrundlagen des Erlebens mit entsprechendem Alternativreichtum, wodurch sich die Belastung der selektiven Mechanismen, zum Beispiel der Entscheidungsprozesse, vergrößert; (5) der Verlust der angstregulierenden Funktion der normativen Moralen, der dadurch eintritt, daß nicht mehr nur vorwerfbares, sondern zunehmend auch erlaubtes, strukturell vorgesehenes Handeln gefährlich wird, und weiter dadurch, daß die angstrelevanten Unsicherheiten selbst sich differenzieren und nicht mehr für alle dieselben sind. All das deutet darauf hin, daß unsere Gesellschaft sich durch ein auf ihrer Ebene strukturell nicht mehr zureichend absorbiertes Maß an Komplexität auszeichnet, das sie zwar weltadäquater und leistungsfähiger, intern aber um so problematischer und risikoreicher macht.»[3] In diesen ‹Überhang› interner Möglichkeiten dringt auch die empirische Sozialforschung ein, das ist ihre eigentliche Aufgabe. Empirische Sozialforschung erkundet nicht die Umwelt (dann wäre sie Ökologie), sondern die ‹Innenwelt› gesellschaftlicher Strukturen. Wenn die Theoretiker ihr die Innenwelt als unendliche Progression der Bestände überlassen, so stößt sie früher oder später auf die unendliche Regression der Details, auf ‹Sinnlosigkeit›. Erscheinen die Strukturen aber als endlich, historisch, so deckt Sozialforschung deren Widersprüche auf. In keinem Fall hat sie es leicht.

Die heute einsetzende Selbstreflexion empirischer Sozialforschung

---

3 Luhmann, N., Die Praxis der Theorie. In: Ders., Soziologische Aufklärung, a. a. O., S. 259.

wird von solchen Schwierigkeiten bestimmt.[4] Dahinter steht die Erfahrung, daß viele Institutionen und Organisationen die Empirie nach anfänglichem Wohlwollen aus sich heraushalten und auf jeden Fall stark kontrollieren. In größerem Umfang wird Sozialforschung eigentlich nur als Datensammlung über *andere* (an denen Auftraggeber interessiert sind), also z. B. als Konsumforschung (Erforschung der Konsumenten für Produzenten) oder als strategische Forschung (Erforschung des Gegners für Entscheidungsträger) zugelassen.[5] Schon die ersten umfangreichen empirischen Untersuchungen waren, obgleich sie auf das Innenleben von Organisationen wie Industriebetrieb und Armee angesetzt waren, vornehmlich am Verhalten bestimmter Mitgliedsgruppen (der Arbeiter und Soldaten etwa) interessiert; es ging ihnen keineswegs um Selbsterforschung. So haben sich einerseits die Methoden außerordentlich verfeinert (unendliche Regression der Details), andererseits die Schwierigkeiten, wirklich lohnende Gegenstände zu finden, an den Widersprüchen organisierter Wirklichkeit erhöht. Resultat dieser Erfahrungen der empirischen Sozialforschung ist eine Stimmung der Selbstkritik. Die «Zweifel an der wissenschaftlichen Leistung der Sozialforschung (sind) in den letzten Jahren größer geworden. Die Meinungsverschiedenheiten über die Lösung ihrer Probleme haben zugenommen. Die Kontroversen dringen aus randseitigen Quellen laufend tiefer in den Kreis der eigentlichen Anhänger der Sozialforschung ein. Das Bekenntnis des Unwissens und Halbwissens angesichts bestimmter Forschungsprobleme wird immer freimütiger.»[6] Dieser Vorgang ist gegenwärtig auf die westliche Sozialforschung konzentriert, während sich in sozialistischen Ländern nach langen Jahren der Dürre eine erstaunliche Aufwärtsbewegung feststellen läßt.[7] Sie ist sicherlich unter anderem darauf zurückzuführen, daß dort die ‹Theorie› eines sich entfaltenden Sinns gewiß ist und daß dort ‹Praktiker› glauben, eine Herrschaftsstruktur stabilisiert zu haben, die es vertragen kann, daß man ihr in allen Details nachgeht.

Hier interessiert jedoch nur, am begrenzten Beispiel der westlichen empirischen Konflikt- und Friedensforschung dem generellen Konflikt um gesellschaftlichen Sinn nachzugehen. Für die gegenwärtige Entwicklung der Sozialwissenschaften sind dafür wenige Vorgänge symptomatischer als die wissenschaftspolitischen Bewegungen, die mit den Namen ‹strategische Studien› und ‹Friedensforschung› verbunden sind.

---

4 Vgl. z. B. Hartmann, H., Empirische Sozialforschung. München 1970.

5 Vgl. Scheuch, E. K., Sozialer Wandel und Sozialforschung: Über die Beziehungen zwischen Gesellschaft und empirischer Sozialforschung. In: Kölner Zeitschrift f. Soziologie u. Sozialpsychologie, Jg. 17 (1965), S. 1 ff.

6 Hartmann, H., Sozialforschung, a. a. O., S. 9.

7 Vgl. z. B. die Verhandlungen des VII. Weltkongresses für Soziologie in Varna.

2. Anfänge der empirischen Konfliktforschung: Betrieb und Militär

Die empirische Sozialforschung hat sich seit ihrem Entstehen, insbesondere seit den dreißiger Jahren, implizit mit sozialen Konflikten beschäftigt; ja sie hat ihre Methoden (unabhängig von der eigentlichen Konfliktsoziologie) weitgehend durch Konfliktforschung entwickelt. Empirische Sozialforschung ist unter anderem dadurch gekennzeichnet, daß sie, aus Gründen des Interesses und der Finanzierung, ohne die Kenntnis oder gar Kritik größerer gesellschaftlicher Zusammenhänge vorgehen kann; daß sie sich jeden beliebigen, im allgemeinen durch die Auftraggeber (nicht durch wissenschaftliche Kriterien) vordefinierten Ausschnitt der sozialen Wirklichkeit vornehmen und durch entsprechende Verfeinerung der Methoden ‹tief› in seine Beziehungsnetze eindringen kann, ohne tiefe Kenntnisse gewinnen zu müssen. Ein besonders ergiebiges Gebiet für empirische Sozialforschung sind *organisierte* Realitätsbereiche. Denn der Sinn einer Organisation ist es, Widersprüche und Inkongruenzen (das Wirklichkeitsmaterial) auszuklammern und überschaubare, lenkbare und vor allem optimierbare soziale Beziehungsnetze herzustellen. Innerhalb solcher durch Organisation gesetzten Grenzen kann die nach exakten Verfahrensweisen der Datenerhebung und exakten Datenbündeln strebende empirische Forschung den Widersprüchen, die beispielsweise durch die Abstimmung der Interessen der Organisation und der Interessen ihres Personals ständig entstehen, ungestört im Detail nachgehen und zu ihrer organisatorischen Beseitigung beitragen. Es ist deshalb kein Wunder, daß die empirische Sozialforschung ihren großen Aufschwung nahm, als sie sich mit Konflikten in zwei zentralen, die Industriegesellschaft nach innen und außen stabilisierenden, gut abgegrenzten, ja isolierten Organisationstypen befaßte: mit betrieblichen und militärischen Organisationen.

Konflikte im Betrieb oder allgemeiner: *industrielle* Konflikte spiegeln in der Industriegesellschaft natürlich umfassendere Herrschafts-Konflikte wider. Darauf hat in neuerer Zeit vor allem Ralf Dahrendorf hingewiesen. «Vielleicht liegt die letzte Ursache für die Persistenz industrieller Konflikte im Herrschafts- und Disziplinierungscharakter von Industriebetrieben. Hier begegnen sich industrielle und *Klassenkonflikte,* wobei unter diesen die politischen Auseinandersetzungen in Gesellschaften verstanden werden sollen.»[8] Konflikte stellen aber auch, auf der Ebene des Betriebs, konkrete organisatorische Probleme der Kontrolle, Effizienz, Planung, Profitmaximierung usw. Unter diesem Aspekt – also ohne allgemeinsoziologische Interessen – steht bereits die Entstehungsgeschichte der Industrie- und Betriebssoziologie. Damals ging es zunächst um die sogenannte «Entdeckung des ‹menschlichen Fak-

8 Dahrendorf, R., Sozialer Konflikt. In: Wörterbuch der Soziologie, a. a. O., S. 1007.

tors›, d. h. die Realität nicht-ökonomischer Strukturen und Phänomene in der Industrie»[9] oder, wie MAX WEBER es ausdrückte, «ausschließlich um die sachliche und objektive Feststellung von Tatsachen und um die Ermittlung ihrer, in den Existenzbedingungen der Großindustrie und der Eigenart ihrer Arbeiter gelegenen, Gründe».[10] Dabei stand, wie z. B. in den grundlegenden Untersuchungen von ELTON MAYO,[11] ein ‹klinischer Ansatz› im Vordergrund, der die besonderen menschlichen Situationen im Industriebetrieb vornehmlich unter der Perspektive der Funktionstüchtigkeit dieser Organisation erforschen wollte. Von Konflikten war zunächst nicht die Rede, doch besteht heute ein Konsens innerhalb der Soziologie, daß diese ersten modernen Untersuchungen von Unternehmerinteressen geleitet wurden, daß sie also ihrerseits eine Funktion in den aus der ‹Divergenz von Herrschaftsbefugnis und Gehorsamspflicht› ableitbaren konfliktuellen Beziehungen zwischen ‹Arbeitgebern› und ‹Arbeitnehmern› hatten.

Die ausdrückliche Einbeziehung industrieller Konflikte in den Gegenstandsbereich der empirischen Sozialforschung geschah im Gefolge der professionellen Auseinandersetzung mit den bereits genannten Untersuchungen von MAYO und anderen. In den Hawthorne-Studien ist von Streiks, Lohnkämpfen und Gewerkschaften kaum etwas zu lesen, die Begrenzung auf das tatsächliche Arbeiterverhalten am Arbeitsplatz und in der engen Betriebssituation leistete einer ‹sozialtechnischen› oder auch nur ‹psychotechnischen› Betrachtungsweise der auftretenden Störungen Vorschub.[12] Erst nachdem man sich sozusagen von der ‹Menschlichkeit› des Arbeiters überzeugt und seiner individuellen Kontrollierbarkeit versichert hatte, kam es innerhalb der Betriebs- und Industriesoziologie zu umfangreichen Bestandsaufnahmen der industriellen Konfliktformen, zu Überlegungen zum Verhältnis von Gesellschaftsordnung und Konflikttypen und schließlich zu Vorschlägen und Modellen der Konfliktregelung; die Gründe für industrielle Konflikte wurden allerdings meist aus unverbindlicher Ferne diskutiert. KORNHAUSER, ROSS und DUBIN geben eine Typologie der in industrie- und betriebssoziologischen Untersuchungen erfaßten Konfliktformen:

I. Erscheinungsformen des organisierten Gruppenkonflikts (Gewerkschaft-Management-Konflikt)

A. In der Industrie

1. Unterbrechungen der Produktion: Streiks, Aussperrungen und Entlassungen

2. Organisierte Einschränkungen des Produktionsausstoßes: Verkürzung der Arbeitszeit, Drosselung des Arbeitstempos, Sabotage und einseitige Verände-

9 BURISCH, W., Industrie- und Betriebssoziologie. Berlin 1969, S. 35.

10 WEBER, M., zitiert bei BURISCH, W., ebda., S. 40.

11 In seinen bekannten Hawthorne-Studien.

12 Human Relations, Industrial Relations etc.

rungen der Leistungsnormen, Akkordsätze usw.

3. Tarifkonflikte, Arbeitsstreitigkeiten, Reibungen zwischen Werkmeistern und den Obmännern der Gewerkschaften usw., ohne daß Produktionshemmungen auftreten

B. Im weiteren gesellschaftlichen Rahmen

1. Politische Gegnerschaft: auf lokaler und nationaler Ebene

2. Andere kommunale und gesamtgesellschaftliche Gegensätze: rivalisierender Druck auf Presse und Rundfunk, Auseinandersetzungen über Erholungs- und Bildungseinrichtungen und sonstige Sozialleistungen für die Arbeitnehmer

II. Erscheinungsformen des individuellen und nichtorganisierten Konflikts

A. In der Industrie: Arbeitnehmerverhalten

1. Nichtorganisierte Drückeberger, absichtliche Materialverschwendung und Unproduktivität usw.

2. Arbeitsplatzwechsel und Arbeitsversäumnisse

3. Beschwerden, Reibungen, Verletzung von Vorschriften und ähnliche Anzeichen niedriger Arbeitsmoral und Unzufriedenheit

B. In der Industrie: Managementverhalten

1. Autokratische Überwachung und zu scharfe Disziplinar- und Strafmaßnahmen

2. Unnötige und diskriminierende Fälle von fristlosen Kündigungen, Entlassungen und Herabstufungen

3. Inoffizielle Erhöhung der Akkordsätze usw.

C. Im weiteren gesellschaftlichen Rahmen

1. Oppositionelle Äußerungen der Arbeitnehmer im Alltagsgespräch, im Wahlverhalten, in den Konsumentscheidungen usw.

2. Oppositionelle Äußerungen der Betriebseigentümer und Manager im Einsatz ihres politischen Einflusses gegen die Gewerkschaften, in der Unterstützung tendenziöser Bildungs- und Propagandasendungen usw.[13]

Die Einschränkung des Konfliktfeldes auf Arbeiter und *Manager* entspricht unter anderem der spezifischen Interessenlage des empirischen Forschers, da er dadurch im Rahmen der auf Produktion und Verteilung ausgerichteten Organisationen bleibt und die vergesellschaftende Funktion des Kapitals sowie Ereignisse im ‹weiteren gesellschaftlichen Rahmen› nur in der begrenzten Bedeutung, die sie im Organisationszusammenhang haben, zu berücksichtigen braucht. Auch «die Sympathie, die viele Sozialwissenschaftler (die gewöhnlich liberal sind) den Zielen der Arbeiterbewegung entgegenbringen»[14], verhindert dann nicht, daß das ‹Interesse an der Organisation› zur Suche nach Möglichkeiten der Konfliktregelung, der Formalisierung und ‹Demokratisierung› der Interessenkämpfe führt, in denen das Prinzip der Organisation (Äquivalenzstruktur) in seiner herrschaftsstützenden Funktion gefördert wird.

---

13 Zitiert nach SMELSER, N. J., Soziologie der Wirtschaft. München 1968, S. 89 f.

14 Ebda., S. 87.

W. BURISCH führt eine Reihe von impliziten Vorurteilen über ‹Merkmale industrieller Beziehungen› an, die als Voraussetzungen dieser Tendenz zur Regelung und schließlich Selbstregulierung gelten können: «(1) Industrielle Konflikte lassen sich nicht ein für allemal beseitigen; es ist daher wichtig, daß die Notwendigkeit und der Sinn der Konflikte von den Beteiligten erkannt und anerkannt werden. (2) Während die bestimmten Gegensätze einzelner Konflikte gelöst werden können, liegen die letzten Ursachen der Konflikte in unwandelbaren Strukturelementen des Betriebes (!); jede Regelung von Konflikten muß sich daher unter Hinnahme der bleibenden Ursachen (!) auf die Ausdrucksformen von Konflikten konzentrieren. (3) Dabei ist die wichtigste Voraussetzung der Milderung dieser Ausdrucksformen, daß die Konflikte in verbindlicher Weise kanalisiert, also aus dem Stadium des ‹Partisanenkrieges› herausgeführt werden. (4) Dies geschieht in der Regel dadurch, daß die Beteiligten sich auf gewisse Spielregeln des Verkehrs einigen, die der gewaltsamen Auseinandersetzung einen Riegel friedlicher Verhandlungen vorschieben. (5) Friedliche Verhandlungen können wiederum ein Mittel dazu sein, in legitimer Weise in die industriellen Institutionen einzudringen, um sie aus einer Position der Mitsprachemöglichkeit zu ändern.»[15] Es ist klar, daß hier ein Widerspruch zwischen ‹unwandelbaren Strukturelementen des Betriebs› und Möglichkeiten der ‹legitimen Änderung industrieller Institutionen› in die Formulierungen eingeflossen ist, der aber andererseits typisch für die ausgesprochen isoliert vorgehende Konfliktforschung im Industriebereich ist. Wo immer jedoch Bedingungen, Ursachen oder Gründe für industrielle Konflikte – oder auch nur ihre konkreten ‹Gegenstände› – erfragt werden, geraten auch die perfektioniertesten Systeme der Konfliktregelung in Zweifel; denn sie werden dann auf Zusammenhänge bezogen, die sie, im Gegensatz zu ihrer begrenzten und nur in der Begrenzung wirksamen Geltung, nicht unter Kontrolle halten können. «Die größte Annäherung an den Bürgerkrieg», schreibt einer der führenden amerikanischen Industriesoziologen, «die unsere Nation sich erlaubt, findet sich in der Gewalt oder angedrohten Gewalt, die hin und wieder im Bereich der ‹industriellen Beziehungen› erscheint.»[16]

Es ist das Dilemma der industriellen Konfliktforschung, daß sie die Grenze zwischen betrieblichen Konflikten und revolutionären Bewegungen nicht überschreiten kann, ohne die organisationsspezifischen Ziele ihrer Auftraggeber zu desavouieren und Fragen zu stellen, ‹die gar nicht interessieren›.[17] Außerhalb der Betriebsorganisation liegende Konfliktursachen werden als «zentrale Probleme, die die Arbeitnehmer

---

15 BURISCH, W., a. a. O., S. 165 f.

16 MOORE, W. E., *Industrial Relations and the Social Order*. New York 1946, S. 399.

17 Das gilt sowohl für gewerkschaftliche als unternehmerische Auftraggeber.

beunruhigen und aktivieren», angesprochen. Dieser ‹zentralen Probleme› sind viele, und es ist jederzeit möglich, eine Reihe äquivalenter Probleme als Konflikthintergrund anzunehmen: Maximierung des wirtschaftlichen Vorteils der Arbeiter, Sicherheit des Arbeitsplatzes, systematische Ausbeutung durch die Kapitalisten, politische Einflüsse, Mangel an Kommunikation und gegenseitigem Verständnis zwischen Management und Arbeitnehmerschaft.[18] Der Streit um das relative Gewicht der grundlegenden Streikursachen gewinnt in dieser Situation, die gesamtgesellschaftliche Erklärungszusammenhänge in der Schwebe hält und nicht ausschöpft, selbst den Charakter einer Funktion der Selbstkontrolle und Selbstverteidigung industrieller Organisationen. Er verhindert als Streit, der nicht entschieden werden darf, «die Entschleierung fragwürdiger Legitimation, Aufklärung über die Umkehrbarkeit von Machtgefälle, Versorgung von abhängigen Schichten mit Informationen und anderen autoritätsuntergrabenden Mitteln» und entschärft so das tendenziell in der empirischen Konfliktforschung angelegte aufklärerische Moment.[19]

Die empirische Konfliktforschung selbst also ist ein besonders gutes Beispiel für die schwierigen Beziehungen zwischen einem wie immer diffus definierten allgemeinen Interesse der positivistischen Wissenschaftler auf der einen und den herrschende partikulare Interessen vertretenden sogenannten ‹Praktikern› auf der anderen Seite. Wenn D. Claessens beklagt, daß die empirische Sozialforschung in eine eigentümliche Stagnation geraten sei und es gerade «über die brennendsten Probleme unserer Gesellschaft, mag sie als Spätkapitalismus oder Industriegesellschaft definiert werden, ... immer weniger schlüssige Berichte» gebe,[20] so wird damit die Folge des Überschreitens der Grenzen jener organisierten Wirklichkeitsbereiche bezeichnet, in denen die Sozialforschung ihren Anfang nahm. Der Streit um die Gewichtung der verschiedenen Streikursachen beispielsweise *hat* zu Ergebnissen geführt; sie können aber von der etablierten industriellen Ordnung nicht akzeptiert werden; deshalb stehen die empirischen Sozialforscher, trotz (oder auch wegen) ihrer schönen Methoden oft vor den Toren der Betriebe und dürfen nicht mehr hinein. «Heute findet sich in westlichen Industriegesellschaften der weitaus größte Teil des Einsatzes von Techniken der empirischen Sozialforschung ... in der Konsumforschung sowie in einer Art von Sozialforschung, die man besser als Hilfswissenschaft für administrative Entscheidungen charakterisieren sollte.»[21] Die empirische soziologische Konfliktforschung hat einen ihrer Ursprungsbereiche, den Industriebetrieb, buchstäblich erschöpft, sie hat sich aus ihm hinausgeforscht.

---

18 Smelser, N. J., Soziologie der Wirtschaft, a. a. O., S. 95 f.
19 Hartmann, H., Empirische Sozialforschung, a. a. O., S. 203.
20 Claessens, D., Vorwort zu Hartmann, H., ebda., S. 7.
21 Scheuch, E. K., zitiert bei Hartmann, H., ebda. S. 200.

Ähnliches läßt sich für eine zweite Quelle sagen, die großen Untersuchungen aus dem Zweiten Weltkrieg über den amerikanischen Soldaten.[22] Auch hier fand, im ausdrücklichen Interesse (progressiver) Befehlshabender, zunächst eine kontrollierte Hinzuziehung von Sozialwissenschaftlern unter günstigen Forschungsbedingungen statt, die zur Entwicklung der Grundlagen für die meisten modernen quantitativen Methoden der Sozialforschung führte; auch hier läßt sich zeigen, wie die Entwicklung der empirischen Militärsoziologie sehr bald über die unmittelbaren Interessen der Organisation hinausging. Ausgangspunkt der Untersuchungen zum ‹*American Soldier*› war das Problem der Verhaltenskontrolle von Menschen in einer Organisation, die auf Gewaltanwendung spezialisiert ist. «So wie der Erste Weltkrieg neue Anstöße für das Studium menschlicher *Fähigkeiten* (*aptitudes*) gab, so hat der Zweite Weltkrieg Anstöße für das Studium menschlicher *Einstellungen* (*attitudes*) gegeben. Die Sozialpsychologen und Soziologen, die diese Probleme der Motivation und sozialen Anpassung im Zweiten Weltkrieg untersucht haben, haben die Pflicht . . ., über ihre Forschungen zu berichten und dadurch den Entwicklungsprozeß der Humanwissenschaften zu beschleunigen. Wissenschaft ist im Gegensatz zu Kunst und Literatur kumulativ, d. h. *eine wissenschaftliche Leistung ist dann am erfolgreichsten, wenn sie andere dazu anregt, die Konzepte und Techniken, die sie verwendete, so schnell wie möglich roh und obsolet erscheinen zu lassen.* In diesem Geiste sind die vorliegenden Bände hergestellt worden.»[23] Niemals waren sozialempirische Methoden in größerem Umfang und von mehr und qualifizierteren ‹Technikern› angewendet worden, und selten war auch die Selbstgewißheit der empirischen Sozialforschung größer. Die Impulse dieser Untersuchungen für Psychologie, Sozialpsychologie und Soziologie sind kaum abzuschätzen; die Liste der beteiligten Forscher enthält viele der wichtigsten Namen der fünfziger und auch noch sechziger Jahre auf diesem Gebiet. Die vier Bände des ‹*American Soldier*› befassen sich mit Problemen der Anpassung im Militärleben (Band 1), dem Verhalten der kämpfenden Truppe (Band 2), Einflüssen der Propaganda und Massenkommunikation auf das Kampfverhalten (Band 3) und methodischen Fragen der Messung und Voraussage (Band 4). Zweck der Untersuchungen war es, der Informations- und Erziehungsabteilung des Kriegsministeriums, die für die Kommunikations- und Kontrollprozesse in der amerikanischen Armee verantwortlich war, Daten über die Einstellungen und Verhaltensweisen der Truppen zu liefern, nach denen sich ihre Maßnahmen richten konnten. Es handelte sich um einen ‹*practical engineering job*› innerhalb einer gewaltigen Organisation, die während des Krieges gezwun-

---

22 Stouffer, S., *The American Soldier.* 4 Bde., Princeton 1949–1950 (2 Bde. 1965).

23 Ebda., S. 5 (Bd. 1).

gen war, schnell zu handeln und möglichst viele ihrer Probleme zu antizipieren. Es ging darum, die Schlagkraft von ‹Männern im Kriege› zu erhöhen und in diesem Krieg gemachte Fehler der Truppenführung in künftigen Kriegen auszuschalten.[24]

«Das Spezifikum des Militärs, die Androhung oder der organisierte Einsatz von Gewalt zur Erreichung politischer Ziele», unterscheidet das Militär nicht nur von anderen Organisationen,[25] sondern es hat auch in der weiteren Entwicklung der Militärsoziologie weg vom Eigeninteresse der Organisation und hin zu Fragen ihrer Beziehungen zum politischen und Herrschaftssystem insgesamt geführt. In dieser Entwicklung, die für die Konfliktforschung und -theorie natürlich besonders interessant ist, kam es einerseits zu einem Versiegen militärsoziologischer Veröffentlichungen der ursprünglichen Art. «Inwieweit hierfür die Neigung der Militärs zur Geheimhaltung oder ein liberales, allzu fortschrittsgläubiges Vorurteil der Soziologen» verantwortlich ist,[26] ist erst in jüngster Zeit wieder innerhalb der amerikanischen Soziologie Gegenstand von Diskussionen geworden.[27] Andererseits ist die Finanzierung von Projekten der Konfliktforschung durch die Armeen, insbesondere die der Vereinigten Staaten, ständig gestiegen. Es gibt begründete Vermutungen, daß das Pentagon heute einer der größten Auftraggeber für empirische Konfliktforschung überhaupt ist.[28] Wir werden einige Aspekte dieses Sachverhalts, die sich trotz der undurchsichtigen Informationslage ausmachen lassen, in den folgenden Abschnitten behandeln: die Rolle der Spieltheorie in der Simulation von Konflikten und in der strategischen Praxis sowie einige auf dem Wege des Skandals an die Öffentlichkeit gelangte Projekte. Unter der Fragestellung dieses Kapitels besonders wichtig ist die Tatsache, daß militärisches Denken den theoretischen und ideologischen Kontext der empirischen Konfliktforschung entscheidend geprägt hat. Es ist klar, daß aus der Perspektive der Militärorganisationen der Gegner nicht als ein Subjekt, sondern als ein objektives Hindernis, als ein auszuschaltender Gegenstand im Sinne des Kontroll-Paradigmas von E. Converse erscheinen muß und daß folglich die meisten theoretischen Schemata vom Postulat der schlimmsten Erwartungen ausgehen. Im Zusammenhang von Herrschaft und Kontrolle führt das zu einer starken Blickverengung, die Konflikte auf

---

24 Ebda., S. 53 (Bd. 1).

25 Vgl. Ziegler, R., Einige Ansatzpunkte der Militärsoziologie und ihr Beitrag zur soziologischen Theorie. In: Beiträge zur Militärsoziologie, Sonderheft 12 (1968), Kölner Zeitschrift f. Soziologie u. Sozialpsychologie, S. 14.

26 Ziegler, R., Militärsoziologie. In: Wörterbuch der Soziologie, a. a. O., S. 695.

27 Vgl. z. B. den Streit um das Projekt ‹Camelot›, s. u. S. 201.

28 Vgl. Beals, R. L., *Politics of Social Research. An Inquiry into the Ethics and Responsibilities of Social Scientists.* Chicago 1969; dort finden sich viele Zahlenangaben aus offiziellen Quellen.

strategische Beziehungen zwischen Feinden und schließlich auf reine Überlebensmuster reduziert. Sozialwissenschaftler, die sich dieser Perspektive nicht anschließen können, haben geringe Chancen, an solchen Projekten beteiligt zu werden.

Das Studium von Konflikt- und Gewaltapparaturen hat dazu beigetragen, allgemeine Interessen zu wecken, die über die stets begrenzten Verwertungsinteressen von Organisationen und Bürokratien hinausgehen. So findet sich heute «gerade in der bisher vorwiegend zur Wertfreiheit neigenden amerikanischen Soziologie eine größere Zahl von Fürsprechern eines stärkeren Engagements in der Politik, verstanden allgemein als zielsetzende Gestaltung unserer Lebensumstände. Hier ist deutlich ein neuer Trend zu spüren, entstanden aus der tatsächlichen und antizipativen Enttäuschung über die mißbräuchliche Anwendung wissenschaftlicher Ergebnisse, wie andererseits aus dem Selbstbewußtsein, als Partner des Politikers in diesem Sinne auftreten zu können.»[29] Es ist bezeichnend, daß solche vorsichtigen, von ‹Positivisten› formulierten Bekundungen des Unbehagens häufig in futurologische Konzeptionen münden, in denen eine ‹projektive Soziologie› oder sogar Utopien auf der Suche nach Sinn und Ziel aktiviert werden sollen.[30] Utopische Entwürfe und Szenarios, traditionelle Vehikel der Weltflucht,[31] kommen hier auf einmal innerhalb einer wissenschaftstheoretischen Richtung zur Geltung, die sich bislang auf die Bestände verlassen konnte.

3. Spieltheorie, Strategie und Konterrevolution

Dem selektiven Denken in Organisationen affin ist der Versuch, Konfliktsituationen als durch Regeln begrenzte, in strategischen Kalkulationen und Entscheidungen ablaufende Prozesse aufzufassen. Vorbild sind Gesellschaftsspiele, deren kulturelle Funktion ja in gewissem Sinne die gefahrlose Simulation gefährlicher, weil ausschließlich auf äquivalenten Problemlösungen aufbauender Konfrontationen ist. Der Weg von solchen Konfliktmodellen zurück zur Klärung und Erforschung wirklicher Konflikte hat sich als problematischer erwiesen, als man ursprünglich annahm. Die Simulation von Konflikten im Laboratorium, gewöhnlich mit Hilfe mathematischer Idealisierungen, dient seit etwa

29 Hartmann, H., Empirische Sozialforschung, a. a. O., S. 197.

30 Vgl. neben Hartmann, H., auch Klages, H., Soziologie zwischen Wirklichkeit und Möglichkeit. Plädoyer für eine projektive Soziologie. Köln u. Opladen 1968.

31 Vgl. Krysmanski, H. J., Die utopische Methode. Köln u. Opladen 1963, S. 139 ff.

zwanzig Jahren[32] sowohl der Einübung in rationales Konfliktverhalten (beispielsweise in Planspielen) als auch der Analyse von tatsächlichen Entscheidungsprozessen in Konfliktsituationen. Das zentrale Problem der Wirklichkeitsnähe von Simulationen hängt dabei von den Bezugssystemen ab, deren Daten benutzt werden und denen die Ergebnisse dienen sollen. Eine auf rationale Kontrolle ausgelegte Organisation, deren gesellschaftlicher Hintergrund durch Herrschaft abgesichert ist, wird eine mathematische Strukturierung ihrer äquivalenten Problemlösungsmöglichkeiten als eine willkommene Sinngebung des Gleichgültigen annehmen. Sie kann ihre Herrschaftsfunktion geradezu dadurch bestätigen, daß sie eine prinzipiell beliebige (‹strategische›) Handlungsrichtung einschlägt. Das geht allerdings nur so lange gut, wie die gesellschaftliche Umwelt unterhalb der Sinnschwelle der Organisation einwirkt. Wird der organisatorische Zusammenhang als solcher in Frage gestellt, wie es in ernsthaften Konflikten zwischen gleich starken Organisationen oder auch zwischen organisierten und unorganisierten Gruppen der Fall ist, werden ‹spieltheoretisch› gewonnene Prognosen sinnlos, die Strategen müssen sich aus dem Versuch der Bewältigung von Komplexität zurückziehen; übrig bleibt die apparatgerechte Anwendung nackter Gewalt.

Die spieltheoretisch begründete Erforschung von Konfliktpraxis scheint also auf dem Wege zu komplexen historischen Sachverhalten nur erfolgreich zu sein, wenn sie sich im Schutz mächtiger Organisationen mit der Selektion von Handlungsalternativen beschäftigt, die in den betreffenden Äquivalenzstrukturen bereits vorgegeben sind. Sie ‹beweist› nichts, ihre Laboratoriumsexperimente dienen dazu, «die enorme Komplexität der Konfliktdynamik dadurch zu zeigen, daß praktisch jede umgangssprachlich formulierte Hypothese durch entsprechende Experimente sowohl gestützt als auch widerlegt werden kann».[33] Dahinter steht in einem ganz konkreten Sinn das ‹Spiel der Könige› als Modell der Herrschaft über alle wesentlichen Alternativen. «Ein Spiel – wie es die Spieltheorie definiert – ist eine Folge von Schritten, in denen einer oder der andere Spieler aus einer genau definierten Menge von Alternativen eine einzige auswählen muß. Die Auswahlmöglichkeiten und die Zuordnung der Wahlreihenfolge sind in den Spielregeln festgelegt. Diese Regeln bestimmen außerdem eine Reihe von Ergebnissen, bei deren Eintreten das Spiel als beendet gilt. Jedes Ergebnis ist verbunden mit einem Gewinn, d. h. einem numerischen ‹Wert› (positiver oder negativer Art) für jeden Spieler. Dieser Gewinn soll das Maß der psychi-

---

32 Seit den entscheidenden Veröffentlichungen von v. Neumann, J., und Morgenstern, O., *Theory of Games and Economic Behavior.* 2nd ed., Princeton 1947, und Kuhn, H. W., u. Tucker, A. W., eds., *Contributions to the Theory of Games.* 4 Bde., Princeton 1950–1959.

33 Rapoport, A., *Games Which Simulate Deterrence and Disarmament.* Peace Research Reviews, Vol. I, No. 4 (1967), S. 76.

schen Befriedigung – verbunden mit der gewonnenen oder verlorenen Summe – darstellen. Die Bestimmung dieses Maßes liegt außerhalb der Reichweite der Spieltheorie. In einigen Fällen werden die Gewinne nicht als die möglichen Ergebnisse, sondern als deren Erwartungswerte, gemittelt über viele aufeinanderfolgende mögliche Ergebnisse, errechnet, jedes mit einer zugeordneten Wahrscheinlichkeit. Schließlich wird angenommen, daß jeder Spieler danach strebt, seinen erwarteten Gewinn zu maximieren, und daß er während des ganzen Spiels über die Informationen verfügt, welche die Spielregeln erlauben. Alle diese Annahmen können folgendermaßen zusammengefaßt werden: 1. eindeutige Regeln, 2. Existenz numerischer Gewinne, 3. rationales Verhalten der Spieler.»[34]

Werden solche Spiele nicht als formale Experimente logischen Denkens, sondern als Realitätssimulation abgewickelt, so können in ihnen lediglich die gegebenen Informationen verarbeitet und unter verschiedenen Konstellationen probeweise kombiniert werden, *neue* Informationen hingegen sind aus einem solchen Experiment nicht zu erwarten. Das ändert jedoch nichts an der Herrschaftsverhältnisse zum Ausdruck bringenden Funktion solcher Spiele. Wird beispielsweise die Konfliktsituation zwischen mehreren Nationen simuliert, so ist äußerste Wirklichkeitsnähe bereits erreicht, wenn aus dem Informationsbestand derjenigen Nation, die den Spielern am nächsten steht (es ist nämlich ausgeschlossen, Informationen in einer ‹realistischen› Simulation symmetrisch zu halten), implizit oder explizit Regeln, Wertestandards und ‹Rationalität› der Gesamtsituation abgeleitet worden sind. Die Simulation wird dann zur Fortschreibung der expansiven Tendenzen eines Systems (einer Nation); nur in diesem Sinne kann sie ‹scharf konturierte Beiträge zur Zukunftsforschung› erbringen.[35]

Augenfällige Beispiele liefern komplette Inter-Nationen Interaktions-Spiele wie die *‹Washington University (St. Louis) Inter-nation Simulation›*.[36] Dieses Spiel umfaßt bis zu neun ‹Nationen› (‹Großmächte› und kleinere Länder), die durch bis zu vier Entscheidungsträger vertreten sind: einen zentralen Entscheidungsträger, der für die Gesamtentscheidungen verantwortlich ist; einen Entscheidungsträger für äußere Angelegenheiten als ‹Außenminister› und Unterhändler; einen Entscheidungsträger für innere Angelegenheiten als ‹Wirtschaftsplaner› und einen Entscheidungsträger in Sachen Gewaltanwendung als ‹militärischen Führer›. Diese vier Spieler stellen den ‹Regierungsapparat› der simulierten Nation dar. Die Gesamtressourcen einer Nation (nationaler Reichtum) werden als ‹grundlegende Leistungsfähigkeit› bezeichnet;

---

34 RAPOPORT, A., Spieltheorie. In: Wörterbuch der Soziologie, a. a. O., S. 1096 f.

35 HARTMANN, H., Empirische Sozialforschung, a. a. O., S. 144.

36 Wir folgen der Darstellung von RAPOPORT, A., *Games Which Simulate*, a. a. O., S. 54 ff.

Einheiten dieser GL können entweder für den zivilen und militärischen Gebrauch (Konsumgüter und Dienste; Bewaffnung: in einigen Fällen Nuklearwaffen und ansonsten konventionelle Waffen) oder aber für Forschungs- und Entwicklungsraten (*Research & Development*) ins Spiel gebracht werden. Im letzteren Fall handelt es sich um Einheiten der GL, die sich selbst regenerieren, Konsumgüter oder Waffen erzeugen und für künftigen Gebrauch bereitstellen. Die Verteilung der Ressourcen auf die verschiedenen Sektoren geschieht durch die Entscheidungsträger, die sich jedoch vor sogenannten ‹Bewertern› zu verantworten haben. Diese vertreten die ‹öffentliche Meinung›, die ihre Befriedigung einerseits aus dem Genuß von Konsumgütern, andererseits aus dem Gefühl ‹nationaler Sicherheit› bezieht (das seinerseits von der militärischen Kapazität einer Nation abhängt). Wenn die Befriedigung der ‹Bewerter› festgelegte Werte unterschreitet, kann es zu ‹Revolutionen› kommen, in denen der zentrale Entscheidungsträger abtreten muß. – Innerhalb dieses Rahmens können die ‹Nationen› miteinander in freundliche oder feindliche ökonomische und militärische Beziehungen treten; ‹internationale Konferenzen› und Verwicklungen vielfältiger Art sind möglich. Die Informationen zum Spiel werden über ein unabhängiges Nachrichtenblatt verteilt. Das Spiel beginnt zu einem vordefinierten ‹historischen Zeitpunkt›, der die Ausgangslage (Verteilung der Ressourcen, ‹Vorgeschichten›, existierende Allianzen usw.) festlegt. Es entwickelt sich im wesentlichen unter dem Motivationsdruck, dem die Entscheidungsträger ausgesetzt sind, die einerseits durch friedliche Aktionen die ökonomische Entwicklung der eigenen Nation vorantreiben können, andererseits von den Möglichkeiten gewaltsamer Expansion angezogen werden. Ein derartiges Spiel kann von einigen Stunden bis zu mehreren Tagen dauern, wobei eine Spielstunde ungefähr einem Jahr in dieser fiktiven geschichtlichen Entwicklung entspricht. Resultat eines solchen Spiels, das alle Merkmale der verschiedenen von der Spieltheorie erschlossenen Spielformen vereint, ist die ‹Geschichte› eines simulierten internationalen Systems.

Den Entwerfern dieses Spiels dürfte kaum aufgefallen sein, daß die eingeführten Spielelemente und Regeln ein bestimmtes, wenngleich diffuses Gesellschaftsbild suggerieren, das keineswegs eine Konkretisierung zuläßt, die allen realistischerweise an der Simulation zu beteiligenden Gesellschaftstypen gerecht wird. Eine öffentliche Meinung, die durch Konsum- und Sicherheitsbedürfnisse definierbar ist, existiert z. B. vorläufig eher in den Vereinigten Staaten als in der Sowjetunion (in der andere Erziehungsfaktoren mindestens ebenso wirksam sind); die Research- und Development-Raten in kleineren Ländern sind heute im allgemeinen bereits Funktionen der Entwicklungsraten imperialistischer Mächte; das im Spiel skizzierte ‹pluralistische› Regierungssystem gibt im wesentlichen die Interessenlagen in einer kapitalistischen Gesellschaft wieder (Binneninteressen des Protektionismus, Außeninteressen des Kapitalexports, Verselbständigung des Gewaltapparats, Symbolcharakter der zentralen Entscheidungsinstanz), die nicht ohne weiteres auf andere am internationalen Konflikt *realiter* beteiligte Gesellschaften übertragen werden können. Die Abläufe derartig vordefinierter Spiele sind aber dennoch nicht unrealistisch. In ihnen setzt sich vielmehr die jeweils dominante Informationslage durch und verschiebt sowohl den Lern- als auch den Forschungseffekt der Simulation in Richtung auf Erkundung der *strategischen Möglichkeiten* der tatsächlich herrschenden Entscheidungsträger. Simulation fördert strategisches Denken im Sinne des herrschenden Bewußtseins; sie kann gerade ihren Anspruch der Objektivität und Symmetrie nicht einlösen. Darauf weist auch RAPOPORTS Bemerkung hin, daß das *objektive* Abtesten von Hypothesen über internationales Verhalten auf spieltheoretischer Grundlage Kosten verursachen würde, die gerade angesichts der für Kriegstechnologien aufgewandten Mittel illusorisch sind.[37] Systemkonforme Konfliktforscher wie T. C. SCHELLING haben die Chancen einer ‹objektiven› Spieltheorie bei der Erforschung von Konfliktzusammenhängen daher schon relativ früh gering eingeschätzt und auf *Theorien der Konfliktstrategie* gesetzt, deren Zweck unumwunden die Einengung, Abschreckung und Bezwingung des Gegners durch Beeinflussung seiner Erwartungen ist.[38] Eine solche Strategietheorie wird als Mischung aus Spieltheorie, Organisationstheorie, Kommunikationstheorie und Wahl- und Entscheidungstheorie konzipiert und bewegt sich von vornherein zwischen den Problemen der Stabilität und der Expansion eines spezifischen, in seinen Beständen unantastbaren sozialen Systems.

Strategisches Denken in diesen realistischen, praktischen Bezügen hat nur noch wenig mit den detachierten Entscheidungsantizipationen eines Schachspielers zu tun. In wirklichen internationalen Konfliktzusammenhängen handelt es sich vielmehr darum, die Äquivalenzstrukturen (Problemlösungsmöglichkeiten) eines gegebenen Herrschaftssystems auszuschöpfen und in eine disponible, den ‹Führern› verständliche Ordnung zu bringen. Eine hierfür typische Einrichtung ist das Institute for Strategic Studies (ISS) in London.[39] Präsident NIXON hatte beispielsweise gleich nach seinem Amtsantritt Fühlung mit dieser ‹Forschungs-Institution› aufnehmen lassen, die 1958 gegründet wurde, außerordentlich gute Verbindungen zu westlichen militärischen und politischen Kreisen besitzt und von der Ford Foundation, der Rockefeller Foundation, dem Carnegie Endowment for International Peace etc. gefördert wird. Erklärter Zweck dieser Institution ist die Erforschung des Einflusses moderner Waffensysteme und Methoden der Kriegführung auf Probleme der Strategie, Verteidigung, Abrüstung und internationalen Beziehun-

---

37 Ebda., S. 72.

38 SCHELLING, T. C., *The Strategy of Conflict.* Cambridge 1960; DERS., *The Role of Theory in the Study of Conflict.* Research Memorandum RM-2515, The Rand Corporation, Santa Monica 1960.

39 Vgl. Science, Vol. 162, 20. Dez. 1968, S. 1368 ff.

gen. Obwohl der ständige Forschungsstab relativ klein ist, sind mit dem ISS schätzungsweise eintausend Personen, die ‹Bruderschaft der Verteidigungsintellektuellen›, verbunden: Wissenschaftler, Unternehmer, Diplomaten, Offiziere, Journalisten usw., unter ihnen HENRY A. KISSINGER, HERMAN KAHN und der Präsident der RAND-Corporation HENRY S. ROWEN. Das Institut gibt zahlreiche Schriften heraus, darunter eine jährliche Aufstellung über die internationalen militärischen Kräfteverhältnisse (‹Military Balance›), eine Monatszeitschrift (‹Survival›) sowie die sogenannten ‹Adelphi Papers› über verschiedene Themen (*The Implications of Military Technology in the 1970's. Defeating Communist Insurgency* usw.) Derartige Einrichtungen, unter denen ISS sicher eine kleinere ist[40], sammeln und sichten Daten für die Entscheidungsträger des westlichen Bündnissystems; ihre Funktion ist es, ‹Spielraum› in einem ganz konkreten Sinne zu verschaffen. Gemeinsames Kennzeichen ist eine konterrevolutionäre Mentalität, die das Interesse an den geschichtlichen Möglichkeiten des gesamtgesellschaftlichen Konfliktpotentials zugunsten der Reproduktion alter Verhältnisse unter neuen Bedingungen ausschließt.

Der Umfang dieser ‹Konfliktforschung› läßt sich von Außenstehenden auf Grund gelegentlich bekannt werdender Ausrutscher einschätzen oder durch eine kritische Gegenforschung ermitteln. Zu den spektakulären Fällen der letzten Jahre gehört das Projekt ‹Camelot›.[41] Es handelte sich dabei um eine ungewöhnlich hoch dotierte (ca. 6 Mill. Dollar), von dem Army Research Office des amerikanischen Verteidigungsministeriums betreute, auf mehrere Jahre angelegte Studie über politisch bedeutungsvolle Wandlungsprozesse in unterentwickelten Ländern. Ihr Zweck wird in einem Dokument (das von J. GALTUNG, der am Projekt beteiligt war, der Öffentlichkeit zugänglich gemacht wurde), wie folgt umschrieben: «Erstens sollen Verfahren entwickelt werden, um das Potential für innere Konflikte (*internal war*) innerhalb nationaler Gesellschaften abschätzen zu können; zweitens sollen mit steigender Genauigkeit diejenigen Maßnahmen identifiziert werden, die eine Regierung ergreifen kann, um die Bedingungen, unter denen ein Potential für innere Konflikte entsteht, zu beseitigen; und endlich sollen die Möglichkeiten der Entwicklung von Systemen, mit deren Hilfe die wesentlichen Informationen für die beiden obigen Vorhaben gewonnen und ausgewertet werden können, erkundet werden.»[42] Das Projekt stand in einer langen Reihe ähnlicher Forschungsvorhaben der amerikanischen Armee;

---

40 Das jährliche Budget von ca. 200 000 Dollar nimmt sich neben den jährlich 15 Millionen der RAND-Corporation (die allerdings nicht nur strategische Studien betreibt) selbstverständlich bescheiden aus.

41 Vgl. dazu HOROWITZ, J. L., *The Rise and Fall of Project Camelot: Studies in the Relationship between Social Science and Practical Politics.* Cambridge/London 1967; BEALS, R. L., *Politics of Social Research,* a. a. O.

42 HOROWITZ, J. L., a. a. O., S. 5.

es sollte zunächst zur Bildung von Modellen führen (sogenannte *computer-software*), die viele der bereits in anderen Studien gesammelten Daten aufnehmen konnten. Daraus sollte ein Entscheidungsinstrument auf Computer-Basis entwickelt werden, das schnelle Voraussagen über verschiedene Formen des sozialen Wandels und Konflikts und effektive Auswahl der zu treffenden Gegenmaßnahmen erlaubte.[43] Die Beteiligung der amerikanischen Armee brachte es mit sich, daß in die Terminologie eine ‹Hygiene- und Säuberungs-Sprache› (HOROWITZ) einfloß und schließlich, ohne großen Widerstand von seiten der vielen beteiligten Sozialwissenschaftler, vornehmlich von *‹insurgency›* und *‹counterinsurgency›* die Rede war. Es war geplant, mit der Studie in Chile zu beginnen. Wegen ungeschickter Informationspolitik, Kommunikationsschwierigkeiten zwischen Außenministerium und Pentagon und wegen der nach Bekanntwerden des Projekts massiven Proteste der chilenischen Öffentlichkeit wurde Projekt ‹Camelot›, ohne das seine *Auslands*vorhaben in Gang gekommen waren, 1965 offiziell terminiert. Das Projekt war der Anlaß für einen bis heute nicht abgeschlossenen ‹Gewissenskonflikt› innerhalb der amerikanischen Sozialwissenschaften, durch den die starke Abhängigkeit der Forschung von Regierungsaufträgen erstmals in ihrem Sinnzusammenhang reflektiert und der oft naive Optimismus, der die empirische Sozialforschung kennzeichnete, kritisch überprüft wurde. Was für die Armee nur eine von vielen *‹software›*-Investitionen war (1969 wurden nach offiziellen Angaben 13,7 Mill. für derartige ‹strategische› Studien ausgegeben[44]), galt den am Projekt beteiligten Wissenschaftlern damals als eine einmalige Gelegenheit, die Sozialwissenschaften auf das Prestigeniveau der Naturwissenschaften zu heben. Mit der Aufdeckung ähnlicher Projekte, z. B. ‹Project Revolt› in Kanada, ‹Project Simpático› in Kolumbien und ‹Project Michelson›[45] wurde aber deutlich, daß die amerikanische Bundesregierung längst «massiv in der Sozialforschung engagiert ist und sie für die Formulierung und Unterstützung ihrer Politik verwendet. Die Zeiten sind vorbei, als Sozialwissenschaftler die Fehler der Regierung beim Einsatz von Sozialforschung verurteilen konnten und gleichzeitig selbstgefällig an den Nutzen ihrer eigenen Forschungen für die Menschheit glauben konnten.»[46]

Die empirischen Sozialforscher müssen sich folglich mit Problemen auseinandersetzen, die lange Zeit als die Domäne der ‹Theoretiker› galten: mit gesamtgesellschaftlichen Zusammenhängen, ‹ethischen› Fragen und der auf Herrschaftsstrukturen verweisenden Tatsache, daß einerseits die Sozialforschung noch nie relevantere und dringendere Probleme behandelt hat als heute, andererseits aber ihren Ergebnissen prompt

---

43 BEALS, R. L., a. a. O., S. 5.

44 Vgl. Science, Vol. 164, 30. Mai 1969, S. 1037.

45 Vgl. HOROWITZ, J. L., a. a. O.

46 BEALS, R. L., S. 17 f.

«soziale Aktionen und politische Maßnahmen folgen, die den Hauptanliegen dieser Forschungen direkt zuwiderlaufen».[47] Widersprüche zwischen der Freiheit der Forschung und den sogenannten ‹nationalen Interessen› treten in erster Linie im Bereich jener Konflikt- und Friedensforschung auf, die sich aus kritischen und pazifistischen Bewegungen entwickelt hat. Das wichtigste Organ dieser Bemühungen, ‹The Journal of Conflict Resolution›, hat in den 15 Jahren seines Bestehens in dieser Hinsicht einen wahren Balanceakt ausgeführt: die Tatsache, daß in diesen Jahren praktisch keine sozialgeschichtlichen Fallstudien früherer Kriege, keine Untersuchungen über die ökonomischen Bedingungen internationaler Konflikte und keine Herrschaftsanalysen in der Zeitschrift veröffentlicht wurden, spricht für sich.[48] Dagegen wurden gewisse Fortschritte auf theoretischem Gebiet insofern erzielt, als das strategische Denken aus seinem konterrevolutionären Untergrund hervorgeholt und in größere Bezüge eingeordnet wurde. Ähnlich wie die soziologische Systemtheorie ist heute auch die allgemeine, ‹kritische› Konflikttheorie in der Lage, in einem Bedeutungsnetz zu operieren, das die sinnvolle Kombination verschiedener Ansätze zuläßt.

E. CONVERSE hat in ihrer Auswertung der ersten zwölf Jahrgänge des ‹Journal›, ausgehend von der strategischen Perspektive ihres Kontroll-Paradigmas (Handlungsmöglichkeiten einer einzelnen Nation), eine Schematik entworfen, die den Orientierungen der westlichen Theoretiker und Empiriker des internationalen Konflikts wohl im wesentlichen entspricht. Die wichtigsten von dieser Konfliktforschung erfaßten Phänomene sind danach: internationale Kriege, die Existenz eines internationalen Systems, internationale Verhandlungen und Beeinflussungen, nationale Entscheidungsprozesse, die Beziehungen zwischen inneren und äußeren Konflikten und die Rolle ‹dritter Parteien› in internationalen Konflikten. Zu den zentralen, immer wieder auftretenden theoretischen Konzepten gehören die Begriffe der Gewalt, der Macht, des kalkulierbaren Nutzens, der Rationalität, des Konsensus und der ‹Schuld›. E. CONVERSE unterscheidet außerdem verschiedene Arten von Strategien (‹Kontrollplänen›): Strategien der Gewaltanwendung, Strategien der Beeinflussung sowie vorprogrammierte Kontrollpläne stabilisierter Expansion. In der Analyse internationaler Kriege steht das Problem der Gewalt und ihrer Kontrolle durch Rüstungsbeschränkungen im Vordergrund; die Analyse des internationalen Systems setzt sich mit internationalen Macht- und Herrschaftskonstellationen auseinander (wobei hier typischerweise Fragen der ‹Messung› relativer Macht dominieren); im Zusammenhang des internationalen ‹Bargaining› konzentriert sich das Interesse auf Möglichkeiten der genaueren Kalkulation nationaler Vorteile und Risiken. Diese Themen, in denen sich natürlich verschiedene Disziplinen treffen, erlauben es noch, trotz aller formalen Kom-

---

47 TUMIN, M., zitiert bei BEALS, R. L., a. a. O.
48 Vgl. CONVERSE, E., a. a. O., S. 531.

plizierungsmöglichkeiten mit relativ einfachen Grundannahmen zu operieren, da in ihnen der ‹komplexe Handelnde›, die Nation, sozusagen unaufgelöst als unproblematische Handlungseinheit mitgeschleppt wird. Erst wenn man zu Analysen nationaler Entscheidungsprozesse vordringt und die dort vorherrschenden Kontrollmechanismen und Rationalitätsvorstellungen auseinanderlegt, wird der Blick auf Herrschaftsstrukturen freigegeben. Die Fragen konzentrieren sich dann auf den Zusammenhang zwischen internen Herrschaftskonflikten und internationalen Konflikten, der allerdings im ‹Journal of Conflict Resolution› im wesentlichen auf Probleme des gesellschaftlichen Konsens beschränkt bleibt. Interessant an der Schematik von E. CONVERSE ist die Wiederentdeckung der historischen Dimension im Problem der ‹dritten Partei›. Die Idee einer *‹conflict-born third reality›*, die zugleich Konflikte ‹entscheidet›, führt zu einem Begriff von Geschichte oder ‹sozialem Wandel›, wie er vor allem in der Friedensforschung als die Möglichkeit der Bewegung zum Frieden wirksam geworden ist. Das damit verbundene Problem der Schuld derjenigen, die die ‹Geschichte negieren›, artikuliert sich bei CONVERSE als Kritik am JCR-Material, das «eine allgemeine Tendenz» habe, «die moralische Neutralität von Macht zu betonen», obgleich es doch offensichtlich sei, daß «eine Beziehung zwischen dem Problem der Legitimität von Herrschaft und dem geschichtlichen Schicksal der Machtlosen besteht und daß diese Beziehung . . . von zentraler Bedeutung für die langfristige Erforschung sozialer Konflikte ist».[49] Diese behutsame Formulierung der Notwendigkeit, ‹Systemregeln zu verändern›, charakterisiert die Atmosphäre, in der die amerikanische Konfliktforschung ihre ersten allgemeineren Orientierungen gewonnen hat.

4. FRIEDENSFORSCHUNG

Die Friedensforschungsbewegung[50] ist eine wissenschaftspolitische Expression der aus den Erfahrungen des Zweiten Weltkriegs, der nuklearen Rüstung und des Kalten Krieges entstandenen Wissens- und Gewissenskonflikte von Natur- und Sozialwissenschaftlern. Gerade die institutionalisierte Friedensforschung kann nicht etwa als eine neue wissenschaftliche Disziplin, sondern nur als ein Organisationsversuch der im Verhältnis von partikularen gesellschaftlichen Interessen und allgemeinen wissenschaftlichen Ansprüchen aufgetretenen Widersprüche und Sinnprobleme begriffen werden. Das Neue an der Friedensforschung ist nicht der sehr alte wissenschaftliche Gegenstand ‹Frieden›, sondern die

---

49 Ebda., S. 529.

50 Die amerikanischen Friedensforscher sprechen von *‹The Movement›*, um neben den analytischen die aktionistischen Elemente dieser Bewegung zu betonen.

Tatsache, daß seit einigen Jahren in vielen Ländern öffentliche und private Gelder in eine fast karitative Veranstaltung zur Untersuchung des kulturellen Unbehagens an internationaler Gewaltanwendung investiert werden. Diesem ‹moralischen› Kern der Friedensforschung sind allerdings vielfältige andere Momente angelagert, die vom politischen Aktionismus der Anti-Atombomben-Kampagne bis zum traditionellen Konterrevolutionismus, von der Fortführung alter Studien unter neuem Namen bis zu wirklichen methodologischen Innovationen[51] reichen. Die Bezeichnung ‹Friedensforscher› wird folglich von manchen Spezialisten fast wie ein Ehrentitel getragen, von anderen für die Projektmittelbeschaffung übergehängt, von dritten, denen die praktische Vernunftidee des Friedens überhaupt zweifelhaft ist, allenfalls in Anfällen des Zynismus akzeptiert. Dem moralischen Appell, man möge doch ‹Friedensforschung› betreiben,[52] steht die Verfolgung derjenigen ‹Friedensforscher› gegenüber, die bei der Untersuchung konkreter Konfliktfälle zu viel entdeckt haben.[53]

a) Entstehung und Verbreitung

Für unseren Zusammenhang ist es notwendig, das ‹Phänomen› Friedensforschung zunächst als Symptom und nicht als Kur zu betrachten. Unter diesem Aspekt ist die moderne Friedensforschung nur aus der spezifischen wissenschaftspolitischen Lage der fünfziger Jahre, insbesondere in den Vereinigten Staaten, zu verstehen. Die Entwicklungen in dieser Zeit sind ebenso wie die wissenschaftspolitische Diskussion aus der Zeit kurz vor dem Zweiten Weltkrieg, die dazugehört, noch kaum zureichend bearbeitet.[54] Die Stimmung jener Periode gibt C. W. Mills wieder: «Man darf nicht glauben, daß die amerikanischen Wissenschaftler ... auf die Zwecke, zu denen die schreckeinjagenden Produkte des wissenschaftlichen Apparates verwendet wurden und laut offiziellen Plänen noch verwendet werden sollen, nicht reagiert hätten. In der Frage der Atombombe haben die Wissenschaftler wahrscheinlich mehr politisches Bewußtsein an den Tag gelegt als irgendeine andere Berufsgruppe. Freilich wurden ihre anfänglichen Reaktionen und der Einfluß, den sie kurz nach dem Zweiten Weltkrieg genossen, beträchtlich gebremst durch das offizielle Vorgehen gegen J. Robert Oppenheimer und durch die Auflösung des im Kriege entstandenen Office of Scienti-

---

51 Vgl. dazu z. B. Galtung, J., *Theory and Methods of Social Research*. Oslo 1967.

52 Man denke an die vielerwähnte Rede von Bundespräsident Gustav Heinemann vom 1. Juli 1969.

53 Vgl. dazu Dencik, L., Hg., *Scientific Research and Politics*. Lund 1969.

54 Vgl. Krysmanski, H. J., Soziales System und Wissenschaft, a. a. O., Kap. 6.

fic Research and Development. Immer noch jedoch weigert sich eine bedeutsame Anzahl von Wissenschaftlern in aller Stille, an der Entwicklung neuer Waffen teilzunehmen. Eine noch größere Anzahl ist eifrig dabei, die Kampagne zur Einstellung aller Kernwaffenversuche zu unterstützen, Petitionen zu unterschreiben und zu verbreiten. Viele Wissenschaftler haben sich außerdem heftig gegen die Exzesse des ‹Sicherheitsprogramms› gewehrt, sie haben verlangt, daß man wichtiges Material publiziert und das menschliche Wissen von dem Stempel ‹Streng geheim› befreit ... Die Frage lautet: Grundforschung als Teil einer kulturellen Tradition von internationalem Umfang oder ein nationalistischer, streng geheimer Wissenschaftsapparat. – Besonders unter den jüngeren Wissenschaftlern in den Vereinigten Staaten ... gibt es einige, die sich allmählich darüber klarwerden, was es bedeutet, in dem einen oder anderen Sektor tätig zu sein, die sich über den Umstand klarwerden, daß sie als Wissenschaftler einer breiteren Tradition angehören ... Kurz gesagt, innerhalb der wissenschaftlichen Welt ist eine Spaltung eingetreten, mit der die Wissenschaftler sich wohl oder übel auseinandersetzen müssen.»[55]

Die Ausbreitung der institutionalisierten Friedensforschung erfolgt in einer fast wellenförmigen Bewegung. In den USA finden die ersten Instituts- und Zeitschriftengründungen um 1955 statt,[56] um 1960 folgt Kanada,[57] um 1965 treten holländische, englische und vor allem skandinavische Institute in den Vordergrund,[58] und seit 1969/70 findet die Friedensforschung in der BRD öffentliche Unterstützung. Dieser Fünfjahresrhythmus kommt nicht zufällig zustande, denn nach der Gründung solcher Institute dauert es im allgemeinen drei bis vier Jahre, bis es wegen der politischen Relevanz der Forschungen zu inneren und äußeren Konflikten kommt; diese Krisen führen zu Abwanderungen, zum Export von Ideen und Impulsen; in einzelnen Fällen lassen sich direkte Beziehungen zwischen den verschiedenen Gründungsimpulsen nachweisen. Heute befinden sich, vielleicht mit Ausnahme Skandinaviens, viele der Friedensforschungsinstitute, deren Namen man überall

---

55 Mills, C. W., Politik ohne Verantwortung. 2. Aufl., München 1963, S. 218 ff.

56 Z. B. Center for Research on Conflict Resolution, Ann Arbor, Michigan, mit der Zeitschrift ‹Journal of Conflict Resolution› und die Symposien der Peace Research Society (International), Philadelphia, Penn., mit ihren ‹Papers›.

57 Canadian Peace Research Institute mit den Zeitschriften ‹Peace Research Abstracts› und ‹Peace Research Reviews›.

58 Polemologisches Institut, Groningen, mit der Zeitschrift der International Peace Research Association, dem ‹International Peace Research Newsletter›; Peace Research Institute, Oslo, mit der Zeitschrift ‹Journal of Peace Research›; Stockholm International Peace Research Institute (SIPRI); Institute for Peace and Conflict Research, Hellerup, Dänemark, mit seinen Berichten ‹Studies ir Progress›.

akribisch gesammelt findet, in mehr oder minder großen Schwierigkeiten.[59]

In dem für die Volkswagenstiftung erstatteten Gutachten von KARL KAISER nehmen bis ins Detail gehende Organisationspläne und ein langfristiges Förderungsprogramm[60] fast ebensoviel Raum ein wie die Darstellung der wissenschaftlichen Erfahrungen und Möglichkeiten der Friedensforschung. Die seitherige Entwicklung der ‹organisierten› Konflikt- und Friedensforschung in der BRD entspricht diesen ersten Akzenten: Ende 1970 wurde die Deutsche Gesellschaft für Friedens- und Konfliktforschung gegründet, «an der die wichtigsten gesellschaftlichen Gruppen, Bundes- und Länderregierungen unterschiedlicher Couleur beteiligt sind, um gemeinsam dazu beizutragen, die Friedens- und Konfliktforschung systematisch (!) aufzubauen».[61] Die Gründungsmitglieder dieser Gesellschaft (Bundesregierung, die 11 Länder, DGB, DAG, BDA, BDI, Rat der EKD, Deutsche Bischofskonferenz, Zentralrat der Juden in Deutschland) werden die finanziellen Forschungsmittel aufbringen (darunter der Bund für 1970 1,2 Millionen, für 1971 2,9 Millionen usw. bis 1974 4,3 Millionen DM). Ein Kuratorium und eine Förderungskommission, die für die Festlegung der Schwerpunkte der Förderung und für die eigentliche Vergabe der Mittel verantwortlich sind, sind in ihrer Zusammensetzung so eingerichtet, daß jede ihrer Förderungsentscheidungen das Ergebnis eines politischen Kompromisses, d. h. eine Abbildung der jeweiligen Machtverhältnisse sein wird. Das Ziel der in Deutschland an der Friedensforschung interessierten Wissenschaftler, zu verhindern, daß «die Friedens- und Konfliktforschung unter dem traditionellen Blickwinkel der in den bestehenden öffentlichen Wissenschaftsförderungsorganisationen vertretenen Disziplinen gesehen wird», ist offensichtlich nicht erreicht worden.[62]

b) Gegenstände und Institute

Das ‹Center for Research on Conflict Resolution› an der Universität von Michigan, Ann Arbor, entstand um 1956 in direkter Konsequenz der

---

59 Die verschiedenen kursierenden Listen von 50, 70 und mehr ‹Friedensforschungsinstituten› geben ein irreführendes Bild der wirklichen Situation, da hier ganz heterogene und im allgemeinen nicht auf die pazifistische Bewegung unter Wissenschaftlern bezogene Einrichtungen in einen Topf geworfen werden. Vgl. etwa KAISER, K., Friedensforschung in der Bundesrepublik. Göttingen 1970 (Verzeichnis von Forschungsinstitutionen); wenn wirklich Forschungsergebnisse zitiert werden, schmilzt die Zahl der einschlägigen Institutionen schnell zusammen.

60 KAISER K., a. a. O., z. B. S. 134.

61 Aus einem Rundbrief der Arbeitsgemeinschaft für Friedens- und Konfliktforschung vom 10. Dez. 1970.

62 Ebda.

Anti-Atom-Kampagnen an amerikanischen Hochschulen. Es brachte Studenten und junge Wissenschaftler (einige von ihnen Psychologen, die einer Gruppe ‹Research Exchange on the Prevention of War› angehörten) und bereits etablierte Wissenschaftler (Ökonomen, Soziologen, Sozialpsychologen etc.) zusammen, die aus ihren politischen Aktionen wissenschaftliche Probleme formulieren wollten. Es ist also nicht so, daß hier am Anfang eine positive öffentliche Sanktionierung und viel Geld standen, sondern die kritisch motivierte Aufdeckung eines Forschungsvakuums, die sich gegen erhebliche ‹akademische› Anfeindungen durchzusetzen hatte. In die gleiche Zeit fällt die Gründung des ‹Journal of Conflict Resolution›. Die materielle Ausstattung des Center kennzeichnet den Charakter der dort geleisteten Forschungsarbeit: es war und ist noch heute in einem baufälligen kleinen Fabrikgebäude untergebracht; alle akademischen Statussymbole fehlen; die technischen Hilfsmittel sind im Vergleich zu dem, was den Einrichtungen strategischer Forschung in den USA zur Verfügung steht, lächerlich gering. Die Entwicklung der Forschungen an diesem Institut zeigt, daß zwar eine ganze Reihe von Forschungsaufträgen von der amerikanischen Regierung vergeben wurde, daß es sich aber dabei meist um marginale Themen handelte.[63] Doch sind viele der mit dem Center durch Forschungsprojekte, Fakultätsseminare und Beraterfunktionen verbundenen Wissenschaftler im Laufe der Zeit in andere Institutionen strategischer Forschung übergewechselt oder haben außerhalb des Center entsprechende Aufträge übernommen. Die meisten Mitarbeiter des Center hatten gleichzeitig Hochschullehrerposten an der Universität Michigan oder an anderen Universitäten. Die Arbeit am Institut war im Grunde zu keiner Zeit regulär und gesichert: es handelte sich eher um ein Diskussionsforum, das Vermittlungsfunktionen zwischen der organisierten strategischen Großforschung, die in jenen Jahren in Gang kam, und den ‹Außenseitern› und ‹Beunruhigten› unter den Sozialwissenschaftlern darstellte. Der Wissenschaftlertypus, der dabei für das Center charakteristisch wurde, war der moralisch engagierte, liberale Systemkritiker. Die ursprünglichen Möglichkeiten der Selbstorganisation in einem ‹Gegeninstitut› gingen im Zuge einer zunehmenden Entpolitisierung verloren. Um 1967 bestanden nur noch wenige im Center selbst durchgeführte Projekte, seine Hauptfunktion war die Herausgabe des ‹Journal of Conflict Resolution›, dessen Seiten die prekäre Kommunikationslage zwischen Defense-Establishment und Kritischer Friedensforschung kennzeichnen.[64] Viele der bedeutendsten Mitarbeiter, darunter K. E. Boulding, A. Rapoport und H. Kelman, haben inzwischen im Zusam-

63 Vgl. Selected Publications of Faculty Connected with the Center, June 1967.

64 Vgl. das Vorwort von K. E. Boulding zur Sonderausgabe des Journal of Conflict Resolution, Vol. XII, No. 4.

menhang mit den Schwierigkeiten des Instituts Ann Arbor verlassen.

Das ‹Canadian Peace Research Institute› hat einen anderen Charakter. Auch seine Gründung (1961) geht zwar auf die Anti-Atombomben-Kampagne in der kanadischen Öffentlichkeit und in den dortigen Universitäten zurück, doch sind seine unmittelbaren Mitarbeiter eigentlich immer ‹pazifistische Außenseiter› ohne Verbindungen zur Großforschung geblieben. Das Institut hat praktisch keine eigenen Projekte durchgeführt, sondern, vor allem in den ersten Jahren seines Bestehens, Öffentlichkeitsarbeit für die ‹Friedensidee› geleistet. Außerdem, und das ist seine wichtigste Funktion, wird dort das von H. und A. NEWCOMBE bearbeitete ‹Peace Research Abstracts Journal› herausgegeben, das Zusammenfassungen von seit 1945 erschienenen Veröffentlichungen über Krieg und Frieden, internationale Beziehungen usw. enthält. Vom politischen Gründungsimpuls bis zur Resignation hat es hier nur kurze Zeit gedauert; das lag vor allem daran, daß den appellativen und ‹erzieherischen› Bemühungen keine dauerhafte Verbindung mit Fachwissenschaftlern folgte. Das ‹Polemologische Institut› der Universität Groningen in Holland dagegen, das ebenfalls 1961 gegründet wurde, hat sich um die Person seines Leiters, des Völkerrechtlers B. V. A. RÖLING, zu einem zeitweise repräsentativen Knotenpunkt der internationalen Friedensforschung entwickelt. Es ist seit 1964 Sitz des Generalsekretariats der International Peace Research Association (IPRA); dort erscheint auch der ‹International Peace Research Newsletter›. Das Schwergewicht der wissenschaftlichen Tätigkeit des Instituts liegt auf dem Gebiet der sogenannten ‹Friedenspädagogik›; es sind Modelle für die Einführung der Kriegs- und Friedensproblematik in den Schulunterricht entwickelt worden; das Institut hat Kurse für unterschiedliche Gruppen, einschließlich Militärs, durchgeführt. Außerdem wurden, wie in normalen Universitätsinstituten, eine ganze Reihe von Dissertationen etc. betreut. Die gegenwärtigen Schwierigkeiten des Instituts scheinen daran zu liegen, daß seine politische Bildungsarbeit ohne Anschluß an eine breitere politische Bewegung erfolgt.

Unter dem Aspekt, daß die in der Friedensforschung repräsentierten Widersprüche des westlichen Wissenschaftssystems eine Chance für neue sozialwissenschaftliche Organisationsformen sind, kommt der Entwicklung in Skandinavien besondere Bedeutung zu. Abgesehen davon, daß dort heute die beiden besten Friedensforschungsinstitute, das Peace Research Institute in Oslo (PRIO) und das International Institute for Peace and Conflict Research in Stockholm (SIPRI), angesiedelt sind: hier hat die Friedensforschung als wissenschaftspolitische Bewegung zahlreiche junge Sozialwissenschaftler motiviert und gilt als Synonym für kritische empirische Sozialforschung überhaupt. GALTUNG hat diese besondere Lage aus Norwegens Erfahrungen im Zweiten Weltkrieg, der starken Tradition der Sozialwissenschaften in Skandinavien und dem Interesse relativ kleiner Nationen, im internationalen System wenigstens durch originelle wissenschaftliche Leistungen eine Rolle zu spielen, erklärt.[65] Ebenso wichtig ist aber die Neutralitäts-Rolle dieser Länder, die die Bedingungen für eine sozusagen kontemplative Entdekkung größerer historischer Bezüge durch eine im wesentlichen positivistisch-erfahrungswissenschaftliche Sozialwissenschaft, wie sie in Skandinavien traditionellerweise vorherrscht, geschaffen hat. Die Organisationsformen der beiden genannten Institute sind unterschiedlich. Während PRIO (seit 1966 selbständig) aus einer Abteilung (1959 gegründet) des Instituts für Sozialforschung der Universität Oslo hervorging und von vornherein von den Forschungsinteressen einiger jüngerer, qualifizierter Wissenschaftler bestimmt wurde, ist SIPRI eine (auf ALVA und GUNNAR MYRDALS Anregungen zurückgehende) Organisation mit repräsentativen Funktionen, deren Forschungen auf internationale Wirksamkeit auf hoher politischer Ebene ausgelegt sind. Kennzeichnend für beide ist die relativ große Unabhängigkeit und die dezidiert auf Internationalität ausgerichtete Arbeitsweise. In beiden Instituten überwiegen junge Wissenschaftler, bei PRIO sind es vor allem Sozialwissenschaftler, bei SIPRI Naturwissenschaftler. Beide Institute vermeiden Auftragsforschung (abgesehen von internationalen Organisationen) und wenden sich gegen strategische Studien.

PRIO begann seine Arbeit mit der Formulierung einer Reihe von Forschungsprojekten, die heute nur noch zum Teil weiterverfolgt werden; dazu gehörten Untersuchungen zur allgemeinen Konflikttheorie, über soziale Aspekte der technischen Entwicklungshilfe, über die friedliche Nutzung militärischer Ressourcen, über den Zusammenhang zwischen kulturellen Konflikten und sozialem Wandel, über Struktur und Funktion der modernen Diplomatie, über die Rolle des internationalen Beamtentums, Zivilen Widerstand, Friedensorganisationen, Friedensvorstellungen, internationale Interaktionsmuster usw. Innerhalb dieses Rahmens werden von internationalen und interdisziplinär arbeitenden Forschungsgruppen die inhaltlichen Fragestellungen relativ informell und von Fall zu Fall formuliert und variiert. Das drückt sich unter anderem darin aus, daß die meisten in diesem Institut erarbeiteten Papiere experimentellen Charakter haben und wenige Bücher im üblichen Sinne erschienen sind. Es scheint überhaupt so zu sein, daß die für Sozialwissenschaftler ungewöhnliche Tagungsaktivität hier zu einem Publikationsstil geführt hat, der an Flexibilität an den der internationalen Gepflogenheiten bei den Naturwissenschaften herankommt. Er wird von anderen Friedensforschergruppen wie beispielsweise den durchweg besonders jungen Mitgliedern des Institute for Peace and Conflict Research in Kopenhagen offensichtlich intensiv weitergebildet. Das vornehmlich von der norwegischen Regierung und dem norwegischen Forschungsrat für die Natur- und Geisteswissenschaften finanzierte Institut ist ausdrücklich an der Vermittlung seiner Forschungsergebnisse in die politi-

---

65 Vgl. BRÄUNLING, G., et al., Friedensforschung in Skandinavien: PRIO und SIPRI. In: Futurum 3 (1970), Konflikt- und Friedensforschung, S. 446.

sche Praxis interessiert; seit 1967 treffen sich in einer vom Institut monatlich veranstalteten ‹Friedensakademie› Politiker, Beamte, Journalisten und Friedensforscher zu vertraulichen, policy-bildenden Gesprächen.

SIPRI [66] versteht sich als eine neutrale wissenschaftliche Organisation, die die ‹Rationalität› des Gleichgewichts der Großmächte kritisch überprüfen will. Seit 1968 funktionierend, hat es bereits einige spektakuläre Veröffentlichungen und Veranstaltungen dieses Genres hinter sich: ein Symposium von seismographischen Experten lieferte beispielsweise Argumente gegen die Position der USA bei den Verhandlungen zum nuklearen Untergrund-Teststoppabkommen;[67] eine andere Untersuchung gilt dem internationalen Waffenhandel, vor allem den Beziehungen zwischen den Großmächten und den Entwicklungsländern, die teilweise bereits in das bekannte *‹SIPRI Yearbook of World Armaments and Disarmaments›* 1968/1969 eingegangen ist.[68] Das mit einem Etat von jährlich ungefähr 250 000 Dollar operierende Institut hat einen internationalen Mitarbeiterstab (Großbritannien, Jugoslawien, USA, Tschechoslowakei, Schweden, Sowjetunion), der nach Vorstellungen des wissenschaftlichen Direktors, Robert Neild, die Zahl von 20 bis 25 nicht überschreiten soll, damit die sonst in akademischen Einrichtungen sich ergebenden Organisationsschwierigkeiten vermieden werden können. Die Projekte von SIPRI sind auf ‹handfeste Forschung› beschränkt, d. h. hier wird der Versuch gemacht, die theoretischen und ethischen Ambiguitäten der Friedensforschung von vornherein auszuklammern. «Wir wollen Aufklärer, nicht Polemiker sein, und wir wollen objektiv sein. Ich weiß, daß bereits die Auswahl der Gegenstände Werte reflektiert, aber wir wollen uns auf Fakten verlassen und sehr, sehr gründliche professionelle Arbeit leisten. Das ist die einzige Art, die ich kenne, um Leute zum Zuhören zu bringen.»[69] Dieser naturwissenschaftliche Ansatz hat dem Institut in Skandinavien bereits Kritik eingebracht. Sie ist insofern berechtigt, als Friedensforschung in dieser Form natürlich nicht mehr die Widersprüche und Gewissenskonflikte aufnehmen und die Verbindungen zu einem liberalen politischen Aktionismus aufrechterhalten kann, wie das in ihren Anfängen der Fall war.

Insgesamt bildet die durch diese Institute vertretene Friedensforschung, trotz der erheblichen Publizität, die sie seit einigen Jahren genießt, nur ein geringes Gegengewicht zum unglaublichen Aufwand an sozialwissenschaftlicher Kriegsforschung – an die sie zudem vielfach gebunden ist und von der sie aufmerksam beobachtet wird. Allerdings sollte man zwischen dieser Alibifunktion der Friedensforschung und

---

66 Vgl. dazu auch Science, 27. Dez. 1968, Vol. 162, S. 1465 f.
67 Ebda.
68 Stockholm 1969.
69 Der Direktor R. Neild, zitiert in : Science, Vol. 162, a. a. O., S. 1466.

dem in ihr, als wissenschaftspolitischer Bewegung, vorhandenen Selbstorganisationspotential unterscheiden. Dieses Potential ist von Land zu Land unterschiedlich, es ist besonders stark in Skandinavien; in der Bundesrepublik kann es sich wohl nur in einer Kritik an der bereits ‹etablierten› bürokratisierten Friedensforschung entwickeln.

c) Befriedungsforschung, ‹revolutionäre› Friedensforschung und der sozioökonomische Faktor

Der in der Friedensforschung angelegte Grundwiderspruch, den *status quo* als Bedingung der eigenen Forschungs-‹Freiheit› zu verteidigen und zugleich als Behinderung bei der Erschließung des ‹eigentlichen› Forschungsgegenstandes, der Utopie des Friedens,[70] bekämpfen zu müssen, spiegelt, wie gesagt, das Dilemma der bürgerlichen Sozialwissenschaften insgesamt wieder. Für diesen eingebauten Widerspruch ist in der Friedensforschungsbewegung eine ganze Reihe meist unvermittelt nebeneinanderstehender Antinomien formuliert worden, Formeln, an die sich das Selbstverständnis einzelner Gruppen anhängen kann. Eine erste Antinomie ist die zwischen *positivem* und *negativem Frieden*.[71] Für GALTUNG wäre ‹positiver Frieden› in einer ‹gesunden internationalen Ordnung› realisiert, «die ein Maximum der Verwirklichung aller Möglichkeiten der konstituierenden Mitglieder bis hinab zum niedrigsten Mitglied der Gesellschaft erlaubt, wo die territorialen und funktionalen Glieder des Gesamtsystems koordiniert und integriert sind und sich dieses Gefüge leidlich gut durchgesetzt hat und wo der Mensch mit seiner mitmenschlichen Umwelt in optimaler Wechselwirkung steht».[72] ‹Negativer Frieden› dagegen bezeichnet die bloße Abwesenheit letaler Konflikte (Waffenstillstand, Ruhe und Ordnung, Freiheit von Bürgerkrieg, Freiheit von wirtschaftlichem Boykott, Koexistenz, Gleichgewicht des Schreckens etc.). Es ist klar, daß diese Unterscheidung kaum dazu dient, die Praxis einer empirischen bzw. an konkreten Problemen im historischen Zusammenhang arbeitenden Friedensforschung zu klären: die ‹philosophische› Freiheit, «Grundsätze festzulegen, von denen eine zukünftige friedliche Welt bestimmt sein soll»[73], kann mit Beiträgen zur Vermeidung ‹negativer Ziele› hier nur politisch vermittelt werden.

Andere Antinomien des gleichen Dilemmas lauten: *mittelfristige* versus *langfristige* Friedensforschung, Vermeidung *personaler* Gewalt versus

---

70 Vgl. KRYSMANSKI, H. J., Friedensforschung und die Möglichkeiten eines positiven Friedensbegriffs. In: Soziale Welt, Jg. 20 (1969), H. 4, S. 476 ff.

71 Vgl. GALTUNG, J., Frieden und Friedensforschung. In: DANCKWORTT, D., Hg., Internationale Beziehungen. Politische Psychologie, Bd. 5, Frankfurt 1966.

72 Ebda., S. 18.

73 Ebda., S. 29.

Vermeidung *struktureller* Gewalt, *Pazifizierungs-* oder Befriedungsforschung versus *‹revolutionäre›* Friedensforschung. «Mittelfristige Friedensforschung untersucht Ursachen und mögliche Folgen von sicherheitspolitischen Krisen und militärischen Konflikten in der Gegenwart und nahen Zukunft und erarbeitet eine Praxeologie zu ihrer Dämpfung, Verhinderung und Regulierung ... Die langfristige Friedensforschung untersucht statt dessen die tieferliegenden gesellschaftlichen, psychischen und technologischen Bedingungen der Friedlosigkeit und die Voraussetzungen für die Schaffung einer friedlichen Welt.»[74] In solchen Formeln kann ‹langfristig› eigentlich nur ‹aufgeschoben› heißen, denn wenn z. B. GALTUNGS «Vermutung, daß durch vertiefte Erforschung der Mittel und Wege auch die Ziele klarer vor Augen treten»,[75] auch nur oberflächlich akzeptiert wird, so bedeutet das die Unmöglichkeit der Trennung ‹kurzfristiger›, ‹mittelfristiger› usw. *Gegenstände* der Friedensforschung. Denkbar wird dann allenfalls eine fristenabhängige Forschungs*planung*, die aber ihre Begründung gerade aus den ‹brisanten›, ‹tieferliegenden› Problemen beziehen müßte. Über die schwierige Beziehung zwischen personaler und struktureller Gewalt ist weiter oben schon gesprochen worden.[76] Gegenwärtig beherrscht, insbesondere in Skandinavien, der Gegensatz zwischen einer von vielen jüngeren Friedensforschern als reine ‹Pazifizierungstechnologie› abqualifizierten Richtung und einer sich selbst ‹revolutionär› nennenden Richtung die Diskussion. Einer ihrer Vertreter, LARS DENCIK, charakterisiert die Lage wie folgt: «Im Mittelpunkt der Diskussion zwischen Friedensforschern und über Friedensforschung stehen heute die Begriffe ‹Gewalt› und ‹Konfliktlösung›. Traditionelle Pazifisten und Friedensforscher wenden diese Konzepte zuweilen so rigide an, als könne man nur für oder wider sie sein. Fruchtbarer und wissenschaftlich relevanter wäre es allerdings, diese Konzeptionen selbst zunächst einmal in ihrer Bedeutung zu diskutieren: Was ist Gewalt? Wie versteht man ihre Ursachen? Was ist Konfliktlösung? Was

---

74 KAISER, K., a. a. O., S. 42 f.

75 GALTUNG, J., Friedensforschung. In: KRIPPENDORF, E., a. a. O., S. 533.

76 In einem Brief (abgedruckt in Futurum, a. a. O., S. 444) schreibt J. GALTUNG: «Für mich ist Frieden nicht nur die Abwesenheit direkter Gewalt, sondern ebensosehr die Abwesenheit von struktureller Gewalt, jenes Typus von Gewalt, der in die Sozialstruktur eingebaut ist und die Lebenschancen weniger erhöht und die Lebenschancen der vielen vermindert. Die Gewalt in einer ungerechten, nicht egalitären Gesellschaft ist ebenso real wie die Gewalt auf dem Schlachtfeld; der verschwiegene Konflikt ist ebenso real wie der direkte Konflikt, der an die Oberfläche gebracht worden ist. Die Aufgabe der Friedensforschung ist es, zur Erweiterung des menschlichen Bewußtseins beizutragen, um den Menschen zu befähigen, gegen beide Formen der Gewalt zu kämpfen. Friedensforschung sollte ein Werkzeug der Befreiung der Menschheit von beiden Arten der Gewalt sein, nicht ein Werkzeug der strukturellen und einstellungsmäßigen Manipulation von oben, um den Status quo zu schützen.»

sind die Bedingungen einer Konfliktlösung? Das sind Grundfragen, auf die eine neue Generation von Friedensforschern und Sozialwissenschaftlern neue Antworten gefunden hat. – Die ‹konventionellen› Friedensforscher sind schockiert über neue Tendenzen der Friedensforschung, für die die jungen ‹Revolutionäre› eintreten, und diese wiederum kritisieren die immer noch verteidigten konservativen Tendenzen. Die systemstabilisierenden Friedensforscher bezeichnen ihre Kritiker als ‹Leute›, die sich zwar Friedensforscher nennen, die aber ‹Pazifismus› durch Marxismus ersetzen wollen, ‹Konfliktlösung› durch Klassenkampf, ‹Frieden› durch Revolution, wenn nötig sogar ‹blutige Revolution›. Ich würde diese Charakterisierung als grundsätzlich richtig bezeichnen, nicht aber die in ihr versteckte Unterstellung: daß die radikalen jungen Friedensforscher an den Universitäten, besonders gewisse Gruppen in Skandinavien, sich zu hemmungslosen, vielleicht sogar pervers blutdürstigen Anbetern der Gewalt entwickelt hätten.»[77] Derartige oberflächliche ideologische Auseinandersetzungen, in denen das Wort ‹Gewalt› die Denkfähigkeit nach beiden Seiten absorbiert, legen natürlich die Frage nahe, ob man die historische Erscheinung der Friedensforschungsbewegung nicht ablegen sollte, nachdem sie in gewissen Bereichen Klärungen gebracht hat. Eine solche Ablösung – in Richtung auf eine kritische empirische Konfliktforschung – impliziert beispielsweise schon ein Vorschlag von F. VILMAR.

Sein ‹Entwurf einer Systematik Kritischer Friedensforschung›[78] geht von einem materialistischen (sozioökonomischen) Analyseansatz aus, der sowohl sozialdarwinistische als auch marxistische Elemente enthält[79] und im Prinzip einer Kritik der ökonomischen Formen des Kapitalismus und des gegenwärtigen Sozialismus zugrunde gelegt werden kann. Das Schema bringt die meisten bisherigen Themen der Friedensforschung in einen plausiblen Zusammenhang:

1. Sozialgeschichtliche und sozioökonomische Grundlagen Kritischer Friedensforschung
1.0. Mangel und Dissoziation als Ursprünge der antagonistischen Gesellschaft und ihrer organisierten Aggressivität
1.1. Sozioökonomische Funktionen des Krieges in der Herrschaftsausübung und -konkurrenz der Klassengesellschaften
1.2. Antimilitarismus im Bürgertum des 17.–19. Jahrhunderts
1.3. Militarisierung der bürgerlichen Gesellschaft im Imperialismus
1.4. Militarisierte Systemkonkurrenz von Kapitalismus und Kommunismus
    1.41. Roll-back-Politik des Westens seit 1917
    1.42. Abschreckung und Koexistenz
    1.43. Neo-imperialistische Herrschaftskonkurrenz in der Dritten Welt

---

77 DENCIK, L., Von Oslo nach Kiljava. Kritische Anmerkungen zur Entwicklung der Friedensforschung in Skandinavien. In: Futurum, a. a. O., S. 459.
78 Ebda., S. 356.
79 Vgl. ebda., S. 360 f.

1.5. Rüstungswirtschaftliche Interessen des Spätkapitalismus
  1.51. Konjunkturpolitische Interessen
  1.52. Strukturpolitische Interessen
  1.53. Forschungspolitische Interessen
1.6. Analyse der Abrüstungsbemühungen unter den Bedingungen der militarisierten Systemkonkurrenz und der kapitalistischen Rüstungsinteressen
1.7. Militarismus als Disziplinierungsinstrument in antagonistischen Gesellschaften
1.8. Demokratisierung (Sozialisierung) gesellschaftlicher Strukturen als Grundlage nicht-aggressiver Gesellschaftssysteme
2. Ideologiekritik und Programmatik Kritischer Friedensforschung
2.0. Ursprüngliche Dissoziation und Xenophobie
2.1. Nationalistische Feind- und Festungs-Ideologien als Aggressions- und Opfermotivation sowie als Herrschaftsmittel in Klassengesellschaften
2.2. Nationalismus und Rassismus als Ideologien des Imperialismus und Faschismus
2.3. Kritik des aggressiven Antikommunismus
2.4. Abschreckungs- und Eskalationsideologien zur Aufrechterhaltung militarisierter Herrschaftskonkurrenz im Zeitalter der Massenvernichtungsmittel
2.5. Ideen und Ideologien der revolutionären Gegengewalt
2.6. Pazifistische, funktionalistische und sozialistische Konzepte internationaler Kooperation und Assoziation
3. Sozialpsychologische Aufgaben Kritischer Friedensforschung
3.0. Kritik individualpsychologischer (ontologischer) Aggressivitätstheoreme
3.1. Individuelle Aggressivität als Ergebnis repressiver Gesellschaftsstrukturen
  3.11. Materieller Mangel und repressive Sexual- und Familienstruktur
  3.12. Materieller Mangel und Dissoziation (Selbstentfremdung) der Menschheit als Basis von Herrschaft und Knechtschaft (repressive Persönlichkeitsstruktur)
  3.13. Individuelle Aggressivität als Antwort auf materiellen Mangel (‹Kampf ums Dasein›). Lustverbot (Sexualtabus) und soziale Beherrschung (Ausbeutung)
3.2. Individuelle Aggressivität: Resonanzboden und Ergebnis militaristischer Politik
3.3. Geschichtlicher Charakter individueller Aggressivität
3.4. Der Beitrag kritischer Psychologie zur Friedensforschung (statt Ontologisierung individueller Aggressivität)
  3.41. Bejahung des Lustprinzips contra Lustfeindschaft der repressiven Leistungsgesellschaft und ihrer Religion
  3.42. Psychologische Kritik autoritärer Sozialstrukturen und ihrer personalen Wirkungen: der Authoritarian Personality
4. Didaktik Kritischer Friedensforschung (Friedenspädagogik)
4.0. Kritik idealistischer Friedenspädagogik (vgl. 3.0 und 3.1)
4.1. Friedenspädagogik als gesellschaftliche Selbstkritik (Einübung der Nicht-Identifizierung mit den repressiven Strukturen des eigenen familiären, ökonomischen, politischen und Bildungssystems)
  4.11. Didaktischer Schwerpunkt: Offenlegung der rüstungswirtschaftlichen Interessen der Privatwirtschaft (vgl. 1.5)

4.12. Didaktischer Schwerpunkt: Aufweis der innenpolitischen Herrschaftsfunktionen des Militärapparates (vgl. 1.7)

4.2. Friedenspädagogik als didaktische Umsetzung von Ideologiekritik (2.1 bis 2.5)

4.21. Didaktischer Schwerpunkt: Auflösung der ideologischen Absolutheitsansprüche (Katholizität und Verteufelungen des Kapitalismus und Kommunismus)

4.22. Didaktischer Schwerpunkt: Auflösung der Ideologien der Machbarkeit des Krieges im Atomzeitalter (‹Abschreckung›, ‹begrenzter Krieg›, ‹Zivilschutz›)

4.3. Friedenspädagogik als Didaktik realer Utopien friedlicher (nicht-antagonistischer) Sozialstrukturen (vgl. 1.7)

4.31. Demokratisierung der Wirtschaft und Arbeitsorganisation

4.32. Demokratisierung des Bildungssystems

4.33. Demokratisierung der politischen Organisation

4.34. Internationale Systeme der Kooperation (vgl. 2.6)

4.35. Antiautoritäre Sexual-, Erziehungs- und Familienstruktur (vgl. 3.4)

4.4. Friedenspädagogik als Didaktik realistischer Abrüstungsprozesse

4.41. Didaktischer Schwerpunkt: Gradualistische Entspannungs- und Abrüstungskonzepte

4.42. Didaktischer Schwerpunkt: Unilateraler Abrüstungsbeitrag – Entwurf einer begrenzten, nichtatomaren, nichtoffensiven Bundeswehrkonzeption außerhalb der ‹flexible-response›-Ideologie

4.5. Friedenspädagogik als Einübung demokratischen, herrschafts- und gewaltfreien Verhaltens

4.51. im Bildungs- und Arbeitsprozeß: durch kooperative (statt hierarchische) gruppendynamische Prozesse

4.52. durch direkte gewaltfreie demokratische Aktionen gegen militaristische und repressive Herrschaftsformen

4.53. durch Informationen über Recht und politische Bedeutung der Kriegsdienstverweigerung

Es ist ganz klar, daß eine so konzipierte Konfliktforschung nicht auf die begrenzte Erscheinung der Friedensforschungsbewegung beschränkt bleiben kann, sondern bestimmte kritische Tendenzen der modernen empirischen Sozialforschung insgesamt erfaßt. Politisch ist sie gekennzeichnet durch eine entschiedene Kapitalismuskritik (die für Sozialwissenschaftler, die in sozialistischen Gesellschaften leben, durch eine entsprechende Sozialismuskritik zu ersetzen wäre). Theoretisch und praktisch ist sie gekennzeichnet durch den Versuch, möglichst viele Konfliktdimensionen und Konfliktebenen in einen rationalen, proportionierten Zusammenhang zu bringen und bestimmte konkrete Tendenzen zu einem friedlicheren Zusammenleben bereits in die Fragestellungen miteinzubeziehen. Es wäre sicherlich eine Illusion, zu erwarten, daß eine derartige Forschung, deren Resultate ‹unkontrollierbar› wären, von etablierten Wissenschaftsorganisationen unterstützt werden würde. Aber genau das eröffnet die Chance zu einer nur noch locker an die überkommenen akademischen Strukturen gebundenen Selbstorganisation von Erkenntnisinteressen und methodischen Fertigkeiten.

5. Konkrete Utopien der kritischen Sozialforschung

Es ist unmöglich, empirische Konfliktforschung zu betreiben, ohne daß die Frage nach dem Verhältnis zum kontrollierenden Bewußtsein und insbesondere zum Bewußtsein der Herrschenden akut wird. Die Feststellung eindeutiger Differenzen in sozialen Konflikten wird in Herrschaftsstrukturen, die auf der vorgestellten Vieldeutigkeit ihrer Problemlösungsmöglichkeiten beruhen, entweder organisatorisch aufgefangen und dann gleich-gültig; oder sie führt zu Störungen, die für Augenblicke herrschaftsbegründende Gesetzmäßigkeiten offenlegen: dann wird Selbstorganisation der Entdeckenden notwendige Bedingung der Erhaltung des erarbeiteten ‹sozialen Wissens›. Konfliktforschung, die Gesetzmäßigkeiten oder Ursachen sozialer Konflikte aufdeckt, ist immer herrschaftskritisch; denn sie reduziert den auf Ausweichmöglichkeiten beruhenden Vorsprung der ‹Herrschenden›. Sie produziert außerdem mit jedem eindeutigen Ergebnis Material zum Aufbau neuer gesellschaftlicher Verhältnisse.

Wir haben in Kapitel III auf die konflikttheoretisch entscheidende Möglichkeit hingewiesen, gesellschaftliche Verhältnisse nicht nur im (konfliktuellen) Dialog herrschender Interessen durch Vereinbarungen und Verträge bewußtseinsmäßig zu stabilisieren, sondern sie aus den Bedürfnissen und Wünschen der ‹Beherrschten› im Prozeß der Umsetzung privater Sorgen (*troubles*) in öffentliche Probleme (*issues*) zu erarbeiten. Dieser Vorgang, den wir als das Kombinieren sozialer Materialien bezeichnet haben, wird auf der Ebene von Gewissens- und Wissenskonflikten, nachdem die Widersprüche und Schwierigkeiten jenes Umsetzungsprozesses in der Diskussion der Bewegungen des gesellschaftlichen Bewußtseins (Kapitel IV und V) etwas klarer geworden sind, erneut thematisierbar. Diesmal geht es allerdings nicht mehr darum, wie diejenigen, die in ‹kausalkettenartigen Lebensvollzügen› stehen, sich blindlings ihr ‹Naturrecht› verschaffen sollen. Kritische Herrschaftsforschung (als ‹wissenschaftliche Praxis›) vermittelt vielmehr zusätzliche Selbstgewißheit, die auch solche Gruppen erfaßt, die nicht am Ende der Befehlskette stehen, die sich mit den ‹Herrschenden›, deren Äquivalenzstrukturen sie verwalten, sogar identifizieren können. Im Grunde interessiert die Aufdeckung von Herrschaftsstrukturen fast jedermann, wenn sich, als Aufklärung über Kontroll- und Entscheidungsprozesse, die unmittelbare Bedrohung überkommenen Sinns in Grenzen hält. Auf dieser ‹Neugier› beruht sicherlich zu einem guten Teil die Ausbreitung der empirischen Sozialforschung, ja der bürgerlichen Sozialwissenschaften überhaupt. Vor allem in den USA ist diese kritische Tradition seit den Untersuchungen von Thorstein Veblen sehr deutlich. Ihre immer wiederkehrende Denkfigur ist die folgende: «Die Vereinigten Staaten sind heute das Eigentum und die Domäne einer Hierarchie ihrer sechzig reichsten Familien, umgeben von nicht mehr als neunzig Familien mit geringerem Reichtum. Außerhalb dieses plutokratischen Kreises gibt es vielleicht 350 weitere Familien, weniger bestimmt in ihrer Entwicklung und ihrem Reichtum, die aber für die meisten Einkommen von $ 100 000 oder mehr, die nicht den Mitgliedern des inneren Kreises zukommen, verantwortlich zeichnen. – Diese Familien sind das lebende Zentrum der modernen industriellen Oligarchie, die die Vereinigten Staaten beherrscht. Es funktioniert diskret unter einer *de jure* demokratischen Regierungsform, hinter welcher allmählich seit dem Bürgerkrieg ein *De-facto*-Regime Gestalt angenommen hat, das in seinen Strukturen absolutistisch und plutokratisch ist. Dieses *De-facto*-Regime stellt in Wirklichkeit die Regierung der Vereinigten Staaten – informell, unsichtbar, schattenhaft. Es ist die Regierung des Geldes in einer Dollar-Demokratie.»[80] Es ist klar, daß diese Denkfigur noch kein *analytisches* Instrument ist und keineswegs zu einer strukturverändernden Praxis hinführt. Sie konstatiert ein offenes Geheimnis, nicht mehr.

Von solchen von ihrem Gegenstand teilweise faszinierten Eliten- und Verschwörungstheoretikern ist so lange nichts zu erwarten, so lange sie als vereinzelte Kritiker und Enthüller auftreten. In den letzten Jahren läßt sich aber beobachten, daß im Zusammenhang mit der Protestbewegung an amerikanischen Universitäten ganze Gruppen ausgebildeter Sozialforscher sich einem sogenannten *‹power structure research›* zuwenden. Gegenüber Autoren wie LUNDBERG und auch C. WRIGHT MILLS findet hier eine deutliche Verschiebung in den Fragestellungen statt. «Amerika ist heute die mächtigste Nation der Welt und das Zentrum eines merkantilen Imperiums, das den größten Teil der ‹Freien Welt› umfaßt. Die Vereinigten Staaten werden als Demokratie bezeichnet – und doch würde jede ernsthafte Untersuchung der Entscheidungsprozesse aufdecken, daß eine Handvoll reicher Familien und ihrer Verbündeten in den Spitzenkreisen des Managements der Korporationen und Banken alle *wesentlichen* Entscheidungen, die das Schicksal dieses Landes und der Welt determinieren, treffen. Wir beginnen die Dynamik dieses Systems zu verstehen, wenn wir die Art beobachten, in der die Probleme, denen unsere Gesellschaft gegenübersteht, von denen, die die macht besitzen, gelöst werden.»[81] Auch hier, wie bei den älteren Autoren, kann man noch nicht von ‹Marxismus› sprechen; dazu gleichen die Forschungsmethoden zu sehr denen des etablierten Positivismus. Inter-

---

80 LUNDBERG, F., zitiert in DAHRENDORF, R., Die angewandte Aufklärung. München 1963, S. 58; vgl. auch R. u. H. LYND, *Middletown* (1929) und: *Middletown in Transition* (1937); MILLS, C. W., Die Amerikanische Elite. Hamburg 1962 (1956); DOMHOFF, W., *Who Rules America?* New York 1968; LUNDBERG, F., Die Reichen und die Superreichen. Hamburg 1969.

81 *NACLA Research Methodology Guide*, a. a. O., S. 2

essanter sind denn auch zunächst die Formen der Selbstorganisation zu Forschungskollektiven: «... wir sind sozialisiert worden, daran zu glauben, daß nur einige wenige Auserwählte kompetent genug sind, sich mit ernsthafter Forschung zu befassen (der Kult der ‹Expertise›) und daß es dazu einer muffigen akademischen Orientierung (losgelöst vom Alltagsleben und pragmatischen Überlegungen) bedarf, die die Informationen in luftdichte Fächer (‹Ökonomie›, ‹Soziologie›, ‹Politologie› usw.) aufteilt, so daß die entscheidenden Beziehungen nicht hergestellt werden können. Wenn wir in unseren Bemühungen, eine elitäre, hierarchische Struktur zu erforschen, eine ähnliche Struktur errichten, werden wir keine revolutionäre Alternative schaffen können. Wir müssen die alten Perimeter der Forschung und die Mystik des ‹Forschers› zerstören.»[82] Die *konkrete Utopie* dieser Herrschaftsforschung ist also die einer herrschaftsfreien Sozialforschung.

Diese Utopie wiederum hat auch innerhalb der Wissenschaftsorganisationen eine eigene Tradition. Sie wird beispielsweise von ROBERT K. MERTON in vier ‹institutionellen Imperativen› wissenschaftlichen Handelns (Universalismus, Kommunismus, Desinteresse, organisierter Skeptizismus) formuliert. Diese ‹ethischen Postulate› besagen, daß der Wissenschaftler seine Wahrheitsansprüche festgelegten unpersönlichen Kriterien unterwerfen muß, unabhängig von der jeweiligen sozialen und historischen Umwelt (Universalismus); daß er weiterhin dem gemeinsamen Besitz aller Wissenschaftler am erarbeiteten Wissen und an den Methoden verpflichtet ist (‹Kommunismus›). «Der Kommunismus des wissenschaftlichen Ethos ist unvereinbar mit der Definition der Technologie als ‹Privateigentum› in einer kapitalistischen Gesellschaft.»[83] Drittens müsse ein Unterschied gemacht werden zwischen den vielfältigen individuellen Motiven, die Wissenschaftler haben können, und jenen Werten und Normen wissenschaftlicher Institutionen, die davor schützen, daß solche Motive den professionellen Standard trüben (Desinteresse). Der Imperativ des organisierten Skeptizismus schließlich ist «sowohl ein methodologisches als auch ein institutionelles Muß. Der Aufschub eines Urteils, bis ‹die Fakten da sind› und die detachierte Prüfung von Meinungen mit Hilfe empirischer und logischer Kriterien haben die Wissenschaften immer wieder in Konflikte mit anderen Institutionen verwickelt.»[84] Auch für MERTON ist klar, daß derartige Normen wissenschaftlicher Arbeit sich kaum durchsetzen lassen, solange «das Zentrum sozialer Macht in irgendeiner anderen Institution als der Wissenschaft selbst liegt und solange die Wissenschaftler sich ihrer primären Loyalität nicht sicher sind».[85] Die allerorts geführte Diskussion um das Verhältnis von Wissen und Herrschaft tritt aber in ein neues Stadium,

---

82 Ebda., S. 3.
83 MERTON, R. K., *Social Theory and Social Structure*, a. a. O., S. 558.
84 Ebda., S. 560.
85 Ebda., S. 549.

wenn Sozialwissenschaftler (wie MARTIN NICOLAUS 1968 auf dem Kongreß der Amerikanischen Gesellschaft für Soziologie) sagen können: «Was wäre, wenn die Maschinerie umgedreht würde? Was wäre, wenn die Gewohnheiten, Probleme, Geheimnisse und unbewußten Motivationen der Reichen und Mächtigen täglich von tausend systematischen Forschern geprüft, stündlich offengelegt, analysiert und korreliert, tabuliert und in hundert billigen Blättern publiziert würden ...»[86] Daß es sich dabei nicht um rhetorische Fragen handelt, belegen die immer zahlreicheren Underground-Forschungsberichte.[87]

Die Bedingungen herrschaftskritischer Selbstorganisation empirischer Sozialforschung sind nicht von den Bedingungen des Herrschaftskonflikts auf anderen Ebenen zu trennen. Sie stellen deren Übertragung auf den gesellschaftlichen Punkt dar, an dem der Anteil an gemeinsam erlebten Erlebnissen so weit abgenommen und der Anteil an erlebten Handlungen anderer so weit zugenommen hat,[88] daß der Versuch zur Realisierung dieser abstrakten, aber neuen Freiheitschancen auf der Hand liegt. Solche Versuche werden auf dieser Ebene und im Milieu der bürgerlichen Sozialwissenschaften nicht etwa aus der Erkenntnis der materiellen Widersprüche der kapitalistischen Gesellschaft unternommen, sondern gewissermaßen aus Horror vor einer ‹übermäßig komplexen›, ‹sinnlos› werdenden Gesellschaft. Es muß diesem Bewußtsein zunächst gar nicht aufgedeckt werden, daß diese ‹übermäßige Komplexität› eine Illusion der herrschenden Interessen ist. Sie genügt als Reflexionstatbestand, um den Anstoß zu einer kritischen Forschungspraxis zu liefern. Insofern ist eine derartige Aktivierung von Sozialwissenschaftlern identisch mit intellektuellen (sogenannten kleinbürgerlich-individualistischen) Protestbewegungen in vielen Ländern der westlichen Welt. Dadurch aber, daß herrschaftskritische Sozialforschung Erhebungstechniken verwendet, die bereits weitgehend unter den kapitalistischen Verwertungsprozeß subsumiert sind (Konsum und Rüstung), gerät sie entwicklungsautomatisch an im materiellen Reproduktionsprozeß begründete Widersprüche. Sie kann nicht umhin, nach der Veränderung und Produktion materieller gesellschaftlicher Verhältnisse zu fragen, auch wenn sie zur theoretischen Tradition, die so fragt, kein Verhältnis hat.

---

86 NACLA Research Methodology Guide, a. a. O., S. 1.

87 Wie sie z. B. von der New England Free Press, Boston, Mass., herausgegeben werden.

88 LUHMANN, N., Die Praxis der Theorie. In: DERS., Soziologische Aufklärung, a. a. O., S. 259.

VII. DER ZUSAMMENHANG DER KONFLIKTE ALS ‹THEORIE›

Am Anfang und Ende jedes gesamtgesellschaftlichen Strukturprozesses stehen ‹Produktionsleistungen› und ‹Produktionsprobleme›; in ihnen summieren sich alle Problemlösungs- und Konflikterfahrungen und durch sie können Problemlösungs- und Konfliktmöglichkeiten antizipiert werden. Es ist klar, daß diese Lösungsstruktur aller Lösungsstrukturen, in der das Gesamt veränderungsfähiger Verhältnisse bewegt wird, nicht in ihrer Totalität, sondern nur in Tendenzen erfaßt werden kann. Der Zusammenhang der Problemlösungsaktivitäten und Konflikte ‹als Geschichte› muß immer wieder aus den verschiedensten Perspektiven auf den Begriff gebracht werden. In diesem Punkt treffen sich Theorie und Praxis. Die konkreten Alltagsutopien der ohnmächtigen Wissenden[1] stehen mit den konkreten Alltagsutopien der ohnmächtigen Unwissenden[2] in einer bestimmten Beziehung, in der die Erkenntnis des Rahmens gesamtgesellschaftlicher Reproduktion und Produktion angelegt ist. Die Entfremdung des durch die Erfahrung des ‹Sinnlosen› motivierten, auf Praxis tendierenden kritischen ‹Theoretikers› ist die Reflexion der Entfremdung des durch die Erfahrung von ‹Sorgen› motivierten, auf Theorie tendierenden kritischen ‹Praktikers›. Der eine, der einen bewußtseinsmäßigen Durchgang durch die kommunikativen und kontrollierenden Strukturen des gesellschaftlichen Bewußtseins hinter sich hat, repräsentiert in dieser Beziehung die allgemeinen gesellschaftlichen Produktionsbedingungen (Produktionsprobleme, Produktionsverhältnisse). Der andere, der nichts als tägliche Mühe vor sich hat, repräsentiert den unmittelbaren gesellschaftlichen Produktionsprozeß (Produktionsleistungen, Produktivkräfte). Nur zwischen ihnen, die die Extreme gesellschaftlicher Arbeit verkörpern, wird der Zusammenhang der Konflikte denkbar.

Wir wollen an dieser Stelle aus der Sicht des ‹Theoretikers› jenes oben eingeführte Schema, das die wesentlichen Elemente der ‹Konfliktsoziologie› in besonderer Form einschließt, noch einmal als ‹Theorie› explizieren. «Theorien pflegen sich als fertig zu präsentieren – bescheiden im Anspruch und hypothetisch im Charakter, aber doch als Objekte, die stehen, als Aussagen, die gemacht sind, diskutiert werden können und sich während der Diskussion nicht unversehens verändern. Diese Objektivität der Theorie ist Voraussetzung ihrer Prüfung, ihrer Annahme oder Ablehnung. Ihr gegenüber ist es unangemessen, auf die Herkunft der Theorie, auf ihre Entstehungsgeschichte, auf den sozialen oder politischen Standort oder auf die Wirkungsabsichten ihres Verfassers zu verweisen. Dieser Hinweis liefert keinerlei Anhaltspunkte für die Wahrheit oder Falschheit der Theorie. Er formuliert nur eine mehr

1 Vgl. Kapitel VI, S. 217 ff.
2 Vgl. Kapitel III, S. 76 ff.

oder minder interessante neue Theorie, die sich ebenfalls als fertig präsentieren muß, bescheiden im Anspruch, hypothetisch im Charakter ...»[3] Theorie in diesem Sinne ist nicht beliebig austauschbar, wenn es ihr gelingt, einen Zusammenhang wie beispielsweise das heterogene Bündel konfliktsoziologischer Einsichten deutlicher zu objektivieren, handlicher und verfügbarer zu machen.

1. Zum Konfliktbegriff

Der Konfliktbegriff, den wir eingeführt haben, läßt sich offensichtlich auf die umgangssprachliche Formel zurückführen, nach der Leute ‹Differenzen haben› beziehungsweise ihre Differenzen aushandeln. Wesentlich sind dabei außerdem der interaktive (intersubjektive) Charakter von Konflikten und die Tatsache, daß Konflikte auf zwei Ebenen stattfinden: einmal im relativ ‹unbewußten› Nebeneinander differenter Problemlösungsaktivitäten einzelner Subjekte – hier könnte man von ‹latenten› Konflikten sprechen; zum anderen im relativ ‹bewußten› Gegeneinander differenter Problemlösungsaktivitäten – wenn es sein muß, kann man dies als Ebene der ‹manifesten› Konflikte bezeichnen. Die Unterscheidung von ‹latenten› und ‹manifesten› Konflikten [4] kann jedoch, wie die Unterscheidung von struktureller und personaler Gewalt [5], gefährlich werden, wenn die (‹genetischen›) Beziehungen zwischen beiden Ebenen ungeklärt bleiben oder wenn man Latenz und Manifestation, so wie man es gerade braucht, gegeneinander ausspielt.[6] Die wichtigste Frage bleibt die, wie sich Differenzen in den Problemlösungsaktivitäten konkreter historischer Subjekte feststellen lassen, welche Kriterien und Dimensionen man in eine Theorie einführen soll, um die vermutete objektive historische Bewegung der Konflikte in ihrem Zusammenhang abzubilden.

Es ist klar, daß man zu diesem Zweck das soziologische Theoriegesamt zu bestimmter Form aktivieren muß, so wie das ja beispielsweise auch Dahrendorf oder Etzioni versucht haben.[7] Das Schema der Leistungsebenen, Problemfolgen, möglichen Lösungsstrukturen und ‹Antriebsrichtungen›,[8] das wir im ersten Kapitel angedeutet haben, schneidet theoretische Kenntnisse über die Struktur des gesellschaftlichen Bewußtseins (einschließlich seiner Randzonen) und über die problemlösende ‹Natur› des Menschen [9] auf das theoretische Bedürfnis zu, konfliktaus-

---

3 Luhmann, N., Die Praxis der Theorie, a. a. O., S. 253.
4 Vgl. Kapitel IV, S. 131.
5 Vgl. Kapitel II, S. 49 f.
6 Vgl. Kapitel IV, S. 147 f.
7 Vgl. weiter oben, S. 137 ff und S. 176 ff.
8 Vgl. Kapitel I, S. 27 ff.
9 Vgl. Kapitel V, S. 164 f.

lösende Differenzen in der problemlösenden Existenz einzelner Subjekte (z. B. unmittelbarer Produktionsprozeß) auf einen allgemeinen historischen Zusammenhang objektiver (struktureller) Bedingungen (z. B. allgemeine Produktionsbedingungen) zu beziehen und aus ihm zu ‹erklären›. Es handelt sich um einen Antwortversuch auf die Frage, worin menschliche Problemlösungsaktivitäten in einer Epoche differieren können, die gekennzeichnet ist durch ein ungeheures Anwachsen der Problemlösungs*möglichkeiten* (Wissenschaft und Technik); die weiterhin gekennzeichnet ist durch eine kognitive Erschließung der bisherigen Geschichte, die tendenziell alle Konflikte danach auswerten kann, ‹wohin sie geführt haben›.[10] Der Anstieg von Problemlösungsmöglichkeiten impliziert den Ausbau von ‹Äquivalenzstrukturen›. Die Auswertung der historischen Erfahrungen impliziert den Ausbau von ‹Adäquanzstrukturen›. Die Vermittlung der beiden Strukturtypen vollzieht sich, das ist unsere These, in Herrschaftskonflikten.

Die Feststellung der Differenz von Problemlösungsaktivitäten vermittels der in ihnen wirksamen *Leistungen* bedarf eines Begriffes von ‹Leistung›, der einen Maßstab enthält, an dem sie gemessen und von dem aus die unterschiedliche Qualität verschiedener Leistungen erfaßt werden kann. Wir haben mit verschiedenen Leistungsbegriffen operiert: wollte man sie in eine Linie bringen, so am Maßstab des Grades der Bewußtheit und am Maßstab der materiellen Bedeutung. Der Aufstieg über ‹Kombinationsleistungen›, ‹Kommunikationsleistungen› usw. implizierte ‹Qualitätssprünge› hinauf zu immer größerer ‹Konkretheit› – am Maßstab der Bewußtheit. Zugleich wurden sie, am Maßstab ihrer materiellen Bedeutung, immer ‹abstrakter›, stiegen ab. Diese Vorstellung einer gegenläufigen, ineinander verwobenen ‹Entwicklung› menschlicher Leistungen (oder menschlicher Arbeit) betont den strukturellen Aspekt gesellschaftlichen Zusammenhangs, sie bezieht sich auf Zeit weniger in einem historischen Sinn als dem der individuellen Entwicklung, dem Aufbau ‹allseits leistungsfähiger oder gebildeter› Persönlichkeiten. Diese ‹synthetische› Entwicklung der Leistungsfähigkeit impliziert einen auf Struktur bezogenen allgemeinen Sozialisationsvorgang, d. h. die Anpassung aller Individuen an die gesamtgesellschaftlich vorhandenen Möglichkeiten.

Bei der begrifflichen Feststellung der Differenz von Problemlösungsaktivitäten an Hand der in ihnen bearbeiteten *Probleme* hatten wir als Kriterium die Abfolge in der historischen Zeit, die ‹Dringlichkeit›, die Tatsache des *‹first things first›* eingeführt. Diese *Abfolge* der Probleme ist, im Gegensatz zur ‹strukturellen› Stufung der Leistungen im sozialen Subjekt, zunächst nicht umkehrbar, sie ist also an den Ablauf der Zeit gebunden, sie ist *Prozeß*. Hier findet eine Überführung von Vergangenheit in Zukunft statt, in der jeder ‹Schritt›, jedes Problemintervall die

10 Vgl. Kapitel V, S. 169 f.

gegenwärtige ‹Sozialstruktur› in einen ‹Strukturprozeß› verwandelt. Probleme sind also, wie gesagt, immer sehr dringlich, sie wölben sich entgegen, sie stehen an; aber bestimmte Gruppen von Problemen sind dringlicher als andere, so daß sich eine ‹Reihung› von Problemklassen ergibt. In unserem Schema wird nun freilich der Eindruck erweckt, als sei die Folge ‹Überlebensprobleme›, ‹materielle Widersprüche›, ‹Kommunikationsprobleme› etc., die sicherlich eine gewisse historische Plausibilität hat, eine zwingende Abfolge. Aber offensichtlich gleicht ‹historische Zeit› nicht unbedingt ‹physikalischer Zeit›: reflexive Schlaufen [11] sind ständig möglich. Schon das Reflektieren über ein Überlebensproblem, um es zu lösen, schließt natürlich Sinnprobleme in die Lösung des Überlebensproblems ein etc. Es ist also nur zur Auseinanderlegung und ‹Objektivierung› des Problemzusammenhangs statthaft, sich der Vorstellung derartiger Abfolgen zu bedienen.

Die Differenzierung von Problemlösungsaktivitäten nach den in ihnen wirkenden ‹Antriebsrichtungen› ist noch schwieriger.[12] Wir haben nach ‹innen› oder ‹außen› vom Problemkern abgleitende Handlungsenergien als ‹Gewalt› in dem Sinne bezeichnet, daß die Folgen eines solchen Abgleitens zu mit Zwang durchsetzten Lösungsstrukturen (und letztlich Sozialstrukturen) führen. Die eigentliche Schwierigkeit war aber die, *adäquate* Einsätze der zur Verfügung stehenden Handlungsenergien zu bestimmen. Eine mögliche Antwort ist die, daß über subjektive Leistungen und über objektive Probleme vermittelte Handlungsenergien der *Tendenz* nach in diesen Problemlösungsaktivitäten voll aufgehen. Diese Tendenz realisiert sich ausschließlich in Konflikten, also dann, wenn Problemlösungsaktivitäten im Punkt ihrer Handlungsrichtung oder Handlungsintensität differieren und in dieser Differenz einander herausfordern. In Konflikten, in vielen Konflikten um die gleiche Problemlösung müßte sich, wenn es überhaupt einen Progreß in der Geschichte der Problemlösungen gibt, diejenige Verbindung von Leistung, Problem und ‹Antriebsrichtung› ergeben, die sozusagen das existentielle Mittel, den geschichtlichen Richtungsmaßstab darstellt.[13]

---

11 Vgl. Kap. V, S. 166.

12 Über Grundformen solcher Handlungsrichtungen auf Kommunikationsebene vgl. z. B. Spitz, R. A., Nein und Ja. Die Ursprünge der menschlichen Kommunikation. Stuttgart o. J. Hier wird allerdings zugunsten von Extremen das ‹Wesen› sozialer Kommunikation, das im Sowohl-Als-auch liegt, vernachlässigt.

13 Vgl. weiter oben, S. 26.

Soziologische Theorie ist zunächst Theorie des gesellschaftlichen Bewußtseins und seiner Randzonen. Sie versucht, eine Vorstellung von Strukturen und Prozessen des gesellschaftlichen Bewußtseins zu gewinnen, ‹damit am Ende das Subjekt seine eigene Geschichte auch erzählen kann› (Habermas). In diesem Vorgang entfernt sie sich von den oberflächlichen Vorstellungen, die man sich so macht oder die im Herrschaftsinteresse fabriziert werden. Die Theorie nähert sich zugleich Vorstellungen oder ‹Bildern› oder ‹Modellen›, die einen bestimmten historischen Zusammenhang in seiner Stimmigkeit erfassen. Solche Modelle sind falsch, aber notwendig.[14] Als ‹Theorien› oder ‹Modelle› sind sie dazu da, vom Gesamt aller Problemlösungsaktivitäten und Konflikte, das in seiner Totalität nur der Tendenz nach zu begreifen ist, überholt zu werden. Sie werden dabei als ‹stimmige› Theorien oder Modelle, als ‹Objekte› überholt. *Nicht überholbar* aber ist die Bewegung, die sie denkt, die Bewegung des theoretischen Denkens als Kritik, Umsetzung von Theorie in Sorgen, Didaktik und Dialektik eines sich entfaltenden geschichtlichen Sinns.

Diese Denkbewegung, insbesondere in ihrer didaktischen Funktion, d. h. der Vermittlung der Theorie in Praxis, bedarf der theoretischen Objekte. Und es kommt darauf an, welcher man sich bedient; es kommt aber nicht unbedingt auf das Medium an, in dem sie entworfen werden. Es ist also unsinnig zu glauben, theoretische Objekte kämen nur ‹in Büchern› vor, in Form von verbalen Sätzen. Allerdings gilt das für die Sozialwissenschaften (abgesehen von Versuchen ihrer Mathematisierung) noch weitgehend; und auch mit gutem Grund, denn die Sprache als Vehikel der Alltagserkenntnis ist sicherlich letztlich auch das Medium, in das sozialtheoretische Erkenntnisse eingehen müssen. Aber der *Weg* dorthin muß nicht immer nur über die Schreibmaschine gehen! In diesem Sinne haben wir versucht, ein Schema, ein bildhaftes Gerüst zur Abstützung von Denkbewegungen, einzuführen und zu entwickeln. Es beruht auf einfachen geometrischen Beziehungen (zunächst zwei- und dreidimensionalen Matrizes oder Gittern, s. o.), innerhalb derer sich verschiedene Aspekte der konfliktsoziologischen Diskussion einander zuordnen lassen. So ist das Schema, als Ordnungsschema, in den Darstellungen dieses Buchs verwendet worden, im Hintergrund und ohne weiteren Anspruch. Zugleich impliziert aber jeder derartige Ordnungsvorgang bereits eine ‹Theorie› im wie immer rudimentären Sinne, z. B. im Sinne eines Modells. «Wenn der Mensch vor einer Aufgabe steht, so bildet sich in seinem Gehirn ein dynamisches Informationsmodell der Problemsituation heraus. Das Modell besteht aus Elementen der Bedingungen der Aufgabe in ihren Beziehungen und Wechselbeziehungen.

---

14 Vgl. z. B. Sohn-Rethel, A., Geistige und körperliche Arbeit. Frankfurt 1970, S. 202 ff.

Der Mensch orientiert sich an den Bedingungen, analysiert sie, und die Elemente werden präzisiert, gehen neue Verbindungen ein. Das Modell wird immer genauer, immer genauer, immer ‹heißer›, es nähert sich immer mehr der Endstruktur.» PUSCHKIN fährt fort, viele Berichte von Forschern ließen darauf schließen, «daß dieses dynamische Modell der autonomen Arbeit fähig ist, unabhängig vom Bewußtsein. Es ist erregt, es ist die ganze Zeit tätig, es betrachtet aufmerksam die Welt und erwartet von ihr Hilfe. Zufällige Gegenstände oder ihre Kombinationen bilden den Zustrom notwendiger Informationen, die dem Menschen helfen, die Lösung zu finden.»[15]

Eine praxisorientierte Soziologie benötigt Bilder und Analogien, die selbst noch keine strengen Theorien sein müssen, aber doch den Anstoß zur Theoriebildung geben können. Dabei macht der experimentelle Charakter solcher theoretischen Objekte sie zu einem Moment des Forschungsvollzugs, in dem die Denkbewegung selbst auch anderen mitteilbar wird. KURT LEWIN, der mit solchen Modellen gearbeitet hat, nennt diese Bewegung *‹action research›*.[16] Dieser experimentelle Charakter von Modellen ist von großer Bedeutung für das kritische und didaktische Denken. «Man meint vielfach, man müsse entweder eine absolute Evidenz annehmen oder das Moment der Evidenz für die Wissenschaft überhaupt preisgeben. An Stelle dieses ‹Alles oder Nichts› erscheint es sachgemäßer, daß wir uns die Auffassung von der Evidenz als etwas Erworbenem bilden. Der Mensch gewinnt Evidenzen, wie er das Gehen oder wie der Vogel das Fliegen lernt. Hiermit kommt man zu der sokratischen Anerkennung unseres grundsätzlichen Nichtvorauswissens. Wir können im Theoretischen nur Auffassungen und Standpunkte versuchen und evtl. mit ihnen geistigen Erfolg haben.»[17] Ein in diesem Sinne mit relativen Kenntnissen operierendes Denkhandeln dient ohne Frage der Einübung in die gesellschaftliche Praxis komplexer Gesellschaften; er vermittelt, im Gegensatz zum starren, einpaukenden Didaktik-Stil, der die Lernsituationen in unserer Gesellschaft beherrscht, die Möglichkeit, den ‹Äquivalenzstrukturen› des Wissens selbständig nachzugehen, die auf diesem Weg gewonnenen Erkenntnisse und Ergebnisse in experimentellen Modellen zusammenzuhalten und in eine Kontinuität zu bringen. Die Objektivierung der Komplexität des gesellschaftlichen Bewußtseins in jedermann zugänglichen Bildern und Analogien (Modellen), die Einübung in eine kritische Denkbewegung an Hand theoretischer Objekte ist sicherlich eine Möglichkeit, um der Herrschaftsfunktion von in Organisationen verschlossenen Äquivalenzstrukturen (die nur in Stücken an Spezialisten verteilt werden) entgegenzuwirken.

---

15 PUSCHKIN, W. N., Die heuristische Tätigkeit in einem großen System. In: Ideen des Exakten Wissens, H. 11, 1968.

16 Vgl. LEWIN, K., Die Lösung sozialer Konflikte, a. a. O.

17 BERNAYS, P., Zur Beurteilung der Situation in der beweistheoretischen Forschung. In: Rev. Intern. Philos. 27/28 (1954), S. 5.

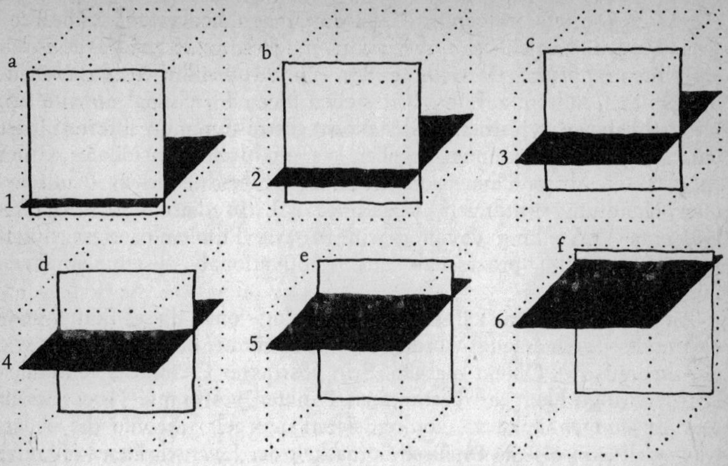

Fig. 1

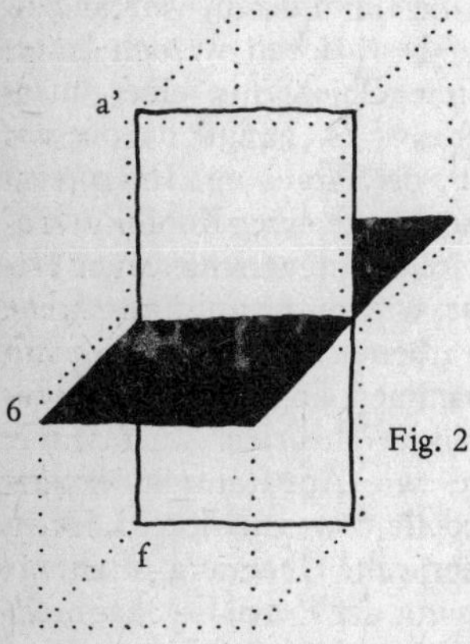

Fig. 2

Fig. 1: Darstellung einer Abfolge verschiedener Klassen von Problemlösungsaktivitäten (1a...6f), die als Schema den Kapiteln dieses Buchs zugrunde lag (vgl. Kap. I).

Fig. 2: Der Umschlag von ‹Produktionsleistungen› (6) in ‹Reproduktionsleistungen› höherer Stufe (1') und das Aufgehen von ‹Produktionsproblemen› (f) in ‹Überlebensproblemen› neuer Qualität (a').

Fig. 3: Beispiel für die Darstellung unterschiedlicher Handlungsqualitäten: die Problemlösungsaktivität 3c mit (von l. nach r.) ‹asketischen›, ‹adäquaten› und ‹aggressiven› Zügen (vgl. Kap. I).

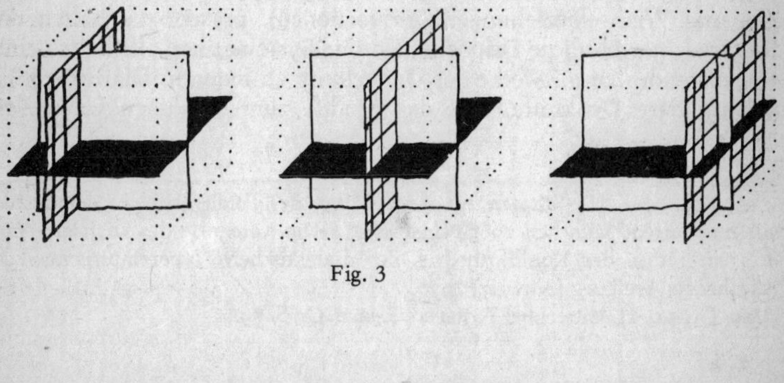

Fig. 3

Das in Kapitel I eingeführte Schema ist im Ansatz ein feldtheoretisches Modell.[18] Es läßt sich aber auch verstehen, wenn man es lediglich als eine graphische Darstellung des endlich-unendlichen Zusammenhangs der Konflikte auffaßt. Wir stellen hier noch einmal die von uns unterschiedenen typischen Problemlösungsstrukturen in ihrer Abfolge dar. Zusammengenommen ergeben sie ein dreidimensionales Gitter (in dem die dritte Dimension durch die unterschiedlichen ‹Antriebs- oder Handlungsrichtungen› bezeichnet ist). In diesem Schema läßt sich eine Vorstellung davon gewinnen, wie Problemlösungsaktivitäten ‹strukturell›, ‹prozessual› und ‹motivational› zusammenhängen können.

An diesem Bildgerüst sind durch die Diskussionen dieses Buches erste Gebrauchsspuren erzeugt worden. Gebrauch könnte daraus so etwas wie ein theoretisches Objekt machen. Sein abstrakter Charakter verbunden mit der Möglichkeit, an bestimmten Punkten bestimmte Proportionen und Zusammenhänge zu konkretisieren, spiegelt ‹theoretisch› wider, was ‹praktisch› als die Unausschöpfbarkeit der Eigenschaften konkreter Menschen in ihrer Endlichkeit erscheint. «Einerseits wird die Struktur als eine abstrakte Mannigfaltigkeit von Bestimmungen verstanden, die durch eine endliche Menge von Sätzen beschrieben werden kann, andererseits bleibt das Element das konkrete Objekt mit einer unerschöpflichen Totalität von Bestimmungen.»[19] Es hängt davon ab, wie man dieses Strukturmodell ‹behandelt›, ob daraus ein Interpretationsschema wird, das wesentliche Zusammenhänge einer Konfliktwirklichkeit, die sich aus Problemlösungsaktivitäten in verschiedenen Dimensionen aufbaut, verfügbar macht. Es ist, wie gesagt, nicht notwendig, theoretisch ausschließlich verbal zu arbeiten; vielfältige andere Hilfsmittel stehen zur Verfügung, um Zusammenhänge zu ‹objektivieren›. Es ist bekannt, daß naturwissenschaftliche Theorien sich fast nur noch vermittelt über ‹theoretische Objekte› wie Apparaturen, experimentelle Anordnungen, mathematische Modelle usw. entwickeln. Da in den Sozialwissenschaften ein Ziel von Theorie ihr Übergang in alltägliche Kommunikation, in sprachliche Bewegung der Praxis ist, kann ein Bildgerüst wie das vorgeschlagene nur ein Hilfsmittel auf diesem Weg sein. Didaktisch hilft ein solches Modell, eine große Zahl von Beziehungen und Wechselbeziehungen (Proportionen) ‹präsent› zu halten und besser als gewöhnliche Dispositionen und Systematiken alle Seiten eines Gegenstandes zum Zwecke der Darstellung zu fixieren. Dialektisch, als unmittelbare Denkhilfe, regt das Modell zum ständigen Umspielen,

---

18 Vgl. Mey, H., Studien zur Anwendung des Feldbegriffs in den Sozialwissenschaften. München 1965; Casetti, G., Die Kategorie des sozialen Wandels im Lichte der Konflikttheorie, des dialektischen Hyperempirismus, der Feldtheorie. Freiburg (Schweiz) 1970.

19 Laitko, H., zitiert bei Tomberg, F., a. a. O., S. 59.

Überholen, Variieren, Dehnen, Biegen, Ausgestalten usw. an, ohne daß erarbeitete theoretische Ergebnisse, Begriffe und Beziehungen über dieser Bewegung vergessen werden.

3. Theoretische Konflikte

Theorien und theoretische Objekte, insbesondere solche zu sozialen Konflikten, können nicht von realen Herrschaftskonflikten abgelöst werden: sie haben in ihnen bestimmte ‹Funktionen›. Theoretische Entwürfe, die den Zusammenhang von Konflikten herstellen und damit ja auch behaupten, stellen der Tendenz nach Modelle von ‹Äquivalenzstrukturen› her. Das heißt, sie versuchen, die für eine bestimmte historische Entwicklung insgesamt möglichen Konfliktformen und die diesen Konflikten zugrunde liegenden potentiellen Problemlösungen abzustecken. Konflikttheorie ist der Tendenz nach Theorie des Zusammenhangs äquivalenter, austauschbarer Konfliktformen. Der Tendenz nach versucht sie aber auch, diesen Äquivalenz-Zusammenhang als einen historisch begrenzten, einer bestimmten Gesellschaftsformation angehörigen zu begreifen. In anderen Worten, obgleich eine Konflikttheorie, die überhaupt auf gesamtgesellschaftliche Zusammenhänge ausgeht, der Tendenz nach das Gesamt der möglichen Problemlösungen und Konfliktformen (die Äquivalenzstruktur) erfaßt, dringt sie gerade wegen dieser Tendenz in die historische Eindeutigkeit dieser Struktur ein, d. h. sie bewegt sich in Richtung auf eine Feststellung der geschichtlichen *Adäquanz* (bzw. Inadäquanz) einer solchen Äquivalenzstruktur. Umgekehrt gehört es zur ‹Praxis›, zum praktischen Handeln, daß der Tendenz nach zunächst einmal nicht alle *möglichen* Problemlösungen erkundet werden, sondern daß sich die Praxis an die unmittelbar adäquaten Formen hält und den Zusammenhang dieser von Fall zu Fall besonderen ‹Adäquanzstrukturen› untereinander und mit der Äquivalenzstruktur auf sich beruhen läßt. Indem sich aber in der unmittelbaren Praxis (in Reproduktions-, Kombinations-, Kommunikations- usw. Prozessen) *Erfahrungen* mit adäquaten Problemlösungen in einer bestimmten historischen Konstellation ansammeln, enthält Praxis auch die Tendenz, die unmittelbar erfahrenen adäquaten Problemlösungen zu einem Äquivalenzzusammenhang zusammenzufügen, also die Praxis zu erweitern, zur vollen Ausnutzung aller Möglichkeiten zu führen, also sie zu ‹verwissenschaftlichen›, zu ‹theoretisieren›.

Im Verhältnis von Theorie und Praxis besteht somit insgesamt die Tendenz, das von uns als Kern von gegenwärtigen Herrschaftskonflikten festgehaltene Gegeneinander von Äquivalenzstrukturen und Adäquanzstrukturen zu ‹neutralisieren› oder anders gesagt: Herrschaftsverhältnisse zu negieren! Die *aktive* Form dieser negierenden Tendenz des theoretisch-praktischen (wissenschaftlichen) Handelns drückt sich gegenüber einer ja weitgehend noch nicht wissenschaftlich vermittelten Konfliktwirklichkeit (in der die ‹Besitzer› von Äquivalenzstrukturen ‹entfremdeten› Praxisspezialisten unvermittelt gegenüberstehen) als *Utopie* der Herrschaftsfreiheit oder als *Kritik* an bestehenden Herrschaftsverhältnissen aus. Damit dringen Fragen in die Konflikttheorie, die einerseits auf philosophische Probleme, andererseits auf ‹subtheoretische› Orientierungen, direkte Verbindungen zu einer noch nicht verwissenschaftlichten Alltagspraxis verweisen. Solche Außenverbindungen, in die jede soziologische Theorie eingespannt ist, wirken im Falle von Konflikttheorien, die sich mit dem ‹metaphysischen› und zugleich handgreiflichen Herrschaftsphänomen, das sich eben nicht ohne weiteres aus der Summierung von Problemlösungs- und Konfliktformen ergibt, auseinandersetzen müssen, als Zwang zur ‹Parteilichkeit› in realen Herrschaftsverhältnissen zurück. Die in den behandelten Konflikttheorien immer wieder auftretende Parteinahme zugunsten der Regelhaftigkeit von sozialen Konflikten, zugunsten der Überführung ‹anarchischer› Konfliktzustände in geordnete, allgemeinen Prinzipien unterworfene Gleichgewichtszustände entspricht in diesem Zusammenhang einem generellen Trend innerhalb der westlichen Wissenschaftsentwicklung, die Rolle eines instanzenhaften neutralen ‹Dritten›, auch in Herrschaftskonflikten, einzunehmen.

Darüber hinaus zeugt die Geschichte dieser Konflikttheorien noch von einer ganz anderen Form möglicher Parteilichkeit. Diese zerrissene, vieldeutige, immer wieder abgebrochene oder unterdrückte Geschichte voller Ausweichmanöver insbesondere gegenüber dem Marxismus ist als Geschichte einer theoretischen Entwicklung (gemessen an ihren Möglichkeiten) für jeden Theoretiker ausgesprochen unbefriedigend. Sie ist selbst ein Indiz für die Wirksamkeit von Herrschaftsstrukturen, von Kräften, die die Aufdeckung von Problemlösungs- und Konfliktzusammenhängen aus Eigeninteresse verhindern. Dem Erkenntnisinteresse kann eine Parteinahme gegen diese Interessen nicht schwerfallen; sie realisiert sich im Verhältnis des ‹theoretischen Arbeiters› zu den ‹Herrschenden› im Punkte des Herrschaftswissens. Die westlichen Konflikttheoretiker haben öffentlich noch nicht einmal die Herrschaftsmaximen des Liberalismus und der modernen Bürokratie zureichend und über Max Weber hinaus verwissenschaftlicht, sondern, wie z. B. die Entwicklung der ‹strategischen Studien› zeigt, allenfalls für begrenzte Interessenkreise praktisches Konfliktwissen produziert. Für die mit einer politischen Soziologie, die ihre Expertise unter ihrem gesamtgesellschaftlichen Wert verkaufen muß, einhergehende resignative Haltung finden sich dann auch gute Gründe: «... so wäre zu sagen, daß es niemals schwerer gewesen sein mag, sich ein gediegenes Wissen über die großen Verhältnisse anzueignen, als heute. Denn *Wissen* kann ja nur als Bestandstück zielbewußten und kontrollierten Handelns beschrieben werden ... Ein solches gediegenes Wissen aber sich über die Daten der gegenwärtigen sozialen, politischen, ökonomischen Welt anzueignen, ist (in den Grenzen des überhaupt Erreichbaren) wahrscheinlich nur jenen möglich, die die Chance der Initiative haben, die also in diesen großen Verhältnissen verantwortlich handeln und in der Lage sind, die Tatsachen auch da, wo sie noch dunkel sind, antworten zu lassen – also sehr wenigen Menschen.»[20] Eine solche Haltung bedeutet bereits die Parteinahme für *zusammenhängende* Konflikttheorie eine Parteinahme gegen das *herrschende* kontrollierende Bewußtsein. Und zu dieser Parteinahme drängt eigentlich die gesamte nicht-resignative sozialwissenschaftliche Tradition. Gerade auch die modernen soziologischen Systemtheorien bieten trotz ihrer zunächst abweisenden Kompliziertheit die Möglichkeit, der Appropriation der Äquivalenzstrukturen durch wenige Berater und Beratene allgemein zugängliche Modelle gesamtgesellschaftlichen Zusammenhangs entgegenzustellen, die die Aneignung von Wissen über die Beziehungen zwischen adäquaten und äquivalenten Problemlösungen und über gesellschaftliche Zusammenhänge fördern.

Hierher gehört auch die oben genannte Möglichkeit, mit Hilfe theoretischer Objekte, Modelle usw. den Umgang mit komplexen sozialen Zusammenhängen und den für theoretisches Arbeiten ja typischen Umgang mit relativen Kenntnissen öffentlich, im Medium des gesellschaftlichen Bewußtseins, zu üben. Die Herstellung und Behandlung solcher theoretischen Objekte zum Zwecke der Orientierung im gesellschaftlichen Bereich ähnelt in vieler Hinsicht den in industriellen Arbeitsvorgängen ablaufenden Orientierungsprozessen, geht allerdings insofern über sie hinaus, als spezielle wissenschaftlich-technische Qualifikationen hier im Prozeß der Aneignung sozialen Wissens vergesellschaftet werden. Die Verallgemeinerung und erneute Konkretisierung spezieller Konflikterfahrungen ist dabei naturgemäß von besonderer Bedeutung. Angesichts massiver Konfliktvermeidungs- und Manipulationstechniken können solche Bewegungen des gesellschaftlichen Bewußtseins nur mit Hilfe aller zu Gebote stehenden Kommunikationstechniken in Gang kommen. In diesem Sinne gehört die Herauslösung des kontrollierenden gesellschaftlichen Bewußtseins aus seinen einseitigen Herrschaftsfunktionen zu den produktiven gesellschaftlichen Leistungen, die sich nicht zuletzt in theoretischen Konflikten entfalten, in denen die eine Seite gesellschaftliche Probleme durch beherrschtes Schweigen, die andere durch Verwissenschaftlichung von Herrschaftswissen und dessen Einschleusung in den demokratischen Prozeß lösen will.

---

20 GEHLEN, A., Die Seele im technischen Zeitalter. Sozialpsychologische Probleme in der industriellen Gesellschaft. rde Bd. 53, Hamburg 1957, 12. Aufl. Reinbek 1970, S. 46.

Statt eines Enzyklopädischen Stichwortes:

‹Einige Definitionen des soziologischen Konfliktbegriffs›

Konflikt

Konkurrenz und Monopol, Krieg und Frieden, Rasse, Verbrechen.

(Wörterbuch der Soziologie, herausgegeben von W. Bernsdorf und F. Bülow, Stuttgart 1955, S. 264)

Sozialer Konflikt kann definiert werden als Kampf um Werte oder Statusansprüche, um Macht und knappe Ressourcen, in dem die Ziele der streitenden Parteien sich nicht nur auf die Erreichung der begehrten Werte beziehen, sondern auch auf die Neutralisierung, Verletzung oder Beseitigung ihrer Rivalen. Solche Konflikte können zwischen Individuen, zwischen Kollektiven oder zwischen Individuen und Kollektiven ausgetragen werden. Intergruppen- und Intragruppenkonflikte sind dauernde Merkmale sozialen Lebens.

Konflikt ist ein wichtiges Element sozialer Interaktion. Weit entfernt davon, immer ein ‹negativer› Faktor, der ‹auseinanderreißt›, zu sein, kann sozialer Konflikt auf viele Arten sowohl zur Erhaltung von Gruppen und Kollektiven als auch zur Festigung interpersonaler Beziehungen beitragen.

Die Soziologie des neunzehnten Jahrhunderts widmete sozialem Konflikt große Aufmerksamkeit. In allem sozialen Denken, das von Hegel abgeleitet ist, insbesondere im marxistischen Denken, ist Konflikt die zentrale erklärende Variable. Das gleiche gilt für soziale Denker, die direkt oder indirekt vom Sozialdarwinismus inspiriert sind, wie Herbert Spencer, Gustav Ratzenhofer, Ludwig Gumplowicz und William Graham Sumner. Der Kampf um Macht und Einfluß gehört zu den Themen der Theorien von Pareto, Mosca, Michels und Sorel. In ähnlicher Weise wurde in der klassischen Tradition der deutschen Soziologie, von Tönnies bis zu Simmel und Weber, Konflikt als ein soziales Grundphänomen betrachtet. Weber zum Beispiel betont: «Denn nicht auszuscheiden ist aus allem Kulturleben der *Kampf* . . . ‹Friede› bedeutet Verschiebung der Kampfformen oder der Kampfgegner oder der Kampfgegenstände oder endlich der Auslesechancen und nichts anderes.» (Max Weber, Gesammelte Aufsätze zur Wissenschaftslehre, a.a.O., S. 517) Simmel, dem wir eine klassische Analyse verschiedener Formen des Konflikts verdanken, bestand darauf, daß «Streit eine Form der Vergesellschaftung ist» und daß «ein gewisses Maß an Mißhelligkeiten, innerem Auseinandergehen und äußeren Kontroversen» zum organischen Band der Gesellschaft gehört. (Georg Simmel, Soziologie, 1908, S. 253) In ähnlicher Weise sahen die Väter der amerikanischen Soziologie im Konflikt eine eigentümliche und unauslöschbare Komponente sozialer

Strukturen. Die meisten von ihnen stimmten mit Robert Park überein, daß «nur dort, wo Konflikt ist, auch bewußtes und selbstbewußtes Verhalten anzutreffen ist; nur hier bestehen die Bedingungen für rationale Lebensführung». (Robert E. Park u. Ernest Burgess, Introduction to the Science of Society, 1924, S. 578)

In einer weniger weit zurückliegenden Periode wurden die Funktionen des Konflikts und das Studium von Konfliktphänomenen von amerikanischen Soziologen vernachlässigt. Wenn Konflikt überhaupt behandelt wurde, galt die Aufmerksamkeit hauptsächlich seinen entzweienden Aspekten. Die Betonung des Bedürfnisses nach gemeinsamen Werten und nach Harmonie führte eine Reihe von Sozialtheoretikern, von Lloyd Warner bis Talcott Parsons, dazu, Konflikt als eine Art Krankheit des sozialen Organismus zu betrachten. Innerhalb der letzten Dekade haben sich eine Reihe von Theoretikern, die das vorherrschende Harmoniemodell ablehnten, darum bemüht, unter teilweisem Einfluß von Marx und Simmel, ein Konfliktmodell der Gesellschaft zu entwikkeln ...

(LEWIS A. COSER, *Conflict: Social Aspects.* International Encyclopedia of the Social Sciences, Vol. 3, S. 232 f, 1968)

... Der Analyse aller Konfliktformen sind gewisse theoretische Perspektiven gemeinsam. Dazu gehört (1.) die Annahme, daß S. K. als solcher unvermeidlich ist, es also nicht darum geht, Konfliktsituationen von konfliktfreien Situationen zu unterscheiden, sondern die Bedingungen variierender Ausdrucksformen zu untersuchen. D. h. (2.) daß die Aufgabe der Bewältigung von S. K. nicht in deren ‹Lösung›, sondern in deren Regelung zu suchen ist, also darin, Konflikte in kontrollierbare Bahnen zu lenken. Für diese Bahnen können (3.) gewisse Wege als Modell gelten. Dazu zählt insbesondere die parlamentarische Diskussion sowie, bei ihrem Versagen, die Einschaltung eines Dritten als Vermittler oder Schlichter.

In solchen Perspektiven liegt bereits eine Grundeinstellung zu S. K., die sich sowohl soziologisch als auch politisch formulieren läßt. Politisch läßt sich diese Einstellung als rational – zum Unterschied von utopischen Hoffnungen oder totalitärem Zynismus – beschreiben, insoweit sie die gegebenen S. K. als solche, ja als fruchtbar anerkennt. Soziologisch liegt einer solchen Haltung eine Einsicht in die ‹Funktionen sozialer Konflikte› zugrunde, die zuletzt COSER im Anschluß an SIMMEL zu formulieren versucht hat. S. K. sind demnach keineswegs destruktiv, ‹dysfunktional›, sondern tragen zur Erhaltung sozialer Gebilde bei. Insbesondere aber sind S. K. einer der wesentlichen Beeinflussungsfaktoren des sozialen Wandels. Wahrscheinlich ist Wandel ebenso universell wie Konflikt; aber die Form des Konfliktes dürfte das Tempo und die Radikalität des Wandels beeinflussen: Je intensiver und gewaltsamer S. K., desto rapider und radikaler sozialer Wandel. Grenzsituation ist hier die Revolution...

(Ralf Dahrendorf, Sozialer Konflikt. Wörterbuch der Soziologie, herausgegeben v. W. Bernsdorf, zweite, neubearbeitete und erweiterte Auflage, Stuttgart 1969, S. 1008)

Konflikt, sozialer: ein außerordentlich vieldeutig verwandter Begriff, der in Inhalt, Umfang und Form nicht exakt definiert ist. Allgemein wird unter Konflikt ein Zusammenstoß verschiedener Tendenzen im Verhalten und Handeln von Personen, Gruppen und Prozessen verstanden. Dabei kann es sich sowohl um objektive als auch um subjektive Tendenzen handeln. Ferner wird unter Konflikt eine Äußerung sich zuspitzender Widersprüche bzw. ein Zusammentreffen sozialer Verhaltensweisen verstanden, deren Zielkriterien divergieren.

Die bürgerlichen soziologischen Konflikttheorien sind Versuche, die antagonistischen Widersprüche und den Klassenkampf zu verwischen.

(Wörterbuch der marxistisch-leninistischen Soziologie, Köln und Opladen 1969, S. 250)

ÜBER DEN VERFASSER

H. J. KRYSMANSKI wurde 1935 in Berlin geboren. Nach amerikanischem Abitur studierte er in Montreal, Berlin, Wien und Hamburg hauptsächlich Soziologie, Geschichte und Psychologie und promovierte 1961 an der Universität Münster zum Dr. phil. Er war Mitarbeiter an der Sozialforschungsstelle Dortmund, bis 1966 Lehrstuhlassistent von H. SCHELSKY und während des Jahres 1964 Gastdozent an der Universidad Nacional in Bogotá, Kolumbien. 1967 habilitierte er sich an der Rechts- und Staatswissenschaftlichen Fakultät der Universität Münster für das Fach Soziologie und erhielt 1971 einen Ruf auf ein Ordinariat an der dortigen Philosophischen Fakultät.

Wichtigste Veröffentlichungen:

Bücher: Die utopische Methode. Eine literatur- und wissenssoziologische Untersuchung deutscher utopischer Romane, Köln/Opladen 1963 / Soziologische Politik in Kolumbien. Fünf Aufsätze, Bad Homburg 1967 / Soziales System und Wissenschaft, Gütersloh 1967 (zweite, erweiterte Auflage 1971)

Aufsätze u. a.: Metrische Vorstellungen. Zur wissenssoziologischen Beschreibung modernen Bewußtseins. Soziale Welt, Jg. 14, H. 3/4 / Wissenschaft als Außenseitertum, Jahrbuch für Sozialwissenschaft, H. 3, 1966 / Zwischen Integration und Desintegration: Sozialwissenschaft als Praxis. In: B. Schäfers, Hg., Kritik der Soziologie, Frankfurt 1969 / Friedensforschung und die Möglichkeiten eines positiven Friedensbegriffs. Soziale Welt, Jg. 20, H. 4 / Science in Relation to Power Distribution and Policy Making. In: Lars Dencik, ed., Scientific Research and Politics, Lund 1969 / Sozialer Konflikt und Problemlösungsprozesse. Archiv für Rechts- und Sozialphilosophie, H. 3, 1970

LITERATURHINWEISE

Adler, A., Menschenkenntnis. Fischer-Bücherei Nr. 6068

Adorno, Th. W., Frenkel-Brunswik, E., Levinson, D. J., Sanford, R. N., The Authoritarian Personality. New York 1950

Adorno, Th. W., Horkheimer, M., Soziologische Exkurse. Frankfurter Beiträge zur Soziologie, Bd. 4, Frankfurt 1956

Adorno, Th. W., Negative Dialektik. Frankfurt 1966

Angell, R. C., The Sociology of Human Conflict. In: McNeil, E. B., Hg., The Nature of Human Conflict. Englewood Cliffs 1965, S. 91–115

Ardrey, R., The Territorial Imperative. New York 1965, dt.: Adam und sein Revier. Stuttgart 1968

Arendt, H., On Revolution. London 1963, dt.: Über die Revolution. München 1965

–, Elemente und Ursprünge totaler Herrschaft. Frankfurt o. J.

Aron, R., Der permanente Krieg. Frankfurt 1953

Bandura, A., Walters, R. H., Social Learning and Personality Development. New York 1963

Barnes, H. E., ed., An Introduction to the History of Sociology. Chicago/London 1966

Barth, H., Masse und Mythos. rde Bd. 88, Hamburg 1959

Basso, L., Zur Theorie des politischen Konflikts. edition suhrkamp 308, Frankfurt 1969 (1967)

Beals, R. L., Politics of Social Research. An Inquiry into the Ethics and Responsibilities of Social Scientists. Chicago 1969

Beals, A. R., Siegel, B. J., Divisiveness and Social Conflict. An Anthropological Approach. Stanford 1966

Benedict, R., Urformen der Kultur. rde Bd. 7, Hamburg 1955

Benjamin, W., Zur Kritik der Gewalt und andere Aufsätze. edition suhrkamp 103, Frankfurt 1965

Berelson, B., Steiner, G., Human Behavior: An Inventory of Scientific Findings. New York 1964

Berger, P., Luckmann, Th., Die gesellschaftliche Konstruktion der Wirklichkeit. Eine Theorie der Wissenssoziologie. Frankfurt 1969 (engl. 1966)

Bergmann, J., Die Theorie des sozialen Systems von Talcott Parsons. Frankfurter Beiträge zur Soziologie, Bd. 20, Frankfurt 1967

Berkowitz, L., Aggression: A Social-Psychological Analysis. New York 1962

Bernard, J., Where is the Modern Sociology of Conflict? In: American Journal of Sociology, Vol. 56 (1950), S. 11 ff

–, The Sociological Study of Conflict. In: International Sociological Association, The Nature of Conflict, UNESCO, Paris 1957

Bettelheim, C., Marchisio, H., Charriere, J., Der Aufbau des Sozialismus in China. München 1969

Black, M., ed., The Social Theories of Talcott Parsons: A Critical Examination. New York 1961 (3rd ed.)

Boguslaw, R., The New Utopians. A Study of Systems Design and Social Change. Englewood Cliffs 1965

Boulding, K. E., Conflict and Defense: A General Theory. New York 1962

Bräunling, G., et al., Friedensforschung in Skandinavien: PRIO und SIPRI. In: Futurum 3 (1970)

Bruce, R. M., et al., World Handbook of Political and Social Indicators. New Haven 1964

Buchholz, E. W., Ideologie und latenter sozialer Konflikt. Stuttgart 1968

Burisch, W., Industrie- und Betriebssoziologie. Berlin 1969

BURTON, J. W., Conflict and Communication. The Use of Controlled Communication in International Relations. London 1969
CAIRNS, H., Legal Philosophy from Plato to Hegel. Baltimore 1967 (1949)
CAPES, M., ed., Communication or Conflict. Conferences: Their Nature, Dynamics and Planning. London 1960
CARTHY, J. D., EBLING, F. J., eds., The Natural History of Aggression. London 1964
CARVER, TH. N., The Basis of Social Conflict. In: American Journal of Sociology, Jg. 13 (1908), S. 628 ff
–, Essays in Social Justice. Cambridge 1915
CASETTI, G., Die Kategorie des sozialen Wandels im Lichte der Konflikttheorie, des dialektischen Hyperempirismus, der Feldtheorie. Freiburg 1970
CHASE, ST., Roads to Agreement. New York 1951
CIBA Foundation, Conflict in Society. London 1966
CLAESSENS, D., Rationalität Revidiert. In: Kölner Zeitschrift f. Soziologie und Sozialpsychologie, Jg. 17, H. 3 (1965)
–, Rolle und Macht. München 1968
–, Rollentheorie als bildungsbürgerliche Verschleierungsideologie. In: Spätkapitalismus oder Industriegesellschaft? Verhandlungen des 16. Dtsch. Soziologen-Tages, Stuttgart 1969
–, Nova Natura. Anthropologische Grundlagen modernen Denkens. Düsseldorf/Köln 1970
CONVERSE, E., The War of All Against All. A Review of The Journal of Conflict Resolution, 1957–1968. In: Journal of Conflict Resolution, Vol. XII (1968), S. 471–532
COOLEY, CH. H., Social Process. New York 1918
COSER, L. A., Theorie sozialer Konflikte. Neuwied 1965 (1956)
–, Continuities in the Study of Social Conflict. New York 1967
–, Political Sociology. New York 1967
DAHRENDORF, R., Soziale Klassen und Klassenkonflikt. Stuttgart 1957 (engl. Class and Class Conflict in Industrial Society. Stanford 1959)
–, Über einige Probleme der soziologischen Theorie der Revolution. In: Europäisches Archiv f. Soziologie 2 (1961)
–, Gesellschaft und Freiheit. München 1961
–, Die angewandte Aufklärung. München 1963
–, Homo Sociologicus. Ein Versuch zur Geschichte, Bedeutung und Kritik der Kategorie der sozialen Rolle. Köln/Opladen [5]1965
–, Pfade aus Utopia. Arbeiten zur Theorie und Methode der Soziologie. München 1967
DANIELS, D. N., GILULA, M. F., OCHBERG, F. M., eds., Violence and the Struggle for Existence. Boston 1969
DAVIES, J. C., Eine Theorie der Revolution. In: ZAPF, W., a. a. O.
DENCIK, L., ed., Scientific Research and Politics. Lund 1969
DENKER, R., Aufklärung über Aggression. Stuttgart 1966
DEUTSCH, K. W., Mass Communication and the Loss of Freedom in National Decision-Making: A Possible Research Approach to Interstate Conflicts. In: Journal of Conflict Resolution, Vol. I, No. 2 (1957), S. 200 ff
–, Social Mobilization and Political Development. In: American Political Science Review 55, 3 (1961), S. 493 ff
–, The Nerves of Government. Models of Political Communication and Control. New York/London 1966, dt.: Politische Kybernetik. Freiburg 1969
DOLLARD, J., DOOB, L. W., MILLER, N. E., MOWRER, O. H., SEARS, R. R., Frustration and Aggression. New Haven 1939
DOMHOFF, W., Who Rules America? New York 1968
DREITZEL, H. P., Die gesellschaftlichen Leiden und das Leiden an der Gesellschaft. Stuttgart 1968

EBERT, T., Gewaltfreier Aufstand. Alternativen zum Bürgerkrieg. Freiburg 1968
–, Ziviler Widerstand. Fallstudien aus der innenpolitischen Friedens- und Konfliktforschung. Düsseldorf 1970
EISENSTADT, S. N., Sozialer Wandel, Differenzierung und Evolution. In: ZAPF, W., Hg., a. a. O.
ETZIONI, A., The Active Society. London/New York 1968
–, Elemente einer Makrosoziologie. In: ZAPF, W., Hg., a. a. O.
FENICHEL, D., The Psychoanalytical Theory of Neurosis. New York 1945
FERBER, CHR. v., Die Gewalt in der Politik. Stuttgart 1970
FINK, C. F., Some Conceptual Difficulties in the Theory of Conflict. In: Journal of Conflict Resolution, Vol. XII (1968), S. 412–460
FULLER, I. F. C., The Conduct of War 1789–1961. Rutgers University Press 1961
GALBRAITH, J. K., The Affluent Society. Pelican Books 1958
GALTUNG, J., Pacifism from a Sociological Point of View. In: Journal of Conflict Resolution, Vol. III, No. 1 (1959), S. 67 ff
–, Institutionalized Conflict Resolution; A Theoretical Paradigm. In: Journal of Peace Research 2, 4 (1965), S. 348 ff
–, Frieden und Friedensforschung. In: DANCKWORTT, D., Hg., Internationale Beziehungen. Politische Psychologie Bd. 5, Frankfurt 1965
–, Theory and Methods of Social Research. Oslo 1967
–, Violence, Peace, and Peace Research. PRIO-Publication No. 23 (1969)
GEHLEN, A., Urmensch und Spätkultur. Philosophische Ergebnisse und Aussagen. 2. neu bearb. Aufl., Frankfurt 1964
–, Moral und Hypermoral. Frankfurt 1969
GERTH, H., MILLS, C. W., Person und Gesellschaft. Die Psychologie sozialer Institutionen. Frankfurt/Bonn 1970
GHISELIN, M. T., The Triumph of the Darwinian Method. Berkeley 1969
GILULA, M. F., DANIELS, D. N., Violence and Man's Struggle to Adapt. In Science, Vol. 164, April 1969, S. 369 ff
GOFFMANN, E., Behavior in Public Places. Glencoe 1963
–, Stigma. Über Techniken der Bewältigung beschädigter Identität. Theorie 2 SV, Frankfurt 1967
GUMPLOWICZ, L., Die soziologische Staatsidee. Berlin 1902 (1892)
GURVITCH, G., MOORE, W. E., eds., Twentieth Century Sociology. New York 1945
HAAS, M., Krieg und gesamtgesellschaftliche Bedingungen. In: KRIPPENDORF, E., Hg., a. a. O.
HABERMAS, J., Strukturwandel der Öffentlichkeit. Untersuchungen zu einer Kategorie der bürgerlichen Gesellschaft. Neuwied 1962
–, Zur Logik der Sozialwissenschaften. Beiheft 5 der Philosophischen Rundschau. Tübingen 1967
–, Technik und Wissenschaft als ‹Ideologie›. Frankfurt 1968
–, Erkenntnis und Interesse. Theorie 2 SV. Frankfurt 1968
–, LUHMANN, N., Theorie der Gesellschaft oder Sozialtechnologie – Was leistet die Systemforschung? Frankfurt 1971
HAHLWEG, W., Guerilla. Krieg ohne Fronten. Stuttgart 1968
HAHN, E., Historischer Materialismus und marxistische Soziologie. Berlin 1968
HAMMOND, K. R., BREHMER, B., Cognition, Quarrels and Cybernetics. Boulder, Col., 1969, Institute of Behavioral Sciences, University of Colorado, Program on Cognitive Processes, Report No. 117
HOROWITZ, J. L., The Rise and Fall of Project Camelot: Studies in the Relationship between Social Science and Practical Politics, Cambridge/London 1967
HARTMANN, H., Moderne amerikanische Soziologie. Stuttgart 1967
–, Empirische Sozialforschung. München 1970
HEGEL, G. W. FR., Sämtliche Werke, Jubiläumsausgabe. Stuttgart o. J.

HIRSCH, J., Wissenschaftlich-technischer Fortschritt und politisches System. edition suhrkamp 437, Frankfurt 1970
HOBSBAWN, E., Europäische Revolutionen. Zürich 1962
HOLM, K., Zum Begriff der Macht. In: Kölner Zeitschrift f. Soziologie u. Sozialpsychologie, 21. Jg. (1969), S. 269–288
–, Verteilung und Konflikt. Ein soziologisches Modell. Stuttgart 1970
HOLZ, H. H., Herr und Knecht bei Leibniz und Hegel. Zur Interpretation der Klassengesellschaft. Soziologische Essays. Neuwied 1968
HORN, K., Menschliche Aggressivität und internationale Politik. In: SENGHAAS, D., Hg., Friedensforschung und Gesellschaftspolitik a. a. O.
IKLÉ, F., Strategie und Taktik des diplomatischen Verhandelns. Gütersloh 1965
JACKSON, J. A., ed., Social Stratification. Cambridge 1968
JENKINS, R. S., Somes Notes on the Social Functions of Conflict Theory. In: Studies in Progress, Institute for Peace and Conflict Research, No. 1, 1969
JOHNSON, CH., Revolutionary Change. Boston 1966
JONAS, FR., Sozialphilosophie der industriellen Arbeitswelt. Stuttgart 1960
–, Geschichte der Soziologie. 4 Bde., rde Bd. 202/203, 204/205, 206/207, 208/209, Reinbek 1968/1969
JÜNGER, E., Der Arbeiter. 2. Aufl., Hamburg 1932
KAHN, H., Eskalation. München 1960
KAISER, K., Friedensforschung in der Bundesrepublik. Göttingen 1970
KANT, I., Werke. Akademieausgabe
KLAGES, H., Soziologie zwischen Wirklichkeit und Möglichkeit. Plädoyer für eine projektive Soziologie. Köln/Opladen 1968
KLIMA, R., Einige Widersprüche im Rollen-Set des Soziologen. In: SCHÄFERS, B., Hg., Thesen zur Kritik, a. a. O.
KLOFÁČ, J., TLUSTÝ, V., Die soziologische ‹Theorie des Konflikts› und die dialektische Theorie der Widersprüche. In: Soziale Welt, 16. Jg. (1965), S. 309–318
KOFLER, L., Perspektiven des revolutionären Humanismus. Reinbek 1968
KORNHAUSER, W., Rebellion and Political Development. In: Internal War, ed. H. ECKSTEIN. New York 1964
KOSÍK, K., Dialektik des Konkreten. Theorie 2 SV. Frankfurt 1967
KRECH, D., CRUTCHFIELD, R. S., LIVSON, N., Elements of Psychology, 2nd ed., New York 1969
KRIPPENDORF, E., Hg., Friedensforschung. Köln 1968
–, Die amerikanische Strategie. Entscheidungsprozeß und Instrumentarium der amerikanischen Außenpolitik. Frankfurt 1970
KROCKOW, CHR. GRAF V., Die Entscheidung. Eine Untersuchung über Ernst Jünger, Carl Schmitt, Martin Heidegger. Stuttgart 1958
–, Soziologie des Friedens. Gütersloh 1962
KRYSMANSKI, H. J., Die utopische Methode. Köln/Opladen 1963
–, Wissenschaft und soziales System. Gütersloh 1967 (2. veränd. Aufl., Gütersloh 1971)
–, Friedensforschung und die Möglichkeiten eines positiven Friedensbegriffs. In: Soziale Welt, Jg. 20, H. 4 (1969), S. 476–488
–, Sozialer Konflikt und Problemlösungsprozesse. In: ARSP, Vol. 1970, LVI/3, S. 325–349
KUHN, H. W., ed., TUCKER, A. W., Contributions to the Theory of Games. 4 Bde., Princeton 1950–1959
LASSWELL, H. D., Conflict: Social. In: Encyclopedia of the Social Sciences, Vol. IV, New York 1931
LENIN, W. I., Staat und Revolution. Berlin 1957
LEVINE, R. A., Anthropology and the Study of Conflict: Introduction. In: Journal of Conflict Resolution 5, 1 (1961), S. 3–15

LEWIN, K., Die Lösung sozialer Konflikte, ausgewählte Abhandlungen über Gruppendynamik. Bad Nauheim 1968 (engl. Resolving Social Conflicts. New York 1948)
LINTON, R., The Study of Man: An Introduction. New York 1936
LIPSET, S. M., Revolution and Counterrevolution, Change and Persistence in Social Structures. New York 1968
LOCKWOOD, D., Soziale Interaktion und Systemintegration. In: ZAPF, W., a. a. O.
LOOMIS, CH. P., In Praise of Conflict and Its Resolution. In: Am. Soc. Review 32, 6 (1967), S. 875 ff
LORENZ, K., Das sogenannte Böse. Wien 1963
LUDZ, P. CHR., Konflikttheoretische Ansätze im historischen Materialismus. In: Kölner Zeitschrift f. Soziologie u. Sozialpsychologie, 13. Jg. (1961), S. 661 ff
LUHMANN, N., Funktion und Kausalität. In: Kölner Zeitschrift f. Soziologie u. Sozialpsychologie, Jg. 14, H. 4 (1962), S. 617 ff
–, Funktion und Folgen formaler Organisation. Berlin 1964
–, Zweckbegriff und Systemrationalität, Über die Funktion von Zwecken in sozialen Systemen. Tübingen 1968
–, Soziologische Aufklärung, Aufsätze zur Theorie sozialer Systeme, Köln/Opladen 1970
LUNDBERG, F., Die Reichen und die Superreichen. Hamburg 1969
LUNDBERG, G. A., Foundations of Sociology. New York 1939
LYND, R. u. H., Middletown. London 1929
–, Middletown in Transition. New York 1937
MACHIAVELLI, N., Gesammelte Schriften, 5 Bde., hg. v. H. FLOERKE. München 1925
MAC IVER, R. M., Society: A Textbook of Sociology. New York 1937
MACK, A., Sticks and Carrots: Theoretical Assumptions Underlying Current Work on Civilian Defense Strategies. In: Studies in Progress, Institute for Peace and Conflict Research, Nr. 2 (1969), S. 1–13
MACK, R. W., SNYDER, R. C., The Analysis of Social Conflict – Toward an Overview and Synthesis. In: Journal of Conflict Resolution, Vol. II, No. 2 (1957), S. 17 ff
MAHADEVAN, T. K., ROBERTS, A., SHARP, G., eds., Civilian Defense. An Introduction. Bombay 1967
MALINOWSKI, B., Eine wissenschaftliche Theorie der Kultur und andere Aufsätze. Zürich 1949
MANNHEIM, K., Ideologie und Utopie. 3. Aufl., Frankfurt 1952
MARCUSE, H., et al., Aggression und Anpassung in der Industriegesellschaft. Frankfurt 1968
MARCUSE, H., Der eindimensionale Mensch. Frankfurt 1963
MARX, K., Das Kapital. 3 Bde., Berlin 1959
–, Texte zur Methode und Praxis. 3 Bde., Rowohlts Klassiker 194/195, 209/210, 218/219, Reinbek 1966–1968
MAYNTZ, R., Soziologie der Organisation. rde. Bd. 166, Reinbek 1963(51971)
–, Kritische Anmerkungen zur funktionalistischen Schichtungstheorie. In: Soziale Schichtung und Mobilität, Sonderheft 5, Kölner Zeitschrift f. Soziologie u. Sozialpsychologie 1961
MAYO, E., The Human Problems of an Industrial Civilization. 2. Aufl., Boston 1946 (1933)
–, The Social Problems of an Industrial Civilization. London 1946 (dt.: Probleme industrieller Arbeitsbedingungen. Frankfurt 1950)
MCINTOSH, D., Weber and Freud: On the Nature and Sources of Authority. In: American Sociological Review, Vol. 35, No. 5 (1970), S. 90 ff
MCNEIL, E. B., ed., The Nature of Human Conflict. Englewood Cliffs 1965
MERTON, R. K., Social Theory and Social Structure. Rev. and enl. ed., New York 1965

MEY, H., Studien zur Anwendung des Feldbegriffs in den Sozialwissenschaften. München 1965
MILLIS, W., REAL, J., The Abolition of War. New York 1963
MILLS, C. W., Kritik der soziologischen Denkweise. Neuwied 1963 (1959)
–, Power, Politics and People. New York, Ballantine Books o. J.
–, Die amerikanische Elite. Hamburg 1962 (1956)
–, The Marxists. Pelican Books 1962
–, Politik ohne Verantwortung. 2. Aufl., München 1963
–, (Hg.), Klassiker der Soziologie, eine polemische Auslese. Frankfurt 1966 (1960)
MITSCHERLICH, A., Die Idee des Friedens und die menschliche Aggressivität. Frankfurt 1969
MOORE, W. E., Industrial Relations and the Social Order. o. O. 1946
NACLA Research Methodology Guide. North American Congress on Latin America. New York 1970
NAESS, A., A Systematization of Gandhian Ethics of Conflict Resolution. In: Journal of Conflict Resolution, Vol. II, No. 2, S. 140 ff
NASCHOLD, F., Systemsteuerung. Stuttgart 1969
NEGT, O., Soziologische Phantasie und exemplarisches Lernen. Zur Theorie der Arbeiterbildung. Frankfurt 1968
NENSKI, I. S., Über die Kategorie des Widerspruchs in der dialektischen Logik. In: Deutsche Zeitschrift f. Philosophie, Jg. 15 (Berlin 1967)
NOWIKOW, J., Les Luttes Entre Societés Humaines et Leur Phases Successives. Paris 1896
NERLICH, U. (Hg.), Krieg und Frieden im industriellen Zeitalter. Beiträge der Sozialwissenschaft, 2 Bde. Gütersloh 1966
NEUMANN, J. v., MORGENSTERN, O., Theory of Games and Economic Behavior. 2. Aufl., Princeton 1947
OPPENHEIMER, F., Der Staat. Frankfurt 1950 (1908)
PARETO, V., The Mind and Society. A Treatise on General Sociology. New York 1963
PARK, R. E., BURGESS, W., Introduction to the Science of Sociology. Chicago 1924
PARSONS, T., On the Concept of Political Power. In: Proceedings of the American Philosophical Society 107 (1963), S. 232 ff
–, Some Reflections on the Place of Force in Social Process. In: Internal War, ed. by H. ECKSTEIN. New York 1964
–, Beiträge zur soziologischen Theorie. Eingeleitet von D. RÜSCHEMEYER. Neuwied 1964
–, The Social System. The Free Press of Glencoe, London 1964 (1951)
–, The Structure of Social Action. Vol. I. London/New York 1968 (1937)
PATTERSON, J. S., Conflict in Nature and Life: A Study of Antagonism in the Constitution of Things. New York 1883
PLACK, A., Die Gesellschaft und das Böse. Eine Kritik der herrschenden Moral. München 1967
POPITZ, H., Der Begriff der sozialen Rolle als Element der soziologischen Theorie. Reihe Recht u. Staat, H. 321/322, 2. Aufl., Tübingen 1970
–, Prozesse der Machtbildung. Reihe Recht u. Staat, H. 362/363. Tübingen 1968
PUSCHKIN, W. N., Die heuristische Tätigkeit in einem großen System. In: Ideen des exakten Wissens, H. 11, 1968
RAPOPORT, A., Tolstoi und Clausewitz. In: KRIPPENDORF, E., Hg., Friedensforschung a. a. O.
–, Fights, Games and Debates. New York 1960
–, Games Which Simulate Deterrence and Disarmament. Peace Research Reviews, Vol. I, No. 4 (1967)

RAPOPORT, L., Cognitive Conflict as a Function of Socially Induced Cognitive Difference. In: Journal of Conflict Resolution, Vol. III (1969), S. 143 ff
RATZENHOFER, G., Grundriß der Soziologie. Leipzig 1907
REX, J., Key Problems of Sociological Theory. London 1961
RIEDEL, M., Bürgerliche Gesellschaft und Staat bei Hegel. Soziologische Essays. Neuwied 1970
RIESMAN, D., Die einsame Masse. rde Bd. 72/73, Hamburg 1958, 13. Aufl. Reinbek 1970
ROBERTS, A., ed., The Strategy of Civilian Defense. London 1967
RÖLING, B. V. A., Einführung in die Wissenschaft von Krieg und Frieden. Neukirchen-Vluyn 1970
ROETHLISBERGER, F. J., DICKINSON, W. J., Management and the Worker. Cambridge 1939
ROSE, A. u. C., America Divided. New York 1948
ROSS, E. A., Social Control. New York 1904
–, Principles of Sociology. New York 1930
SECORD, P. F., BACKMANN, C. W., Social Psychology. New York 1964
SENGHAAS, D., Konflikt und Konfliktforschung. In: Kölner Zeitschrift f. Soziologie u. Sozialpsychologie, 21. Jg. (1969), H. 1, S. 31–59
–, Abschreckung und Frieden. Studien zur Kritik organisierter Friedlosigkeit. Frankfurt 1969
–, Hg., Friedensforschung und Gesellschaftskritik. München 1970
SHARP, G., Definition of Some Key Terms Associated with Nonviolent Action and Civilian Defense. In: MAHADEVAN, T. K., a. a. O.
SHUBIK, M., Spieltheorie und Sozialwissenschaften. Frankfurt 1965
SIBLEY, M. Q., ed., The Quiet Battle. Writings on the Theory and Practice of Non-Violent Resistance. Garden City, New York 1963
SIMMEL, G., Soziologie. Berlin 1908
SIMPSON, G., Conflict and Continuity: A Study in Social Theory. New York 1937
SINGER, K., The Idea of Conflict. Melbourne 1949
SMELSER, N. J., Social Change in the Industrial Revolution. London 1959
–, Theory of Collective Behavior. London 1962
–, Soziologie der Wirtschaft. Grundfragen der Soziologie. Bd. 13. München 1968
SOHN-RETHEL, A., Geistige und körperliche Arbeit. Frankfurt 1970
SOREL, G., Reflexions Sur La Violence. Paris 1903
–, La Décomposition Du Marxisme. Paris 1908
SOROKIN, P. A., Society, Culture and Personality. New York 1947
–, The Ways and Power of Love. New York 1962
SOUTHWOOD, K., Riot and Revolt: Sociological Theories of Political Violence. Peace Research Reviews, Vol. I., No. 13 (1967)
SPYKMAN, N. J., The Social Theory of Georg Simmel. New York 1966
SCHÄFERS, B., Hg., Thesen zur Kritik der Soziologie. edition suhrkamp. Frankfurt 1969
–, Ansatzpunkte einer gesamtgesellschaftlichen Planungsdiskussion in den Sozialwissenschaften. In: Jahrbuch f. Sozialwissenschaften, Bd. 20 (1969), H. 3, S. 356 ff
SCHELLING, T. C., The Strategy of Conflict. Cambridge 1960
–, Arms and Influence. Yale University Press 1966
SCHELSKY, H., Wandlungen der deutschen Familie der Gegenwart. 4. Aufl., Stuttgart 1961
–, Auf der Suche nach Wirklichkeit. Gesammelte Aufsätze. Düsseldorf/Köln 1965
–, Zur soziologischen Theorie der Institution. In: Interdisziplinäre Studien, Bd. 1, Gütersloh 1970, S. 10–26
–, Systemfunktionaler, anthropologischer und personfunktionaler Ansatz der Rechtssoziologie. In: Jahrbuch f. Rechtssoziologie u. Rechtstheorie, Bd. 1, 1970

SCHEUCH, E. K., Sozialer Wandel und Sozialforschung: Über die Beziehungen zwischen Gesellschaft und empirischer Sozialforschung. In: Kölner Zeitschrift f. Soziologie u. Sozialpsychologie, Jg. 17 (1965), S. 9 ff

SCHICKEL, J., Hg., Mao Tse-tung. Der große strategische Plan. Dokumente zur Kulturrevolution. Berlin 1969

SCHMID, H., Peace Research and Politics. In: Journal of Peace Research, No. 3 (1968)

SCHOECK, H., Die Soziologie und die Gesellschaften. Freiburg/München 1964

STAGNER, R., ed., The Dimensions of Human Conflict. Detroit 1967

STINCHCOMBE, A. L., Social Structure and Organizations. In: Handbook of Organizations, ed. by J. C. March, R. McNally. Chicago 1965

STOLPMANN, G., Wesen und Funktion des Konflikts. In: Dtsch. Zeitschrift f. Philosophie, 12. Jg. (1964), S. 1413 ff

STORR, A., Human Aggression. New York 1968

STOUFFER, S. A., et al., The American Soldier. 4 Bde. Princeton 1949–1950

TARDE, G., L'Opposition Universelle. Paris 1897

TARTLER, R., Georg Simmels Beitrag zur Integrations- und Konflikttheorie. In: Jahrbuch f. Sozialwissenschaften, 16. Jg. (1965)

THOMPSON, C., MULLAHY, P., Die Psychoanalyse. Ihre Entstehung und Entwicklung. Zürich 1962

TJADEN, K. H., Soziales System und sozialer Wandel. Stuttgart 1969

TÖNNIES, F., Gemeinschaft und Gesellschaft. Darmstadt 1963

TOMBERG, F., Basis und Überbau. Sozialphilosophische Studien. Soziologische Essays. Neuwied 1969

VEBLEN, TH., Theorie der feinen Leute. Köln o. J.

VETTER, H., Die Stellung des Dialektischen Materialismus zum Prinzip des ausgeschlossenen Widerspruchs. Berlin 1962

WARD, L. F., Reine Soziologie. Berlin 1907 (1903)

WARNER, W. L., LOW, J. O., The Social System of the Modern Factory. New Haven 1947

WEBER, M., Gesammelte politische Schriften. 2. Aufl., Tübingen 1958

–, Wirtschaft und Gesellschaft. Köln/Berlin 1964

–, Gesammelte Aufsätze zur Wissenschaftslehre. 3. Aufl., Tübingen 1968

WIESE, L. v., BECKER, H., Systematic Sociology. New York 1932

WILLMS, B., Revolution und Protest oder Glanz und Elend des bürgerlichen Subjekts. Stuttgart 1969

–, Funktion – Rolle – Institution. Zur politiktheoretischen Kritik soziologischer Kategorien, Düsseldorf 1971

WOLFGANG, M. E., FERRACUTTI, F., The Sub-Culture of Violence. New York 1967

Wörterbuch der Soziologie, hg. v. W. BERNSDORF. Stuttgart 1969

Wörterbuch der marxistisch-leninistischen Soziologie, Köln/Opladen 1969

WRIGHT, Q., A Study of War. 2. Aufl., Chicago 1964

–, Preventing World War III. New York 1962

–, The Nature of Conflict. In: Western Political Quarterly 4, 2 (Juni 1951), S. 193 ff

ZAPF, W., Hg., Theorien des sozialen Wandels. Köln/Berlin 1969

ZAUELS, G., Paretos Theorie der sozialen Heterogenität und Zirkulation der Eliten. Stuttgart 1968

ZELENÝ, J., Die Wissenschaftslogik und ‹Das Kapital›. Frankfurt 1968 (1962)

ZIEGLER, R., Einige Ansatzpunkte der Militärsoziologie und ihr Beitrag zur soziologischen Theorie. In: Beiträge zur Militärsoziologie, Sonderheft 12 (1968) der Kölner Zeitschrift f. Soziologie u. Sozialpsychologie

PERSONEN- UND SACHREGISTER

Personenregister

Sachregister

rowohlts deutsche enzyklopädie

Soziologie

Clemens A. Andreae, Ökonomik der Freizeit / Zur Wirtschaftstheorie der modernen Arbeitswelt [330/31]

Arnold Gehlen, Die Seele im technischen Zeitalter – Sozialpsychologische Probleme in der industriellen Gesellschaft [53] – Anthropologische Forschung / Zur Selbstbegegnung und Selbstentdeckung des Menschen [138]

Günter Hillmann, Die Befreiung der Arbeit. Die Entwicklung kooperativer Selbstorganisation und die Auflösung bürokratisch-hierarchischer Herrschaft [342/43]

Eric Hoffer, Der Fanatiker / Eine Pathologie des Parteigängers [220]

Friedrich Jonas, Geschichte der Soziologie. Mit Quellentexten. I: Aufklärung – Liberalismus – Idealismus [302/03] – II: Sozialismus – Positivismus – Historismus [304/05] – III: Französische und italienische Soziologie [306/07] – IV: Deutsche und amerikanische Soziologie [308/09]

Oskar Klug, Katholizismus und Protestantismus zur Eigentumsfrage / Eine gesellschaftspolitische Analyse [153/54]

Eugen Lemberg, Nationalismus I: Psychologie und Geschichte [197/98] – II: Soziologie und Pädagogik [199]

Joachim Matthes, Einführung in die Religionssoziologie I: Religion und Gesellschaft [279/80] – II: Kirche und Gesellschaft [312/13]

Renate Mayntz, Soziologie der Organisation [166]

Elisabeth Noelle, Umfragen in der Massengesellschaft / Einführung in die Methoden der Demoskopie [177/78]

Karl-Dieter Opp, Methodologie der Sozialwissenschaften. Einführung in Probleme ihrer Theorienbildung [339–41]

José Ortega y Gasset, Der Aufstand der Massen [10]

David Riesman / Reuel Denney / Nathan Glazer, Die einsame Masse / Eine Untersuchung der Wandlungen des amerikanischen Charakters. Einführung Helmut Schelsky [72/73]

Zvi Rudy, Soziologie des jüdischen Volkes [217/18]

Adam Schaff, Marxismus und das menschliche Individuum [332]

Helmut Schelsky, Soziologie der Sexualität / Über die Beziehungen zwischen Geschlecht, Moral und Gesellschaft [2]

133/9

rororo aktuell

HEINRICH ALBERTZ / DIETRICH GOLDSCHMIDT [Hg.] Konsequenzen oder Thesen, Analysen und Dokumente zur Deutschlandpolitik [1280]

ALVES / DETREZ / MARIGHELA Zerschlagt die Wohlstandsinseln der Dritten Welt. Mit dem Handbuch der Guerilleros von Sao Paulo [1453/54]

GUNTER AMENDT [Hg.] Kinderkreuzzug oder Beginnt die Revolution in den Schulen? Mit Beiträgen von Stefan Rabe, Ilan Reisin, Ezra Gerhardt, Günter Degler u. Peter Brandt [1153]

ATHÈNES-PRESSE LIBRE Schwarzbuch der Diktatur in Griechenland. Eine Dokumentation zusammengestellt von Aris Fakinos, Clément Lépidis und Richard Soméritis. Vorwort: Vagelis Tsakiridis [1338/39]

JAMES BALDWIN Hundert Jahre Freiheit ohne Gleichberechtigung oder The Fire Next Time / Eine Warnung an die Weißen [634]

EMIL BANDHOLZ Zwischen Godesberg und Großindustrie oder Wo steht die SPD? [1459]

RICHARD J. BARNET Der amerikanische Rüstungswahn oder Die Ökonomie des Todes. Mit einem Beitrag von Claus Grossner [1450/51]

UWE BERGMANN / RUDI DUTSCHKE / WOLFGANG LEFÈVRE / BERND RABEHL [Hg.] Rebellion der Studenten oder Die neue Opposition. Eine Analyse [1043]

BERLINER AUTORENGRUPPE [Hg.] Kinderläden. – Revolution der Erziehung oder Erziehung zur Revolution? [1340/41]

PHILIP BERRIGAN Christen gegen die Gesellschaft. US-Priester im Gefängnis [1498 – Aug. 1971]

JUAN BOSCH Der Pentagonismus oder Die Ablösung des Imperialismus? Mit einem Nachwort von Sven G. Papcke [1151]

WILFRED BURCHETT Kambodscha und Laos oder Nixons Krieg? [1401/02]

GÉRARD CHALIAND Kann Israel noch besiegt werden? oder Die Kommandos kämpfen weiter [1409/10]

G. und D. COHN-BENDIT Linksradikalismus – Gewaltkur gegen die Alterskrankheit des Kommunismus [1156/57]

DAVID COOPER [Hg.] Dialektik der Befreiung. Mit Texten von Carmichael, Gerassi, Goodman, Marcuse, Sweezy u. a. [1274]

WOLFGANG CYRAN Genuß mit oder ohne Reue? Eine medizinische Analyse über die Gefahren des Rauchens [984]

BERNADETTE DEVLIN Irland: Religionskrieg oder Klassenkampf? [1182]

FRANTZ FANON Die Verdammten dieser Erde. Vorwort von Jean-Paul Sartre [1209/10]

ERNST FISCHER Die Revolution ist anders. Ernst Fischer stellt sich zehn Fragen kritischer Schüler [1458]

166/37–37a

154/10